ZHENGMIANZHANCHAN

正面战场

湖南会战

原国民党将领抗日战争亲历记

薛　岳　余建勋等著

中国文史出版社

目　　录

3

前　言

　　抗日战争是中国人民一百年来第一次彻底打败帝国主义侵略的民族解放战争，是反法西斯第二次世界大战的重要组成部分，在中国和世界的历史进程中都占有重要地位。为取得抗日战争的胜利，全国军民浴血战斗，英勇牺牲，为国家、为民族立下了不朽的功勋。为了全面反映抗日战争的概貌，为史学工作者提供研究资料，特将全国政协和各地政协征集的原国民党将领回忆抗日战争的文章，经过审慎的选择和核实，汇编成《正面战场·原国民党将领抗日战争亲历记》丛书。本书是丛书中之一部。

　　湖南会战，是指抗日战争时期，从一九三八年武汉失守以后至一九四五年日本投降以前，在湖南省境内，中国军队与日本军队所进行的几次重大战役，即第一次、第二次、第三次的长沙会战，常德会战，长（沙）衡（阳）会战，湘西会战，将三次长沙会战统称为长沙会战，这样就概括称为湖南会战，如按实际细分，则应该是六次会战。

　　武汉失陷后，抗日战争进入相持阶段。湖南地处中国中部，战略地位显得极其重要，历来是兵家必争之地。兵家认为：保住了湖南，北上可直取武汉，东出江西、安徽、浙江，这样就保住了东南半壁江山联络线，南护两广，西屏川黔，把守战时首都重庆的大门。

　　指挥湖南境内中国军队作战的是第九战区司令长官部。第九战区于一九三八年成立于武汉战役时，辖赣西（鄱阳湖西部属第九战区，东部属第三战区）和湖南全省。一九三九年日军陷南昌，赣江以东划归第三战区。一九四〇年第六战区成立，临资口以西划归第六战区。第九战区的地理位置，东面是鄱阳湖和赣江，西面是洞庭湖和湘江。赣江与湘江之间有幕阜山、武功山、罗霄山脉，这些山脉的东斜直到赣江，西斜直到湘江。所以说第九战区的地理形势大体说是东西对称的。第九战区一成立由陈诚任司令长官，至一九三九年一月由薛岳代理，一九三九年十月一日薛岳由代理转为正式任命。到一九四五年三月，军事委员会在湖南境内组建第四方面军，司令官由王耀武出任，归陆军总司令部总司令何应钦指挥，负责湖南省境内对日军作战事宜，直至一九四五年九月接受湖南境内日军投降。

长沙会战，包括一九三九年九月十四日至十月十日的第一次长沙会战；一九四一年九月六日至十月十一日的第二次长沙会战；一九四一年十二月十九日至一九四二年一月十六日的第三次长沙会战。第一次，日军集结六个师团、海军陆战队和舰艇等，合计约十八万人，采用"分进合击""长驱直入"战术，从赣北、鄂南、湘北三个方面同时进攻，以求在"一个星期内占领长沙"。中国军队在第九战区指挥下，用"后退决战""争取外翼"的作战方针，正面节节抵抗，消耗敌人有生力量，主力转移至东部山区，待敌人进至长沙附近捞刀河、浏阳河地区，力量大量消耗后，我军遂停止退却开始反攻，这时转移到东部山区的部队也向敌人侧背出击。敌人不支，被迫退却，很快恢复了会战前的原态势。第二次，日军集结了五个师团和两个独立旅团的部队，合计约十二万人。鉴于第一次的失败教训，这次采用"中间突破""两翼迂回"的"雷击战"战术，声称："打进长沙过中秋"。我军仍采用第一次会战时使用的战术将其击败，敌人被迫退回原阵地。第三次，日军在偷袭珍珠港、发动太平洋战争后，企图占领长沙，打通粤汉路，集结了四个师团、三个独立旅团和炮兵、工兵等部队，合计仍约为十二万人。我军仍采用避敌锋芒、诱其深入的战术，以第十军固守长沙，守城官兵抱"破釜沉舟，与长沙共存亡"之决心，与日军逐街逐屋逐堡争夺。当敌人进攻长沙在可望而不可得的境地时，中国军队从四面八方包围上来。敌人为了不致全军覆灭，被迫退却，哀叹说："完全是跳入重庆军事先设置的陷阱而进行作战的。"

常德会战，是在一九四三年十一月一日至十二月二十六日进行的。当世界反法西斯战争最后胜利形势已定，日军为牵制中国军队转用于印缅，遂发动常德作战，使用兵力达十万以上。中国第六战区组织部队节节抵抗，并以第七十四军第五十七师坚守常德，全师官兵抱"与城共存亡，宁战死不投降"之决心，与日军寸土必争，往复冲杀。第九战区以三个军开赴沅水两岸，援救常德。日军称："在常德意外遇到敌人（指中国军队）顽强抵抗。"日军中国派遣军总参谋长松井视察战地后向畑俊六总司令官报告说："此次常德作战，敌（指中国军队）防备坚固，我方（指日军）损失甚多。"这样，日军被迫在巨大伤亡情况下撤退。

长衡会战，是在一九四四年五月二十六日至八月八日进行的。日军于盟军在太平洋战场上发动反攻时，感到海上交通线日趋危殆，企图打开大陆交通线，以保持其与印度支那半岛陆上联络，遂发动豫中、长衡会战。日军集结二十多万兵力，于五月下旬从湘北沿湘江两岸开始进犯。中国第九战区以三十万兵力节节抵抗。会战大体分两大阶段进行，第一阶段以六月十八日长沙沦陷为止，第二阶段以八月八日占领衡阳为止。第一阶段我军防守长沙仍沿袭以往三次的防守战术，致遭失败，长沙失陷。第二阶段，日军进攻衡阳，中国陆军第十军守城官兵忠勇用命，前仆后继，与日军拼杀，视死如归，苦战四十七个昼夜，杀伤日军达两万九千人之多，在中华民族反侵略战争史上写下最悲壮的一页。由于中国军事决策机关指挥失误，解围未成，衡阳沦陷，会战结束。

湘西会战，是在一九四五年四月九日至六月七日进行的。日军以占领芷江机场、巩固湘桂和粤汉两铁路之交通线为目的而发动，集结兵力达八万余人，采用"分进合击"战术。中国军队由陆军总司令何应钦指挥第三、第四两个方面军进行抗击。会战分两个阶段进行，以五月九日为分界线，以前中国军队处于守势，以后中国军队进行攻击与追击。此次会战杀伤日军多达两万八千人，会战后不久，中国军队即乘胜收复桂柳，在缅北、滇西展开反攻。以湘西会战胜利为标志，中国抗日正面战场开始进入战略反攻阶段。

综上所述，抗日战争时期在湖南境内，中国军队与日军所进行的各次战役，只有长衡会战一次是失败的，其余中国军队均取得了胜利，当然，所付出的代价是巨大的，胜利得来也是不易的。但这足以说明，中国军队是能够打败日本侵略者的。

由于我们征集的史料还不够全面，加之编辑水平有限，难免有疏漏和错误之处，希望各界读者批评指正。

编　者

第 一 章

长沙会战

第一次长沙会战

薛 岳[※]

日寇侵略战争既逾两年，师老无功，举国焦闷。敌阁阿部首相登台之日，即谓："决以全力解决中国事件。"板垣[①]抵华之始，首谋夺取长沙，压迫我军于川黔内地，以打击我长期抗战之国策。

敌原图分从赣北、鄂南、湘北六路会犯长沙。赣北方面之敌一〇一师团、一〇六师团，自二十八年九月十四日起，以其一部一五七联队犯高安，被我四九军、三十二军、五十八军、七十四军痛击；二十二日克高安。敌主力自奉新、靖安沿潦河南北两岸向会埠、上富、甘坊、找桥进犯，图出铜鼓、浏阳以趋长沙，被我第一集团军、十五师沿途节节阻击、夹击，至九月二十八日，全部窜至上富、甘坊、找桥、沙窝里地区，伤亡疲惫，已达极点。被我一〇五师、七十四军、第一集团军、十五师、三十二军、七十二军分从南北西三面节节夹击、阻击、截击。十月四日夜，敌开始东溃，又被我分途追击。十四日，残敌逃回奉新、靖安原阵地。

鄂南方面之敌三三师团于九月二十二日，分由大沙坪、通城南犯，被二十军、七十九军东西夹击，第三师自北而南尾击，至十月一日，窜至龙门厂、长寿街、嘉义、献钟地区，原图出平江以趋长沙，继被我夹击、阻击、截击，伤亡甚众，分匿深山穷谷间，敌酋已失掌握。十月二日起，分向长寿街、渣津、修水、通山道、龙门厂、桃树港、通城道、

※ 作者当时系第九战区司令长官。

① 板垣征四郎，一九三九年任中国派遣军总参谋长。

平江、南江桥逃逸，其向修水、通山逃窜者，被我第一三四师、第三师于渣津南北，第三十集团军、第三师于修水附近两次夹击，第一九七师于九宫山阻击，十一日逃回通山；向桃树港、通城逃窜者，被我第一三三师、第一四〇师于白沙岭、南楼岭一带截击，十日逃回通城，向南江桥、通城逃窜者，被七十九军尾追，十日逃回通城。

湘北方面为敌主攻，其第十三师团、第六师团于九月十八日向我新墙河五十二军攻击。二十三日，敌借炮火、毒气之掩护强渡新墙河，其第三师团，同时分自鹿角、古湖、营田登陆，被我五十二军于长湖、汨水南岸，三十七军、七十军于营田、东塘、南湖及新市、归义，分别阻击。二十六日，敌分两股，一由长乐街、福临铺道，一沿铁道两侧南犯，此时我第七十三军（欠十五师，附一九五师）已伏于福临铺、桥头驿及其以北地区待机歼敌。二十八日，敌全部窜至福临铺、栗桥、三姐桥一带地区，翌日，其先头窜抵永安市、上杉市、青山市、桥头驿，完全入我伏击区域。比经五十二军自东向西，七十三军自南向北，突起阻击，激战四昼夜，歼敌甚众。

十月一日，余奉令任第九战区司令长官。四日，敌开始北溃，被我五十二军、七十三军、第四军侧击，截击，伏击，追击。十月十日，敌第六师团，溃回新墙河北岸原阵地；第十三师团、第三师团，由城陵矶用船舶输送武汉，逃回原防。敌六路会犯长沙，预对国际宣传："九月杪占领长沙。"并取分进合击战法。但其一〇六师团由奉新、靖安、上富、甘坊、找桥、铜鼓以趋浏阳，须通过一九二公里山岳地带，道路崎岖，运动、联系、补给均困，宜其为我各个击破，非独占领长沙之迷梦为我粉碎，反而取笑国际。在本会战之前，正值欧战乍启，德波风云，紧急万端。判断：敌乘列强无暇东顾之际，必更起猛犯，故一面加强攻袭，一面屯备粮弹，更将战地公、铁、驿路彻底破坏，使敌机械化部队不能运用；将战地民众物资疏藏于公、铁路三十里外安全地带，使敌无食无用。平时准备周到，战时自然应付裕如。且会战全期，不呆守阵地，不死用方案，彻底集中兵力使用兵力，采取绝对攻势，以反包围破敌之包围，于战术上开一诱敌歼灭战法之新纪元，均为制胜之因素。唯诱敌歼灭战法之部署，应区分野战、警备、决战、预备各兵团，相机活用，不可预将地域划分，兵力固定，必须随敌情之变化，作适切之处置，则成功自达耳。

以"后退决战、争取外线"取得会战胜利

赵子立　王光伦[※]

会战前的敌我态势

日军的兵力和概略位置

　　第一次长沙会战开始前，日军在第九战区正面上的兵力，仍约是六个师团，在赣北、九江、星子、武宁、永修、安义、靖安、奉新的是第一〇一、第一〇六师团，在鄂南、湘北、通山、崇阳、通城、蒲圻、临湘、岳阳的是第三、第六、第三十三、第十三师团。八月下旬发现日军有准备进攻的模样。

　　在日军进攻前通常有下列征候：

　　铁道运输频繁，车站附近断绝交通，不许中国人接近；

　　战地通信单位增加（由无线电侦察台侦知）；

　　日军大量地拉民夫。

　　在本会战及以后的会战中，发现日军在兵力运用上的一个惯例：即进攻九战区时，在五、三等战区，以原兵力的一部或大部残留原阵地，抽一部或大部转用于九战区，战后再归还原地；而进攻其他战区时，对九战区的日军也是这样调动。

　　※　赵子立当时系第九战区司令长官部参谋处副处长。王光伦当时系第六十军第一八三师营长。

第九战区的辖境

第一次长沙会战时，第九战区辖境，除东面三战区改以赣江为界，赣江属九战区外，余与南昌会战时同。

第九战区的战斗序列

第九战区司令长官陈诚，代司令长官薛岳，副司令长官商震、王陵基，前敌总司令罗卓英，参谋长吴逸志。指挥下列部队：

一、第九战区前敌总司令兼第十九集团军总司令罗卓英，副总司令刘膺古，参谋长罗某，指挥第一集团军高荫槐，第三十二军宋肯堂，第四十九军刘多荃，第七十四军王耀武，第二挺进纵队康景濂。第一集团军代理总司令高荫槐，参谋长赵玉矜，指挥第五十八军孙渡，第六十军安恩溥。第四十九军辖两个师，其中有一个是第一〇五师。第七十四军辖三个师，第五十一师李天霞、第五十七师施中诚、第五十八师陈式正。第五十八军辖两个师，新编第十师刘正富、新编第十一师鲁道源。第六十军辖两个师，第一八三师杨宏光、第一八四师万保邦。

二、第三十集团军总司令王陵基，参谋长宋某，指挥第七十二军韩全朴、第七十八军夏首勋。这两个军各辖两个师。

三、湘鄂赣边区挺进军总指挥樊崧甫，指挥第八军李玉堂，第一挺进纵队孔荷宠及边区地方游击部队。

四、第二十七集团军总司令杨森，参谋长邵某，指挥第二十军杨汉域。该军辖两个师，第一三四师杨干才、第一三三师夏炯。

五、第十五集团军总司令关麟征，参谋长姚国俊，副参谋长吴丽川，指挥第五十二军张耀明、第三十七军陈沛、第七十九军夏楚中。第五十二军辖三个师，第二师赵公武、第二十五师张汉初、第一九五师覃异之。第三十七军辖两个师，第九十五师罗奇、第六十师梁仲江。第七十九军辖三个师，第九十八师王甲本、第八十二师罗启疆，第一四〇师李棠。

六、第二十集团军总司令商震，参谋长周旭斋，指挥洞庭警备司令霍揆彰，第八十七军周祥初，此外尚有第九十九军傅仲芳。

七、战区直辖军三：第四军欧震，辖三个师，第五十九师张德能，第九十师陈荣机，第一〇二师柏辉章。其余两军是第七十三军彭位仁、第七十军李觉。

此外，还有湘北破坏队常章儒，南浔线破坏总队詹藜青。他们是军统局组织的，派在赣北、湘北，担任敌后交通线的破坏。一直到一九四四年长衡战役，他们都仍在那里（仅在这里说一次，以后各战役中从略）。

会战开始前的部署

第十九集团军在锦江口至高邮市对岸锦江南岸之线，占领阵地，与北岸日军对峙。第一集团军在高邮市—祥符观—故县之线占领阵地，与大城、奉新之日军对峙。第一集团军总司令部驻棠浦。康景濂纵队以九仙汤为根据，在九岭山区活动。第七十四军控置于上高附近。第十九集团军总司令部驻上高附近。

第三十集团军主力在修水（城）武宁间澧溪地区对东北占领阵地，与武宁方面的日军对峙，一部控置于修水（城）附近，总司令部驻修水西南渣津。

湘鄂赣边区总部所属游击部队，以九宫山、大湖山为根据，在幕阜山山脉地区活动，总指挥部驻南茶。

第二十七集团军：第二十军主力在通城、平江间南江桥地区对北占领阵地，与通城方面日军对峙，一部控置于平江以北地区，总司令部驻平江附近。

第十五集团军：第五十二军主力在新墙河南岸占领阵地，与北岸日军对峙，一部在汨罗江口至新墙河口间洞庭东岸担任湖防。第三十七军一部担任汨罗江口—营田—湘阴线洞庭湖东岸湖防，主力控置于湘阴以东地区。第七十九军控置于瓮江、金井地区。王剪波纵队在通城、临湘间地区活动。集团军总部在长乐街附近。

第二十集团军：除第九十九军在益阳、沅江、汉寿方面，担任洞庭湖南部湖防外，其余一部在南县、华容、安乡方面担任洞庭湖北部湖防，一部担任藕池口至太平口长江右岸江防，另一部控置于常德、桃源地区，总司令部驻常德。

战区直辖军：第四军控置于长沙、湘潭地区，另一军或系军委会直接控置于衡阳、衡山地区的部队或系由广东第七战区临时开来。

作战计划

第一次长沙会战、上高会战、第二次长沙会战是一个作战计划，第三次长沙会战、第四次长沙会战是另一个作战计划。这两个计划大同小异，其立案精神，都是"后退决战"和"争取外线"（当时亦称"争取外翼"）。只有"争取外线"才能包围敌人，击破敌人，而不为敌人所包围、所击破。只有"后退决战"，才能变被动为主动，变劣势为优势。因为要是在对峙线上（如新墙河）决战，则决战的时间，决战的地点，决战时的兵力对比，皆由敌决定，故敌主动而我被动，敌优势而我劣势；至后退一定距离（如至长沙附近）再决战，则决战的时间，决战的地点，决战时的兵力对比，皆可由我决定，故我主动而敌被动，我优势而敌劣势。证之以后各役，能做到这两个的就好些，做不到，就糟些。如一九三九年的第一次长沙会战，一九四一至一九四二年之交的第三次长沙会战，对这两个要求，都做到了，所以仗就打得好些；一九四一年第二次长沙会战，没有能做好"争取外线"，就付出了巨大代价；一九四四年第四次长沙会战，没有做到"后退决战"（敌人的兵力大了，后退的距离不够了），就被打得一败涂地，长沙被敌占领。

第九战区的作战计划，都是在上一战役结束后，就开始拟订次一战役的作战计划，并印发集团军、直辖军以上司令部，让他们预行研究，并让各集团军制订局部计划报核（虽当时军令部为了保守机密，曾一再通令不准印发作战计划，第九战区并未执行）。至战役开始，再根据当时情况修正执行。

本计划策定的经过：一九三九年元月，薛岳代理了第九战区司令长官，他就让拟订作战计划。由于起草慢，耽误了时间；又因在将要脱稿时，发生了南昌战役，战役结束后，情况变化了，又重新拟订印发。这个计划的原稿，对南昌方面，虽与在武汉会战时第一兵团（薛岳原任该兵团司令官）策定的一样，但如能于一月间印发各部，让各高级指挥人员再过一次目，或能产生新的影响。未能做到这一点，是很遗憾的。

与策定这个作战计划有关的日军惯用战法

中国的旧军人对日军的战术是颇不生疏的，军官学校的教程是翻译日本的，陆军大学第九期以前请的是日本教官。日本的战术原则虽多，但总的精神是"攻击第一，包围第一"，而对于"利用地障进行包围"，更为日本所崇尚。证之过去的战史，当前的战例，无不如此。远之如日俄战争的营口会战、辽阳会战，都是包围俄军左翼；近之如刚刚经过的德安作战、南昌的作战中，日军向万家岭、向生米街迂回，其目的是要包围德安和南昌牛行的左侧背。我们知道了日军的主要惯用战法，总把我军的主力，保持在日军的包围部队的侧面，予包围者以严重的侧击，就有可能击破他们的进攻。如果不能这样，陷入了日军的包围圈内，就要失败。这是产生"争取外线"的战术根源。

与策定这个计划有关的敌我装备

日军进攻时，如果在长期的对峙线上与日军决战，日军的炮兵较我军多得多，它可以在它的进攻重点上，集中地、大量地使用炮兵进行破坏射击，再加之以空军的轰炸，再继之以战车的突破，显属优势；而我军仅有步兵火器，不能压制日军的炮兵和空军，显属劣势。固然沉着的部队，凭坚强的工事，守备一定的时间，是可能的，但想由原对峙线上击退敌人，取得决战的胜利，是困难的。如果采取逐次抵抗，后退至一定距离，赢得时间，等到增加部队到达，与敌决战。这时日军深入，由于道路彻底破坏了，炮兵战车不能随同步兵前进，再加之伤亡疲劳，已成强弩之末。而我方的生力军和所有炮兵，却在决战地等着它，协同留在敌后的小部队和撤在敌侧的大部队，以优势的兵力、优越的态势向日军反攻，才有击退日军的可能。这是产生"后退决战"的装备根据。

与策定这个计划有关的重要地理概述

第九战区的北部，横亘于湘鄂赣边区者——西起通城、平江间，东迄阳新、瑞昌间——为幕阜山脉，其主峰在湘鄂赣三省省界的交点上，海拔一四二〇公尺，若以游击部队及情报机关领有这个山脉，能掌握赣北、鄂南、湘北状况的变化。第九战区东有鄱阳湖及由南向北注入鄱阳湖的赣江；西有洞庭湖及由南向北注入洞庭湖的湘江；由西向东注入鄱阳湖及赣江的有修水、潦河、锦江、袁水等；由东向西注入洞庭湖及湘江的有新墙河、汨罗江、捞刀河、浏阳河、渌水等。在湘赣间，从幕阜山主峰起向南有连云、罗霄、武功诸山脉，为湘赣两江流域的分水岭，故江西西半部、湖南东半部是一个天造地设的对称形状。南浔线及岳（阳）长（沙）线地势平坦，为北军南进的要道，湘赣两省间山地，无论是背西面东或背东面西作战，均有高屋建瓴之势，为南军置重兵侧击南下北军的有利地形。湘西方面，常德是重镇，常德之东是洞庭湖，大兵力进出不便；由沙市方面经公安至常德，地势平坦，为北军南进的要道；常德之西，是武陵山脉，利于背西面东的作战，亦为南军置重兵侧击南下北军的有利地形。因此，日军二月间进攻南昌时，利用地障——鄱阳湖、赣江，以主力向我左翼包围，同样，将来日军进攻长沙时，亦将利用地障——洞庭湖、湘江，以主力向我右翼包围，同样，将来日军进攻常德时，亦将利用地障——洞庭湖，以主力向常德以西包围。我军如欲击破日军的包围，就必须从外线予以有利的侧击。这是因为地势有相似之处，而在一个兵学思想支配之下的作战指导，亦必有相似之处。这种地形，与日军的惯用战法、日军的作战指导、我军的作战指导，都密切地结合着。这是产生"争取外线"与"后退决战"的地理根源。

后退决战，必须能限制攻者的运动。第九战区的地形，不是山地，就是湖沼。只要将铁路、公路、大路破坏了，就能限制机械化、摩托化部队及挽曳炮兵、骑兵的运动；只要将湖泊、港汊、河川封锁了，就可以限制小型舰艇和机帆船的活动。它与平原地不同，不是随地皆可运动。对于后退决战来说，破坏和封锁交通，有重要意义。这在第九战区的地形均是能够做到的。

后退决战，必须能得到战地群众的支援。如封锁我方情况，侦察敌方情况，破坏道路，藏匿粮食，协助军运、伤运……只有人民的斗争和支援，才能使强大的敌人变成瞎子、聋子和瘸子。湘赣人民反抗侵略、保卫祖国的坚强意志，有"楚虽三户，亡秦必楚"的斗争决心和信心。他们虽与当时国民政府当局有矛盾，但当强敌压境，阶级矛盾能附属于民族矛盾，尽全力支持抗战，能够做到他们应做的一切。

与策定这个计划有关的军事理论和战史

后退决战的指导原则，在我国三世纪时蜀将姜维向刘禅的建议中，在近代德国克劳塞维慈所著《大战学理、自动向国内行军》一章中，均有所阐述。姜氏远在一千六百多年以前，就提出守防当后退时，当决战时，应采取的具体行动——在敌后、在侧面、在正面的措施，仍能为现代所参考。尤其毛泽东主席于一九三六年和一九三八年发表的《中国革命的战略问题》《抗日游击战争的战略问题》和《论持久战》中，均精辟地论述到以弱胜强的问题。在《战略防御》一章中，对于"后发制人"阐述最为精辟。笔者在国民党军中，当时虽然未读到毛泽东主席以上的著作，但却在国民党军中参加了所谓第二、第三次的"围剿"。并于红军长征后，随当时国民党军第九军军长郝梦龄去江西中央苏区，作过战史旅行，得以从反面向毛泽东主席指挥的战略学习。关于后退决战的战史虽多，但最典型而时代最近的，当然是第二次国内革命战争中的第一、二、三、四次反"围剿"的战役，它不仅有革命的意义，而且在军事学术上有示范和教育意义。

基于以上几点，可以估计到日军将如何行动，我军应如何行动，来制订如下的作战计划。

作战方针

战区以诱敌深入后，进行决战为目的，敌进攻时，以一部兵力由第一线开始逐次抵抗，随时保持我军于外线，俟敌进入我预定决战地区时，以全力开始总反攻，包围敌军而歼灭之。

指导要领

一、敌以全力由湘北进攻时，预定在长沙以北捞刀河下游地区与敌决战，决战时，攻击重点，保持高桥、路口畲以东地区。

湘北守军，于敌人进攻时，先应利用既设工事拒止敌人。继应一面采取逐次抵抗，以消耗迟滞敌人；以一面确保外线，以一部向梅仙、平江以东地区转移，以主力向路口畲以东转移。俟反攻时，待命以一部向汨罗江以北攻击，断敌退路，以主力向捞刀河以北敌主力攻击。

赣中赣北守军，以一部留置原阵地，以主力向金井、高桥以东地区前进，待命向西索敌军主力进攻。

战区直辖各军及炮兵适时在岳麓山—长沙—黄花地区占领阵地，先行拒止敌人，待命向当面敌军攻击。

洞庭湖守军，除以主力固守原防外，抽有力部队转移于宁乡以东地区，待命向岳麓山外围之敌攻击。

湘北游击部队，于敌开始进攻时，在新墙河以北扰乱敌后，俟敌主力渡过汨罗江后，转移至新墙河以南地区活动。而后阻扰敌军的撤退。鄂南游击部队，于敌攻击开始后，集中力量，向蒲圻、临湘线、崇阳、通城线，不断攻击破坏。

二、敌以主力由湘北及各以一部分由赣中赣北进攻时，预定在上高、铜鼓、长沙各附近与敌决战。决战时，攻击重点，分别保持于上高、铜鼓各东南、长沙东北地区。

（一）赣中赣北方面

赣中高安方面守军，于敌进攻时，第一线守备部队先应利用既设工事拒止敌人；继应保持袋形态势，向上高附近进行逐次抵抗，以消耗迟滞敌军；而后以该地区控制部队之参加，重点保持于右翼，向敌反攻。

赣北修水方面守军，于敌进攻时，第一线守备部队应利用既设工事拒止敌人；继应保持袋形态势，向铜鼓附近进行逐次抵抗，以消耗迟滞敌军；而后依该地区控制部队之参加，重点保持于右翼，向敌反攻。

鄂南、赣北游击部队，于敌人进攻开始后，应向蒲圻、临湘、崇阳、通城线，德安、修水线，德安、南昌线，不断攻袭破坏。

（二）湘北方面

湘北守军的行动见指导要领一。战区直辖各军、战区直辖炮兵、洞庭湖守军及湘北游击部队的行动，与指导要领一的指导相同。

三、敌以全力进攻常德时，预定在常德附近与敌决战。决战时攻击重点保持于常德西北地区。

长江右岸藕池口至太平口线守军，于敌进攻时，先应利用既设工事拒止敌人，继应一面采取逐次抵抗，以消耗迟滞敌人，一面确保外线向澧县西北地区转移。洞庭湖北部湖防部队，于敌主力由太平口进攻开始后，即向常德西北转移。俟反攻时，澧县西北部队待命向澧水以北地区攻击，切断敌军退路，常德西北部队待命向常德以北索敌军主力攻击。

常德、桃源方面地区控制部队应适时在常德及其西北地区，占领阵地拒止敌人，待命向当面敌军主力攻击。

洞庭湖南部守备部队，于敌由湖面开始进攻时，应竭力固守湖内各封锁线，而后依情况以一部固守洞庭湖南岸阵地，以主力转移于汉寿以西地区，待命向进出常德以南之敌攻击。

战区各直辖军，应迅速向沅江北岸常德以西地区前进，待命向常德以北敌主力攻击。

湘北、赣北、赣中守军，除应准备击破敌之局部攻势或佯攻外，依情况于战役开始时，待命各抽一部兵力向长沙附近集结，为战区控制部队。

湘北、鄂南各游击部队，于敌人进攻开始后，应向咸宁、岳阳线不断攻袭破坏，策应常德方面的决战。

兵团部署

第十九集团军应以主力守备现阵地，以有力一部控置于上高附近。一、敌以全力由湘北进攻时，应以一部守备现阵地，以主力向高桥以东地区前进，参加长沙方面的决战。二、敌沿赣湘公路向西进攻时，第一线部队先应利用现阵地拒止敌人；继应进行逐次抵抗，而后依控制部队之参加在上高附近与敌决战。三、敌以全力向常德进攻时，应抽一部开长沙附近，归战区控制。

第三十集团军应以主力守备澧溪方面现阵地，以一部控置于修水地区。一、敌以全力由湘北进犯时，应以一部守备现阵地，以主力向金井以东地区前进，参加长沙方面的决战。二、敌经修水向西南进攻时，第一线部队先应利用现阵地拒止敌人；继应进行逐次抵抗，而后依控制部队之参加，在铜鼓附近与敌决战。三、敌以全力向常德进攻时，应抽一部开长沙附近，归战区控制。

第二十七集团军，第二十军应守备南江桥方面现阵地。敌以主力向湘北进攻时，先应利用现阵地拒止敌人；继应一面进行逐次抵抗，一面向梅仙、平江以东地区敌之外线转移；而后待命向汨罗江以北地区攻击，切断敌军退路。

第十五集团军，应以主力担任新墙河现阵地及洞庭湖东岸的湖防，以有力一部控置于瓮江、金井地区。一、敌以全力（主力）由湘北进攻时，第一线部队先应利用现阵地拒止敌人；继应一面进行逐次抵抗，一面向路口畲（高桥，路口畲）以东外线转移；而后待命向捞刀河以北敌主力攻击。二、敌以全力向常德进攻时，应抽一部开长沙附近，归战区控制。

第二十集团军应以主力守备现任洞庭湖防及江防，以有力一部控置于常德、桃源地区。一、敌以全力或主力由湖北进攻时，应抽出有力部队，向宁乡以东地区集结，参加长沙方面决战。二、敌以全力进攻常德时，江防部队先应利用现阵地拒止敌人，继应一面逐次抵抗，一面向澧县西北转移。北部湖防部队，应即向常德西北转移。南部湖防部队先应竭力阻止敌由湖面进出；继应以一部固守南岸阵地，以主力向汉寿以西敌之外线转移；俟敌深入至常德，依常德守备部队及控制部队之参加在常德附近与敌决战。

第四军控置于长沙、湘潭地区，准备协同新增部队，占领岳麓山、长沙、黄花地区与敌决战，并依情况（敌单独向赣中、赣北、湘西进犯时）准备参加上高、铜鼓、常德方面的决战。

湘鄂赣边区总部所属游击部队，应以九宫山、太湖山为根据，在幕阜山山脉地区活动。敌以全力由湘北进攻时，应积极向蒲圻、临湘线、崇阳、通城线运动；敌分由赣中、赣北、湘北进攻时，应积极向蒲圻、岳阳线，崇阳、通城线，德安、修水线运动；敌向常德进攻时，应积极向咸宁、岳阳线运动，不断攻袭破坏。

战区直辖炮兵控置于长沙附近，准备于敌人进攻长沙时在岳麓山、长沙、长沙东北地区占领阵地参加长沙附近的决战。直辖工兵担任洞庭湖及赣、湘、资、沅、澧各水道的封锁。并在技术上指导有关各县民工加强破坏清江—上高—宜丰—铜鼓—东门市—献钟—雍江—金井—长沙—宁乡线以北和宁乡—益阳—汉寿—常德—临澧—公安线以东的铁路、公路和大道（余略，计划完）。

战役经过概况

第一次长沙会战于一九三九年九月中旬开始，经过二十几天的战斗，就结束了。日军先由赣中、高安方面开始攻击，继以一部由武宁、修水、铜鼓道向西南进攻，以一部由通城、白沙岭、长寿街道向西南进攻，以主力由新墙河正面向南进攻，重点保持于杨林街、长乐街、青山寺之线。兹将各方面的战斗概述于后：

高安方面的战斗

高安方面的战斗，在日军方面来说是一个拉后腿的战斗，拉住罗卓英的后腿，不让他指挥的几个军参加长沙方面的决战。在我军来说是两个目的性不明的拼老命的战斗，牺牲不小，价值不大。

高安方面的配备：由锦江口至高邮市、锦江南岸线，是第四十九军；由高邮市至祥符观线，是第一集团军的第五十八军，以新编第十师守备第一线，以新编第十一师控置于高安附近；由祥符观（不含）至故县线，是第一集团军的第六十军，以第一八四师为右翼师，第一八三师为左翼师。第七十四军控置上高附近。

高安附近的地形是半丘陵、半平地稻田。

高安方面的阵地是相当坚固的半永久野战工事。它是据点式的，由点连成线，再连成面，各种火器的掩体都有掩盖，掩体前有铁丝网和鹿寨，阵地前和阵地内的火网编成很严密，阵地后的反斜面上构有掩蔽部和草栅以利休息。

战斗开始前据各方情报，南昌方面的日军并无增加，反有减少。仅剩了约一个师团稍强的兵力。但战斗开始后，日军却大张旗鼓，日间以步炮空联合进攻，夜间还以步工兵进行强袭。我军工事虽坚，经不起连日轰击，经几度激战后，日军终于攻陷了高邮市和杨庄（在祥符观的西北），祥符观阵地亦岌岌可危。因此，新编第十师师长刘正富杀了他师守高邮市的一个营长。

第九战区司令长官部于战役开始后，根据武宁、通城、岳阳三方面的日军有增加，而南昌方面的日军无增加的情况，估计南昌方面日军无力深入，更不用说他能由南昌打到长沙了。罗卓英控制的第七十四军王耀武部，是第九战区最有战斗力的一个军。长官部当然想把它使用在长沙方面，与日军作战。罗卓英却不肯，战区才退而求其次，让罗卓英派有力部队支援修水方面的作战。罗卓英令高荫槐派部队支援修水方面作战，高荫槐部正打得不可开交，哪里肯派，罗卓英这才让第七十四军派部队支援修水方面的作战。

此次作战罗卓英比之南昌战役是神气十足，大打官腔，一定要收复高邮市和杨庄失去的阵地，逼得口吃的高荫槐结结巴巴地向他的两个军长孙渡、安恩溥说："我……们要收复失去的阵地，不……然罗……总司令要惩办我们啦！"于是孙渡督着新十一师师长鲁道源收复高邮市。鲁道源亲率所部，猛攻高邮市数次，都为日军步炮空联合战斗所拒止。鲁道源在战场上立时杀了一个营长，撤了一个团长（名叫王筱丰），再度猛攻，伤亡很大，终于把高邮市收复了；安恩溥使用第一八三师，也把杨庄收复了；第一八四师又派部队增援新编第十师，才稳定了祥符观的阵地。第一八三师正面上战斗亦甚激烈，日军猛攻骑马山（在故县东南）达一个多星期才停止。我军付出沉重的代价，虽然保住了原阵地，但未能以第七十四军或更多的兵力使用于最必要的方面，以打击日军。这与整个作战计划的精神是不协调的。

修水方面的战斗

武宁方面的日军在战斗开始前略有增加，使用于进攻的兵力约在一个师团以上，沿修水两岸进攻。我澧溪方面守军，节节抵抗至铜鼓附近时，转为防御。日军想突破我军右翼，向北席卷，几经激战，终未得逞。而后第三十集团军，依自己控制部队及第七十四军一部之参加，重点保持于右翼，向日军反攻。我军占有修水河谷两侧较高山地，日军占修水河谷及两侧较低山地，态势不利，被迫撤退。但我军也只能在两侧侧击，不能阻敌归路，敌遂退回原阵地。

长寿街方面的战斗

通城方面的日军约一个师团不足的兵力，于攻击开始后，一面向南江桥我军阵地佯攻，一面绕幕阜山东侧经白沙岭、长寿街道急进。日军这一行动，为第九战区司令长官部作战计划始料所不及，急令第二十七集团军的第二十军由西向东侧击此股日军，再令湘鄂赣边区游击总指挥樊崧甫，以大潮山、九宫山方面的部队，向此股日军由南向北尾击和由东向西侧击。当时第二十军迅速变换正面转移兵力，向长寿街方面逐次加入战斗，侧击日军，迟滞了日军的行动。随后樊崧甫部陆续赶到，加入战斗，协同第二十军，由东、西、北三面围攻日军。我军在外线居高临下，形势有利。日军陷入汨罗江上游河谷，到嘉义后不能续进，及至湘北日军主力于捞刀河北岸撤退时，嘉义、长寿街方面日军亦同时撤退。

新墙河至捞刀河方面的战斗

岳阳方面的日军，连同新由别处以旅团以联队为单位调来的，约达到十五个联队，炮兵和战车部队很多。由新墙河口至黄岸市这个正面上，重点保持在左翼，并依空军的协力，向南岸我第五十二军阵地进攻，企图向西南将我军压迫于洞庭湖、新墙河所形成的三角地区内予以歼灭。我第五十二军先在新墙河南岸抗拒敌人后，一面节节抵抗，一面向南引退，俟通过汨罗江后集结于高桥、路口畲以东地区。

汨罗江南岸阵地，第三十七军、第七十九军守备重点保持在右翼。日军攻击时重点在他的左翼，仍企图向西南将我军压迫于洞庭湖与汨罗江所形成的三角地区内予以歼灭。第三十七军、第七十九军一度在汨罗江南岸抗拒敌人后，一面节节抵抗，一面向路口畲、黄花以东地区引退。当日军渡过新墙河后，战区直辖军及炮兵向岳麓山、长沙及长沙东北地区前进，占领攻击准备阵地，参谋长吴逸志率领长官部去耒阳，薛岳带赵子立及少数幕僚人员在长沙组成一个指挥所。日军渡过汨罗江后，长官指挥所撤到渌口以南一个小车站附近的小学内。

日军渡过汨罗江后，无所获，又到了捞刀河北岸，看了看长沙就撤退了。

日军撤退时，长官部让第十五集团军由平江、金井向西截击敌人，断敌归路；让直辖各军猛烈追击，务将日军歼于汨罗江南岸和洞庭湖东岸地区。

当日军撤退时的一个夜间，赵子立好梦正浓的时候被薛岳叫醒了，他耷拉着脸说："走！去接白崇禧去，白崇禧来啦，丢他妈呆咳！敌人进攻时，他不来，敌人退却时，他来了。我们几夜没有睡好觉了，刚睡好，他来找麻烦。"薛、赵到了车站，白的专车早到车站了（当时陆大教育长），薛和白寒暄了几句，就说："这次作战，兵力不够用，我能力也不成，所以仗打不好，这个责任，我负不了，请主任来亲自指挥吧！"搞得白没啥说，一个劲儿用手摩挲他的光脑袋。还是王泽民圆了场，他称赞了薛岳这次作战指挥卓越，并说："困难已经过去了，还需要解决的问题，健公（白）一定和中央商议解决。"薛不等白的列车走，就向白告辞，同赵一齐下车回去了。白来讨个没趣，就掉转车头回桂林去了。这次薛岳为啥这样对白呢？因为薛岳讨厌白崇禧在桂林乱发表关于湘北作战的谈话，他怕白的谈话遮了他的功，所以给白搞个难看。

会战后的宣传和检讨

扩大宣传

这个战役的结局，是双方互有伤亡。在全战役中，我军所占的地形，都比日军高些，因此，日军火力虽强，它的伤亡也不少于我军。但我军也没有击破任何一个日军部队，日军也没有击破我军任何一个部队。薛岳说："日军分三路进攻长沙，我诱敌深入，于长沙附近予以痛击，敌伤亡惨重，向北溃逃。"重庆的广播说："长沙大捷。"吴逸志让人编了一出现代京剧——《新战长沙》。薛岳头戴帅盔，身穿帅甲，前有马童，后有大纛，纛上大大地写了一个"薛"字，两厢的龙套打着"精忠报国"的旗子（这四字是薛岳标榜的口号），俨然以"岳武穆"自居。吴逸志头戴"纶巾"，手持"羽扇"，身着"八卦衣"，俨然以"诸葛亮"自居，及至遭到外界的讥诮和内部的反对（如当时的秘书长王光海，看了这出戏的一半，就生气不看了）以后，薛岳、吴逸志二人互相推诿，薛说："这都是吴参谋长搞的。"吴说："这是得到长官同意的呀！"

由于宣传长沙大捷，搞得苏美英法各国的新闻记者来访问长沙，找到赵子立。这些外国记者是由重庆军令部第二厅的处长纽先铭和一些中国的记者陪同来的。当报告会战经过的时候，室内挂起大幅的会战经过要图，日军伤亡数统计表。报告人参照重庆、桂林、长沙已发表的有关长沙会战的新闻，凑合起来说了一套。说完了，外国记者要看俘虏。报告人对他们说："没有。"他们说："你们打了这样大的胜仗，怎么没有俘虏？"有的说："既然打了这样大的胜仗，没有多的俘虏，怎么连少的也没有？"赵子立无言以对，又说了个"没有"，于是惹得他们哄堂大笑，把报告人搞得面红耳赤，十分尴尬。

有名无实的检讨会议

第一次长沙战役后，第九战区长官部曾在岳麓山做了个草栅式的大礼堂，召集长沙会议，来检讨长沙会战的得失，部队师长以上人员、长官部科长以上人员均参加。组织规模很大，但会议内容片面，各部队各级司令部关于作战经过的报告，多是只说好的，不说坏的。对于作战得失，只拣战斗上不关重要的说上一大套，甚至有拿着错误当"光荣"来说的，如第十九集团军，大肆宣扬高安方面的阵地争夺战。赵子立作整个战役经过的报告，是按向军事委员会呈报的战斗要报底稿说的，更是说好不说坏。

若是认真检讨一下，有些教训是应该记取的。如：罗卓英指挥的四个军，为日军一个多师团兵力的佯攻所牵制，不能参加主战场的决战。其实高安方面就是让日军多占几个村庄、几个山头，甚至让它前进几十里，与战役全局有多大关系呢？按理，莫说抽出一个军，大胆时可抽出两个军，参加长沙方面的决战。又如，洞庭湖方面，至日军进汨罗江时仍无情况，即可让第二十集团军抽出一部参加长沙附近的决战。长沙附近当时如能多注入两个军的兵力，就不会让日军顺利撤退，或许能像第三次长沙战役那样获得一定战果。

第一次长沙战役，日军有什么错误呢？显然它由三路进犯把兵力分散了，所以它第二次、第三次、第四次进攻长沙时，只由湘北一路进攻，再不分散兵力。

会战的作战方针与战斗经过

贺执圭※

一九三八年武汉会战时，我在军事委员会办公厅任高级参谋，十一月上旬随军事委员会南撤。经湖南时，军事委员会在南岳召集长江以南四个战区（第三、四、七、九战区）开了一次军事会议。会议主要内容：一、总结武汉会战的经验教训；二、研究转入第二期抗战的准备和战略问题。对准备第二期抗战的问题，蒋介石在大会闭幕词中说："抗战从现在起开始转入到第二期，今后国家的财力、物力和兵力，较之第一期抗战要困难得多。克服这个困难的办法就是要从多方面节约财力、物力和人力，不当用的钱不用，不当消耗的物资不消耗，不当打或者无把握的仗不打。各个战区要利用时间空间争取把各自的部队整训好，俟各个方面出现有利的时机，再全力以赴与敌进行决战。原因是我们的抗战还需要一个较长的时间，将来还需要建国。"以上两个问题都需要更多的财力、物力和人力，三者缺一不可。这就是抗战转入到第二期的战略决策。

十一月下旬，南岳会议结束后，我奉调任第九战区司令长官部军务处长，十二月初返回长沙报到。鉴于岳阳地区是湘北门户，久陷敌手对本战区战局影响太大。特别是城陵矶为八百里洞庭的咽喉，如为敌有，洞庭将成为日军水上汽艇游弋的世界；反之，如为我有，则广大的洞庭湖成为本战区西北的天然地障。因此，我多次向薛岳建议："乘敌立足未稳，派有力部队相机收复岳阳地区（包括城陵矶），是战略上当务之急。"薛答："你这个意见是好的，但我们应从全局着眼。委员长在南岳会议中

※　作者当时系第九战区司令长官部军务处处长。

指示：不要打无把握的仗，不到有利时机不要勉强向敌求战……"而后我便不再饶舌了。虽如此，但后来在湘北几次战役中，绝大部分官兵仍然为国家尽了最大的努力，有的甚至全营光荣牺牲。

会战作战计划的指导方针

这次作战计划的指导方针是根据最高统帅部转入第二期抗战战略原则拟订的。其指导要领是：

对赣西支战场方面，由本战区前敌总司令罗卓英指挥的五个军及一个地方纵队，在高安以东附近与靖安、奉新、安义以西地区之敌进行专守防御。

湘北主战场方面，北起新墙河南北两岸，亘通城以南，九岭、平江以东，至幕阜山西麓为第一道防线；汨罗江两岸为第二道防线；捞刀河两岸为第三道防线，并各构筑既设阵地。方式是采取逐线抵抗，逐线消耗敌人有生力量，将疲惫之敌诱至捞刀河两岸地区后，正面利用既设阵地坚决顶住，适时以控制在长沙南、北、东三角地区的五个军，将敌包围压迫于湘江东岸和捞刀河两岸地区而歼灭之。这样的作战方式即是所谓以纵队防御，将敌诱至最后防线，将敌包围一举歼灭的方式，使兵种、装备两者占优势之敌无法发挥其优势，战场主动权操之在我，以空间换取时间，拖疲敌人，最后全歼。

会战经过概要

第一次长沙会战发生于一九三九年九月中旬，结束于十月上旬。本战区在九月上中旬之间侦悉湘北、鄂南之敌在驻咸宁的第十一军司令官冈村宁次指挥下，从鄂中、鄂北抽调日军第三、第十三两个师团主力，独立炮、工兵各一联队和坦克、骑兵、浅水舰艇等特种部队集中岳阳、临湘两地，会同原盘踞岳、临地区之第六师团和通城、崇阳地区第三十三师团，积极准备向我湘北进犯。与此同时，盘踞赣西靖安、奉新、安义、上高、高安以东地区和盘踞武宁地区之敌第一○一、第一○六两个师团也有向西蠢动的模样。

薛岳代司令长官当即召集控制在长沙及近郊地区直属各军长、直属炮工兵指挥官与长官部高级幕僚如参谋长吴逸志，参谋处长狄醒宇，副处长赵子立，军务处长贺执圭，高级参谋薛补石、刘晴初、曾举直等开了个作战会议。到会人员提出了应在上述第一、二、三道防线上与敌决战的方案。讨论结果，薛还是采取了诱敌到捞刀河及湘江东岸地区，从东、南、北对敌形成三面包围形势，与敌决战的方案。会后他指示吴逸志率本部非作战单位与非战斗官兵撤至衡阳以南的二塘（后转到未阳）；并立即密令部署在湘北、鄂南、赣西等地各集团军的总司令和长沙、株洲、浏阳等地区的各军军长立即做好战斗准备工作，将敌情随时密电报核。

我军的作战部署：

一、赣西方面：由本战区前敌总司令兼第十九集团军总司令罗卓英统一指挥的五个军及康景濂游击纵队，在高安以东，靖安、奉新、安义以西地区适时占领既设阵地，对当面之敌严密戒备，专守防御，并捕捉战机予敌以歼灭性的反击。二、湘北、鄂南和赣西北方面：新墙河下游防线左起洞庭东岸之麻塘，沿新墙河南北岸，右至公田，由第十五集团军总司令关麟征指挥的张耀明第五十二军、陈沛第三十七军占领既设阵地，进行机动防御。同时由第三十七军抽一个师担任南起湘阴营田，北至荣家湾的洞庭湖东岸的警戒。彭位仁第七十三军控制汨罗江北岸附近地区，作为第十五集团军总预备队，兼顾汨罗江防线之责。

左起新墙河公田以东，亘通城以南九岭，至平江以东，幕阜山西麓，由第二十七集团军杨森指挥的杨汉域第二十军和临时配属指挥的李玉堂第八军占领既设阵地，进行专守防御。赣西北方面由第三十集团军王陵基所指挥的韩全朴第七十二军、夏首勋第七十八军进出渣津、修水、铜鼓三角地区，对武宁地区之敌担任机动防御。湘鄂赣边区游击总指挥樊崧甫指挥的孔荷宠纵队和另五个纵队（每纵队为两个团），在鄂南崇阳、通城地区之敌向南蠢动时，应对敌进行腰击和尾击，并截断其后路的补给线。

九月十八日，敌军由空军配合分别向我新墙河北岸的草鞋岭、比家山两个前进阵地猛扑。当时据守草鞋岭的赵公武师的胡春华营和比家山的覃异之师的史思华营坚持与阵地共存亡，经过三昼夜的激战，胡营全部光荣牺牲，史营损失重大，营长史思华阵亡。敌各师团的主力开始向第十五集团军关麟征部发动进攻。向南强渡新墙河后，重点指向新墙镇。经过一天两夜激战，我新墙河防线被突破。同时，盘踞在崇阳、通城之敌第三十三师团，越过白沙岭，向平江长寿街之线挺进。其时，我守备在通城以南九岭、上界至平江以东、幕阜山西麓的第二十军和第八军被迫放弃九岭正面阵地，转向东侧击敌军。同时，通城以南的樊崧甫游击

21

部队向南尾击敌人。经过数日之后，始将敌抑留于献钟地区。新墙河防线被突破后，第十五集团军开始向南撤退。第三十七军守备营田以北、洞庭湖东岸的是罗奇师的一个营，经过两昼夜的战斗，伤亡惨重，营田失陷。长官部得讯后，急令控制在黄花市、春华山、普迹市地区之李觉第七十军向湘阴、营田及汨罗江南岸急进，增援罗奇师。黄花市到营田及汨罗江南岸将近一百华里，到达营田地区时，该军第十九师之第五十五团罗文浪营向营田反攻，经过多次反复争夺，将古塘冲南侧一部分地区夺回并扼守。第十九师防守嘉义以西、营田以东南岸之线。第一〇七师防线左起嘉义，右抵新市。该师到达较迟，当时敌已迫近汨罗江北岸之线。二十五日，第七十军及在新市以东的第七十三军，被迫从汨罗江南岸向南撤退，致使汨罗江第二道防线又落敌手。在向南撤退过程中，最后撤退的小部队在白水以南、金井以北的神鼎山一带山区作了一些抵抗。一、二两道防线的部队向株洲以南、醴陵以北退却后，敌军尾追，二十九日到达捞刀河以北和以东地区。原控制在捞刀河以北以东地区的我方部队四五个军，由于长官部前进指挥所已在新墙河阵线被突破后撤到渌口以南的朱亭，因而也开始向渌口方面撤退。正当此时，闻说进到捞刀河以北地区的敌军开始向北撤退。长官部初不以为然，嗣后侦知是实，便命令撤到株洲以南的第十五集团军，撤到醴陵以北的第七十军、第七十三军，正在撤退中的第七十九军等向北追击前进。但敌军在十月一日开始北撤，而我军的追击部队过了两天才追击，与敌最少相距一日的行程，难以追及了。在献钟以南的敌军第三十三师团作为北撤敌军之右侧掩护，待其他敌军撤退到汨罗江以北才随之向九岭、通城方面撤退。十月七日左右，敌军全部撤至新墙河以北，我军继续进到新墙河原来的阵地，进行守备。

赣西、高安附近及武宁、上高一带之敌在九月下旬先后被我第十九集团军罗卓英部和第三十集团军王陵基部击退，各自固守原阵地。

根据我的观察，敌军向北撤退原因有三点。首先，由岳阳到长沙的距离有一百五十公里，其间大小道路都已被地方人民群众破坏无遗，给日军后方补给造成极大的困难，如果继续南进就越来越困难，特别是日军携带的干粮，最多只能吃一个星期。其次，日军炮车无法前进，湘江这时进入枯水期，浅水舰艇也难于活动，失去了水陆协同作战的优势。最后，敌军到捞刀河后，发现我军尚未使用的部队还有五个军之多，自己则已成疲惫之师，不得不适可而止，自动撤退。

总之，这次湘北战役中，我军确与敌发生过激战，许多官兵表现了为国献身的英勇精神。据我回忆所及，事后曾对各部队进行了大量补充，如关麟征集团军共辖十八个团，即补充了六个团；彭位仁第七十三军有九个团，即补充了两个团；杨森第二十七集团军只有六个团，即补充了两个团；王陵基两个军共十二个团，即补充了三个团。参加战役的十一个军共补充了四十个团，损失之大，可以概见。

湘北民间所遭受的浩劫亦言之痛心。战后我曾随薛岳前往湘北、赣西各地巡视一周。据我所知，单就湘北上杉市、福临铺、麻林桥、青山市、栗桥、高桥、金井、长乐街、新市、汨罗、营田、长寿街、龙门厂、瓮江等处而言，被日军烧光的市镇村庄就有二百七十多个，被惨杀的民众达八千多人，被强奸的妇女不计其数，其中包括八岁的女孩和八十三岁的老妪。又据湘阴、平江、岳阳、华容（岳阳限于新墙河以南，华容虽未经过战事，但被敌洞庭支队抢走的粮食不少）等县的报告，此次日军进犯，除抢走了约五十万石粮食外，在撤退时，还将运不走的粮食和未收割的晚稻都付之一炬。湘北民间所遭受的浩劫充分说明了日本帝国主义者的野蛮和残暴。

滇军在赣北作战

卓　立※

一九三九年九月，日军主力由长江右岸水陆并进，向南直趋长沙，以有力部队由南昌、奉新等地向上富、甘坊、找桥、钢鼓、浏阳西进，企图进出于长沙以东地区，配合进占长沙。第九战区侦悉敌军企图后，采取在赣北方面拒止敌军西进，在湘北方面诱敌深入的策略，准备予以聚歼。

作战经过

第一集团军以沿奉新、上富、甘坊、找桥、铜鼓、浏阳大道及其两侧地区阻截日军西进窜犯长沙之任务进行作战。

一九三九年九月十四日，敌第一〇一师团（师团长斋藤弥平太）和一〇六师团（师团长中井良太郎）主力开始向我第一集团军各军正面攻击。敌军企图先以一部由安义向我靖安方面之挺进师（第六十军第一八三师）攻击，压迫其向九仙汤方面撤退，随以有力部队由奉新沿潦河北岸西进，猛攻第六十军的正面，但未得逞。该敌乃改变战略，以一部占领上富，向西固守；以主力渡潦河南下，经白水源向我集团军侧后要点村前进犯，企图包围我集团军而攻击之。

※　作者当时系第六十军代参谋长。

村前突围，各军撤退迅速

战争开始一二日后，第六十军综合敌情研究，判断敌有迂回侧背，包围我集团军于战场，在高安、奉新、村前间地区歼灭之企图；我集团军防广兵单，形势不利，应转移到有利地区，缩短防线，集中兵力，再行反攻。并具申意见："转移于杨公圩、村前以西的南北之线占领阵地，部署反攻为宜。"九月十七日午后，奉战区电示，战区采纳我集团军的具申意见，我集团军即向村前、杨公圩以西的南北之线转移。第六十军军部及军属第一八四师各由现驻地开始转移撤退，于九月二十日先后撤至棠浦地区集结，清点部队，准备再战。第五十八军所属各师各由现驻地撤退转移，于九月二十日到达官桥、泗溪地区集结待命，集团军总部转移到宜丰指挥。

甘坊、找桥阻击战

第六十军、第五十八军在甘坊、找桥阻击西进之日军，粉碎了该敌西进会陷长沙之企图。

日军虽未达到其在高安、奉新、村前间消灭我第一集团军的目的，但使第六十军、第五十八军先后转移到棠浦、官桥、泗溪间地区，并将第六十军第一八三师压迫到九仙汤方面，其潦河两侧之威胁已行除去，遂将其渡潦河南下部队，迅速撤至上富一带集结，继续西向攻击。

第六十军到棠浦集结后，经过一两天清点整顿，于九月二十三日奉命由棠浦北进，截击由甘坊西进之敌。我原在上富、冶城各地阻击西进敌军之第十五师已逐次后移，靠近第六十军，并奉命配属第六十军指挥。第六十军第一八三师亦由九仙汤南下，与军主力会合，士气大振。第六十军军部于九月二十四日薄暮进抵到藤桥，当即电令第十五师固守甘坊西端现阵地，右与第六十军第一八四师联系，竭力拒止敌人西进。九月二十五日拂晓起，在甘坊与敌展开激战。敌机每日更番轰炸，炮声隆隆响彻山谷，敌伤亡后运南昌者络绎于途。第六十军第一八四师曾泽生团派出部队攻占甘坊东端要点，使敌陷于我重围攻击中。但敌仍然向西猛扑，战斗夜以继日，无稍间歇。第六十军由棠浦出发时，即电令军属第一八三师由九仙汤南下，夹击甘坊之敌，待甘坊激战已开始，不见该师到来，电报有两日不通。正焦虑间，接该师由找桥北方发来的请示行动电报。军仍令遵照前令，由甘坊以北向南夹击敌人。该师于二十七日到达指定地点，三面包围日军而攻击之。但因配属部队第十五师伤亡过大，战斗力减弱，渐不支，不得已于九月二十九日调第一八三师转守正面，将第十五师（师长汪之斌）撤离火线，到后方整理。是时集团军奉战区电令云："长沙方面敌已呈动摇，希望兄部再鼓余勇，阻敌西进，以保战区侧背安全。"当即转饬各师遵照。第一八三师与第一八四师协同力阻，但敌仍一意向西进犯。激战近十天，敌西进企图终未得逞。该敌知欲突破我军正面而犯长沙已为形势所不许，乃于十月一日夜间纵火焚烧甘坊市，烧毁四百余家房屋，烧死百姓二百余人，真是惨绝人寰！该敌绕越我第一八三师左翼，向我找桥第五十八军阻截线攻击。当第六十军在甘坊阻击敌人时，第五十八军及所属新十师、新十一师在官桥、泗溪奉令迅速北进，在甘坊以西找桥南北之线，构成第二道阻击线。十月二日晨，由甘坊西进之敌军开始向找桥第五十八军猛攻，因为找桥地形是一个隘路，攻击较为困难。十月三日，敌一方面向第五十八军正面强攻，另一方面由第五十八军左翼迂回攻我侧背，我军新编第十师不得已乃向铜鼓撤退。正恐该方面敌人尾追，不料该敌全部兵力突然转变前进方向，由找桥西北向石街前进。适于此时，战区控制在修水、通城地区的预备兵团全部投入长沙本战场战斗，敌军向鄂南方面溃退，石街方面之敌由九仙汤方面回窜南昌，会战结束，是为湘北大捷。

会战所获战果

战区既定方针，对东拒止南昌敌人之西进，对北待由鄂南南犯之敌深入，予以聚歼。在长沙北面构成坚强防线，置重点于两翼，严阵待敌。第一集团军（滇军）积极作战，完成了阻击由南昌西进敌人之任务，保障了战区右侧背之安全，取得了赣北方面之大捷，粉碎了日军的奇袭战术。赣北方面日军伤亡三千余人，我集团军伤亡人数亦略等；第六十军向棠浦转移时，损失德造卜伏斯山炮一门。

经验教训

第一集团军入赣北后，即归第十九集团军总司令罗卓英指挥，因此第一集团军向战区请示须由第十九集团军总部转呈。第六十军和第五十八军由高安、奉新间撤退时，因逐级请示，耽延时间，待敌人已进占村前合围后才开始行动，致使第六十军损失德国造卜伏斯山炮一门；部队钻隙撤出亦受相当损失，第五十八军在斜桥、杨公圩各地受村前敌人阻击、侧击，损失尤重。

甘坊找桥之战

余建勋[※]

战前态势

一九三九年欧战爆发，日军妄图从速解决中国问题，以便应付新的形势，故选择第九战区长沙为攻击目标，力求与中国军队主力部队决战，打破华中局势相持局面。九月中旬，日军十八万众分由鄂南湘北南下；另一部分——第一〇六师团、第一〇一师团、第十四混成旅团——由江西南昌、奉新西犯湘东浏阳，企图与其主力会合，围攻长沙。战区司令长官部为确保湘北主力军侧背安全，以便诱敌深入到长沙近郊歼灭之，责令第一集团军附属第十五师，阻止由赣窜湘之敌。

抗击敌人进攻和村前杨公圩突围

九月十一、十二日，据第一八三师和第一八四师潦河北岸加强营电台报告，近日来，靖安以南及安义城郊，敌兵骤增至六七千众，四出抢掠，骚扰民众。我第一线阵地前方，敌军调动频繁，守军正密切监视中。十四日拂晓，敌独立第十四混成旅团在飞机大炮掩护下，一股两三千人，向奉新西南郊第一八四师正面展开攻击；另一股两三千人沿高安湘赣公路西犯新编第十一师阵地。同时以一部对锦江南岸我友军阵地佯攻。整日敌机多批分别向我阵地疯狂扫射轰炸，协助其地面部队向集团军阵地

※ 作者当时系第六十军第一八四师第五五一团团长。

两翼展开钳形攻击。第一八四师阵地左翼与新编第十一师阵地右翼战事最激烈。我守兵坚强迎击，迭次打退敌人进攻。三天三夜激战，我官兵伤亡虽多，但第一线阵地屹立未动。不料第一八三师在靖安、安义地区，受到强敌第一〇六师团主力压迫，退到九仙汤附近。第六十军曾电令该师即日南下甘坊、上富地区，侧击西窜之敌。而后该电台忽然与军部失去联系。十六日晨，沿潦河两岸西犯之敌与友军第十五师汪之斌部激战于上富附近地区。敌势汹汹，严重威胁我军第一线作战部队侧背安全。集团军奉上级指示，令第五十八军率新编第十师、第六十军军部及配属第一八四师炮兵排，于十七日夜，分别经黄陂桥、龙团圩及村前街向西转移。两部即夜顺利撤到杨公圩、村前街以西地区。配属炮兵排行动迟缓，在村前休息，被敌由上富、白水源南下迂回部队截击，我伤亡官兵十余名，损失山炮一门。十八日，敌另一股由大禾岭北面水口甘南下，直插村前街、杨公圩等要点，切断了集团军前后方之间的交通联络。情况突变，第五十八军改在官桥、泗溪，第六十军改在棠浦地区集结。我前线作战的第一八四师及新编第十一师，于十八日凌晨三时除各留一部掩护部队与敌保持接触外，主力撤出阵地。十三时许，各师到达肖坊、斜桥间地区集结午餐，遭到敌机轰炸。第一八四师第五五二团副营长岳家祥等少数官兵受伤。同时第一八四师方面敌人，已突过伍桥河，新编第十一师方面敌人一部窜抵斜桥附近，先后与我掩护部队发生激战。新编第十一师一部围攻斜桥之敌，主力向杨公圩转进，与杨公圩附近敌迂回部队相遇，激战至十八日夜，突过敌包围圈，伤亡较大，于二十日到官桥、泗溪间集结。第一八四师于十八日夜，以第五五二团邓应彬营为前导，取道村前街与杨公圩间空隙地段，顺近越过敌包围线，于十九日晨以后，主力到达棠浦以西集结。有第五五一团两个连，连日作战困乏，在越过敌包围线不远的村庄早餐休息时，官兵多人梦乡，突遭敌人袭击，略有伤亡，大部脱险。十九日全军在棠浦以西集结完毕，敌人企图包围我军的计划失败了。

甘坊之战

敌第十四混成旅团钳形攻击失败后，迅速转向上富方向，与第一〇六师团会合西犯。第一〇六师团进入上富以西山谷地区，遭到第十五师节节抗击，部队运动不便，行动迟滞。第六十军于二十三日命令第一八三师由北向南，第一八四师由南向北，配合甘坊正面的第十五师围歼敌人（这时第十五师拨归第六十军指挥）。第一八四师于二十四日拂晓到达甘坊以南地区，进入阵地后，与第十五师取得联系，猛攻甘坊附近敌人，枪炮声震撼山谷。敌侧背受敌，异常慌乱，伤亡激增，敌担架队不断往来搬运伤兵。九时许，敌机飞临我军阵地滥炸，我军在竹林中隐蔽，敌机轰炸效果不大。第五五〇团攻占甘坊东端高地，将敌军切成两段，敌处境危殆，屡次反攻都被击败。可惜第一八三师杨宏光部并未遵照命令到达甘坊北部，擅自把部队带到找桥去了。安恩溥军长严令杨宏光师于二十六日赶到甘坊北部地区参战。二十六日午后，敌猛攻甘坊西端第十五师正面。该师连日作战，部队伤亡较大，力有不支。幸第一八三师二十七日赶到，接替第十五师防线。激战两日，敌主力迂回第一八三师左翼，西窜找桥。第五五〇团即时攻入甘坊，掠获武器物资文件甚多。战地遗敌尸及骡马尸体不少，敌军日记中承认滇军顽强，他们的伤亡颇重。

找桥作战

当第六十军向甘坊进军时，第五十八军新编第十一师位于安市附近，防止敌南窜，同时保卫总部侧背安全。新编第十师开到找桥西端，以杨琇团在左，魏沛苍团在右，占领找桥南北之线，构筑第二线阵地。十月二日，敌猛犯杨团坳下阵地，激战至三日午后，敌不得逞。敌主力由该师左侧豆腐坳迂回找桥侧背。新编第十师师长刘正富，竟率部向铜鼓撤退。新编第十一师增援找桥时，敌已转向西北石街方向急窜，两军跟踪追堵。旋传长沙大捷消息。我军当面敌人窜湘目的幻灭，经石湾回窜九仙汤，逃回南昌。

二十天的激战，第一集团军及第十五师予敌重创，迟滞敌行动，有效地阻止了敌人窜犯湘北，保障了长沙近郊与敌主力决战的友军侧背安全，对第一次长沙大捷做出了贡献，受到薛岳电报嘉奖。十月六日，第一集团军全部调万载县整补。

截击回窜奉新之敌

于泽霖※

第四十九军第一○五师参加一九三九年南昌修河战役后，到高安附近地区从事整补，取消了旅的编制，改为由师直辖三个团，师长为王铁汉，第三一三团团长魏恩铭，第三一四团团长张翰西，第三一五团团长于泽霖。经过半年多的整顿、补充和训练，部队的实力又告恢复，可以担负较重的作战任务了。

九月间，长沙会战开始。第一○五师的战斗序列仍属于第九战区第十九集团军。第十九集团军是第九战区位于江西战场上的兵团，与第三战区的作战地境以赣江分界，赣江以西属于第九战区。第一○五师于长沙会战的末期才受领战斗任务，那就是截击由九仙汤方向向奉新回窜的日军。

公路截击

王铁汉师长接受任务后，怎样具体下达命令，我回忆不起了，只记得是令第三一四团先出发到罗坊以南公路的南侧一带高地之线，占领阵地。本团到罗坊以南公路南侧高地之线接替第三一四团所占领的阵地，截击退却的日军。本团是于第三一四团占领阵地后一天接到命令的，我当时并不了解师长为什么要这样做。按说第三一四团已经占领好了阵地，又何必要第三一五团接替他的阵地呢？如果因为兵力不足需要增加一个

※ 作者当时系第四十九军第一○五师第三一五团团长。

团，何不使第三一五团在第三一四团的右或左侧另行占领阵地？直到现在还怀疑这种指挥方法。当时的经过情形是：第三一五团即日经过村前街进入山区，兼程急进，于日暮前到达第三一四团的防地（具体地名均忘记）。第三一四团团部设在一个高地南向山脚下的独立房屋里。我与该团团长张翰西见了面，了解一下情况和阵地配备情形后，便按他原来的配备开始接防。天黑后，大约七点多钟，接防完了，这时师长王铁汉找第三一四团团长接电话，我看见张团长很不耐烦的表情，放下听筒气呼呼地出发了。

本团展开第一、二两营在第一线阵地，第一营在右，第二营在左。第三营为预备队，配置在第二线上。营各展开两个连，控置一个连。这一带的地形是很理想的，通奉新的公路就在第一线阵地的山脚下，火力正可严密地封锁公路。即使敌人攻破我第一线阵地，因后面是层层高地，仍可以据守。且山地的交通困难，敌人不可能投入较大兵力。为防止敌人突破我第一线后的深入和收容第一线的撤退部队，才设置了第二线（即预备阵地）。

第三一四团出发后，师长王铁汉指示我："要注意监视敌人，发现后要狠打，因系夜间，要注意火器的标定射击。第三一四团已推进到你团的左前方某地（地点忘记），要注意联络。"我此时比较放心的是，敌人从西向东撤退，首先发现的将是第三一四团，他们打响以后，我们才能战斗。又因是夜间，敌人分不清阻击兵力的多少和配备的位置，第三一四团一接触，敌人势必向他们反扑，本团正面承担的压力就不大了，起码可以平均分担。

大约十点钟左右，我接到第一线营长的报告："敌人已经在公路上行动，夜间看不清楚，但肯定是大部队。"我接到这个情况后，当时很诧异，敌人是在公路上行动，第三一四团的阵地当然是俯瞰公路的，怎么一点动静也没有呢？难道看着日军过路不理不睬吗？我当即一面命令第一线营开火战斗，一面把情况报告师长。

战斗一开始即是猛烈地进行，敌人还击得很快，并开始向我阵地猛攻。不过几十分钟，我第一线阵地被迫后退。因系夜间，在撤退中伤亡不大，逐步退到第二线阵地后，继续战斗。敌人只能占据我们的第一线阵地向我军射击，几次以部分兵力接近我第二线阵地，均被击退。战斗虽然很激烈，但主要是对射，一直到半夜以后（大约是二时左右），敌人始退走。

事后了解，第三一四团为什么没有参加这次战斗呢？并不是师长没给他任务，而是该团团长张翰西没有执行师给他的任务。师给他的任务是：推进到第三一五团以左某地附近的公路边，与第三一五团共同截击退却日军。但他们交出原防地后，可能心怀不满，所以消极对待任务，误了战机。假如该团能按师的命令动作，两个团同时进行战斗，尽管日军战斗力较强，在这种地形和时机突然袭击，日军的伤亡一定是很大的。师长王铁汉对此大伤脑筋，战后将张翰西撤职。

慎重行动

次日天明后，师令本团在公路南侧，第三一四团在公路北侧搜索前进，逐步向奉新方向接近。我派出团谍报队穿便衣远出侦明情况。据报，在通奉新公路南侧的某村中（村名忘记）有日军的野战医院，有不少伤兵和大约一个中队的步兵住着，村边有两三个机枪火力点。我认为是很好的机会，可于本晚对之进行夜袭，俘获必不在少数。便电话向师长报告这个情况，说明我的意见。师长王铁汉认为可以做，要我再仔细侦察一下，一定要把情况弄清楚。我又派出搜索人员。没过一个小时，又接师长的电话，要我不要太急躁，他决定要搞就搞到底，考虑怕一个团兵力不够，可能该村的敌人兵力多些，已经令第三一三团的第三营（也许是第一营，营长是宋奇）于今晚赶到我团，归我指挥，并再三嘱咐必须等该营到达方可行动。我团只好在距离预定袭击的村子约十华里的一些小村中休息，准备夜间行动。入夜，宋营赶到了。团的袭击计划是用一个营担任第一拨，另以一个营担任第二拨，其余两个营均做预备队。因村落不大，一个营尽可包围该村。我们静悄悄地前进了，越是接近村庄，搜索越周密，以故十华里的距离竟走了两个多钟头。我满以为这个仗是打成了，但久久听不到枪声。正觉得奇怪，接到第一营营长安毓书报告：该营已进入村落，敌人丢掉不少东西撤走了。我进村之后，只见许多丢下的钢盔、衣服，还有一些副食品，锅内煮的饭和开水还是热的。看情形是敌人已经发现我军企图，故而仓促退走了。

奉新外围敌人反扑

第三日天明后，师指定第三一四团在左，第三一五团在右，向奉新方向继续前进；师的行动控制线为吟溪桥以东公路南北起伏地（具体的起点和终点记不起了）。到达该线后，第三一五团展开在公路以南，第三一四团展开在公路以北，师部和第三一三团（欠第三营）继续前进。这一带的地形是：公路南北三四里范围内都是起伏地，故而形成东西的大冲。在这大冲中，我们所占领的这一带棱线是最高的地方，这线以东有些散落的小村和树林，敌人就在这个地区停止。第三一五团因占领的正面过大，就将三个营全部展开，第三一三团的第三营作为团的预备队，团部位置在公路以南的吟溪桥，预备队也布置于这附近。经侦明，在我占领线以东广大地区驻有日军，他们为了排除威胁，必将对我们反击。较大的战斗很快就要发生，我便令全营加强工事，对敌人容易接近的阵地充分准备火力。果不出所料，日军于我们到达控制线的第二日午后即开始向我方阵地攻击。战斗一开始就猛烈地进行，因为本团展开的兵力多，故而火力炽盛，敌人两次攻到阵地前，均被手榴弹打退。第三一四团正面也同时受到攻击。在战斗进行中，日军以一部分兵力向第三一五团右侧翼运动，企图攻击本团的侧背。我发现后，即以团预备队（第三一三团的第三营）展开在团的右翼予以堵击，敌终未得逞。战斗至傍晚，第三一四团阵地大部失守，该团有几个连退到第三一五团阵地内来，我加以收容后，便归还建制。在战斗紧张的时候，师长王铁汉因第三一四团战况不佳，感到极为不安，便给我电话，大意是：第三一四团阵地失掉，敌人势必集中兵力打三一五团，你要注意情况，如果支持不了时，可退依大禾岭。不必请示，而后再与师联络。我得到指示后，因为战斗正在进行，各营均能支持得住，所以我没有讲。入夜后，敌人攻击停止了。在这一次战斗中，第三一五团没有后退一步，始终坚守阵地，扭转了危局。第三一四团也渐渐地回到原阵地。天明后，师正面的敌人退入奉新去了。

九仙汤战斗

王仲模※

　　一九三九年九月，第五十一师驻江西宜丰澄塘、棠浦地区整训，我当时是师少校参谋，管教育训练。南昌日军挟其优势兵力，由安义、靖安窜九仙汤，经甘坊往湘北狼奔豕突地猛进；另一股日军直插上富骚扰。此时正是秋雨季节，第五十一师奉令轻装出发，向北进击敌人。

　　赣北多属山地，向北愈走愈高。当时第五十一师官兵抗日情绪很高，奉命之后士气旺盛，都抱着抓活的日本鬼子、得战利品的决心，去堵击向西窜犯的日军。九仙汤属于九宫山脉，是赣北较高的标高山地，遍山茂林秀竹，一场激烈的山地战斗将在这里展开。在当时的情况下，赣北人民群众是热烈支援中国的抗日军队的。如抬担架，送粮弹，一站接一站地送，对第五十一师士气鼓舞甚大。记得当时第五十一师的兵力部署是：以第一五三团为右翼队，先击灭上富之敌，随即向九仙汤攻击；第一五一团为左翼队，向甘坊堵击敌人先头部队；第一五二团为师预备队，以一部掩护第一五三团右翼，相机进击靖安、安义，并与右翼友军云南部队取得联络。第一五三团扫清了上富敌人后，正是蒙蒙细雨，山中大雾弥漫，就立即向九仙汤猛攻。战斗异常激烈，敌军凭险顽抗，其目的系掩护主力后撤，双方曾一度胶着。师长李天霞接获前线情报，判知九仙汤之敌在急速撤退，夺路向靖安、安义回窜，就命令第一五三团相机攻击，攻占了九仙汤。

　　据当时情报，九仙汤系日军兵站基地，九仙汤只有一条狭长的道路，

　　※　作者当时系第七十四军第五十一师少校参谋。

百户人家。在我军猛力攻击下，日军仓皇向靖安回窜，丢弃辎重、弹粮不少，还有很多大皮靴，可见回窜之时狼狈已极。此役俘虏敌兵八人。我士兵恨敌入骨，有的士兵宁愿不要二百元赏金，而将敌兵刺死在战场。同时，窜犯甘坊的敌人先头部队也被第一五一团堵击回窜，因而九仙汤的日军是全力掩护撤退，所以战斗是很激烈的。最后，我军将九仙汤全部占领。清扫战场时，发现一间民房楼上藏有一个敌兵，我军一个上尉军官想去捉活的，竟被击倒，敌兵也被击中腹部，终于被活捉。据他说是独立第十四混成旅团的一个联队的。

这一次战斗，日军使用的部队是长于山地战的独立第十四混成旅团，妄想抄小路，出奇兵，一直向西进犯，钳制住赣北的国民党军队。在九仙汤山地惨败，是他们所未能预料到的。可以说，第一次长沙会战在赣北首先奠定了初步的胜利。

麦市大捷及对通城攻击

牟龙光※

麦市大捷

第一四〇师于一九三八年秋参加保卫武汉战役后撤到新墙河南岸，后移驻汨罗江中游之长乐街、浯口、杨子源、土洞等地，构筑工事，以备将来作战需要。

本师师长宋思一，副师长李棠（陆大毕业），参谋长谭心，参谋主任陈肃；第八三五团团长张涛，第八三七团团长徐定远，第八四〇团团长牟龙光；辎重营营长彭裕初，工兵营营长熊增晖，迫击炮营营长程朗。全师人员装备比较充足，均为德国和捷克武器。是年七月，原守备湘鄂边境幕阜山、麦市、九岭之线的第九十二军军长李仙洲，调任冀鲁豫边区任游击总指挥，第一四〇师奉命开赴平江之南江桥，接替第九十二军第二十一师防务。时第一四〇师师长宋思一因与原第九战区司令长官陈诚有矛盾而自动辞职，副师长李棠升任师长。师司令部由南江桥移驻湖北通城县属之李家塅、鱼牙口附近。以第八三五团第一营张承彦部占领麦市以东322高地，第八三七团占领麦市附近之鸡笼山至凤凰楼之线，第八四〇团进出清水塘、堰市、高冲、鲤鱼港地区，深入敌后游击，炸毁通城至大沙坪铁柱港大桥，破坏敌人交通、通信，对其构成极大威胁。

当面之敌为第六师团第四十五联队，在景山、锡山一带凭借工事据守，联队长池田纯久驻通城，师团长稻叶四郎驻崇阳，服部旅团驻大沙

※ 作者当时系第七十九军第一四〇师第八四〇团团长。

坪。敌我两军处于相持状态，时有炮击。

李仙洲军调走后，第七十九军军长夏楚中率第九十八师王甲本部开到鄂南九岭接防。第一四〇师及守备岳阳县属湾头以东阵地之第八十二师均归夏楚中节制，该军军部驻上塔市。

一九三九年湘北秋收后，日军对湘北、赣西北我军全面发动攻势，以据守鄂南通城、崇阳之第六师团，并抽调鄂西北及平汉铁路沿线之第三师团一部，向岳阳所属之桃林一带地区集结，拟由粤汉路两侧进攻长沙。第三十三师团在崇阳大沙坪等地接换了原守备部队第六师团的防务。敌接交防务时，即被我团侦知，当即加紧游击活动，牵制敌人交替。当时，我向李棠师长报告说："敌第三十三师团前来接替第六师团后，现已向我麦市附近之阵地前进，其先头部队已渡过浚水，正与我宋希平营激战中。另一部由景山以东、鸡笼山以北向麦市前进。向我前进之敌为新接替的第三十三师团之门胁联队。撤下来的第六师团，被数十辆大卡车运往崇阳方向。"李棠师长将我团报告转报军长夏楚中。敌第三十三师团在大沙坪集结完毕，企图沿通城、九岭、天岳关、南江桥、平江等地进逼长沙。

敌第三十三师团与我第八四〇团战斗两日后，全部集中在高冲、鲤鱼港，企图攻占麦市，沿幕阜山东侧越过天岳关、虹桥直趋平江，进取长沙。敌人渡浚水，与我第八四〇团在清水塘、高冲激战后，直扑麦市北端之鸡笼山及东面之322高地。第八四〇团与敌激战两日后，星夜绕道黄茅大山脚到达麦市，片刻未休息，立即派部队占领大白墈附近高地，并在箭头、磐石两处构筑工事，阻敌由此通往天岳关直下平江之路。第八三七团傅鼎臣营在鸡笼山与敌争夺终日；郭光程营迅捷占领了棺材山，扼制了敌人进攻苦竹坳、南楼岭的制高点，迟滞了敌人的行动。当日下午，第二十军第一三三师由崇阳撤回来，占领了南楼岭、苦竹岭、葛斗山等高地。

第四一八团张永彦营原守322高地部队曾一度放弃该高地，我团到达后，立即派兵协助，由邓少英副营长指挥方宏才等两连，经半日激战，夺回了322高地。是日午后，敌由大白墈进攻苦竹岭，由张冲源进攻南楼岭。第二十军守这两个高地的部队兵力单薄，半日后即行退走。当时我认为放弃苦竹岭无关紧要，若南楼岭不收回，则敌人可以由此通过盖文岭上天岳关，直下平江。于是立即率刘植斋营及第九十八师之骆营（军部派来支援的）进攻南楼岭。经一日进攻，阵亡副营长一人、连长三人，排长刘喜良三处负伤仍坚持战斗，最后于薄暮时攻下南楼岭、葛斗山两高地。敌第三十三师团被阻止于大白墈、鸡笼山、磐石、箭头、麦市之间，三日不能前进。敌方调来坦克十余辆，刚到大白墈附近，即被我留在高冲附近之唐明轩连埋设手榴弹炸毁了四辆，其余坦克只得全部退回通城。敌又以全力向南楼岭、葛斗山猛扑，遭到第八四〇团顽强抵抗，并遭到我322高地的守军侧面威胁。于是又发动对322高地进攻，企图夺取我阵地，解除侧背威胁。此时，敌对322高地发射催泪瓦斯弹数十发，我守备队以山草点火，将瓦斯冲入高空，我军中毒者甚少。从此我军取得了以火攻毒的经验。322高地的战斗，敌我都付出相当高的代价，成了相持状态。敌又以主力进攻南楼岭和葛斗山，终日激战，未能攻下，死伤累累。敌机七八架更翻轰炸，我团守团部的警卫排长钟启昌、通信连看守总机的班长和士兵十五人有的牺牲，有的重伤。守军苦苦坚持两昼夜，敌人终未得逞，乃改向苦竹岭攻击，然后进入修水县之桃树港，向长寿街前进。途中敌又遭到我第二十军第一三三、第一三四两师在白沙岭堵击，第八十二师及第九十八师在右侧面侧击，到桃树港时，又被我团侧击，伤亡极大，迟迟到不了长寿街。原在武宁、修水、铜鼓的第七十八军、第七十二军以迅急的速度赶至长寿街，向北迎击，敌近二十天内都陷在桃树港、长寿街之间冲不出去，弄得粮弹俱缺。尾随前进的敌辎重兵团，行抵大白墈附近，遭到棺材山与鸡笼山我军第八三七团及第八四〇团的夹击，我方迫击炮集中轰击，敌驮马百余匹被击毙，无法跟大队前进，不得已仍退回通城。

这一战役，第八三五团一个营获战马六匹；第八三七团获战刀数十把、战马十二匹；第八四〇团获手枪四支、电话线八卷（每卷千米）、战马十五匹、地图二十余张（五万分之一的军用地图，注记详细），生俘敌七名。另缴获一本日军上士本田四郎的战斗日记，日记中记有遭我炮兵射击，大腿负伤的情况，并写有诗一首："长江之水往东流，中国河流永不朽；要使中国不抗日，除非长江之水不会流。"文中可以看出日军的厌战情绪。

综观此次敌军作战布置，敌第十一军司令官冈村宁次以外线作战方式，从赣北、鄂南及湘北分三路向长沙进攻，其主力右纵队沿粤汉铁路南犯，进展迅速，进到三姐桥；第三十三师团沿湘鄂公路，企图越过九岭经平江直下长沙，但在麦市附近遭到我军第一四〇师的顽强抵抗，经过十余昼夜的激战，始进到长寿街以北；在赣西北方面，敌第一〇一师团、第一〇六师团遭我军阻击，进展缓慢。这就使右纵队三姐桥之线日军陷于突出，有被全歼的危险，于是冈村宁次下令全线总退却。

敌第三十三师团退却到桃树港时，遭到我第一四〇师第八三五团的阻击；到达大白塅、鸡笼山附近又被我第八四〇团阻击；并在魏家塅与我骑兵连及第八四〇团第一营激战终日，入夜后方始遁去。此役我第一四〇师先后与敌激战二十余日，第八四〇团从开始敌后游击至战后清扫战场、掩埋尸体，共计四十二日，消耗子弹近四十万发。战后在麦市、南楼岭、322高地收回铜弹壳三十余挑，足见战况之烈。此战大大鼓舞了士气，我们开始认识到日本侵略军是可以打败的。

第一四〇师在麦市战役中坚守阵地，顽强抵抗，迟滞了敌第三十三师团的行动，击毙敌人千余，击毙敌马匹二三百匹，给日敌以沉重的打击。由是师长李棠被授予二等宝鼎勋章；我被授予四等宝鼎勋章；营长傅鼎臣被授予六等宝鼎勋章，并晋升为中校。还有多人受奖，咸由国民政府主席林森颁发奖状。

战后司令长官薛岳亲到第一四〇师，集合全师官兵表扬战功，并奖银洋五千元。

对通城攻击

第一次长沙会战后，我第九战区长官部征得军事委员会同意，选定湖北南部的通城为攻击点，调集第七十九军所辖第九十八、第八十二、第一四〇三个师，第二十军所辖第一三三、第一三四两个师，第八军所辖第三、第一九七两个师对通城及大沙坪两地进行攻击，称为鄂南"冬季攻势"。

一九三九年十二月初，此时正值日军第一次长沙会战失败后，龟缩在岳阳、通城、崇阳、大沙坪等据点，以图固守。

第九战区司令长官部命令：第七十九军军长夏楚中负责指挥该军围攻通城，第八军围攻大沙坪；第二十军推进至南宁桥、白霓桥附近对崇阳之敌佯攻，制止向大沙坪及通城增援。

第七十九军奉命后，指令第一四〇师由浚水以东先突击到通城东郭，然后攻击景山、锡山诸高地，占领后，再迫近通城东门，向该城攻击。第九十八师由九岭西下，迫近通城西门，向该城攻击。第八十二师占领岳阳与通城之间的要道，监视和阻击岳阳之敌前来增援。

第一四〇师奉命后，召集团长以上人员开会，指定第八三五团（团长陈肃）攻占景山及锡山，再由通城南面迫近该城；我指挥第八四〇团由浚水东尾选定两三个突破口，突破后，向通城东门进攻。第八三九团

40

（团长徐定远）进驻清水塘、堰市，派出部队进到大沙坪以西通城、崇阳公路，破坏敌通信设施，并阻止由崇阳来援之敌。任务下达后，各团星夜进到预定攻击点。

奉命后的第二夜，各团按指定地点进行攻击。第八三五团攻到景山山腰，天已拂晓，不能再进行攻击，即在原地构筑工事防敌反攻，以待入夜再行攻击。第一营营长邓少英负伤，阵亡排长二人，伤亡士兵二十余人。第八四〇团攻击通城东门外石臂寺成功，毙敌八十余人。当时我团在拂晓前深入到通城东北占领阵地，构筑工事防守，以待入夜再行攻击。是役，我团伤第一连连长张国宣，阵亡排长刘知非、黄云章，伤亡士兵二十余人。

入夜，第八三五团进到锡山脚下，即遭城内炮兵射击，伤亡较重，只得停止攻击。第八四〇团攻击浚水西尾之菖蒲港，因敌据点坚固，火力旺盛，第五连连长宋应槐阵亡，中尉排长殷华负重伤，排长胡坤阵亡，伤亡士兵六十余人。攻击未成功。第二营副营长周艇率全营由石臂寺进到通城东北，以迫击炮向通城城内射击，使敌人感到极大威胁；拂晓后，该营转至通往崇阳的公路上，砍断敌电线杆二十余根，收得被覆线五六千米。

接连四五天，通城及大沙坪之敌遭我迫击炮不断轰击，交通通信遭到破坏。日军即由岳阳抽调一个大队赶来增援，行到岳阳与通城交界的垮头附近，遭到第八十二师第二四五团及第二四六团猛烈截击。经一昼夜战斗，敌无法通过，退回岳阳。通城之敌由城内抽调三百余人从东门外徒涉过浚水出击，正在徒涉过河时，遭到第八四〇团第二营重机枪猛烈阻击，死于浚水河中之敌二十余人，击毙敌金田炮兵大尉一名。与此同时，我第四一九团第三营副营长黄立新率两连由清水塘赶来侧击，敌腹背受敌，死伤很大，入暮后残敌撤回通城城内。大沙坪之敌（属池田联队）遭到我友军连续日夜袭击，亦有伤亡。由崇阳方面前来增援之敌，亦被我第二十军拦阻于南宁桥附近，未达到其增援目的。

是役，我军缺乏攻城武器，官兵仅凭勇气作战，将近一周的冬季攻势，每日伤亡达百余人，一个据点未曾攻下。一九三九年十二月下旬，我军停止攻击，退回幕阜山下的凤凰楼、蔡石窝、葛家墩等地休整。

幕阜山区的两次战斗

许俊陶※

日军攻占武汉后，在湖北阳新、通城方面，以通城为据点，与我军前哨部队保持接触。

我师原归第三十七军陈沛指挥，后调归第七十九军夏楚中指挥。第一四〇师驻平江北之南江桥（幕阜山下），师长为宋思一，副师长为李棠，战斗指挥所设于高桥。第八三七团团部驻高桥（此地系平江与通城毗连地），团长是徐定远。当时我才二十六岁，任第八三七团第一营三连中尉排长。第一营营部驻姜田，营长杨伯超；第三连连部驻通城麦市街街头庙内，连长是王展魁。

第一四〇师于一九三九年六月由湘阴开拔到平江，占据平江以北、通城以南的幕阜山区实行布防，并以一个团进驻高桥、采石窝、姜田、麦市街、何家坪、图龙坳之线，构筑防御阵地，阻止日军进犯长沙。我守军不时派出小部队执行武装侦察，活动于通城外围的景山、锡山之线，严密监视日军的行动。

锡山奇袭战

一九三九年九月二十三日早晨，连长王展魁转达营部命令，令我"率领本排立即出发，向通城方向搜索前进，发现敌情及时汇报"。我接受任务后，立即命令全排士兵轻装集合，下达了战备行军的紧急任务，

※ 作者当时系第七十九军第一四〇师第八三七团一营三连排长。

并召集各班班长讲明敌情,分配任务:第一班班长管少舟率领该班为尖兵,派出斥候组,沿公路两侧向通城方向搜索前进;其余二、三班随我跟进。

行进约五华里,见公路两侧插有小木棍,棍上挂着白纸条,相距约五十米插一根。标示什么?用意何在?我当时还不能正确判定,只好派人据实向连、营部汇报。次日才知道是日军用作坦克车行进的标志。

下午三时左右,我排搜索到远离本连驻地约十五华里的通城西北方的锡山上,尖兵班发现一个大队的日军(七百多人)正在山脚下集合。这股日军站成密集的缺口队形,个个荷枪实弹,似有迎战的模样。日军指挥官正用日语传达着什么,我们无法判断。发现敌情后,全排士兵迅速隐蔽在山顶的灌木丛里,屏住呼吸,瞪着山下的日军。我观察了一下周围的地形:锡山像个簸箕形,山上杂草灌木丛生,从半山到山脚均是杂木林,日军正巧集合在"簸箕"中间的一块凹地里。真是千载难逢的杀敌机会!我决心来个突然袭击,狠狠地打他一顿再走。于是果断地命令各班分别迅速占领山顶和山腹要地,防止日军反扑;命副班长谈保成率领轻机枪两挺,步枪兵四名(狙击射手)匍匐前进,至有效距离实行突袭。顷刻,谈保成那边机枪怒叫。我命令全排一齐开火,子弹像一阵暴雨射向日军,打得日军东倒西歪,抱头鼠窜。一阵猛打之后,凹地里横七竖八地倒下了几十个日军。当窜进树林里的日军清醒过来,用迫击炮向山上轰击,掩护反攻时,我已下令各班撤回山后,准备归队。为了退却安全,我命三班长率领该班充任后卫,紧跟一、二班循原路而返。我排撤离锡山顶后约赶了一华里,锡山方面仍然枪声不断,但日军因不明情况,不敢追击。全排一路平安,凯旋而归。

这场战斗,我排出其不意,攻其无备,使日军部队伤亡惨重。我排仅有副班长肖泽银负伤,列兵刘少青阵亡。返连归建后,捷报顿时传开,官兵们奔走相告,大大鼓舞了全体官兵的士气,当夜个个磨刀擦枪,准备迎接新的战斗。

鸡笼山阻击战

九月二十四日拂晓,连长命我率领本排占领鸡笼山右翼阵地,左与第九连阵地衔接,配合九连作战,归第九连连长曾吉林指挥。任务是:固守鸡笼山,截击日军辎重部队,断绝日军的粮弹供应。我立即向全排传达了战斗任务。全排战斗人员马上进入阵地,构筑散兵坑,先易后难,逐步完成交通壕。我排防御阵地采取纵深配备，以一、三班在第一线防御；第二班为预备队，占领侧后小高地，互相支援，构成交叉火网，务须消灭死角，防止日军利用薄弱地段锥形突破。鸡笼山位于公路西侧，固守鸡笼山就可控制公路运行，山下的黄土公路是日军攻击部队的必经之路，因此，鸡笼山便成为敌我必争之地。

天大亮以后，日军第六师团的一个联队在陆空联合、步炮协同下，对我鸡笼山阵地狂轰滥炸，企图彻底破坏我军防御工事，为进攻长沙扫平通道。从早上到黄昏，鸡笼山守军一直被淹没在日军的炮火硝烟之中，未擅离阵地一步。副班长赵琪右眼球被炸裂，班长何树清耳朵被震聋，士兵被炸死炸伤四十余名，血肉横飞，其状之烈，其情之惨，实不忍睹。据班长何树清统计，日军在一天之中向鸡笼山阵地发射了万余发炮弹。日军的暴行更坚定了我鸡笼山守军寸土不让、誓与阵地共存亡的决心。

黄昏时，炮击停止，敌我双方保持对峙状态，互相窥测，寻找战机。我军趁此加强工事，做好夜间射击准备，严防日军夜袭。上半夜，鸡笼山阵地一片沉寂，下半夜三时左右（九月二十五日），在阵阵冲锋喊杀声中，日军袭击我左翼第九连的主阵地，曾一度攻占鸡笼山顶。第九连官兵拼死争夺，奋勇出击，将日军赶下山脚，反败为胜。不幸连长曾吉林于拂晓时在山顶用望远镜侦察敌情时，被日军击中头部，为国捐躯。曾时年三十余岁，留下一妻一女，令人伤感。

日军夜袭山顶失败后，于二十五日早上重新部署，改变战法。开始用飞机大炮猛轰鸡笼山右翼我排阵地，继以约一个大队从相距千米的图龙坳发起进攻，疏散分段跃进，通过山前开阔地带时，利用稻草作伪装，渐渐向我排阵地逼近。我排除少数士兵监视外，余皆进入掩体。我命令全排士兵沉着应战，不许乱放枪，须待日军进入有效射程时，听到信号一同发射，违者军法论处。本排阵地居高临下，面敌方向是一人多高的断岩。当日军攻至阵前约百米时，我下令射击，转瞬间轻重武器一齐开火，打得日军前俯后仰。一个高举太阳旗的日军小队长哇啦啦高喊冲锋，但冲到岩脚下就无法前进了。日军躲在岩脚死角下，我机枪、步枪均无法发挥作用，我即命令用手榴弹猛轰。我刚投出一颗手榴弹，便被日军一枪击中左颈项，顿时血流如注。在此短兵相接的关键时刻，作为一个初级指挥员绝不能退缩，我叫勤务员万和善给我上药包扎后，继续指挥战斗，直到把日军的攻势打退后，才命令排附李光荣代理排长职务。我促其严阵以待，随时警惕日军的动向，交代清楚后才与全排士兵告别，由万和善扶我离开阵地，到后方就医。

战后见闻

我负伤离开阵地后得知：由于日军中路沿粤汉铁路进展神速，已切断了长平公路线，第一四〇师之伤员转运困难，野战医院准备将重伤员分散藏进幕阜山区，并号召能步行的伤员绕道经江西边境去衡阳九四后方医院。我即与本连的伤员罗树清等五人一道，经江西铜鼓、湖南平江长寿街日夜负痛兼行，于十月上旬安抵醴陵一三四后方医院。时值长沙紧张，该院准备疏散，我们换药后，又徒步经株洲、衡山到达衡阳九四后方医院。日军昼夜空袭衡阳，几天后，我们又被转送到零陵六二后方医院。本认为可以安心养伤了，殊不知日军空袭医院，很多伤员在前方没有战死，负伤住院却死于日军的狂轰滥炸之下。

我于当年十二月伤愈，起程归队。路过长沙市内，但见市区房屋烧得精光，往日的闹市已成一片焦土，居民风餐露宿于瓦砾堆上。徒步路过金井、平江一带，见百姓房屋尽被日军烧毁，传闻日军撤离时，烧杀奸淫无恶不作。沿途一片战后的凄凉惨景，我们同行的几人无不伤心落泪，切齿咒骂惨无人道的日本侵略军。

回到连队（本连已推进至通城外围一带的山区），战友重逢，感慨之余向我谈及幕阜山区战斗概况：我负伤离开后，第八三七团加强了鸡笼山守备力量，牢牢固守阵地，完成了阻击日军辎重部队的任务，日军始终未越雷池一步。日军主力攻至苦竹岭及322高地前，遭到我师牟龙光团迎头痛击，伤亡惨重。这次会战，由于第一四〇师打得顽强，拖住了日军的后腿，使日军无法完成合围长沙的战略计划，会战总结时，得到战区司令长官部嘉奖，并通报表彰。我也得到嘉奖，并越级晋升为上尉排长，随即参加了冬季攻势。

在湘北前线的经历

韩梅村※

一

武汉沦陷后，第五十二军奉命撤退到湘北新墙河东南地区，日军第六师团于十一月十二日侵占了岳阳。

这时关麟征升任第十五集团军总司令，先后指挥第五十二军军长张耀明、第三十七军军长陈沛、第七十九军军长夏楚中。其右翼平江、通城方面的防守部队是川军杨森统率的第二十七集团军。日军第六师团，分布于粤汉铁路线上自蒲圻至麻塘各车站及某些山头和村庄。

第五十二军在新墙河东南岸，右接杨森的部队，左至鹿角之线筑阵防守。所属三个师都是两旅四个团，每团两千五百人左右。我这个旅（第一九五师第五六六旅）有一个团全是在武汉沦陷时接收的新兵，集中在第一线阵地后几个大村庄训练。其他几个师的情况大致相同。自一九三八年十一月至一九三九年夏，由于敌我相持大半年，使新兵得到了训练机会。一九三九年五月中旬的一天，张耀明令第一九五师第五六五旅派出一个团，袭击临湘南面忠坊村敌军一个加强中队的据点。该旅刘平旅长亲自指挥，我同梁恺师长也到忠坊西南高地观察，并向军部和刘平旅长的指挥所架通了电话。刘旅长集中两个团的迫击炮，在当天上午六时开始炮击，发射了近两百发炮弹，步兵开始突击。但敌军构筑的防守阵地未彻底破坏，虽有伤亡，仍顽强抵抗。我军伤亡惨重，突不进去。

※ 作者当时系第五十二军第一九五师参谋长。

我向梁师长建议，要求军部增援山炮四门，每门配弹百发，定能摧毁敌军坚固防御工事。但张耀明军长说，炮兵离前线太远，又要用马驮，只同意补发迫击炮弹。迫击炮弹我旅有几百颗，但不起作用。下午一时前后，发现临湘方面约有五百左右的敌军向忠坊急进，我又向梁恺师长建议由我亲率一个团阻击由临湘来援忠坊之敌。他又请示军长，军长不同意，并下令攻忠坊之第五六五旅撤退。这次战斗，我军伤亡近三百人。

二

早在武汉沦陷前，我有个湖南华容同乡包泽英送给我几本书，其中有《论持久战》。我在战争炮火中读了几遍，结合我在保定漕河、河南漳河以及台儿庄附近的抗战实践，深深地感到要打好一个战役或战斗，指挥官的态度十分重要。我在旅长任内，采取了一些措施，如用自己的工资给士兵编印爱国识字课本；连队增设文化教员；编写《抗战经验琐谈》，以提高部队长的指挥作战能力；旅部办《吼声》油印报，激发官兵抗战情绪，等等。

这年七月下旬，上级令我派一个团袭击羊楼司南面詹家桥的敌军据点。我给梁恺师长写了一封信，大意是说，袭击敌军坚固据点，必须配山、野炮兵，否则只能以一部围困据点之敌，以主力打击敌之援兵，战术上叫围点打援。并以前次刘旅攻忠坊，伤亡近三百人为例，说明强攻不是好办法。我还说，我们在湘北待的时间很长了，而战地群众至今未发动组织起来，这是我们政工人员失职。梁恺师长接信后，给我打电话说，他同意我的意见，但为权力所限，解决不了。他把这信转送军部，刚好关麟征在军部和张耀明军长商议人事安排问题，他看到这封信以后，大骂梁恺无能，遇事听我的摆布，下令撤梁恺的职，并降我一级，调任上校师参谋长。处分我的罪名是"怯敌"。

我受处分后两天，张耀明找我到军部谈话，一见面他就说："你这次受处分，克怡（梁恺）有责任，他不应该把你给他的信转送军部。"又说，"现在异之（覃异之）去当一九五师师长，你要帮助他练好兵，打好仗。"我说："异之和我是老同事、老朋友，我们一定会互相帮助。"

三

一九三九年九月，日军第六师团出动了步骑炮联合兵种约五千人，强渡新墙河，向第二师及第一九五师阵地猛烈进攻，同时又派军舰护送步兵约三千人在鹿角附近登陆，威胁第二十五师左侧背。关麟征下令第五十二军向后撤退。第一九五师在新墙河南岸步仙桥西北阵地上坚持了两天，伤亡近千人，由于左右两翼友军已撤退，不得不放弃阵地。

当时正是中秋节日，我亲眼看到步仙桥一带成千上万的老百姓，携儿带女，弃家逃难，状极凄惨。第一九五师是最后撤退的，退到汨罗江南岸停止，准备继续抵抗。但这时军部、关麟征总部已撤退，我们用无线电台联络，军部复电说："我军没有防守汨罗江南岸的任务；第一九五师南撤到金井。"我同覃异之师长研究，认为南犯之敌不过数千人，决不会深入；我们不可后退过远，要与敌保持接触。并与第七十三军第七十七师于福临铺、桥头驿、金井间设伏，日军进入我设伏区，受到重大杀伤。

由于第一九五师始终与敌保持接触，当日军撤退时，就成了追击敌人的先头部队，一直追到我们的原阵地，得到了关总部和长官部的电令嘉奖。国民党中央通讯社随第一九五师的记者胡定芬、彭河清发电报捷，还吟诗歌颂，在一首七律中有："洞庭水覆倭奴焰，幕阜山扬汉将旌"之句。接着又拍摄了《湘北大捷》的电影片，覃异之师长和我是影片中的主角。

会战结束后，长沙各界爱国人士组织慰问团，到湘北慰问抗战有功的战士，关总部设宴招待。宴会上，田汉给关麟征写了一副对联："千杯不醉，一战成功。"

不久，关麟征下令撤销了对我的处分，恢复了我的少将级。对我说："你练兵打仗都不错，希望你好好地干，要有功不骄，有过则改，以后有机会还是要你带兵的。"

第七十军参战记

李　觉※

第七十军在长沙会战前的概况

　　一九三八年夏秋，第七十军曾在南浔线庐山战役阻击沿南浔铁道南进的日军第一○六师团，第十九师（军长李觉兼师长）苦战四十余天，阵地仍在固守。旋因伤亡惨重，奉令交防撤至靖安休整补充。德安失陷后，第十九师未待补充完毕，又奉令担任修河南岸守备。此时，第一○七师由三战区拨归第七十军建制。一九三九年三月日军进犯南昌，第七十军两个师在安义、靖安、奉新之线侧击敌人。南昌失陷后，第七十军调长沙、浏阳间地区整训，军部驻普迹，第十九师分驻老女桥、永安市附近地区；第一○七师驻普迹、镇头市间地区。部队已疲惫不堪，缺员甚多，奉令整编，各师废旅，由四个团缩编为三个团，另由第九战区长官部将一个新兵团拨编到第一○七师；军部成立了一个志愿兵团，由第十九师第五十六团副团长陆承裕兼代志愿兵团团长；招募了新兵一千五百余人，拨补了第十九师。各师兵员虽已得到补充，但战斗实力却较整编前有所减弱。尤其是武器装备未有补充调换，火力更形减弱，各师原有的步枪、机枪多是陈旧的汉阳造，每步兵连只配轻机枪六挺，每营只有重机枪四挺、八二迫击炮两门，军、师都无炮兵部队。

　　第一○七师系原湘西土著部队暂编第十二独立旅李国钧部和暂编第十三独立旅杨永清部合编，故官兵素质和战斗力都比不上第十九师，尤

　　※　作者当时系第七十军军长。

其缺乏对日作战经验。整编中曾将第十九师两个少将旅长刘湘辅、周崑源调充第一〇七师三一九团和三二〇团少将团长，部分营连长也作了相应调整，使该师素质有所提高。又为了提高全军连排干部的作战指挥能力，由军部成立干部训练班，以第五十六团副团长陆承裕为军官大队长，分期轮训。不久，湘北会战开始，遂将教职员生遣回原部参战。

会战前敌我态势

一九三八年十月二十五日武汉弃守后，岳阳亦于十一月十二日失陷，从此湘北门户敞开。第九战区代司令长官薛岳曾以新墙河亘九岭之线为第一道防线，以汨罗江南岸沿线为第二道防线，构成为湘北防御体系。此即是当时"薛伯陵防线"（薛岳别号伯陵）。当时以第十五集团军总司令关麟征辖三个军担任主阵地带的守备，张耀明的第五十二军守新墙河沿线，陈沛的第三十七军守汨罗江沿线，彭位仁的第七十三军在汨罗江东南建设防备防线。此防御阵地带以东，湘赣边境还有第七十九军、王翦波游击纵队（相当一个师）、第二十七集团军总司令杨森的第二十军、第三十集团军总司令王陵基的两个军。在湘鄂赣游击区有樊崧甫游击总指挥的五个游击纵队（相当五个师）。由九战区直接控制在长沙附近地区的有欧震的第四军、李觉的第七十军等机动兵主力军。如指挥有方，调度得当，是有可能予日军以歼灭性打击的。

九月初九战区通报各军："日军正在通城、临湘、岳阳等地集结第三、第六、第十三、第三十三等几个师团及独立炮、工兵旅团等，判断敌人有进犯湘北企图。同时南浔线之敌第一〇一师团及第一〇六师团亦在沿线集结兵力，企图不明。"九月十四日，南浔线敌人突然分向我第十九集团军所属修水、靖安、奉新、高安等地部队发动猛烈进攻，第四十九军、第三十二军、第六十军、第七十四军、第七十二军、第五十八军都先后投入激战中。连日湘北前线却平静无事，此时代司令长官薛岳可能被南浔线敌人的佯攻行动所迷惑，对敌人进攻湘北没有先期作出调动部队的部署，似乎处于"敌不动我亦不动"的相对静止状态。

第七十军在会战中的战斗概述

九月十八日拂晓，日军向新墙河北岸第五十二军前进阵地猛攻，激战至二十日，前进阵地陷于敌手，守军胡春华营与阵地共存亡，全部壮烈牺牲；史思华营伤亡重大，营长史思华阵亡。随后，新墙河南岸主阵地带受到日军步炮空全面猛攻，情况紧迫。薛岳急电第七十军立即出发，限九月二十二日赶到浯口集结待命。在此之前，薛岳从未有令第七十军应作备战之指示，虽然军部在湘北战事开始打响后，即已规定各师备足粮弹及救护医药，准备战斗行动，每个士兵均已带足三天口粮，但令"立即出发"是不切实际的。各师驻地分布达二三十华里，部队集结需要几个钟头，尚有电话线路的拆收，军官训练大队的解散等等，所以军部只得规定各师在午后三时左右分地段集结完毕，四时开始行动。从普迹至浯口约一百二十华里，沿线公路、古大道均已彻底破坏，大部队夜间行动很困难，白昼有敌机频繁袭扰。军部要求各师不顾疲劳，兼程急进。二十二日午后三时左右，第十九师已到达浯口附近，第一〇七师先头团亦已到达，其余正跟续急进中。此时，关麟征告知：新墙河防线危急，第三十七军军长陈沛除留罗奇师守备营田外，主力已向新墙河增援。薛岳急令第七十军务必星夜接替第三十七军所遗营田（不含）以东汨罗江南岸亘新市街（含）之线守备任务。乃令第十九师以第五十五团、第五十六团接替营田（不含）至归义（不含）之线守备，第五十七团为军预备队；第一〇七师担任归义（含）亘新市街（含）之线守备，师部位于归义东南之董家塅附近。军部率第十九师师部及第五十七团在牌楼铺附近。从浯口至归义、营田间地区，尚有四五十里行程，所以各部必须继续星夜兼程前往接防。二十三日拂晓后，我军各部队逐次到达指定地带，第三十七军守军已先日撤走支援新墙河战斗去了。早在二十二日晚，敌从洞庭湖调集橡皮艇进入营田附近水域，二十三日拂晓集中炮火猛攻营田，第九十五师营田守军伤亡颇重，营田陷落。我军到达后，以第十九师五十五团之一个营，支援第九十五师向营田反攻，未能奏效。中午新墙河全线撤退，午后敌前锋抵达东塘、归义之线，与我第十九师和第一〇七师部分守军发生前哨战斗。二十四日从拂晓起，我军阵地全面受到敌人猛攻，第十九师第五十五团东塘阵地失而复得。第五十六团右翼第三营战斗亦激烈，颇有伤亡，午后成相持局面。此时汨罗江以北友军已全部向东南撤退，敌主攻力量已集中猛攻归义第一〇七师三二一团阵地。归义为汨罗江中段要冲，敌如占领，即有可能沿长岳铁路南下。故用飞机、大炮将我阵地工事炸毁，继以肉搏冲锋，攻占归义。第一〇七师师长令第三二〇团掩护第三二一团组织反攻。该团团长李标率部三次冲锋反扑，曾夺回过两个山头阵地，但李标缺乏同日军作战的经验，在反攻受挫时，将部队停留在敌火力网下，以致伤亡累累，李标亦受伤离开战场。敌人沿铁路南下白水，我军部所在地牌楼铺受到攻击，第一〇七师不得不全部后撤。第十九师之第五十五、第五十六两团留置在敌后，与军、师部都中断了联系。第十九师师长唐伯寅指挥第五十七团及军、师直属部队阻击敌人，掩护军部向神鼎山以东转移。激战至晚，军奉薛岳电令："第七十军应迅速脱离敌人，撤至株洲以南，从渌口、关王庙亘醴陵之线沿渌江南岸设防守备。"此时第一〇七师在归义和新市街等地的部队均已撤出战场向南转进中。第十九师第五十五团亦正向福临铺运动中，唯第五十六团尚在铁路以西，联络不上，情况不明，但亦未闻有激战枪声。该师师长唐伯寅率第五十七团在福临铺等候这两个团的到达，并分批派人过铁路西与第五十六团联系。二十五日拂晓前，突然从白水方向传来激烈枪声，两小时后沉寂。七时左右，第五十六团少校团附蒋孔亮飞马来福临铺报告：该团已安全转移至麻林桥附近。又告：二十四日午后三时起，该团阵地前已无敌人进攻，团长王道纯决定将阵地放弃，集结兵力向牌楼铺方面应援军、师部作战。副团长陆承裕则力主向东取捷径切断长岳铁路，袭击敌人背后，因无线电台与军、师电台都联系不上，判断军、师部可能正向铁路以东地区转移中。陆自告奋勇率徐国斌营即时出发，往白水以南地段在铁路两旁山地占领阵地掩护团主力向麻林桥转移，再向福临铺方面同师部会合。凌晨四点时，团主力刚越过长岳铁路不久，第一营警戒部队发现敌数百人正沿白水以南铁道线南进，其后队马匹甚多。陆承裕指挥徐国斌营，等敌人到达山口时，步机枪、手榴弹一齐泻下，敌先头步兵百余人进退不得，一部分冒死南进，其余掩护运输队仍退回白水。时天色渐晓，徐营迅速撤至麻林桥。该营夺获步枪五支，伤毙敌人甚多，但已来不及清扫战场。旋敌机十二架，沿铁道扫射并投弹，该团已远离铁道，未有伤亡。至此，全军已脱离战场，急向株洲以南转进。二十七日下午，第十九师到达渌口亘关王庙之线，第一〇七师到达关王庙（不含）至醴陵（含）之线，沿渌江南岸选择阵地，赶筑工事。

此时方知战区长官部指挥所早已由长沙撤至渌口以南的朱亭，长官部参谋长吴逸志率其他大部人员则已从衡阳二塘撤往耒阳。长沙城由第四军守备。长沙以北地区，日军一部在牌楼铺与我军激战，大部于二十八日窜至永安市、上杉市和捞刀河以北地区。二十九日至三十日，日军撤走。在敌人撤走时，薛岳代司令长官下令跟踪追击，敌我各自归回会战前的位置。

第七十军会战后的总结

　　第七十军在这次会战中，从九月二十日黄昏开始，星夜兼程地急行军，跑了三昼夜；官兵在疲惫仓促中与日军激战了两天；二十五日以后，奉令南撤，又是星夜兼程地跑了三天两晚，打了一次前所未有的疲劳战。全军共死伤团、营长以下官兵一千一百余人，第一〇七师较十九师伤亡大。官兵获奖者多人。

洞庭湖东岸的战斗

陈燕茂[※]

  第六十师在八一三淞沪抗战中，暂归第四军指挥，初守备罗店、扬泾河之线，是年十一月担任总撤退的掩护，转战于江苏的常熟、无锡，安徽的东流、马当、宁国，挺进于敌后的宜兴、溧阳，参加了南浔路、瑞武路的战斗，于长沙大火后，开驻湘北。一九三九年夏，该师编入第三十七军，第四十九军副军长兼师长陈沛升任第三十七军军长，抵补关麟征。我（原名陈祖荣）则由第六十师的中校作战参谋升任军参谋处上校处长，参加了第一、二、三次长沙会战及长衡会战。

  湘北之敌于九月十八日拂晓，集结岳阳方面的第六、第十三两师团，各以一个大队附炮兵一部，在飞机配合下，分向我新墙河前进阵地金龙山、草鞋岭、比家山猛烈进攻。我守军第五十二军两个营屹立不动，经激烈恶战，营长胡春华以下官兵牺牲殆尽。史思华营伤亡重大，营长史思华阵亡。阵地始陷敌手。

  二十三日晨，敌在海、空军协力之下，分三路进犯。一路由通城南下，向麦市、长寿街突进，企图绕攻我军右侧背。右翼守军杨森第二十七集团军的第二十军略事抵抗，便退避右侧山地，旋向平江山区撤退。第二路敌军由正面新墙、筻口强渡新墙河成功，向平江、新市一线大举进犯。此时，从第二线调来增援之第六十师及第一四○师，为了掩护第一线友军巩固或撤出阵地，在新墙河至汨罗江中间阵地节节抵抗后，于二十四日向长沙方向转进。第七十七师的一部设伏于福临铺附近山地，

  [※] 作者当时系第三十七军参谋处长。

从事敌后活动。第三路敌军是在洞庭湖东岸之营田附近登陆，企图绕攻我军左侧背。时守备营田江防阵地的为我第三十七军第九十五师的一个营。该营见营田以北之尖沙咀有湘江封锁线，而湘江西岸通洞庭湖汊的新发沟和夹沟平时干涸，以为水路万无一失。不料敌竟避开我正面封锁线，乘连日大雨，水位陡涨，于二十二日晚，以橡皮汽艇数十艘通过新发沟、夹沟，向我营田守军突然袭击。我守军利用既设工事奋起迎战，顽强阻击，营长以下数百官兵壮烈牺牲，敌才于二十三日晨在飞机掩护下攻占营田。其主力迅速南进，我军第九十五师冯旅奋起反攻，顽强阻击，支持至下午三时，退至东塘冲。此时，前来接替第三十七军河防的第七十军先头部队一个团（第五十五团）正赶到该地，接替防务不久，即与敌展开争夺战。一昼夜之间，阵地两易其手，仍不能阻挡敌之南进。第七十军主力亦于二十四日向株洲方面撤退。

自二十三日以后，各路皆展开激烈战斗。我战区本预订计划逐渐由正面撤退，同时部署反攻，置重兵于两翼。二十五日，敌由浯口、长乐街、新市、汨罗渡江分路向长沙进犯。二十六、二十七两日，敌在福临铺、金井等地，受到第七十三军柳际明师、第五十二军覃异之师各一部伏兵的袭击，因而前进的速度有所减低。其先头部队于二十九日进至长沙北面永安市、上杉市一带地区后，停止前进。这说明我军诱敌深入，变劣势为优势的作战方式收到了实效。因为敌军装备远比我军好，如果在第一线新墙河与敌决战，无疑是敌军处于优势，我军处于劣势。但由于民众破坏了交通，军民联合的不断袭击，使敌军的大炮、战车、骑兵不能通过，加以我军是逐次抵抗，且在既设阵地，而敌军是攻者，常暴露于我阵地之前，其伤亡不会比我军少。这样，到了第二线汨罗江，敌我双方便成均势了。如今到了第三线捞刀河，敌所携带的粮弹已经耗尽，后方补给全靠空投。同时，平江以东、汨罗江以南未撤退的我方小部队极为活跃。冈村宁次不得不于十月一日下令开始北撤，我军乘机反攻，跟踪追击，敌狼奔豕突，望风崩溃，于四日退过汨罗，死伤甚众。迄六日，我军完全恢复原有阵地。第三十七军仍旧守备汨罗江南岸之线，军部位于清溪桥。

第三十七军全军官兵伤亡近三分之一。《长沙大捷》这部电影是来我军慰劳的香港大地画报社记者李能光与我军合制的，由我编剧，以第九十五师第二八三团詹抑强营为主，利用俘获的日军大洋马、太阳旗、服装、大炮、橡皮艇，演习当时敌我战斗情况，而由李能光等拍摄的。

追击撤退敌军

刘铁轮※

一九三九年九月，敌军从武汉增调部队集中四个师团兵力，附骑兵、炮兵和坦克部队，全线发起攻势，突破驻守新墙河第十五集团军关麟征和第二十七集团军杨森所部防线，强渡汨罗江直迫长沙。

此时，第一〇二师经过南昌会战调到衡阳警备衡（阳）、耒（阳）地区，同时整训部队，团以上人员如次：

师长柏辉章，副师长陈伟光，参谋长熊钦垣，第三〇四团团长许世俊，第三〇五团团长刘威仪，第三〇六团团长陈希周，补充团团长王宪扬。经过几次战役全师兵员虽有补充，但不能抵补伤亡差额，此时官兵合计只有六千余人。

九月中旬，接奉第九战区司令长官薛岳急电，调赴湘潭布防，阻截敌军南进。我受柏辉章之命即时交卸衡耒警备司令部参谋处主任兼职，赶赴长沙找长官部联系作战任务。搭乘火车到株洲后，转船到达岳麓山。此时湘江东岸炮火连天，枪声盈耳，民船已经停渡。我搭载军用差船在岳麓山下渡口登岸，由哨兵指路，在山腹一个僻静林子找到长官部参谋处。他们说已经向师部发出几道命令，任务为防守湘潭，而后随情况待命作战。说毕就引我去司令长官部指挥所，指示我军以一部分兵力防守湘潭市郊，主力机动向北推进阻截南侵之敌，全力防守湘潭。他们又说："你转告柏师长，薛长官命令，今后第一〇二师着归第四军建制，另发电令。该师接守湘潭，湘潭在人在……"料其后语一定是："湘潭不在人就

※ 作者当时系第四军第一〇二师参谋处主任。

不在"，但他们截住不语。我说："军人应与守地共存亡，法有定则，请放心。"长官部使用激将法，但有时确也动用刑典，事亦不乏实例。我仍搭差船返部，航行中见湘江上已有军队焚烧船只公文，听到传说要放弃长沙，沿江部队十分慌乱，气氛很紧张。到了湘潭，全师部队已完全到达，由副师长陈伟光率第三〇五团布置湘潭防务。我向柏辉章陈述了长官部的作战指示，柏即率第三〇四团及第三〇六团向北开进。在此同时，第九战区平江、浏阳地区间守军向西侧击，粉碎了敌人南进攻势。敌后路也受我军袭击，敌势不支，向后退却。

柏辉章接到长官部指挥所的电话转达薛岳命令，派第一〇二师为前敌追击部队，立即向湘北逃退之敌追击前进。并决定第一〇二师归属第四军建制，正式命令后补。欧震（第四军军长）随即由长官部打来电话，命分两路向敌追击，该军所属第五十九、第九十两师为后续部队。师即以刘威仪团为左路追击部队；以陈希周团配属工兵营为右路主力追击部队。到文家塅追上敌人，打死一批，敌又仓皇逃遁。追至福临铺又毙敌百余。敌军连夜溃逃，一直退到新墙河北岸麻布大山和雁岭一带凭河据守。第一〇二师追到新墙河南岸，奉命就地担任新墙河的防守任务。至此，第一次长沙会战胜利结束。

第九战区司令长官部正式下达命令，以第一〇二师归属第四军建制，并任命柏辉章为第四军副军长，仍兼任第一〇二师长。

师的新墙河正面防线较宽，左起洞庭湖东岸，右迄公田西界。第二十五师曾经在这里阻击敌人，一片残垣败垒，毙马遗尸随处可见。各团清扫战场构筑工事，第一线配备三个建制团，补充团做第二线预备队，师部驻王复泰村。

当面之敌系日军第六师团，兵力两万余人。上次进犯长沙在新墙河架有枕木钢板桥一座，可通坦克、炮车，现此桥完好无损，有敌重兵驻守，对我方威胁很大。柏辉章命工兵营长杨炯执行炸桥任务。杨炯率工兵数人深夜下桥于敌前侦察，次夜率兵进行爆破作业，将桥彻底炸毁，受到长官部奖励。由于新墙河防线过宽，兵力配备稀薄，柏辉章决定采取以攻为守的方式，命令各团各派出一个营经常轮番过河扰袭敌人，达到我方防御目的；同时开展敌后游击活动，破坏敌人后勤运输，使其疲于应付，失去行动力量。在此作战方针指导下，第三〇四团派出陈开本营多次过河向方山洞、雁岭、指姆山一带守敌袭击。第三〇五团派陶幼祥营组织敢死队过河向麻布大山之敌袭击，并炸毁了敌人的碉堡。第三〇六团派出张克俭营沿洞庭湖东岸深入敌后游击。师工兵营派出破坏队潜入羊楼司、路口铺一带破坏敌人铁路交通，先后炸毁火车三十二列次，又在洞庭湖设置水上障碍打击敌人武装快艇。敌人处处提防，成为惊弓之鸟，交通运输受我袭击破坏，后勤补给困难，一直处于困守局面。从而巩固我新墙河防线达两年之久。由于第一○二师的战绩卓著，在南岳军事会议上，柏辉章受到蒋介石和薛岳的表扬。

桃林之战

钱庆杰[※]

　　抗日战争爆发后第三年，即一九三九年夏天，我在当时的中央军校
（即黄埔军校）毕业。当我们在毕业典礼上唱完了"怒潮澎湃、党旗飞
舞，这是革命的黄埔……"这悲壮激昂的最后一曲校歌后，便踏上征途，
投身到抗日战争的最前线去。我那年刚刚十八岁，从此，金色的年华，
黄金般的岁月，便在那战火纷飞、硝烟弥漫的战场中度过。直到抗战胜
利，才结束了这近六年的戎马生涯。

　　根据命令，我和另外十一个同学分配到第九战区第四军第九十师，
军职是少尉见习排长。大约在一九三九年八月下旬，我们到达湖南长沙。
这是第九战区司令长官司令部所在地。

　　离开长沙，我们一行十二人乘湖南省公路局的客车，前往江西固江
第九十师师部驻地报到。

　　这是用木炭代替汽油作燃料的交通工具，大家称为"木炭车"。是由
于汽油奇缺而采用的没有办法的办法，自然不能跟汽油车相比。但在那
时能乘上这种车，也就算不错的了。

　　大约在一九三九年九月上旬，当我们到了目的地准备报到时，正好
第一次湘北战役已经打响，这是自从武汉会战以后规模最大最激烈的一
次战役。而我们不迟不早，正好赶上，这对我们刚离开学校初次到部队
的"学生娃娃官"来说，无疑是个严峻的考验。

　　军情紧急，部队已离开原驻地出发。我们找呀找的，好不容易才在

　　※　作者当时系第四军第九十师直属迫击炮营第三连少尉排长。

赣湘边境群山环抱中的一个小村落里找到了师部。师长陈荣机接见我们，并立即下达了命令，我和另两个同学分到师直属迫击炮营，其余的都到步兵团。

第九十师隶属于第四军的建制。关于第四军及第九十师的编制，就我所知，简述如下：

	第五十九师	师长张德能		
第四军	第九十师	师长陈荣机	第二六八团	团长吴坚
军 长		副师长陈侃	第二六九团	团长张鹏霄
欧 震		（一九四〇年后	第二七〇团	团长（不详）
副军长		由陈侃任师长）	野战补充团	团长田玉璠
柏辉章	第一〇二师	师长柏辉章		
		（兼）		

我前往到职的迫击炮营为师直属部队，营长沈德全，贵州人；副营长陈兴富，广东人；一连长刘振邦，二连长徐××，我到职的是三连，连长岑玉。有两个军校四分校（广州分校）的十三期老大哥何芳苏、李伟嵩，比我们早到一年多。名义上我们是见习排长，但到了连队，一般都担任正式排长职务，原因是部队里下级指挥官缺员严重，我们则正好填补了这个空当。

一九三九年九月中旬，湘北会战正式拉开了帷幕。敌军分别从湘北、赣北及鄂南向我进犯，目标指向长沙。它从湘北突破了我军新墙河阵地后，沿粤汉路正面南下，先头部队已到达白水附近。这时，我们第九十师和军的其他兄弟师，奉命日夜兼程，以全速向粤汉线东侧靠拢，策应第五十二军、第二十军、第七十九军各友邻部队，从侧翼攻击，切断粤汉线，包围南犯之敌而歼灭之。

经过了好多个日夜的行军，部队穿过幕阜山的崇山峻岭，翻越了海拔将近千米的连云山主峰，过激流，渡险滩。这种艰苦绝非常人可以想象得到的：后勤供应跟不上，吃饭经常是有一顿没一顿，至于夜里睡觉就成了"奢望"，只是一个劲儿不停地打瞌睡，有时队伍稍停一下，即是站着也会打起盹来。过去在军校虽然也曾有过战备行军的训练，那毕竟是演习，而今是动真的了，当然不能大意。尤其是我们，不能像士兵那样"独善其身"，排里的工作对我来说是陌生的，没经验，难度大，怎么办？只有咬紧牙关坚持，此外，没有选择的余地。

部队进入湖南省到达汨罗江畔的平江，这是第二十七集团军总部及第二十军军部驻地（杨森部）。部队换装，更新了十八门迫击炮及大量弹药。武器是崭新的，配有先进的测距、测向仪。这是步兵随伴炮，最大射程达五千米，最小射角四十五度，它弹道高，可做超越射击，消灭死角，适用于山地战，是不错的武器。

离开平江，部队继续向粤汉线东侧疾进。我记得在一个雷鸣电闪、大雨如注的黄昏，我们全像落汤鸡似的到达汨罗以东长乐街。当晚营部召开排以上干部会，副营长陈兴富在半明半暗的马灯下，宣读了军、师下达的作战命令，讲解当前敌我态势；营长沈德全部署了我营的战斗方案，部队进入一级战备。

天刚微明，部队即出发，我营紧跟前卫部队，以急行军的速度当天到达汨罗、桃林外围线。集结完毕后，展开兵力，向敌形成攻击态势。为了保密，全军用"抗战建国"代表番号。"抗"是军部及军直属部队，"战"是第五十九师，我师是"建"字，第一〇二师是"国"字。

当晚部队露营，这里是一片丘陵地，生长着大片灌木林。夜深了，大地沉睡了，只有不远处的沉闷炮声和清脆的机枪声，不时划破了这寂静的夜空。连队里一片紧张严肃的临战气氛，连队干部忙着布置检查工作，炮手擦炮膛，揩拭仪表，上润滑油，擦拭弹药和查看引信药包……战斗即将开始了！

但是，此时此刻，后方的人们正在温馨甜蜜的睡梦中，又有谁曾想到在百里、千里之外，有人在战斗，在厮杀，在流血……

师指挥部下了拂晓攻击命令。我营奉命配属第一线主攻团以炮火支援步兵，向桃林外围之敌发起攻击。

桃林，位于粤汉线上，汨罗以北。这里丘陵起伏，地形复杂，湘北战役中，敌人为了确保侧翼安全，在这一带筑工事，设据点，组成了纵深防御体系。攻击开始了，步兵分进接敌。敌人凭借地形和工事，居高临下，组成浓密的火力网。营里的重机枪和歪把子轻机枪喷吐着火舌，并有掷弹筒配合。在敌火力下，主攻团攻势受挫，遭到了伤亡。

根据团指挥所命令，营长命令我连投入战斗，向步兵提供炮火支援。在连长指挥下，全连迅速进入阵地。射击准备完成之后，我排第五第六炮奉命试射。"咣！咣！"两响，炮弹超越了阵地前山棱线飞向目标，两发炮弹一前一后紧紧地夹住了目标。通过观测，修正了射向、射距，开始第二次试射，求得了射击诸元的正确数据。

试射完毕，连长下达效力射命令。排长复诵后，命令迅速传到各炮班，随着炮长们"预备——放"的口令，一声巨响，六发炮弹飞出炮膛，它带着中国人民对敌人的仇恨，中华民族驱逐侵略者的怒火，在敌阵爆炸，火光一闪，烟柱腾空而起，炮弹命中目标。连续射开始，炮弹一发接一发，以更高的密度，把大量的钢铁倾泻到敌人头上，敌人火力立即减弱了下来。步兵部队抓住战机，准备迅速接近敌人，发起冲锋，解决战斗。

这时，我营营长带领第一、第二两个连，从待命攻击线跑步投入战斗。士兵们扛着炮筒，背着座盘，肩着炮架，弹药兵挑着炮弹箱，个个汗湿如淋，气喘如牛。这样，全营十八门迫击炮集中射击，群射（炮弹落点成梅花形），纵深射（呈直线形），榴弹燃烧弹瞬发延期（定时），炮弹冰雹似的飞向目标，敌阵地上一片浓烟烈火，有效地达到了压制敌人，摧毁敌火力点的目的。

副营长在营指挥所下达炮火延伸射程的命令，步兵即冲锋了。

雄壮尖利的冲锋号响了，惊天动地，步兵弟兄们冲向敌人，势不可当。主攻部队迅速拿下了敌人据点，占领了制高点，护旗手把一面军旗插上了山顶，它在硝烟中迎风飘扬。看到这情景，我的眼睛有些湿润了。

后续部队潮水似的涌进，扩大战果，打扫战场。桃林外围之敌全被肃清，部队直插桃林，切断了粤汉线。但迟了一步，敌主力已突出包围圈，向北溃退。部队乘胜追击，连克黄沙街、新墙等地。敌人退守新墙河北岸与我隔河对峙，至此恢复了湘北会战前的态势。

湘北会战（也称第一次长沙会战）结束到今天已经半个世纪了。在那次战役中，很多人牺牲了，长眠在那茫茫的湘北原野。他们和我一样，都是很平凡的人，至今我深切地怀念他们。愿他们在洞庭湖畔膏腴的土地上安息吧！

第二次长沙会战

薛　岳※

　　中华民国三十年六月二十二日，苏德战争爆发，世界反侵略集团与侵略集团之壁垒，愈见鲜明，英美援华制日之行动亦更积极。当此时也，倭寇正徘徊于北进南进歧途，方略未定，受兹打击，窘境益深，尤恐我乘机反攻，故纠集第三、第四、第六、第四十师团，第三十三师团之二一四联队、二一五联队，第十三师团之一一六联队，第十四、第十八独立旅团之三个大队。第三、第四师团附第十三师团之一一六联队，第四十师团附第三十三师团之二一四及二一五联队，分由港口、潼溪街、新墙强渡新墙河。我第四军附六十师在新墙河南岸阻击后，转至杨林街、关王桥、三江口之侧面阵地，与五十八军、二十军，自东向西侧击尾击。

　　九月十九日，敌分向黄棠、浯口、长乐街、伍公市、新市、骆公桥、归义，强渡汨罗江，其主力指向瓮江铺。我第二十六军在瓮江铺，第三十七军及九十九师在汨罗江南岸及河夹塘、营田、湘阴各要点，第十军及九十二师在金井、福临铺、栗桥、三姐桥各地区，逐次自南向北反击，消耗敌力。

　　九月二十七日，敌渡捞刀河，已入我预定包围聚歼区域，我暂八师由东山方面，第十军由枫树河方面，自西南向东北；第三十七军由渡头市方面，自南向北；第七十四军由永安市方面，自东南向西北；第七十二军、第二十六军由沙市街方面，自东北向西南；第四军、第二十军、第五十八军，由金井、福临铺方面，自北向南；第九十九师、第九十二

※　作者当时系第九战区司令长官。

师由大娘桥方面，自西北向东南；第七十九军由长沙方面，自西南向东北，包围敌军于捞刀河南北地区，猛烈聚歼。敌伤亡惨重，弹尽援绝，于三十日早六时开始突围北溃。我二十六军向长乐街追击；第四军在金井，第二十军在麻峰嘴，第九十二师、第九十九师在青山市、马鞍铺各方面猛烈截击；第七十九军向新市追击；第七十二军向杨林街，第五十八军向大荆街超越追击。十月五日，敌溃渡汨罗江，我第七十二军由杨林街，第五十八军由大荆街，第四军由长乐街各方面，自东向西截击；第二十六军向关王桥，第七十九军向大荆街，第二十军向伍公市、新市渡江追击。十月七日，敌溃渡新墙河，我第七十二军向忠防、临湘，第五十八军向桃林，第四军向西塘，均自东向西截击，第二十军向篦口、新墙追击。至十月十日，敌全部溃回原阵地，旋由外地调来之敌，先后络绎返防，我截击追击各军，均到指定地区。敌自捞刀河两岸北溃，退至新墙河北岸，被我军截击追击经旬，伤亡惨重，非独不能占领长沙，掠我资源，且愈暴其无能无力，亦可哀也。

按本战区本年三月所策定之反击作战计划："敌如以主力由杨林街、长乐街、福临铺道及粤汉铁路两侧地区向长沙进犯时，则诱之于汨罗江以南，捞刀河两岸地区，反击而歼灭之。"基此要旨，在会战前，即于关王桥、大荆街及金井、福临铺、栗桥、三姐桥各一带地区，构成纵深强固纲形阵地，分令各军，按计划所要求事项，举行阵地攻防演习，以熟谙地形，增进技能。战前既准备周密，战时即令各军于各线既设阵地节节抵抗，消耗敌力，再彻底转用赣北、鄂南兵力于杨林街、关王桥、长乐街、平江、沙市街、永安市方面，自东向西侧击，及以有力兵团紧衔敌尾，南渡汨罗江尾击，同时加强外翼，争取外翼，对敌形成反包围。谈战略者誉为外线作战之典型，用能陷敌后路断绝，弹竭援尽，遂得战胜。又敌以全力使用于湘北方面，在赣北、鄂南不能牵制我军之转用，有正无奇，实其作战指导上之最大错误；而其悬军深入，短时间内，既不能击破我军，占领长沙，后方水陆交通又不能构成，则绝对不能持久，故经我军猛烈围攻，自必弹尽援绝而溃退，所谓军无辎重则亡也。

会战兵力部署及战斗经过

赵子立　王光伦[※]

会战发生前的敌我态势

日军的兵力和概略位置

一九四〇年四月上高会战以后，日军由第九战区调走了两个师团（第一〇一师团、第一〇六师团）。江西方面日军原有三个师团，仅剩下第三十四师团和独立第十四旅团了。第三十四师团，似在南昌、谢埠跨赣江至厚田街、八尺铺、永修、甘木关方面；九江是汪精卫的伪江西省政府（伪主席萧淑宇）所在地，第十四独立旅团，似在九江、星子、德安方面；日军由于兵力减少，放弃了奉新、赤田等据点。鄂南湘北原是第六师团等三个师团，仅剩下两个师团了。自一九三九年下半年以来，沦陷区各县渐渐有了地方性的伪军，南浔线、岳（阳）汉（阳）路上也有了汪伪军，协助日军作战。

至一九四〇年八月下旬，湘北日军大量增加，有进攻的模样。后来知道是在准备第二次长沙会战。日军由其他战场调来第三师团、第四师团、第十三师团一部、第四十师团一部，约十个联队。除赣北、赣中、鄂南、湘北原防上留置的兵力外，总共使用于进攻的兵力约二十六七个联队。

※　赵子立当时系第九战区司令长官部参谋处处长。王光伦当时系第六十军第一八三师营长。

第九战区辖境的屡变

约在一九四〇年夏，第六战区成立，陈诚出任司令长官，战区司令长官部设恩施，将第二十集团军商震部改归第六战区指挥。但这时在洞庭湖南岸担任湖防的第九十九军傅仲芳部仍归第九战区指挥。陈诚初任第六战区司令长官时，第六战区与第九战区是从常德、汉寿间分界，后来改以临资口为界。

第二次长沙会战时的战斗序列

第九战区司令长官薛岳，副司令长官罗卓英、杨森、王陵基，参谋长吴逸志。

第九战区在名义上是受桂林西南行营主任指挥。至第二次长沙会战前，李济深代白崇禧为西南行营主任。

第九战区当时指挥下列部队：

一、第十九集团军总司令罗卓英，副总司令刘膺古，指挥：

第二挺进纵队康景濂，赣省保安司令熊滨，预备第五师曾戛初，第一九四师郭礼伯。

新编第三军杨宏光，辖第一八三师李文彬，新编第十二师张与仁。

第五十八军、新编第三军仍留第九战区，第六十军于第二次长沙会战后开回云南。

二、第三十集团军总司令王陵基，参谋长宋相成，指挥：

第七十二军韩全朴，辖两个师。

第七十八军夏首勋，辖两个师。

三、湘鄂赣边区挺进军总指挥李默庵，副总指挥王劲修，指挥四五个挺进纵队，其中有一个挺进纵队司令是钟石磐。

四、第二十七集团军总司令杨森，参谋长杨鉴黎，指挥：

第二十军杨汉域辖两个师，第一三三师夏炯，第一三四师杨干才，附暂编第五十四师孔荷宠。

第五十八军孙渡辖两个师，新编第十师鲁道源，新编第十一师梁得奎。

第三十七军陈沛，辖两个师，第九十五师罗奇，第一四〇师李棠。

第二十六军萧之楚，辖三个师，第三十二师王修身，第四十一师丁治磐，第四十四师陈永。

以上各部除第二十军外，其余在名义上虽归第二十七集团军指挥，在实际上均是薛岳直接指挥。

五、战区直辖军

第十军李玉堂，辖三个师：第三师周庆祥，预备第十师方先觉，第十九师朱岳。

第七十九军夏楚中，辖三个师：暂编第六师赵季平、第九十八师王甲本、第八十二师欧百川。会战开始由六战区调来。

第七十四军王耀武，辖三个师：第五十一师李天霞，第五十七师余程万、第五十八师廖龄奇。该军于会战开始前在第三战区，会战开始后，调第九战区。

第四军欧震，辖三个师：第五十九师张德能，第九十师陈侃，第一〇二师柏辉章。该军守备新墙河南岸及大云山前进据点。其第五十九师集结关王庙。

会战开始前的部署

第十九集团军：守备梁家渡、石头冈、靖安附近各线，总司令部驻上高附近。

第三十集团军：主力在澧溪地区对东北占领阵地，与武宁方面的日军对峙；一部控置于修水县城附近；总司令部驻渣津。

湘鄂赣边区总部所属各部队，以九宫山、大湖山为根据地，在幕阜山山脉地区活动。

第二十七集团军：第二十军主力在南江桥地区对北占领阵地，与通城方面日军对峙；一部控置于平江以北地区。第五十八军主力在新墙河南岸占领阵地，与北岸日军对峙；一部在汨罗江口至新墙河口间担任洞庭湖东岸湖防。第三十七军担任长街、瓮江一带守备。第九十九军守备归义、营田、湘阴之线，第九十二师集结上杉市。第二十六军控置于金井、浏阳附近地区。几个挺进纵队在通城、崇阳、临湘地区活动。指挥部驻平江附近。

第十军集结于衡山控置于长沙、株洲地区。

作战计划

第二次长沙会战，从表面看，仍是根据一九三九年春即南昌会战后策定的作战计划（见《以"后退决战争取外线"取得会战胜利》第二章）来指导的，但实际上，并没按照那个计划的要求——争取外线去做，所以结果很不理想。

会战经过概况

第二次长沙会战，于一九四一年九月上旬至十月上旬，进行了三十多天。

战区于会战初期的措施

由于敌后沦陷区的人民能够及时将日军的情况供给我情报人员，所以在会战开始前第九战区长官部对日军的调动是相当了解的。赣北的日军减少了，湘北的日军大量增加了，铁路公路上运兵、运粮、运弹络绎不绝，日军到处捉人充当苦力，搞得湘北人民怨声载道，大有山雨欲来风满楼之势。这种情况说明，这次作战与第一次长沙会战时日军分三路进攻的情形有所不同，湘北将有严重的战斗发生。长官部一面将湘北情况报告军事委员会，请增加三四个军的兵力，以利作战；一面通令各部队完成作战准备，将在前方的眷属一律送到后方去。

第一次长沙会战时，薛岳让参谋长吴逸志率长官部大部人员到耒阳（当时湖南省政府所在地）去留守，前方只留少数人员和薛岳在一起。这样，一个参谋也可随时当面提出意见，不需写签呈、打电话等程序，所以文电处理比较快。第二次长沙会战一开始，薛岳又让吴逸志去耒阳，但吴逸志不去，他认为一作战就让他到后方去，对他来说是不光彩的。结果，薛岳同意他留在前方。薛岳和吴逸志仍住唐生智公馆，参谋处仍住文艺中学。

日军对新墙河南岸第一线阵地的攻击一开始就很凶猛，薛岳急忙部署汨罗江南岸的阵地。他在电话上让参谋处起草一个命令，要第二十六军、第三十七军在平江以西—浯口—新市—营田—湘阴—临资口之线占领阵地；要炮兵指挥官王若卿亲自指挥战区直辖炮兵在浯口方面的汨罗江南岸占领阵地，支援步兵，固守汨罗江。赵子立一听，吓了一跳，认为这又是罗卓英当年守修水、丢南昌的战术，但一时又不知咋说好，只好答应着先把电话放下。思考成熟以后，一面让第一科照薛岳的指示拟命令稿，一面就去唐公馆找薛岳、吴逸志当面具申作战意见。一到唐公馆，吴逸志就很高兴地对赵子立说："哈哈！你看我们把第二十六军使用上，把炮兵使用上，在汨罗江好好地打个胜仗。哈哈！"赵子立说："情况怕不是这个样子，我正想向参座和长官说一说参谋处的看法。"于是赵就分别向吴、薛具申了下列的意见：

"日军此次进攻的兵力，看情况较上次进攻时的兵力为大；日军进攻的正面，较上次为宽。上次日军虽然兵力没有此次大，但它还是找我们的右翼包围；此次日军的兵力大，将更要找我们的右翼包围。

"我们为了'争取外线'，免受敌人的包围，并能攻其侧背，在汨罗江以南的各逐次抵抗线的右翼必须向东延伸到三眼桥至浏阳这一条线上。

"我们为了等待第七十九军、第七十四军全部到达决战地区，必须'争取时间'。但争取时间只能用'逐次抵抗'来争取，像上次长沙会战那样；绝不能用'一地持久防御'来争取。如果这样做，我们不企图和敌人决战，但敌人要强迫我们决战，将我们防御部队击破了，就影响我们以后在预定决战地区的决战，就要重蹈前年守修水丢南昌的覆辙，万不可行。

"请考虑这样部署怎样？

"让第二十七集团军的第二十军由南江桥现阵地，一面逐次抵抗，一面向三眼桥东北转移，而后待命向汨罗江以北进攻敌后。第五十八军由新墙河现阵地一面逐次抵抗，一面向汨罗江以南转移。第二十六军、第三十七军在汨罗江南岸的抵抗线，右翼必须向东延伸到三眼桥对岸。第二十六、第三十七、第五十八这三个军从汨罗江开始向南交替进行逐次抵抗，至浏阳河南岸转为防御，待命向当面敌军主力反攻。

"即让新归本战区指挥的第七十四军向浏阳东北地区前进；即让第十九、第三十集团军以一部守备现阵地，以主力从社港市、相公市以东地区前进；待命向西索敌主力攻击。

"让第十军守备岳麓山及长沙。

"战区直辖炮兵不宜使用于汨罗江方面，仍使用于长沙地区。"

薛岳、吴逸志不理睬这个部署意见，并且他们在电话中对第二十六军和炮兵指挥部已经作了处置，刚才不过是让参谋处补一个命令。

新墙河南江桥的战斗

日军一开始就以大量炮兵、战车、飞机支援步兵进攻，一下子就把第五十八军杨林街方面的阵地、第二十军南江桥方面的阵地突破了一个缺口。听说当时第五十八军军长孙渡打电话给薛岳，说敌人兵力很大，攻击很猛，新编第十师师长鲁道源住在长沙不回去，部队没人指挥，阵地已被突破一个缺口，请示薛岳怎样办。本来这时应当按计划规定开始进行逐次抵抗，但薛岳并不这样指示，反要求孙渡坚守，并问鲁道源为啥不回去。孙渡告诉薛岳说，云南方面要免鲁的职，所以鲁消极不愿回前方。薛岳当时告诉孙渡，让鲁回去收复阵地，人事上他负责任。就这样，薛岳不让第一线部队主动作战，结果，那就只有被绝对优势的敌人打垮下来。杨森、孙渡等将部队大部分收容在梅仙、平江以东的山中，一部来不及东移的，就离道潜留在新墙河以南较偏僻的地区。

当新墙河、南江桥阵地被日军大部突破后，薛岳才决定让第十九集团军抽一个师，第三十集团军抽一个军，开往平江东南地区。但为时已晚，这些部队未能与第七十四军同时到达湘北战场，反而落到由第三战区开来的第七十四军的后面。并且抽的兵力少，按当时情况，可以从这个集团军抽出四个师来，留两个师在高安和澧溪方面的原阵地都没问题。

汨罗江的战斗

第二十六军在平江以西—浯口—新市线汨罗江南占领阵地，重点保持于右翼。第九十九军守备归义—营田—湘阴之线占领阵地。长乐街、瓮江方面有第三十七军一部守备。

日军突破了新墙河、南江桥的阵地，仅以小部兵力沿着原粤汉铁路和杨林街、长乐街道南下，向汨罗江阵地正面进攻，并不怎样激烈，战况很稳定。薛岳、吴逸志都很高兴，认为他们处置对了。其实这个时候，正是日军的主力经平江方面向第二十六军右侧后方迂回的时候。原来第二十军、第五十八军转移到梅仙、平江以东的山地；第二十六军的右翼尚在平江以西。这样一来，中间就有了一个空隙，日军就利用这个空隙，并扩大这个空隙，通过主力来实现它所追求的作战目的——包围我军右翼，将其压迫于洞庭湖东岸、汨罗江南岸而歼灭之。

当萧之楚发现日军以主力向他包围时，他急忙打电话向薛岳报告。薛岳暴跳如雷，开口就骂："为啥让敌人包过来？为啥不打？丢了汨罗江的阵地，就杀你！"

当赵子立计算时间，日军由平江方面通过汨罗江，快要到瓮江的时候，打了一个电话给金井的炮兵指挥官王若卿。赵问："你炮兵阵地上发现敌人了没有？"王答："咦！你怎么瞎扯，前方稳定，炮兵阵地何来敌人？"赵说："不，敌人快到炮兵阵地了，注意，不要丢了炮！"通过话没有多大时候，王若卿的电话来了，他很紧张地说了一句："距离炮兵阵地不远的地方，发生了情况……"就丢下话机，不再说了——大概是指挥炮兵转移阵地去了。

日军主力由北、东、南三面围攻第二十六军，使用了约二十几个联队的兵力，按实际战斗力计算，五倍于第二十六军。不管态势如何，不管兵力对比如何，第二十六军死守阵地，在不利的情况下坚决战斗，支持了一定的时间（约两三天）。第二十六军是很有战斗力的；它的第三十二师是原西北军的部队，师长王修身曾任冯玉祥的卫队旅旅长，能征善战；第四十一师原是徐源泉的部队，师长丁治磐，机警过人；第四十四师是萧之楚的基本队伍，师长陈永在作战上大胆沉着。但再有战斗力的部队，如果使用错误，它也是不能发挥出战斗力的。

第三十七军的情况，比之第二十六军更糟。它在洞庭湖与汨罗江所形成的三角地带内，真是一个死地。薛岳让它固守这个地区，日军不到，它不敢动；日军一到，它就动不了。日军解决了第二十六军，就来解决它，把它包围在新市、白水、湘阴这个地区，约一两天就把它打垮了。薛岳又将第十军一个师、一个团拨给第三十七军使用，又都被打垮了。

日军用不到十天的工夫，击退了第二十军，击破了第五十八军，击垮了第二十六军、第三十七军、第十军，使这三个军当时失去了战斗能力。

浏阳西北地区的战斗

当第三十七军、第二十六军、第十军尚未全被击垮，第七十四军已到赣西的时候，第九战区司令长官部又有两个分歧的意见：薛岳、吴逸志认为，日军突破汨罗江的阵地后，一定要直取长沙。长沙重要，必须力保，要第七十九军守长沙，第七十四军守长沙以东黄花、永安地区。赵子立去唐公馆再建议："日军是要先消灭我们的部队，再占长沙。根据日军惯用战法和地形来判断，根据目前汨罗江南岸正在进行的战斗来证明，日军的主力是一定要找寻我军的右侧来包围。现在作战的关键问题，是日军和我军争夺外线的问题，得之者胜，失之者败。如果把第七十四军向长沙以东拉，那正好是以右侧背授敌，是自己进入内线，是自投罗网，万万使不得。第二十六军、第三十七军已经使用错了，现在看来，这两个军已经没有什么希望了，一错不可再错。如果将第七十四军暂时停止在浏阳东北，即浏阳河上游东岸地区，俟第十九、第三十集团军的部队到达后，以第二十七集团军之第二十军和第五十八军、第三十集团军的一个军、第十九集团军的一个师、第七十四军、第四军、第十军等共约十七个师的兵力确保外线同时进攻。这样，是我们的主力打日军的左侧背，是日军以侧背授我。虽第二十六军、第三十七军、第十军失败了，我们仍可转败为胜。"吴逸志认为："长沙丢了不得了。"薛岳坚决要把第七十四军向长沙以东拉。赵子立离开唐公馆回到文艺中学，适逢第七十四军军长王耀武在湘赣途中打电话和赵子立联络。赵除了将汨罗江的情况告诉王以外，还对王说："把你的部队向长沙以东拉，我是绝对不同意的。我的意见是要把你的部队摆在浏阳东北，将来协同友军向西索敌左侧进攻，那样有胜无败。现在决定把你的部队向长沙以东拉，我估计你们由东向西前进，敌人将由北向南前进，恰好出现在你们的右侧，你们将要与绝对优势的敌人发生严重的遭遇性的战斗，但他们硬要这样做，真糟糕透了！"

薛岳在第二十六军大部被击溃，第三十七军、第十军一部被击溃的时候，一面让第七十九军固守长沙岳麓山，并催第七十四军迅速至长沙以东布防，一面将长官部撤向衡阳。同时，让第二十六军、第三十七军、第十军在渌水南岸收容整理。

日军将汨罗江南岸部队完全击垮以后，不是乘胜直取长沙，去攻击长沙的既设阵地，而是以全力马不停蹄地迅速向东南——浏阳方向急进。这时第七十四军正行军通过浏阳方面西进，它的右侧正送到日军的面前。日军倾全力向第七十四军侧背包围猛攻。当然运动中的部队比占领阵地的部队容易打。第七十四军虽然在行进中有作战的准备，但兵力悬殊，态势不利，立足未稳就被日军打个落花流水，尤其第五十八师垮得最厉害。日军的先头小部队直逼株洲附近。消息传来，不仅震惊了薛岳，也震惊了蒋介石，因为第七十四军是蒋介石认为最有战斗力的部队。正在这时，长沙传来电话：第七十九军赵季平师进了长沙，日军正全部迅速撤退中。

日军的撤退和汨罗江、新墙河阵地的恢复

日军为什么忽然撤退呢？日军此次进攻的目的仍是在扫荡我们的部队，消灭我们的有生力量。他们一直进攻到长沙附近时，并没有开始修复由新墙河至长沙的道路，并没有设置起兵站线来，除了随身携带的粮弹外，并没有新的粮弹补充，空投是很有限的，经过三个星期的作战，粮弹已经消耗得差不多了。日军虽然在新墙河、汨罗江及浏阳西北、捞刀河、浏阳河间的战斗中打垮了我们三个军，但它也疲劳了。当日军撤退的时候，我第三十集团军的部队已到献钟附近，第十九集团军的一部已过铜鼓接近东门市，并且第七十九军进入长沙，第二十军、第五十八军在南江桥、梅仙以东山地威胁着敌人的后方。日军如果不撤退，就得在疲劳与粮弹不足的情况下继续作战。当时前方许多官兵都知道，日军

要是不带大小行李出来扫荡，只能打一两天，要是带着大小行李出来扫荡，只能打三五天，要是大部队带着加强的行李辎重出来扫荡，也只能打两三个星期。

日军一撤退，薛岳马上命令各军迅速前进。日军退过捞刀河，我军也跟到捞刀河；日军退过汨罗江，我军跟到汨罗江；日军退过新墙河，第四军、第五十八军跟到新墙河，收复了新墙河。

日军退过汨罗江时，第三十集团军主力到了平江以南地区，长官部也未用它追击，就让它回原防了。日军退过新墙河时，第十九集团军的一部到了平江，休息了两天，长官部也让它回原防了。

战役后，第二十军仍担任南江桥方面的原防；第五十八军仍担任新墙河方面的原防；第三十七军收容后，仍担任湘阴方面原防，并就防地整补。第二十七集团军总部仍驻平江附近，在名义上第二十军、第五十八军、第三十七军仍归第二十七集团军指挥。第十军仍驻衡山地区，第七十九军驻长沙，第四军仍驻守新墙河阵地。长官部仍回到长沙。

战役后的检讨

战役刚结束，蒋介石就飞到南岳召集军长以上的人员开会，要追查第二十六军、第七十四军等失败的责任。在战役中，薛岳向蒋介石打电话以及叫参谋处起草的电稿中早已说萧之楚作战不力，失败太快，所以长沙以东的防线没有能配备好，日军就到了。在重庆军令部或蒋介石侍从室的人员打电话问情况时，赵子立曾将敌情、长官部对第二十六军的部署、第二十六军的战斗等情况具体地告诉他们，希望他们能从情况和部署中看出究竟是谁有错误。南岳会议，赵子立没有参加，详情不知道，只听说薛岳在开会时，仍是把汨罗江第二十六军、第三十七军失败的责任，浏阳以北第七十四军失败的责任都推到萧之楚身上，要求蒋介石严惩萧之楚。但蒋介石并没有处分萧之楚，而把第七十四军第五十八师师长廖龄奇枪毙了。

会战以后，薛岳召集了九战区干部训练团将官班第二期中参加了第二次长沙会议的学员和长官部的一部分高级人员开了一个会，由赵子立报告了一下战斗经过。薛岳讲了一会儿话，大意说：这次作战，各部队都很努力，只有个别指挥官、个别部队一遇严重情况，指挥不沉着，战斗不沉着，结果是它自己受了损失，还影响整个战局。今后作战，越是状况不顺利时，越要拼命地打，孙子说"死地则战"，就是这个道理，只有拼命打，才能转变情况，获得胜利。

第二次长沙会战，虽然是未按作战计划，但在会战过程中，也感觉到原计划确有不足之处，所以会战一结束，参谋处就迅速着手修正计划。

防守新墙河阵地

刘铁轮※

　　紧靠新墙河中段渡口南端有一个小镇叫新墙，有百十户人家，在第四军第一〇二师第三〇四团的防区以内，位于交通要道，是渡新墙河必经之地，乃是敌人过河首先进攻的要点，是守卫长沙的第一道门户。一九四一年秋间，我方得到情报，敌军四五万人从武汉运到蒲圻、临湘一带集结，有进犯长沙模样。师部掌握当面敌情动态并奉上级指示加强戒备，即令各团加固全线防御工事，并针对敌人重炮能量构筑重型掩护体。并命第三〇四团动员疏散新墙小镇和附近村子里的老百姓，又即时收回潜入敌后活动的部队，全线严阵待敌。

　　九月十七日，新墙河北岸之敌集中三个师团兵力附坦克、骑兵、炮兵向我发起攻击，首先以重炮轰击新墙小镇，一时弹落如雨，小镇顿成一片瓦砾。我机枪掩体工事多设在小镇两侧小山峡内，以全部机枪斜交火力集中封锁新墙渡河点，敌人几次强渡未逞。敌另从第三〇四团右翼筻口强渡过河，建立了桥头堡。柏辉章师长严令该团团长许世俊一定消除敌人桥头堡。许世俊立即组织冲锋，亲自督战，勇猛冲杀，将桥头堡敌兵歼灭殆尽。生俘一个军曹（班长），押到师部审问，他说："你军大大的好，有名有名的军队。"他讲出一些敌军情况，然后要求："我俘虏的不杀。"

　　敌人以飞机大炮掩护，修复了新墙河上被我炸毁的军用桥梁，出动坦克。我重迫击炮阻击，把桥梁打塌一节，坦克未能过河。

　　※　作者当时系第四军第一〇二师参谋处主任。

经过激烈战斗，第三〇六团正面被敌人骑兵徒涉突破。敌骑到处穿插冲击，该团团长陈希周几次告急请示，柏辉章要他仍旧原地据守各个据点，互相支撑，机动作战，阻击敌人，不得后退一步。继而敌人骑兵沿线强渡，分股突击，柏辉章通令各团坚守据点誓与阵地共存亡，无命令不得擅自撤离后退，并以补充团紧接前线构成第二道据点防线。全线浴血苦战，官兵死了一批又一批，新墙河畔的土地洒遍了烈士们的鲜血，将士效命，前仆后继，顶住了敌人强大攻势。

师应战斗情况推进指挥所于潼溪街附近，紧靠前方火线督战。第三〇六团第一营比家山阵地受敌第十三联队大股敌兵猛攻，该营伤亡惨重，难以支撑。此时已别无兵力可派往增援，即命师直属工兵营前往接守阵地。激战几个昼夜，工兵营只剩下营长杨炯和第三连连长孙逸民以下三十一人，情况紧急。经请军部派兵增援，欧震军长指示："相机退守潼溪街。"次日，敌人进占比家山，乘势强渡潼溪河。杨炯率三十一人退守街南几里处的一个高地，掩护师指挥所转移位置。敌人一排骑兵尾随追到，柏辉章师长命令工兵营三十一人一齐开枪射击，一阵火力打倒敌骑两匹。杨炯心下暗想：开枪显露目标，岂不招引敌人骑兵上山搜索，敌众我寡，必将导致全部牺牲。但却见敌骑转向朝东北方面窜去。杨炯见柏辉章临危不惧，从容指挥，把敌人骑兵打走，心里暗服。柏辉章向杨炯说："我以火力齐发，故作疑兵，使其误认为我有大部队在山上埋伏，避战退走，不然，敌人一定上山搜索。"顷间敌机临空轰炸，投下两枚小型炸弹击中山头，盘旋几周向南飞去。柏辉章急率指挥所人员进驻黄沙街指挥战斗。

刘威仪团伤亡惨重。陈开本第一营只剩百余人据守古家村，受敌围攻。连长曾德正战死。第二营代理营长徐锦江率十八个人坚守黄泥港，受敌骑兵冲击，全部牺牲。第三营在激战中，营长孙国桢阵亡。

欧震从关王桥军部打来电话，要求坚持战斗，全力阻滞敌人前进，掩护战区部队完成后方反击部署。柏辉章笑着说："现在敌人步兵分头攻击我各据点阵地，敌骑乱窜，连日激战伤亡过重，剩下不足千人，恐怕敌人钻隙突进打乱战区后方部署，要求派一个团的兵力前来支援。"欧答："军只控制第九十师一点部队作而后决战使用，抽派不出兵力。薛长官有令，当前战场成败，责在我军，我就把这个任务交给你了。"柏辉章放下电话筒，面含愤色，连称："孤军作战，孤军作战。"立即又用电话转令："各团守住阵地，绊住敌人，不得后退一步，直至最后牺牲，在所不辞。"他打完电话，转身向熊钦垣说："欧军长不肯派兵增援，现在火线上兵不满千，营长以下快牺牲完了，剩下一些零星部队分守各个据点，看来支持不久，前线一垮，后面就难以设防。我决定到第三〇五团督战，陈副师长到第三〇四团去，即刻出发，我们以决死效命，师部后方一切事务请你完全负责。"熊钦垣说："师长此去，给前线官兵莫大鼓舞，必使一以当百，所谓尺箠当猛虎，一定取得战局的好转。"说罢，柏、陈二人就上火线去了。

柏辉章持枪上阵督战，直到前沿阵地与官兵并肩战斗，全线又奋战两日，使战区完成了后方反击部署。即时奉命撤离火线，率部前往黄花市集中待命。在撤退途中，我后勤辎重队伍和随营家属妇女惨遭敌机轰炸，敌人骑兵追杀，沿途尸骸枕藉。

敌人快速部队已先我进占黄花市，途中我师又奉命撤到浏阳及株洲田心镇集结。熊钦垣集合全师官兵清点人数，到队官佐不满百人，士兵只有五百四十余人；柏辉章临场讲话，他说："此役战斗到现在，全师仅存官兵六百余人，牺牲损折九成人数。在历次战役中，先期出省的贵州士兵已伤亡殆尽，军官生存的寥寥无几。历次新兵补充不久，未及训练完就匆匆赴战，在敌人的强大炮火下，军官身先士卒，士兵负伤不下战场，全都抱着誓死卫国的决心浴血奋战，杀敌报国。殉战的官兵弟兄是军人的楷模，是我们大家的榜样。现在在场的官兵都是久经战场富有战斗能力的将士，我们要时时刻刻准备再赴战场，为国献身，努力杀敌，夺取抗战的最后胜利。"柏辉章说得慷慨激昂，列队官兵个个都很感动。

一时间收到薛岳、杨森和参谋总长何应钦等来电慰勉。何应钦的电文是："该师临战奋勇，阻击强敌，保卫长沙，克尽厥功，致予嘉勉。对殉战将士深寄哀悼。"柏辉章回电称："敬师钧鉴，生辉所部，每战当敌精锐，痛歼顽寇，伤我士众，生以身存，实深愧疚。嗣当效命奋力，竭尽我责。"何应钦别号"敬之"，早年曾任贵州讲武堂校长，柏辉章肄业于讲武堂，是何应钦的学生，在电信中都称"敬师"。

工兵营长杨炯率三十一人在潼溪街被敌隔绝，转入岳阳大云山收容各部溃散六百余人组成游击队，由九战区游击第七挺进纵队总指挥李子亮统一指挥展开游击活动，多次在敌人交通线上埋设地雷，炸毁敌人运输车辆，又夜袭桃林镇，击毙敌大队长一名，突袭麻布大山掳获敌安抚所男女十四人，炸毁敌人野战弹药库两处。在大云山地区还有岳阳县长黎治格率领的游击队和民众自卫队等游击组织，共有两千余人的力量，在敌人的后方打击敌人。

第一〇二师撤离新墙河战场以后，敌军主力节节迫近长沙，进入战区大军反击阵线，受到我军的包围痛击，后方联络线又被李子亮、杨炯等游击部队截断，敌人首尾不能相顾，又即窜回新墙河北岸。第四军奉命追击，追到新墙河，第一○二师再次奉命担任防守任务，此时全师只有六百余人，官佐也参加持枪放哨。兵力过于微弱，只好在防线上遍设疑兵，瞒住敌眼。同时急请补充兵员，就近由湖南茶陵师管区拨来两千新兵，又在贵州师管区接来两千人，加紧训练，充实防务。

　　为悼念历次抗日战役阵亡将士，同时激励士气，柏辉章在师部驻地湘阴关王桥举行追悼大会，自长官部以下各级司令部都发来吊唁电文。师部各处、室和各团、营及直属部队都敬送挽联，现录两联：

> 淞沪挥戈，陇浔鏖战，壮烈英名高；
> 湘江毅魄，洞庭忠魂，碧血丹心照。
>
> ——师部参谋处
>
> 一马当先，新墙河上功赫赫，雄风尚在；
> 三军披白，汨罗江畔血丹丹，虽死犹生。
>
> ——师工兵营

　　经报请军事委员会批准，在黔军将士的家乡选定贵阳大南门外地址，建立"国民革命军第一○二师抗日阵亡将士纪念塔"，于一九四二年建成。

追击日军到新墙河

向廷瑞[※]

一九四一年九月，敌在鄂南、湘北集结约十万左右部队，突破新墙河南岸欧震第四军防线后，越过汨罗江，分道南犯，发动第二次长沙会战。会战前，第二十军第一三三师已克复了通城，这时奉命由通城向西南急进，侧击南犯之敌。部队连夜赶到步仙桥以东地区，知敌主力已经南下。敌机群向该师猛烈轰炸，师部中弹，特务连在还击中伤亡惨重。敌机系希特勒援日的"容克式"飞机，较之日军在上海战场使用的飞机先进得多，不唯轰炸、扫射的命中率高，其凄厉的尖叫声亦够先声夺人。我师摆脱敌机，继续向南犯之敌衔尾急追，进到捞刀河以北地区。

敌主力经福临铺南下，击溃陈沛、萧之楚等军后，越过金井、高桥，继续南犯。其一部经平江至长寿街，杨森即率总部经大桥退驻杨坊（祖师岩山下）。这时，长官部已电调江西上高的王耀武第七十四军火速增援浏阳，阻敌南下。王耀武率领该军由上高经万载进入浏阳境内，连日急行军，士兵已很疲劳。长官部这时发现日军骑兵先头已到黄花市。当时若令第七十四军在浏阳河构筑工事，沿河布防，尚可阻敌前进，但薛岳令王耀武第七十四军跑步向黄花市前进。该军第五十七师余程万部和第五十八师廖龄奇部刚过浏阳不远，与日军骑兵联队遭遇。部队既不明敌情，也不熟习地形，部队又来不及展开，士兵尚未喘过气来，遇到日军骑兵冲击，顿时大乱。王耀武险些成了俘虏，第五十七师和第五十八师各损失一半，第五十七师步兵指挥官李翰卿阵亡。眼见日军逼近，王耀

※ 作者当时系第二十军第一三三师副师长。

武急与长官部派去联络的中将高参沈久成潜藏在大路边树林里。日军沿树林外大道向株洲进犯。上述情况，系沈久成亲口所谈。

日军进到株洲附近，第七战区增援部队已乘粤汉路火车由粤北到达株洲，立即予以反击。日军以目的已达，仍沿前进道路向湘北回窜。杨森这时指挥第二十军、第五十八军，对日军进行阻击、侧击、尾追，使敌受到重大伤亡，并缴获大量马匹、枪支与弹药，一直追到新墙河南岸，与日军隔河对峙，恢复原来态势。

薛岳以杨森这次指挥二十军和滇军尾追日军，打得很出色，而第二十军一直追击敌人到了新墙河，于是把新墙河的防守任务交给第二十军，并对杨森说："这个任务，只有第四军和第二十军才能胜任。"杨森听了很高兴，即令第二十军正式担任新墙河南岸防务，军部驻水口桥；第一三三师驻关王桥，担任洞庭湖右岸由鹿角至下高桥一线防务；第一三四师驻杨林街，担任白洋田一线防务，右翼与第五十八军衔接。总部由长寿街移驻平江甲山三圣庙，以便对第二十军就近指挥。

五十八师师长廖龄奇逃回祁阳后，准备组织民兵打游击，请当地县长给予援助，县长电耒阳省政府（长沙大火后，薛岳兼湖南省政府主席，省政府迁耒阳）请示，省府转电兼主席薛岳。这时，王耀武以师长廖龄奇失踪，正电请长官部调查其下落。薛岳当电祁阳县政府将廖龄奇逮捕（又一说廖龄奇在株洲江南乘火车回祁阳老家，在车上与九战区一高参相遇，向薛岳告发），随即押解到南岳（蒋介石到南岳召开军事会议）。蒋介石以廖龄奇不收容部队，擅离职守，在会议上公开宣布，处以枪决。

这次战役薛岳指挥失当，实为造成王耀武军两个师溃败的主要原因。蒋介石在南岳会议上对薛岳严加批评，而对杨森在追击日军过程中战绩卓著，特别嘉奖。会后，国民党中央组织部长朱家骅到长沙，对杨森表示慰劳。

奔袭大荆街截击日军侧背

陈德邵[※]

　　一九三九年秋，我军取得第一次长沙会战的胜利，冬季攻势又重创日军。因此，一九四〇年初，军事委员会根据国内外形势调整第九战区指挥系统，将关麟征第十五集团军他调；卢汉集团军（高荫槐代）总部及第六十军调回云南，留第五十八军在湘北。即以第九战区副司令长官兼第三十集团军总司令王陵基，指挥第七十二军、第七十八军及其他部队守备赣北，与日军对峙；又以第九战区副司令长官兼第二十七集团军总司令杨森，指挥第二十军担任通山以南至通城的守备；第五十八军担任通城（不含）经黄岸市至大云山（不含）的守备；第四军担任大云山、八百市、草鞋岭，沿新墙河南岸至鹿角的守备，与日军对峙。杨森命令各军采取以攻为守的战术，务将当面日军压缩在一些城市和狭小的交通线附近，以保证沦陷区人民安全生产和生活。在敌我对峙的一年多里，第二十军曾取得鄂南反扫荡大捷和收复通城的胜利。在深入敌后，广泛开展游击战争中，第一三三师第三九九团在通山、咸宁、崇阳等地区，多次袭占日军据点和奇袭日军运输车队，斩获甚多。第三九七团王真翔营，战绩卓著。特别是该营兰纹波的加强连，挺进汀泗桥附近，在民众的支持下，多次避实击虚，粉碎敌人的扫荡；第一三四师李怀英营，在敌后亦甚活跃，特别是奇袭汀泗桥守敌，重创日军后，迫使日军不敢外出扫荡。

　　一九四一年九月，日军第二次进犯长沙。首先以第六师团两个联队，

　　※　作者当时系第二十军第一三三师第三九九团代理团长。

分由忠防、西塘向我大云山进攻；同时以浅水兵舰二十余艘及独立第十四旅团一个联队，配合海军陆战队，分乘汽艇、民船，向洞庭湖上下青山一带佯动，以牵制我湘西的增援部队。

敌主力分由港口、西六房、潼溪街、新墙镇，强渡新墙河，击败欧震第四军后，即分数纵队，由浯口、长乐街、新市、归义等处强渡汨罗江，击退守备汨罗江的第三十七军，继续南犯。杨森查明日军仅由湘北进犯长沙，急令守备通城及通山以南的第二十军，分由通城、黄岸市、天岳关、南江桥至新墙河以南地区，阻击日军后续部队和破坏后勤设施。第一三三师连夜赶到岳阳步仙桥附近，不畏敌机狂轰滥炸，乘敌机间隙积极备战。日军步骑兵及后勤部队两千余人，配合坦克十余辆，看守堆积在大荆街的粮弹仓库。其工兵数百人，强拉民众数千人，赶修新墙镇至大荆街公路。师长夏炯急率第三九八团团长徐昭鉴、第三九九团代理团长陈德邵，利用敌机轰炸间隙，详查敌情地形后，决定以三九九团附工兵一排（轻装带地雷），夜袭大荆街日军；以第三九八团夜袭筑路日军，并阻击新墙镇敌人增援大荆街。

我立即召开连长以上军官紧急会议，告诉敌情、地形和任务后，决定以勇敢善战的任和清第三营为突击大队，又以该营机智勇敢的第七连连长吴天佑指挥该连及团便衣队穿插敌仓库地区，负责焚烧粮弹仓库；又以第二营一个连，掩护工兵排埋设地雷，并掩护第三营左侧背的安全；团的其余部队构筑主阵地工事。会后分别做好夜袭一切准备。傍晚到达夜袭准备位置，各营分别执行会议安排的任务。当日午夜二时，穿插敌后的突击队，发射信号弹，突击大队以排山倒海之势，一举击溃日军警戒和守库部队，立即使用战前准备好的各种易燃物品，焚烧粮弹仓库，我迫击炮亦集中猛射露营地区的酣睡日军。顿时，大荆街附近黑烟冲天，弹药仓库相继起火爆炸。敌营一片混乱，人马互相践踏，东奔西窜，仍逃不出浓密的火网，死伤枕藉。同时我第三九八团亦击溃敌工兵部队，被掳民众乘机逃回家园。激战至次日拂晓，我团转移至主阵地。八时许，敌才纠集步骑兵千余人，在坦克掩护下，向我团攻击。在激战中，敌一部被我预埋地雷和横放路中树上的集束手榴弹炸得人仰马翻，血肉横飞。我团即乘机集中各种武器，猛射混乱日军。激战至十时许，残敌在飞机掩护下向新墙镇溃窜。我团即以一部追击，主力肃清大荆街附近残敌，并控制该地。同日敌步骑兵两千余人，窜至关王桥附近，妄图包围我师后方，又被我第一三四师击退。

本日正午，第五十八军新编第十师师长鲁道源，率领该师一部来到大荆街侦察，并说："奉副长官（指杨森）命令，追击南下日军。"我如实向他报告当面敌情、地形，并建议取道长乐街南下，向西侧击渡河日军。鲁同意建议，并立即行动。旋杨汉域军长奉杨森电令："日军分窜浏阳、株洲，长沙已陷敌手，你军立即挺进至捞刀河附近，协同友军围歼日军。"军即经长乐街分两路南下，多次击溃敌掩护部队，连夜赶到捞刀河以北地区，与敌展开激战。此时第四军、第三十七军亦挺进捞刀河南北地区阻击日军。日军伤亡惨重，粮弹奇缺，遂于九月三十日在飞机掩护下，分数路突围北窜。杨森急令各军截击、侧击，并衔尾追击；又令第五十八军乘隙挺进敌后，协同第七十二军攻击忠防、临湘、羊楼司等地日军，迫使敌无法南援和补给。我第二十军在金井、麻峰嘴一带阻击战中，向文彬团攻占敌啸天狮子阵地；第三九九团争夺日机投下粮弹，歼敌最多。

第一三三师即以第三九九团为前锋乘胜追击，不断击溃日军掩护部队，直抵新墙镇东南大批日军露营地区。我请来一保长，询问敌情时，来一爱国民众报告：大批日军在我村庄附近干田搭设帐篷睡觉，自愿引路夜击敌人。经保长证明，确系该保良民，曾经当过兵，胆子大。我即派第一营（营长李道成）轻装由来人引路，绕过日军警戒，穿插敌后，发射信号弹，与第二营（营长苟肇修）南北夹击日军，打得人马狂奔，互相践踏，伤亡枕藉。但敌炮兵垂死挣扎，猛射毒气炮弹。我官兵及时戴上防毒面具，继续战斗。我急指挥全团迫击炮轰击日军炮兵，团防毒排及时标明毒区，并进行消毒。这时师部电话接通，我略报告战况后，即问师长后继部队到否？当答："三九八团刚到。"我即建议："速以一个营，掩护全团迫击炮占领师指挥所东北高地，猛射敌露营区域。"师急令第三九八团参加战斗。旋第三九七团陆续到达，亦乘胜围歼日军。为切断日军退路，我又派第三营（营长任和清）由当地民众引路，迂回敌后扼要占领阵地，掩护我团明晨追击。激战至次晨，残敌在飞机和新墙河北岸据点炮兵的掩护下，遗尸遍野，仓皇徒涉新墙河，退守原阵地。此时已是十月八日。经过二十二昼夜的激烈战斗，我军又取得第二次长沙会战的胜利。

战后，新墙河防线交由第二十军守备，军部驻水口桥；第一三四师师部驻罗内，担任新墙镇（含）至大云山守备，右与五十八军衔接；第一三三师即驻关王桥，担任新墙镇（不含）经荣家湾至鹿角的守备。第五十八军仍担任通城（不含）至大云山守备。第三十七军守备汨罗江。杨森总部移驻平江甲山三圣庙。此次战役后，蒋介石在南岳军事会议上，对第二十军全军将士给予嘉奖，并特授杨森为陆军上将。会后蒋介石派国民党中央组织部长朱家骅到长沙第二十七集团军办事处亲切慰问杨森。

我对此次会战中日军伤亡人数和击毁缴获日军武器及军事物资数，因时久回忆不起。仅记得最后新墙镇东南地区伤毙大批日军马匹，除一三三师全师官兵饱餐马肉外，附近民众都分尝马肉，其数量之大可以想见。我官兵在胜利后，一面饱餐马肉，一面畅谈胜利战果，有的说："是日本侵略者用马肉祝贺我们的胜利。"有的说："我们伤毙日军人马都多，可算是笑谈渴饮倭奴血。"

筻口、马嘶墈战斗

陈燕茂[※]

第二次长沙会战时，我任第三十七军第六十师参谋处上校主任，亲身参加了会战。这时第六十师已由汨罗江北调，担任新墙河岸筻口、杨林街之线守备，董煜将师指挥所设罗内。

日军先以一部从九月七日开始，分两路向我湘北新墙河第一线北面的前进阵地和大云山游击根据地进犯，经我第五十八军痛击，退回原阵地。日军又另以海陆混合支队到营田以西各地活动，以掩护其主力的右翼。

十六日，日军向我新墙河北岸警戒阵地发起猛烈攻击，守军力战不支，退回南岸主阵地。

十七日拂晓，日军主力向我新墙河主阵地大举进犯，在炮火飞机掩护下，分数路强渡新墙河。我守军猛烈阻击，予敌重创，支持至下午，被敌突破。

第四军以一小部在荣家湾、黄沙街以西地区袭击敌之湘江水上运输队，并留一小部与敌保持接触，掩护主力转移到杨林街、关王桥、三江口方面，向敌侧击，并尾击南下之敌。

第六十师守备筻口阵地，尽力拒敌，战至下午，伤亡五六百人，大部被敌冲散，经多方收容，始到师部所在地罗内集中。翌日（十八日）开始侧击及尾击南下之敌，时有激战，迭有伤亡。

十九日，南下之敌因我第六十师追得紧、打得狠，感到恼火，掉转

※　作者当时系第三十七军第六十参谋处上校主任。

头与第六十师大战于马嘶塅。从辰至申，敌在飞机大炮猛烈火力掩护下，三次发起冲锋。第六十师顽强抗击，死伤六七百人，阵地一再被敌突破，师部直属部队也被冲散。我因走出师指挥所到前面察看战况，曾一度躲避敌机，归来后，师长、副师长、参谋长已不知去向。团长张巩、李道泰、袁再志与师部联络中断，只得各自为战，敌我阵地顿呈犬牙交错。好在时近黄昏，敌攻势稍挫，只闻炮声隆隆，轰个不停。为了收拾残局，我立即出面以师长名义派人四处联系，收容各部散兵，得三千多人，因敌情不明，只得掉头沿山上小路向罗内走去。走了大半夜，不期在森林里与师长、副师长、参谋长等相遇，他们正在忧心忡忡，见我带回几千兵马，喜出望外。翌日，师长董煜叫军需处主任陈植森送给我法币一千元，我即用作紧急情况下谍报及联络之奖励。未几天明，因炊烟未尽熄灭，敌机发现后大肆轰炸，师部附近也落了几个炸弹，师部卫士死伤五人。

二十一日，第六十师从山路南下，准备合围继续南犯之敌。

分路南犯之敌，至十九日下午均已窜抵汨罗江北岸，第三十七军、第二十六军顽强抵抗，前赴后继，仍不能阻止敌强渡。二十日，敌在浯口、长乐街、新市、归义强渡成功后，以一部向瓮江方面移动，包抄我第二线守军的右侧背。守备汨罗江南岸的第二十六军，被敌包围于浯口地区，伤亡严重，随即向捞刀河逐次转移，途中一度与由正面南下之敌相遇，边打边退。

日军在浯口地区击溃了第二十六军主力后，即分为两部，一部向三角塘南窜，一部向第三十七军阵地金井迂回。守备汨罗江南岸的第三十七军（缺第六十师）坚决拒阻日军的进攻，战斗激烈，伤亡很大。刚推进到金井西南的第十军整师整团地拨归陈沛指挥，均被日军击破，向南溃退。第十军军长李玉堂最后只剩下一个团，被日军包围于孙家桥，乘夜突围。陈沛指挥的兵力，消耗殆尽，陷入包围。陈沛率部突围，军部直属队被敌冲散，负责保管第三十七军公章的参谋处书记黄轩遭敌杀害，公章随之失落。陈沛率领残部乘夜南走，一路收容溃兵，整顿缩编。幸得第六十师及时归还，第三十七军战斗力才逐渐恢复。

此前的夜间，在瓮江附近公路边宿营的第三十七军第一四〇师的一个营，被突然闯来的日军骑兵用大刀砍死七八十人。由浏阳开赴捞刀河的第七十四军一部于二十六日行经春华山时，与敌先头部队遭遇，由于右侧背受敌，战斗不到一天，即被击溃。

然而在我湘北各军及从江西调来参加决战的友军的逐次阻击下，日军大大削弱，迟至二十八日才分途进至捞刀河。日军以一部向长沙东面及东南迂回，主力则从北面猛攻，又在长沙附近降落伞兵百余。黄昏，有敌一部窜入城内。

此时，我援军已先后赶至战场，将敌反包围，展开激战。敌因后方联络线被我留置敌后部队切断，粮尽弹绝，惊惶万状，乃于九月三十日下午四时开始突围北窜。我军衔尾猛击，并沿途截击，毙敌甚众。

沿栗桥、长乐街北窜之敌，向守备栗桥附近的我第六十师攻击，企图突围。我军堵击败敌，士气振奋，加以有地形、工事可依，重创该敌。经四小时的反复冲杀，敌虽逃去，然已遗尸百余具，死马四五十匹，步、机枪百余支。

十月八日，日军渡过新墙河。第六十师恢复了八月底在汨罗江南岸浯口、长乐街原阵地。

第十军参加会战简记

熊武琪※

第二次长沙会战时，我任第十军第一九〇师第五六九团中校团指导员，曾随军在长沙金井至福临铺之线，参与战斗；溃散后，又在长沙至衡阳和桃源担任收容工作的沿途，见到了许多片段的情况。战后还参加过师的作战检讨会议，听到一些情况。

第十军李玉堂部辖第三师（师长周庆祥）、第一九〇师（师长朱岳）、预备第十师（师长方先觉）三个师。是蒋介石的嫡系部队，各连使用的都是捷克式轻机枪，装备较好。从浙江萧山战役下来，即在湖南沅陵（军部及第三师）、桃源（第一九〇师）、溆浦（预备第十师）长期进行整训，列为统帅部的战略预备军，没有作战。一九四一年六月间校阅后，奉令开往衡山（军部及第三师）、石湾（预备第十师）、大堡、荣山坳（第一九〇师）等粤汉铁路沿线车站，待命开赴缅甸。

一九四一年九月中旬，日军第二次进犯长沙。这时，蒋介石拟令第十军开往长沙，担任守城。薛岳则计划在金井至粤汉路东西之线与敌展开会战，以急须加强金井的兵力为理由，令第十军在衡山、大堡、石湾等车站集结，车运至株洲西北的田心。下车后，采取紧急的战备行军，赶往长沙金井。第十军奉令之后，没有时间进行充分的作战准备工作，对官兵更没有进行必要的战斗动员教育，各团仅在开拔的当日，由各连长和指导员匆促地对士兵讲了一下战斗纪律，就集结上车。到田心后，下车步行，天气不好，一连下了几天雨，道路泥泞没胫，很难行走。士

※　作者当时系第十军第一九〇师第五六九团中校团指导员。

兵没有防雨装备，背着军毯、米袋、弹带，周身全湿，负荷渐重，加以连续日夜行军，疲惫不堪。许多士兵边走边打瞌睡，有的还不自觉地倒卧道旁睡着了。待抵高桥、金井，雨始停止。但官兵过于疲劳，在到达金井之后，有的不待进餐，即睡着了。

第十军开往金井之前，第三十七军第一四〇师、第九十五师在金井至湘阴归义之线驻防，第六十师驻湘阴杨林街，军部驻在金井附近的剑山将军坝。第十军到达金井的当晚，即奉令接守第三十七军第一四〇师在金井及金井西北一带的防地。据第一四〇师交防时介绍敌情云："当面敌人的先头部队尚在平江浯口；沿粤汉铁路进攻的敌人，刚渡汨罗。"浯口在金井以北约六十华里，中间都是山地，形势复杂险阻，不通大道，只有崎岖小径可行。我军估计敌人不会从小路进攻，如果进犯金井，必先占瓮江，沿大道南下，因此，把防守瓮江至金井之大道，作为堵击日军南犯的注意中心。预备第十师接防后，进驻金井西北沿河的村庄，以为金井东北有第一九〇师扼守金井通往瓮江的大道，而瓮江还有第三十七军第一四〇师的部队防守，西北不通大道，可以安然休眠一晚，没有严密戒备。不料拂晓前，日军一支快速部队（骑兵，当时说是一个快速联队），从浯口取道崎岖小径，夜袭预备第十师。预备第十师驻在金井西北最前沿的一个营，鼾睡中被日军突入营舍，乱刀砍杀，猝不及防，受到很大损失，死伤二三百人。预备第十师其他各部，不知敌人夜间从何而来，究有多少，阵势如何，于是在黑夜中盲目抵抗、搜索，乱作一团，师、团、营、连之间，失去联系。及到拂晓以后，师长方先觉才把情况弄清，报告军部。

第十军第一九〇师到达金井的当晚，宿营在金井东北各村庄，奉令抓紧时间休眠，次日拂晓赶往瓮江以南的高地占领阵地，设置第二道防线，准备堵击经由瓮江南犯的敌人。拂晓，各团即开始集结向瓮江以南高地进发，预计到达目的地后再吃早饭。行约三四里，接到军部紧急通知："敌人骑兵已从小道迂回窜至金井西北夜袭，预备第十师受到很大损失。"接着军长李玉堂急令第一九〇师"立即就近占领有利阵地，一面准备堵击正面敌人，一面防止敌人迂回偷袭侧背"。师长朱岳急令所属各团停止前进，迅速就地占领有利阵地，准备战斗。第五六九团团长彭祝龄，刚令部队就地集结，与各营营长爬上左侧高地侦察地形，准备进入阵地，又接到朱岳转达军长李玉堂紧急命令，令第一九〇师各团迅速向西转移至古华山东北高地，堵截由平江浯口取小径进犯金井的敌人后续部队，围歼敌人迂回偷袭部队。第一九〇师各团，于是急忙向西转移，在一条不到二百米宽的狭长谷地展开，分两路向古华山东北麓前进。中途，敌人飞机发现目标，即低空盘旋扫射，并发射信号弹向敌人迂回部队和正面部队指示目标。朱岳即令第五六八团团长陈家垕和第五六九团团长彭祝龄立即率领该部抢登右侧古华山东北四五里的高地，占领阵地，自己同副师长彭××率领师部直属部队和第五七〇团向古华山东麓前进，预备在该地选择适当地段设置师指挥所。行进中，又接到第十军军部通知："第一九〇师配属第三十七军军长陈沛指挥，听候第三十七军命令行动。"前后不到两小时，连续变更了三次命令。

这时，敌机不断低飞盘旋侦察、扫射，向敌人地面部队指示目标。朱岳预备设置师指挥所后与第三十七军军长陈沛联络，不料行至古华山东麓二三里的一个独立家屋处，突被日军迂回的一队骑兵从左侧猛烈冲击，朱岳负伤，副师长彭××阵亡。师部直属部队和第五七〇团于是溃散。而在古华山东北高地占领阵地的第五六九团团长彭祝龄、副团长徐雅颂等，看到山下北麓有日军大部队行进，师部及第五七〇团又在南麓遭到袭击溃散，联络不上，忙令迫击炮连对正面（北麓）密集前进的敌人打了二十多炮，当敌发起向山上冲锋时，便沿山向西南福临铺退走。彭祝龄因右足被柴桩刺破，脱离部队化装独走。第五六八团团长陈家垕亦率部撤退。于是，由平江渭口向金井进犯的日军，得以长驱直入，径扑古华山。迂回到金井附近的敌军骑兵，在第十军和第三十七军的后方横冲直撞。第三十七军军部在金井附近的将军坝遭到袭击，军部的关防印信遗失；第十军军部向西南转移。至此，第十军和第三十七军军部与各师，各师与各团都失去联系。

我沿路收容了本师百多名散兵，率领他们一气跑到孙家桥。在孙家桥后面山麓的一个村庄里，我找到了军长李玉堂和军部参谋长蔡雨时。他们急忙问我第一九〇师的情况，我把师部被袭击、师长负伤、副师长阵亡、各团溃散的情况，以及第三师第七团在古华山占领了阵地和敌人攻古华山，一路已占领福临铺，威胁古华山左侧的情况报告了之后，蔡雨时说："那得赶快堵住福临铺的敌人，不然，古华山要被敌包围，军部安全受到威胁。"李玉堂发牢骚说："我只当一个团的军长，哪里还有兵力使用？叫第七团赶快注意左侧，叫特务营赶快侦察地形，占领阵地，防止敌人袭击军部。"（按：第十军的预备第十师，第一九〇师和第三师的两个团都已拨归第三十七军陈沛指挥，只剩下第三师第七团和第十军军部直属部队归李玉堂指挥）同时，叫我把收容下来的散兵一百多人也交给了军部特务营指挥。我问："我是否随军部行动？"李玉堂叫我至孙家桥大道上继续收容，收容的枪兵交给军部。我便去了孙家桥。

我奉命到孙家桥时，已近黄昏，听到枪炮声渐近，便进了山。次日清晨，军部直属部队有几个散兵也退到了我所在的山里，我问他们孙家桥昨晚战斗的情况和军长李玉堂的下落。他们说："天黑不久，听说日本鬼子包围了孙家桥军部，和特务营发生了战斗，又听说军长命令突围，不知道冲出来没有。我们是向南跑出来的，没有遇着日本鬼子。"后来，我回到衡山大堡，听师长朱岳向各团介绍军长李玉堂在孙家桥突围的经验时说："……军长在孙家桥被日本鬼子包围了，参谋长（蔡雨时）要向南面突围，军长说：'不行，敌人包围我们，重点一定放在我们的后方，防止我们突围，拼命也突不出去。即使突出去了，敌人跟踪追击，也逃不掉。我们的前方，也就是敌人的后方，是敌人估计我们不会突围的方向，兵力一定比较单薄，容易突出去，突出去了，也比较容易逃走。我们决定向西北突围。'于是军长和参谋长就带着特务营向西北方向——敌人的后方突围，结果，没有遇到敌人的阻击就冲出来了。突围之后，转了一个方向，绕道跑到青山铺，都没有遇到敌人，安然地脱离了战场。"

金井、福临铺阻击战

杨正华※

一九四一年，我在第十军预备第十师政治部第一科任科长。中秋前后，我师驻株洲渌口镇整训，积极准备校阅，突接到命令："校阅停止，部队立即向湘北移动。"第十军奉命，尽速向湘北迎击日军。一连三日的急行军，每天都是拂晓前吃一顿饭，夜十二时宿营吃第二顿饭。从第二天起，敌机即跟踪侦察。敌机临空时必须隐蔽，因而迟滞了我们的行进，全靠一早一晚的强行军，才能到达预定地点。第四天，又是一日行程，当夜接长官部命令："迅速占领金井至福临铺一线（约十五华里正面），准备阻击来犯之敌。"我们又急急转回来，占领阵地，构筑工事。第二天，师部通信网架设完成，已是黄昏过去，各团通话后，得知第二十九团前哨已发现敌骑。师指示各团："明晨拂晓敌可能向我大举进攻，要加强工事，让士兵吃饱，准备战斗。"师指挥所连夜前进约二华里，选定指挥所位置，就近指挥。

次日拂晓，果然全线接触。战斗一开始便很激烈，枪声炮声响成一片，直觉得地动山摇。天刚亮，敌机即临空助战，指示目标向我阵地猛烈炮击，我军无空军应战，情况非常紧张。副师长孙明瑾派我先到退后二里许的第二指挥所，守在那里，等候他们转移。约在上午十时许，孙副师长来电话说：伤兵多，担架少，抬不下来，要我立即到附近的乡公所动员民夫抬担架。我嘱咐两个电话兵守住电话，不要离开，便只身去寻觅乡公所。一位老人告诉我："听说乡公所正在开会，保长都在那里。"

※ 作者当时系第十军预备第十师政治部第一科科长。

我随即前往，却没有找到。敌机又在空中盘旋扫射轰炸，我行动困难，任务无法完成，又考虑到回去难以复命，瞻望徘徊到天黑，还是决意仍回指挥所。行未里许，发现前面有大部队过来了，我辨认出是自己的部队。忽然从队伍里伸出一只手来拉住我说："科长，部队和师部都退下来了，你还往哪里去？"我仔细一看，是第三十团的一个军医。我问他情况，他说："我们撤退了。"我只好走回头路。可巧在乡公所那个村子里，遇到政治部主任李拔夫和几个科员，大家证实部队是退却了。我们一同向长沙方向走，沿途问路寻路。过了一条河，住了一宵，天明到达长沙附近的东山，又闻枪声骤起，只好落荒而奔，一天一晚后，到达衡山后方办事处。

我们到衡山的第二天上午，方先觉师长和孙明瑾副师长率部分人员也到了衡山。方先觉见了我就说："我们都以为你被俘了呢。"我问他撤退以后的情形，他说："敌人此次尽用骑兵，专打我们的指挥机构。我们刚离开第一个指挥所，日军就抢先把我们第二个指挥所打烂了，破坏了通信。他们有空军优势，侦察情报准确及时，行动迅速，使我们上下失掉联络，指挥意图无法下达，部队群龙无首，遇有情况无心应战，一味后退，战斗力完全丧失，以致我们这次如此惨败。"

会战结果，敌人到了长沙外围，未进城就仓促遁去。其原因是我潜伏部队纷纷出动，腰击尾截，使敌辎重补给完全断绝，并受到其他战场反攻的威胁。

会战以后召开了衡山会议，由蒋介石亲自主持，第十军军长、师长均参加了。会议的第一天，蒋介石大骂第十军指挥无能，战斗不力，当时气氛紧张。幸而蒋看了友军缴获的敌作战地图，在我师阵地前，标示日军三个半师团的番号。在第二天的会议上，蒋介石才转变语气说："现在证明，第十军预备第十师阵地前的敌人，有三个半师团的兵力，预备第十师就是铜墙铁壁，也难以阻挡敌人的前进。预备第十师能抵抗一天，还算不错。"这样第十军的军长、师长才放下了心。随后我师重整旗鼓，在岳麓山下整训，总结经验，针对缺点进行训练。军召开检讨会议，由李玉堂主持，惩处了有罪者：军工兵营长枪决；预备第十师第三十团团长田琳撤职；第三师的团长朱炳秋撤职。不久，李玉堂还是受到撤职处分，调钟彬接任军长。钟彬迟迟未来到任，至一九四一年尾，湘北日军又大举进犯，扬言要到长沙过一九四二年元旦，第十军奉命固守长沙，李玉堂以有罪之身，指挥全军守住了长沙，将功折罪，继续担任第十军军长。

浏阳城西遭遇战

黄幼衡※

第七十四军在江西上高会战后，奉命将第一线防务交给友军，调到后方分宜、新喻、上高一带休整补充。一九四一年九月中旬，忽接上级命令，说武汉方面日军从岳阳通城出发进攻长沙，已渡过新墙河、汨罗江，逼近长沙，战斗非常激烈。命第七十四军全部西进，急救长沙。全军按第五十七师、第五十八师、军部、第五十一师顺序，经宜春、浏阳向长沙急进。第五十一师过浏阳城西蕉溪岭时，看到前面第五十七、第五十八师及军部遭敌机轰炸扫射伤亡的人员不少。第五十一师通过该地时，敌机又来投弹扫射。我跳到一个土坑中，里面已有被炸死的近十具尸体，我就卧在尸体中。那时我军对敌机不知道组织步、机枪集中射击，只会用树叶伪装隐蔽，还不准喧嚷，怕飞机上听到，回想起来真是可笑。

为了急救长沙，晚饭后，全军继续呈一字长蛇队形前进。天将黑时，看到前方永安市大火冲天，火光照到二三十里外。当时日军已渡过捞刀河，进到我军北侧的各个山头上，但我军毫无察觉，只听说前方第二十六军还扼守着捞刀河。约晚上八点多钟，部队正行进间，忽听到在我军右侧各个山头上响起日军冲锋号，接着步、机枪声大作，不久日军就从北向南冲来，将第七十四军截击分割成无数段。军、师、团、营失去了联系，只有各自为战。我们几个参谋跟着师长，带着师部特务连、通信连，向南跑到一个小山后面的民房中。师长一面叫特务连占领山头抵抗，一而叫通信连速找各团架线联系，结果只找到第一五一团陈传钧团长和

※ 作者当时系第七十四军第五十七师参谋处上尉参谋。

第一五三团卢醒团长，他们也只各自掌握一个营在战斗。混战至半夜，特务连阵地被日军攻破，师指挥所被迫南撤，因找不到向导，走了不久就和日军遭遇，师部被冲散。当晚天阴无月，一片黑暗，不辨方向，我一个人背着公文，拿着一支手枪，爬上一个长满灌木林的山头。山下村里住了日军，能听到他们讲话、吃饭、问口令的声音。我在山上直等到天亮日出，看清了方向才朝南方下山。走了十多里，到一农民家要了点东西吃，将公文连挂包一起烧了，问了路，就沿小路向南跑。走了十多里又遇到日军，我爬山想避开，不料已被日军发现。两个敌兵追来，用刺刀连刺两次未中，我跳下陡坎跑到浏阳河边，不顾一切跳入河中朝南游去，敌兵打了几枪，见我潜入水中，以为打死了，就没有再打。我上岸后，顾不得鞋子掉了，急忙朝南跑。跑了十多里，肚中饥饿，找了一家农民，要了一些冷饭，喝了一碗米汤，要了一双旧布鞋。我将口袋中湿的钱轻轻撕开，拿给他们作为酬谢。问了到浏阳的路，就快步朝南走。下午三点多钟到了浏阳城北，看见副师长周志道带了一些人在收容部队。我报到换洗后，也参加了收容工作。这次全军溃退，第五十一师大部团、营、连长在混乱中尚掌握了队伍，全部归来。师长和参谋处第二科科长带着卫士排及部分直属连到浏阳河南和各团取得联系，布置了防线，掩护全军收容。到第三天师长才回到浏阳师部。

这次全军官兵伤亡很大，其中第五十八师每连剩下不到百人；第九战区长官部指挥不当；第二十六军未按长官部命令在捞刀河阻止住日军，掩护第七十四军进入指定阵地，致日军长驱南下，均不无责任。而第七十四军部急于前进，没布置防空措施，没派侧翼警戒部队，没直接与前方友军联系，敌情不清，侧翼完全暴露，也是惨败原因。

第五十一师在醴陵集结后，于十月下旬奉命乘火车开往广西来宾县补充休整。

歼敌长沙

叶 星※

一九四〇年秋，向敏思任第七十九军第九十八师少将副师长兼政治部主任。是年冬，部队在鄂西咸丰整训，为培养基层骨干，他从士兵中择优成立军士大队，自任大队长。第二年六月，军士大队在湖南澧县结业，队员分发各连充任班长。

一九四一年九月，日军对长沙发动第二次进攻。九月十七日，日军强渡新墙河；二十日，渡过汨罗江，分三路攻抵长沙外围。长沙告急，驻防常德附近的第九十八师奉命增援。第九十八师昼夜兼程，于二十六日赶到长沙东北近郊，占领新河街杨家山阵地。此时，我石子铺警戒营同日军遭遇，激战至晚，战火延至土桥。日军主力从我右翼迂回，窜入长沙。师长王甲本（云南富源人）当机立断，命第二九四团坚守阵地，自己亲率主力连夜向高沙坪望仙桥迎击后续日军。二十七日凌晨，我师主力在三窖堂、白茅铺与敌早渊支队遭遇，我第二九二团抢占有利地形，与敌展开激战。日机轮回轰炸，配合其第四十师团向我猛攻。激战至三十日，我师奉命留下第二九三团与突入长沙之敌周旋，其余向捞刀河以北的霞凝港、罗汉庄一线侧击日军。是日，我第七十九军暂编第六师师长赵季平（湖南桃源人）率部赶到，从橘子洲头的猴子石强渡湘江，配合友军以及我师在城内的第二九三团，内外夹击，当晚将长沙城内之敌赶出。这时，日军受我外围各路友军分割包围，伤亡重大，且补给被切断，粮弹将尽，士气低落。十月一日，日军开始突围。我师洞察敌情，

※ 作者当时系第七十九军第九十八师政治部科长。

果断向牛头嘴之敌侧击。日军担任后卫的第四十师团主力被迫回头阻击我师，以掩护其他部队逃跑。敌机终日轰炸扫射，我官兵伤亡剧增，师指挥所被迫撤至霞凝港。日军企图将我师在湘江消灭。我师背水苦战，师搜索连抢占鹤羊山，誓死扼守。敌对鹤羊山多次发起猛攻，我守军顽强抗击，连长余应勇阵亡，继任张连长、吴排长等也在战斗中牺牲。山上弹痕累累，血肉横飞，最后仅存排长郑昌言（现任浙江省参事室参事）率十五名战士坚守阵地。是夜，副师长向敏思为打破被困危局，率十名战士冲过石子铺敌据点，与湘阴友军第九十九师取得联系，通报敌情，以配合截击向北撤退的日军。并督率部队从背后猛攻，打死日军第一一六联队第一大队少佐大队长川崎进，第二大队队长横泽三郎等。我师官兵越战越勇，总计打死打伤日军三千多人，并一直将日军追到青山铺附近，方奉命结束战斗。

第三十集团军参战概述

刘识非[※]

　　第二次长沙会战前夕，湘鄂赣边区挺进军所属各挺进纵队，在敌后进行袭击，破坏敌之交通通信。

　　第七十八军之新编第十三师，在武宁城东端固守修水南北两岸阵地，该师奉总司令部转司令长官部电令，派出一个团附军部工兵营编为七八攻击队，由总部指挥，进入敌后袭击和破坏敌之交通通信，协同友军战斗。军部和新编第十六师在澧溪（武宁城西约八十华里）附近整训。

　　第七十二军新编第十四师占领石艮山、九宫山亘太阳山之线阵地，与阳（新）通（山）公路各据点之敌对峙，该师奉命派出一个团附军总部工兵营编为七二攻击队，任务同于七八攻击队。军部率新编第十五师在温汤（九宫山南麓）附近整训。

　　总部和两个直属团，在修水附近整训。

　　一九四一年九月上旬，长官部通报：侵华日军在岳阳地区集结，有再度向长沙进犯之模样，各部队须准备作战。

　　约在九月中旬，接长官部电令：集结于岳阳地区之敌沿粤汉路向长沙进犯，战区决心歼灭来犯之敌；湘鄂赣边区挺进军总指挥李默庵部仍积极执行原任务；第七十二军即向阳通公路各据点及通山城附近之敌佯攻，牵制该敌转用于长沙方面。

　　总部收到长官部电令后，立即对各部队作如下指示：

　　李总指挥即照长官部指示，积极行动，并督饬第二、第三挺纵所指

　　※　作者当时系第三十集团军总司令部上校作战科长。

挥之海军布雷队，加速布雷，阻滞敌长江水运。

第七十二军照长官部电令，立即积极行动，该军由佯攻获得有利态势，即转为真面目之攻击，首先克复通山城，更有利于阻止鄂南敌东西方面之交通。

第七十八军之新编第十三师，对箸溪附近之敌，应采取积极行动，不许该敌向我窜扰。

新编第十六师立即抽出一个团，迅速占领石艮山北麓既设阵地，掩护第七十二军之攻击，特须注意龙港方面敌之窜扰。

命令下达后，第七十二军即以新编第十四师向阳通公路各据点之敌攻击，新编第十五师向通山城附近之敌攻击。在攻击中，我官兵勇敢冲杀，敌虽凭坚险工事顽强抵抗，但我攻击仍有进展，攻克了一些小据点。新编第十五师并有一部攻到通山城郊。

侵占岳阳地区之敌，沿粤汉路向长沙进犯。战区内，敌可利用的大小道路均早已破坏，敌步兵行动亦颇困难，大炮坦克更无法前进，补给极受限制，遭到我军堵击、侧击、尾击，伤亡惨重，攻击遭受挫折，虽调队增援，亦无济于事，只得作困兽之斗。

第七十二军正向通山城附近之敌进攻，忽接长官部电令：该军立即转用于平江附近，确实占领平江，愈快愈好。之前，王陵基到重庆述职去了，参谋长宋相成代行其职务。

总部根据长官部电令，估计集团军当面敌情，尚无积极行动，可先将第七十二军抽走，然后再派部队向通山方面严密戒备。参谋处建议：即令第七十二军以有力之一部，在该军右侧背并进掩护；主力直趋渣津（修水城西约八十华里），沿朱溪、长寿街道兼程向平江前进，该军辎重后勤部队，可沿修水、平江大道前进。建议虽有争议，但最后宋相成同意，立即电令下达。第七十二军以连日战斗，部队颇有伤亡，官兵深感疲乏，请求可否准予休整两日。总部认为情况紧急，任务已有明确指示，该军须克服诸多困难，迅速赶到平江。该军遵照指示行动。旋接长官部急电，明确指出：第七十二军如能按时赶到平江，保持战略要点，则是此次会战功首；如迟误使平江失守，则是罪魁！军长韩全朴接到上述电令，立即挑选精壮官兵千余人，自己率领兼程赶向平江。第七十二军赶到平江后，即分别占领城郊要点，加速做好战斗准备。

向平江窜犯之敌千余人，已窜至距平江西北约二十华里处，见平江已有大军守备，乃改向瓮江方向窜走。

第七十二军虽已做好战斗准备，但未投入战斗。

　　在会战中，箬溪之敌曾沿修江南北两岸进犯，因我新编第十三师采取积极行动，诱敌深入，给以歼灭性打击。该敌狂妄进窜，进入包围圈后，始发觉被困，慌急溃退，逃回原地，龟缩不出。

　　第七十二军到达平江数日后，接长官部电令：此次会战，我各军斗志昂扬，努力奋战，已将进犯之敌击溃，残敌已向岳阳方向溃退。会战结束，各部开回原地整训。速将有功官兵，报请勋奖。第七十二军遵令开回修水，接受新的任务。

夜袭汀泗桥

程振坤[※]

一九三八年，日本帝国主义者的铁蹄蹂躏着祖国河山，中国人民为了挽救民族危亡，正开展着一场全面的持久抗战。由国共两党联合开办的湖南南岳游击干部训练班也就随着形势的发展而创建。

李默庵将军是继汤恩伯担任游干班教育长的。一九三九年李又受命兼任湘、鄂、赣边区挺进军总指挥，其总指挥部设在江西修水县的漫江镇。因此，游击干部训练班也先后由南岳迁祁阳，再由祁阳迁到江西修水。

总指挥部新组建了一个独立团。团长是黄埔四期毕业的王理直。其余中下级军官，大都是游干班先后期的同学。我当时是该团的一个中尉排长。部队驻扎在修水南茶村整训。

一九四一年秋，日本侵略军沿粤汉铁路南下，进犯长沙。我第九战区调集重兵于长沙东西之线，严阵以待，准备迎头痛击。

此时，李默庵总指挥部所辖之各纵队，都奉命挺进敌后，打击从武昌至岳阳沿铁路线的日伪驻守部队，切断其通信、补给线，以协同我长沙主力部队作战。

我独立团也奉命翻越九宫山，进驻通山县的横石潭，待命穿插敌后，以游击战牵制打击敌人，配合长沙方面主力部队，夺取会战的胜利。

[※] 作者当时系湘鄂赣边区挺进军独立团第三营第七连排长。

越过封锁线

一九四一年，鄂南各县，如崇阳、通山、阳新、咸宁、蒲圻等均早沦入敌手，敌人为了便于控制这一地区，除遍设碉堡、据点之外，还强迫民众将各县之间的公路修筑连接起来，与我驻守太阳山、九宫山之线的第三十集团军王陵基相对峙。

横石潭是九宫山北麓的一个小镇，日军常来扫荡，我第三十集团军也未设防，形成中间真空地带。以后由于日军企图进犯湘北，抽调走部分部队，使得各据点碉堡的兵力比较薄弱，因而不敢轻举妄动地出来扫荡。我们在横石潭驻扎下来后，一方面严密封锁消息，另一方面广泛向群众做宣传工作。

我团要穿插到敌后去，必须通过一道公路封锁线，横石潭离这条公路只有几里路，经过侦察，公路边有个叫富由的村子，地形比较隐蔽，有一条小河靠近公路，并有大片竹林，虽两侧都有日军的据点，但部队可以隐蔽通过。夜幕降临后，两边据点的探照灯不断照射，一个团近两千人，要在敌人的眼皮下面浩浩荡荡地通过，而不被发现，这是我们这些首次越过封锁线的人，颇为担心的事。

团指挥部对通过封锁线，事先作了周密的考虑和部署。首先是派人对富由的村民做了宣传，绝对严密地封锁了消息，连各家各户喂的狗都一概关起来，防止它们吠叫；再就是派出两个加强连，潜伏在两侧碉堡附近，以掩护大部队通过，而后作为后卫跟进。

我们是在夜十二时左右通过公路的，每个排都有一名当地人做向导带路。在我们出发时，村子里的男女老少，都站在路旁和村头目送我们。

我们涉过一条小河，跨过公路，就进入了丘陵地带。拂晓以前，全团安全到达预定地点。据点和碉堡内的守敌，不知是真的没有发现我们的行动，还是因为兵力过于薄弱，为了保命，不敢贸然出动。

翌日上午十时左右，部队进到黄花镇，这里是鄂南敌后抗日根据地——大摩山的北麓，那条吓人的"封锁线"，已被我们甩得老远老远了。

进入大摩山

部队又从黄花镇出发，向着大摩山主峰方向缓缓前进，我连（第七连）担任后卫。第一天的宿营地离黄花镇不过十华里，连长命我排为排哨，向黄花镇方向配置警戒。我们满以为日军各据点的兵力不足，自顾不暇，思想上有些麻痹疏忽，加上派到黄花镇的情报侦察人员收集情报不力，就在我们离开黄花镇的同时，日军已经纠集二三百兵力，并有九二步兵炮两门（一般称为小钢炮），尾随我们而来。第二天拂晓，敌人直扑我排哨所。幸好哨兵警惕性高，当敌人距哨所五六百米时，即被发现。我听到哨兵连续鸣枪报警，即紧急集合部队，抢占房子侧面的山坳。我连的第二排，也迅速占领了与我阵地相邻的一个制高点，以密集火力射击向我前进之敌，并掩护哨兵安全撤到山坳阵地上。由于地形对我军十分有利，居高临下，阻止了日军发起的多次冲锋。敌人的九二步兵炮开始向我阵地轰击，此时，我主力部队已全部进入大摩山"竹海"，我们两个排在完成掩护任务之后，也奉命撤离。日军占领了山坳之后，面前是一眼望不到头的茫茫竹海，盲目地发射了几十发炮弹后，走了。这次战斗结果，我排牺牲了一名年轻的士兵，日军则死伤不下十余人。

部队深入到大摩山腹地之后，严峻的问题来了，我们的补给线已经完全被敌人切断，这里人烟稀少，没有粮食，更缺食盐和食油。有些士兵懂得冬笋的生长规律，根据竹叶的颜色和竹尖弯曲的方向，挖到好多冬笋，可是煮熟后，无盐无油，实在难以下咽。好在为时不久，我们就奉命向铁路沿线靠近，去执行新的战斗任务。

大摩山地介通山、阳新、咸宁、蒲圻诸县之间，方圆数百里，全是茫茫竹海，日本侵略军对之望而生畏，不敢轻易进山。可惜我方在偌大一片游击地域，连最起码的军需补给点都未设置。听说尹立言游击纵队在大摩山区待了几年，就是靠向四乡摊派来维持供给，以致部队纪律败坏。

汀泗桥战斗

长沙保卫战，使得日本侵略军的锐气受到了严重的打击，侵略者在付出了惨重代价之后，向岳阳方向溃退。

我团接到新的战斗任务：以两个营掩护人民群众连夜破坏赵李桥至中伙铺之间的铁路、公路、桥梁；第三营掩护工兵部队炸毁汀泗桥的铁路大桥。我们第七连则受命相机攻占汀泗桥镇，牵制敌人，减轻炸桥部队压力。

连长令我率领所属的一个排为攻占汀泗桥的尖刀排，咸宁县政府还派了一个自卫分队协同我排作战，归我指挥。因他们是地方团队，对地形非常熟悉。

夜晚九点多钟，我们隐蔽地接近汀泗桥街口，发现架设有一道拒马，派人拆除后，未见任何动静，于是我们顺着大街搜索前进。

十一时许，我们占领了伪维持会小院，没有遇到抵抗，那些汉奸早已逃了。在一个坪角上，发现了一大堆食盐，当时食盐真是太宝贵了，士兵们腾出挂包，准备装盐。我立即制止，并用手电筒仔细观察检查，果然发现有几根索线从盐堆中伸引出来，系在墙壁的铁钉上，经剪断引线后，取出了三枚手榴弹。我们继续搜索前进。

午夜时分，到达大石桥头，朦胧夜色之中，隐约可见桥的对面是一座碉堡。桥上设置着两道鹿寨，系上无数空罐头筒，稍一触动，就啷当作响；桥底下水面架设有铁丝网。

我同县自卫分队长商量，决定首先派人破坏敌人设置的障碍物，然后以三挺机枪火力掩护，夺取这座碉堡，他表示同意。当我们拆除第一道鹿寨时，敌人未发觉，但在拆除第二道鹿寨时，碉堡内的日本兵号叫起来，机枪步枪集中向桥面猛烈射击。我一面指挥机枪以猛烈火力对敌进行压制，一面在火力掩护下，果断地指挥全排和县自卫分队向敌碉堡强行冲过去。怎奈桥面太窄，又无法隐蔽，甩过去的手榴弹多落在桥上爆炸，机枪在夜间射击命中率也低，未能压住敌人的火力，我方伤亡越来越大。自卫分队大部分伤亡，我只好让他们撤出战斗，带领剩下来不到一个班的兵力，坚守在桥头，等待上级派兵增援。

午夜两点钟左右，敌人的另一据点开始用掷弹筒向我排占领的街道轰击，大多数掷弹筒落在居民屋顶上爆炸，也有些落在街道中间。我排的伤亡不断增加，最后只剩下我和两个士兵。我为了坚守桥头堡阵地，抱着一挺机枪，不时地向敌人进行点射。最后，我们三人也被炸伤，但不敢擅自放弃阵地。三点钟左右，方树民排来到桥头接替，见我全身是血，就派人找来一位县警，托他护送我到裹伤所去。那时候部队的卫生设备真差，连担架也没有。县警找来两个老百姓，用一架竹梯子把我抬了七八里路，才找到团卫生队裹伤所。经检查都是掷弹筒碎片所伤，幸未伤及要害，只是因为受伤后未及时上药裹伤，流血较多。在取碎片时，右手肘一处伤口，医生疏忽没有发觉，一颗绿豆大小的碎片至今留在皮下，这是侵略者给我留下的罪恶的物证。我被送到野战医院治疗一周，即完全康复返回前线。

我部攻击汀泗桥的同时，由我地方政府动员的一支数以万计的民工队伍，在我第一、二两营的掩护下，展开了对铁路的大破坏。广大人民群众满怀着对侵略者仇恨的心情，手持撬杠、木棍、绳索，牵着耕牛，在统一指挥下，万人齐动手，撬的撬，拉的拉，将南自赵李桥，北至蒲圻中伙铺，除据点附近外的整个铁路翻了个面。有的铁轨、枕木都被抬走，电线完全被剪断，留下的只是光秃秃的电线杆，有些地方连电线杆也被拔起来抬走了。把守铁路沿线各据点的日军，因兵力不足，基本上未作出反应，只是盲目地放了些空枪，无可奈何地望着这段运输大动脉完全瘫痪。这一来给从长沙退却的日本侵略军造成了极大的困难，他们只能靠两条腿匆匆逃跑。几天以后，我侦察人员发现，日军正以密集队形从公路上撤退，显得十分疲惫不堪。我们团还派出了小部队沿途扰袭。第二次湘北会战，日本侵略军以溃败而告终。我团再次越过封锁线，回到了崇阳的大小沙坪及太阳山北麓一带休整。

这次战斗行动，可算是一次游击战的实战演习，我们完全是依照游击战的基本法则来指导这次战斗行动的。在遭受异族侵略时，只要是从事抗战，都会得到人民群众的支持，值此战胜日本帝国主义四十周年纪念之际，我深切缅怀在汀泗桥战斗中战死沙场的战士们，他们为祖国为民族流尽了自己最后一滴血，他们的英勇牺牲精神，是永垂不朽的。

第三次长沙会战

薛 岳[※]

中华民国三十年十二月八日，敌既掀起太平洋战争，对我英美友邦宣战，复以攻占长沙，打通粤汉线，牵制我军策应友邦作战之目的，发动三犯长沙之攻势。抽集第三、第六、第四十师团，及第四、第五师团之各一部，为第一线兵团，直犯长沙；池上、加藤、平冈、外园支队，为第二线兵团，任长沙岳阳间之交通警备，及策应第一线兵团之作战；第十三、第十五、第三十九、第一一六师团之各一部，第十四独立旅团主力，第十八独立旅团一部，为第三线兵团，任临、岳后方据点之守备，必要时，策应第一第二线兵团之作战，合计兵力十二万余人，企图于元旦日攻占长沙。并以第三十四师团主力，第十四独立旅团一部，分向上高、修水进犯，牵制我军。

十二月十九日，敌开始犯游港河，二十四日，敌由四六房、荣家湾间强渡新墙河。我第二十军在游港河东岸，新墙河南岸阻击后，转至三江口、王家坊侧面阵地，协同占领杨林街、关王桥侧面阵地之第五十八军，自东向西，侧击南犯之敌。

二十七日，敌由长乐街、河夹塘间，强渡汨罗江，其主力沿铁道南窜。我三十七军，九十九军之九十二师、九十九师，在长乐街、伍公市、新市、归义、河夹塘及汨罗江南岸网形阵地坚强抵抗，节节阻击，敌死伤颇众，进展迟滞。

十二月三十一日，敌窜至长沙外围，三十一年一月一日子时起，第

※ 作者当时系第九战区司令长官。

四十师团向长沙南郊，第三、第六师团向长沙东南郊，第四师团向长沙东北郊猛烈进攻。我第十军抱必死决心，必胜信念，在长沙外围猴子石、黄土岭、阿弥岭、杨家山、五里牌、杜家山一带，与敌浴血搏斗。激战至元月四日黄昏，敌伤亡惨重，遗尸遍野，弹尽粮绝，智穷力竭，虽其第二线兵团由长乐街、新市南进急援，及运用毒气弹、烧夷战，终不能挽救败局，遂全线崩溃，残部向东北溃逃。其时犯高安之敌，被我新三军在杨公圩、村前街以东地区击溃回窜；犯三都之敌，被我第三十四师在三都附近击溃回窜。

当敌开始攻击长沙外围时，余即令第十九集团军之第四军，自株洲向长沙东南郊，第七十九军自渡头市向东山、㮾梨市，第二十六军自洞阳市向东屯渡，第三十集团军之第七十八军自三角塘、更鼓台向湖迹渡，第三十七军自蒲塘向望仙桥；第二十七集团军之第二十军自清江口向石子铺，第五十八军自长乐街向安沙，直辖之第九十九军向洪山庙、捞刀市，七十三军自岳麓山渡湘江向长沙东南郊，四面猛烈围攻。至元月四日，第四军将阿弥岭、黄土岭、金盆岭一带之敌歼灭，其余各军均积极向目标进攻。饥疲惨败之敌，伤亡过半，溃不成军，残部阻于浏阳、捞刀两河之天然障碍，泅水溃逃，厥状至惨。至敌第二线兵团向长沙急援之池上、加藤、平冈、外园各支队，此时进至福临铺南北地区，亦被我三十七军、二十军各个击破，同遭溃败。

元月四日夜，为彻底歼灭败残之敌，以罗副长官卓英为南方追击军总司令，指挥第四、第二十六、第七十三军，先在东山、㮾梨市、长桥截击，继向长乐街、伍公市、兰市河、新市追击；王副长官陵基，为东方截击军总司令，指挥第三十七、第七十八军，在枫林港以北长乐街以南地区，自东向西截击；杨副长官森，为北方堵击军总司令，指挥第二十、第五十八军，在象鼻桥、福临铺、栗桥，自北向南堵击；傅军长仲芳，为西方截击军司令官，指挥九十九军及一四〇师，在石子铺以北新市以南地区，自西向东截击。

元月四日夜，自长沙外围败残之敌逃至东山、㮾梨市、长桥、石灰嘴地区，第四军自东屯渡，七十三军自湖迹渡追击；七十九军向东山、㮾梨市，二十六军向长桥，七十八军向滨塂，自东向西截击；九十九军向石灰嘴、白茅铺，自东向西截击，形成第一次追击包围战，聚歼两昼夜，斩获甚众。

元月七日，败残之敌逃至麻林市、福临铺地区，其第二线兵团，亦进至福临铺南北。第二十六军自伍家埠，第四军自枫林港追击；第二十军自福临铺，第五十八军自影珠山，自北而南堵击；七十八军自上杉市，三十七军由将军坝自东向西截击；七十三军自青山市，自西向东截击，形成第二次追击包围战，聚歼两昼夜，敌遗尸遍野。

元月九日，败残之敌逃至福临铺、麻峰嘴地区。第二十六军自梅林桥，第二十军自福临铺，第五十八军自影珠山追击；第三十七军由麻峰嘴自东北向西南截击，九十九军由黄柏墩自西北向东南截击，形成第三次追击包围战，历五昼夜，尽歼敌十三联队。十三日，残余之敌溃渡汨罗江时，又被三十七军在颜家铺，第四军在伍公市，七十三军在新市，二十军在武昌庙、新市痛击，敌自相践踏，落水死者盈江。

元月十四日，败残之敌逃至汨罗江北岸大荆街、龙凤桥地区。第三十七军自颜家铺，第四军自伍公市，第七十三军自新市追击；暂五四师自洪桥、长湖，一四〇师自黄沙街，自北向南堵击；第七十八军自长乐街、大荆街，自东向西截击；第二十军、第五十八军，自黄谷市、关山，自西向东截击，形成第四次追击包围战，聚歼两昼夜，残敌被斩俘几尽。

元月十六日，残敌尽逃新墙河北岸。第七十八军追至四六房、潼溪街，第五十八军追至新墙，第二十军追至荣家湾，暂五四师向忠防，一四〇师向桃林、西塘，扫荡残敌。自敌由长沙外围溃逃至我追至新墙河，追击作战亘十二昼夜，残敌被我四次追击围歼，其生还逃回临岳者，仅余一万三千余人，实为空前之惨败。

自第二次长沙会战之后，最高统帅蒋公即亲莅南岳，召集各军、师长剀切训示今后作战方略；十一月十七日，余复集全战区官兵代表于长沙，举行会议，谆谆嘱以战胜决于平时，故平时应视如战时，操场应视如战场。且本既往所得之经验教训，创天炉战法。天炉战者，为在预定之作战地，构成纵深网形据点式阵地，配置必要之守备部队，以伏击、诱击、侧击、截击、尾击、堵击诸手段，逐次消耗敌力，挫其锐气，然后于决战地使用优越之兵力，施行反击及反包围，予敌以歼灭打击。盖为后退决战方法，因敌之变化而变化之歼敌制胜新方略，如炉熔铁，如火炼丹，故名。战略既定，复审度地形及历次战役经验，选定新墙、汨罗二水间为伏击、诱击地带，捞刀、浏阳二河间为决战地带，并令战地民众加紧犁田、蓄水、削路工作，故此次敌之进犯，无异自投天炉，予我以熔化之机。

回忆第一次长沙会战，国内外谈战略者，拟以福煦元帅之马连哥退却攻击；第二次长沙会战，又誉为外线作战之典型；第三次长沙会战，更拟以拿翁威得比斯克之分进合击法。虽战法尚相吻合，但拟之先贤，则吾岂敢。

此役所得战果：击毙敌联队长五，大队长五，中队长四，小队长十余，敌官兵遗尸五万六千余具，马一千二百余匹，其已焚化之阵亡及重伤官兵则遍地皆是，其轻伤能随队行动逃回者，尚不在此数，生俘敌炮兵大尉松野荣吉以下官兵三百九十余名，军马七百八十余匹，夺获武器、被服、装具尤多。

其能获此伟大战果者：计划绵密，准备周到，一也；十二月下旬，敌向湘北集中时，判断必三犯长沙，遂抽调赣北鄂南及后方兵力集中战场，故能不失时机，把握主动，二也；平浏间百公里之侧击态势，始终未被敌察觉，而浏阳河北岸要点，始终在我掌握，三也；各军、师长，咸具必死决心，必胜信念，第十军于战斗开始即多具遗嘱，四也；战斗纪律严明，五也；步炮协同良好，六也；又在此次会战时，余始终在长沙指挥，并指定余战死后之代理人，所予将士精神之鼓励甚大。

敌既在赣北发动攻势，一以策应湘北作战，一以牵制我军，应加强进犯兵力，方克达到目的，但事实上能使用者不过仅一联队兵力，不但目的不达，反受重大损失，捉襟见肘，窘态毕露。第一线兵团，悬军深入以犯长沙，携行粮弹过少；第二线兵团，单位繁杂，战力低劣，皆为战败因素。但敌侦察我阵地甚为确实，攻击重点，指向适当，战况危急时，常能为大胆之钻隙攻袭，纵被围，明知必死，终不肯投降，而举火自焚，此于长沙攻城战时，数见不鲜，其勇于任务及富于牺牲精神，实堪钦许。

会战兵力部署及战斗经过

赵子立　王光伦※

会战发生前敌我态势

日军的兵力和概略位置

第三次长沙会战距第二次长沙会战仅两个多月，日军的兵力和位置与第二次长沙会战前同，赣北、赣中仍是第三十四师团、独立第十四旅团、鄂南、湘北仍是第三、第四十师团等两个师团。

至一九四一年十一月下旬，据前方部队及派在日军后方的情报人员报称：赣北日军又有减少，并且又缩小阵地，连西山车站地区都放弃了，在赣江以西修水以南仅守生米街、牛行、西山、安义、靖安、滩溪等据点。旋又据报，湘北日军增加。最初，对于这种情况颇为怀疑，认为第二次长沙会战后才两个月，难道日军又要进攻吗？至十二月七日日本袭击了美国海军基地珍珠港。八日太平洋战事爆发。这时认为日本既袭击了珍珠港，它与同盟国在太平洋、在亚洲的战争将不可避免，它将由中国战场调出兵力。它的兵力愈小，愈要以攻为守，它将要调去的兵力集中起来再把我军扫荡一次，以消除中国而后进攻的威胁，是很有可能的。于是再通令各部队，迅速完成作战准备。

※　赵子立当时系第九战区司令长官部参谋处处长。王光伦当时系第六十军第一八三师营长。

第三次长沙会战时的战斗序列

司令长官薛岳，副司令长官罗卓英、杨森、王陵基，参谋长吴逸志，指挥下列部队：

（1）第十九集团军代总司令刘膺古，指挥：

新编第三军杨宏光，辖两个师：第一八三师李文彬（当时王光伦即在该师任营长），新编第十二师张与仁。

第二挺进纵队康景濂。

该集团军的第五十八军仍在湘北归第二十七集团军指挥。

（2）第三十集团军王陵基，参谋长宋相成，指挥：

第七十二军韩全朴，辖两个师。

第七十八军夏首勋，辖两个师。

（3）湘鄂赣边区挺进军总指挥王劲修，指挥暂编第五十四师孔荷宠及四五个挺进纵队。

（4）第二十七集团军总司令杨森，参谋长杨鉴黎，指挥：

第二十军杨汉域，辖两个师：第一三四师杨干才；第一三三师夏炯。

第五十八军孙渡，辖两个师：新编第十师鲁道源，新编第十一师梁得奎。

第三十七军陈沛，辖三个师：第九十五师罗奇，第一四〇师李棠，第六十师董煜。

王翦波挺进纵队、聂聘三挺进纵队、王作楫挺进纵队。

以上各部除第二十军外，其余在名义上虽归第二十七集团军指挥，在实际上均是薛岳直接指挥。

（5）战区直辖军师：

战区直辖军，似三个，第四军欧震，辖三个师：第五十九师张德能、第九十师陈侃、第一〇二师柏辉章。第十军李玉堂，辖三个师：第三师周庆祥、预备第十师方先觉、第一九〇师朱岳。另外一个军记不清（或系第七十三军彭位仁）。

战区直辖师：暂编第五师郭汝瑰——它是一个独立师，会战前在第六战区，会战开始后，调第九战区，会战后编入了第七十三军。

会战开始前的部署

第十九集团军：新编第三军在高安、奉新地区，与南昌以西及安义、靖安的日军对峙。它以新编第十二师在锦江口—淞湖—高邮市（含）之

111

线，占领阵地，师部驻珠湖；以第一八三师主力在大城—赤田—奉新—草坪—肖坊之线（在奉新西北）占领阵地，一部控置于奉新西北地区；师部驻肖坊（在故县西北），军部驻卢家圩（在高安西南）。康景濂纵队仍以九仙汤为根据地在九岭山山区活动。总司令部驻上高附近。

第三十集团军：主力在澧溪地区对东北占领阵地，与武宁方面的日军对峙；一部控置于修水县城附近。总司令部驻渣津。

湘鄂赣边区总部所属各部队，以九宫山、大湖山为根据地在幕阜山脉地区活动。

第二十七集团军：第二十军主力在南江桥地区占领阵地，与通城方面日军对峙；一部控置于平江以北地区，第五十八军主力在新墙河南岸占领阵地，与北岸日军对峙；一部在汨罗江口至新墙河口间任洞庭湖东岸湖防。第三十七军一部警备长乐街—五公市—新市，主力控置于鹰江—蒲塘—栗山巷。第九十九军担任汨罗江口—营田—湘阴—临资口线洞庭湖东南岸湖防，主力控置于湘阴以东地区。王翦波、聂聘三、王作楣纵队在通城、崇阳、临湘间地区活动。总司令部驻平江附近。

第十军控置于长沙、株洲地区。第七十三军当时驻宁乡、益阳地区为战区预备队。

作战计划的修正

从第一次长沙会战、上高会战，尤其第二次长沙会战中，可以看出一九三九年春策定的作战计划有下列几个问题：怎样进行逐次抵抗的问题；怎样切断日军退路的问题；选定决战地区的问题；怎样吸引日军进攻长沙的问题。

基于以上问题，修正计划如下：

敌情判断

敌人再向本战区进犯时，仍有两个可能：

（一）以全力由湘北进犯，重点仍保持于它的左翼，索取我军右翼包围攻击。

（二）以主力由湘北进犯，其重点指向与上项同；各以一部分由南昌、武宁、通城进犯；策应湘北的作战。

作战方针

战区以诱敌深入后进行决战之目的，敌进攻时，以一部兵力由第一线开始逐次抵抗，随时保持我军于外线，俟敌进入我预定决战地区时，以全力开始总反攻，包围敌军而歼灭之。

指导要领

（一）敌以全力由湘北进攻时

预定在长沙外围与敌决战，决战时重点保持于长沙以东地区。

湘北守军于敌人进攻时，（Ⅰ）先应利用既设工事拒止敌人。（Ⅱ）继应：（1）一面采取逐次抵抗以消耗迟滞敌人，在逐次抵抗中，敌压迫我左翼时，可作适当的抵抗；敌压我右翼时，应主动先撤退左翼再适时撤退右翼，不得陷入内线，招致失败。（2）一面在逐次抵抗中，适时作如下处置：以一部向梅仙、平江以东外线转移；以一部分别潜伏于汨罗江、捞刀河间各偏僻地区；以主力向相公市、沙市街［在指导要领（二）时，为高桥，路口畬］以东外线转移。（Ⅲ）而后：（1）各潜伏部队，俟敌大部队通过后，自动起来，攻袭敌后，并阻止敌军撤退；（2）于总反攻时，待命以一部向西进攻，扼守汨罗江北岸遮断敌军退路；以主力向捞刀河以北攻击，使围攻长沙之敌不得退过捞刀河北岸。

赣中、赣北守军，于敌进攻时，应以一部守备原阵地，以主力向浏阳以东地区前进，于总反攻时待命由浏阳地区向长沙以东攻击。

战区直辖各军：以一部及炮兵占领长沙、岳麓山核心阵地，构筑坚固工事而确保之。直辖各军主力于总反攻时，待命由株洲、普迹地区向长沙以南攻击［在指导要领（二）时，为：待命由田心、跃龙市、永安以东地区，向长沙以东、以南攻击］。

湘北各挺进部队，于敌开始进攻时，在新墙河以北扰乱敌后；俟敌主力渡过汨罗江后，转移至新墙河以南地区活动；而后阻扰敌军的撤退。鄂南挺进部队于敌攻击开始后，集中力量，向蒲圻、临湘线，崇阳、通城线不断攻袭破坏，扰敌后方。

（二）敌以主力由湘北进犯，各以一部由南昌、武宁、通城进犯时

1. 赣中、高安方面

南昌方面之敌沿湘赣公路进犯时，高安方面守军应利用现阵地拒止敌人；继应保持袋形态势向上高附近进行逐次抵抗，以消耗迟滞敌军；而后依该地区控制部队之参加，重点保持于上高东南，反攻敌军而歼灭之。

赣北挺进部队于敌进攻开始后，应向德安—南昌线，德安—安义线不断攻袭破坏。

2. 赣北修水方面

武宁方面之敌，经修水、铜鼓进犯时，修水方面守军应利用现阵地拒止敌人；继应保持袋形态势，向铜鼓附近进行逐次抵抗，以消耗迟滞

敌军；而后依该地区控制部队之参加，重点保持于铜鼓东南，反攻敌军而歼灭之。

3. 鄂南通城方面

通城、崇阳方面日军，经白沙岭—长寿街进犯时，九湖山、幕阜山地区挺进部队应扼险阻止敌人，而后保持袋形态势向嘉义附近进行逐次抵抗，以消耗迟滞敌军；南茶、九宫山地区全部挺进部队应迅速向长寿街方向前进，由东向西进攻敌军左侧背。

梅仙、平江以东部队，必要时应以一部由西向东进攻敌军右侧背。

4. 湘北南江桥、新墙河方面

湘北守军，战区直辖各军及炮兵的行动，见指导要领（一）。湘北各挺进部队的行动与指导要领（一）的指导同。

兵团部署

第十九集团军应以主力守备高安、奉新方面现阵地，以一部控置于上高附近。

（一）敌以全力由湘北进犯时，应抽一个师向浏阳以东前进，待命归第三十集团军指挥，向长沙以东攻击。

（二）敌以一部沿湘赣公路进犯时，第一线部队先应利用现阵地拒止敌人；继应进行逐次抵抗；而后依控制部队之参加，在上高附近与敌决战。康景濂纵队应向德安—南昌线、德安—安义线不断攻袭破坏。

第三十集团军应以主力守备澧溪方面现阵地，以有力一部控置于修水附近。

（一）敌以全力由湘北进犯时，以一部守备现阵地，以主力向浏阳以东前进，并指挥第十九集团军一个师，待命向长沙以东攻击。

（二）敌以一部由武宁方面经修水、铜鼓进犯时，第一线部队先应利用现阵地，拒止敌人；继应进行逐次抵抗；而后依控制部队之参加在铜鼓附近与敌决战。

湘鄂赣边区总部所属各挺进部队，应以九宫山、大湖山为根据地在幕阜山脉地区活动。

（一）敌以全力由湘北进犯时，应集中力量向蒲圻—临湘线、崇阳—通城线，不断攻袭破坏，策应湘北的作战。

（二）敌以一部由崇阳、通城方面经白沙岭、长寿街进犯时，以幕阜山、九潮山方面部队先行扼险阻止敌人；继应进行逐次抵抗；而后依南茶、九宫山方面部队，参加在嘉义附近与敌之决战。

第二十七集团军：第二十军应守备南江桥方面现阵地，敌以全力或主力由湘北进犯时，应先利用现阵地拒止敌人；继应一面逐次抵抗，一面向梅仙、平江外线转移；而后待命向西进攻扼守汨罗江北岸，断敌归路，或依情况派一部向菅至长寿街地区之敌攻击。第五十八军应守备新墙河方面现阵地，敌以全力（主力）由湘北进犯时，先应利用现阵地拒止敌人；继应一面逐次抵抗，一面向长乐街至三眼桥、汨罗江南岸转移。第九十九军应守备湘阴至临资口、营田现阵地。第三十七军主力守备长乐街以西汨罗江南岸现阵地。敌向汨罗江进攻时，第五十八、第三十七军一方面由汨罗江继续逐次抵抗；一面以主力向相公市、沙市街（高桥、路口畲）以东外线转移，以一部潜伏于汨罗江、捞刀河间偏僻地区。俟敌大部队通过后，潜伏部队自动起来攻袭，并阻而后敌军的撤退。俟总反攻，待命以主力向捞刀河以北攻击。

第十军控置于长沙、株洲地区，加强长沙工事，准备固守长沙。

由七战区增援第四军控置株洲、衡山地区，准备协同新增部队，向长沙以南或以东以南攻击；并依情况（敌单独由赣中或赣北进犯时）准备参加上高或铜鼓方面的决战。（余略）

这个计划除了上述敌情判断、作战方针、指导要领、兵团部署外，并有兵站设置及补给、交通、通信、设施及破坏等项，还附有各种要图，铅印了厚厚的一册，发给军长以上人员研究；并让各集团军按照计划规定的任务和行动，侦察地形，制订局部计划，报长官部备核。这个计划发下不过一个多月，就发生了第三次长沙会战。长官部及各部队对这个计划，记忆犹新，所以一切指导和行动，全战区都是一致的，都能符合这个作战计划的要求。

战役经过概况

第三次长沙会战，开始于一九四一年十二月中旬，至翌年一月中旬，约一个月。日军除了留置在原驻防上的兵力外，使用了约二十个联队的兵力，由湘北南犯，重点保持于原通城至长沙公路与杨林街—长乐街—青山市—长沙道间地区。兹将各阶段的战斗，概述于后。

南昌方面日军的佯攻

南昌方面的日军于战役开始时，分由生米街、安义两地出动。生米街的日军，大部向高邮市，一小部向大城进攻，战斗的情况不清楚。守高邮市的是新编第十二师，多系新兵，战斗力不强，只听说该师第三十

115

六团团长冯天祥被撤职了，不知是否因此次作战的关系。安义的日军分两路，一路由原安（义）奉（新）公路，一路由原安奉公路以东向奉新进攻。守奉新的第一八三师，以一团守奉新，以王光伦率两个营由奉新以北向西侧击敌人。在战斗中发现敌军两路不过三四千人，炮三四门，知道它没有大的企图，战斗了三日，日军就撤退了。

新墙河、南江桥方面的战斗

日军开始进攻时，亦如既往，是很猛烈的。它的正面是由新墙河口到南江桥，它的重点是在左翼。第二十军、第五十八军在新墙河南岸及南江桥阵地，一度拒止日军后，第二十军一面逐次抵抗，一面向梅仙、平江以东地区转移；第五十八军一面逐次抵抗，一面向长乐街—浯口—平江—三眼桥的汨罗江南岸之线转移。

战役初的措施

战役刚开始，就督促第十军军长李玉堂，迅速将长沙的工事再行加强，并让在长沙的炮兵和工兵均归李玉堂指挥。由于会战开始时，奉新、高安方面都在战斗中，又因新编第十二师多系新兵，因此虽然知道南昌方面日军是佯攻，也决定不再按计划调新编第三军参加湘北的会战。战役开始后，就让第三十集团军以一部守澧溪方面原阵地，让王陵基亲率主力向社港市、相公市以东地区前进；让战区参谋长吴逸志率长官部大部人员去耒阳，在前方的人员组成指挥所，参谋处留前方人员移往唐公馆办公。

长沙工事的构筑

长沙的工事，自一九三九年以来就开始构筑，但从来就不重视，不认真，所以并不坚固。第一、第二次长沙会战时，日军都没有攻长沙城，这一次要诱致日军进攻长沙城，必须要把工事构筑坚固。长沙市民踊跃捐输材料，并大力协助军队施工。工事采取地堡式，西面依托湘江，对北、对东、对南呈一个半圆形，工事的外围似由麻园岭—朱家花园—杜家山—二里牌—黄土岭—妙高峰—猴子石之线，一层一层地向里构筑，愈向里强度愈增加，约以中山路西段—黄兴路—八角亭—南正街—坡子街以南概略线上的核心工事为最密最强，由北向南，由东向西，由南向北的街道口都有铁丝网拒马封锁，各街道上都有由地堡和建筑物内发射出的火力封锁。至于湘江水路，不仅长沙以北封锁了，连长沙以南似在猴子石附近也封锁了。新墙河战斗开始后的几天，长沙的工事不分昼夜地施工。第十军军长李玉堂整天在阵地上修正地堡的位置和射击孔的方向，规定火网的编成，饿了就在阵地上啃馒头、喝点水，积极督修工事，准备应战。

汨罗江的战斗

汨罗江南岸，由第三十七军、第五十八军任守备，第二十军在平江及平江东北全阵地对北略呈反八字形。日军的攻击正面在汨罗亘平江间，其攻击重点保持在长乐街方面。日军凭借优势大举进攻，我第二十军一度抵抗后向东退却，让开了平江，我第五十八军、第三十七军一面逐次抵抗，一面以主力向高桥、路口畲以东地区转移，同时以一部潜伏在汨罗江、捞刀河间偏僻地区。日军如狼奔豕突，由湘江至原长（沙）平（江）公路间汹涌南下，到达了长沙附近。

这次日军由新墙河到长沙附近约经过一个星期的战斗，在绪战中，日军的伤亡和疲劳都比我军大。我湘北各军虽然经过新墙河、汨罗江两个地区的战斗，仍保持充沛的战斗力进入了决战的预定地区。

会战中的措施

在新墙河、汨罗江的战斗中，更清楚地看到了此次日军进攻的兵力没有第二次长沙会战时的兵力大。因此，薛岳决定，日军接近长沙时，长官部指挥所向南移仅搬至岳麓山，以便就近指挥和督促各部作战，并从容疏散长沙的机关、市民和物资等。

为了让从各方面向长沙前进的部队能够适时地统一地参加决战，长官部对他们的行动予以统制，使近者不得先到，远者不得迟到。

直至日军先头部队到捞刀河以北，长官部指挥所才由二里牌搬岳麓山，住在爱晚亭附近几个房舍里。

长沙防御战斗的第一阶段

长沙的地形，对守者来说，岳麓山是很重要的，山高二九七公尺，与长沙隔江相对，对长沙有瞰制之利，如以优势炮兵占领岳麓山，观测条件良好，易于发扬火力。在现代武器的条件下，攻长沙者，以先行攻占岳麓山为宜。就湘江东岸的长沙来说，以妙高峰—天心阁为重要，长沙城墙早就拆除了，攻者由这里易于接近长沙的核心地区。

长沙的守备，由于日军此次未由湘江水上和湘江以西进攻，所以第十军仅以一小部兵力在湘江西岸和岳麓山占领阵地，掩护炮兵，而以主力守备长沙，重点保持在妙高峰、天心阁、南正街方面。战区直辖炮兵（归第十军指挥）及第十军的炮兵共约两团，先以一部在长沙外围第一线工事后方占领前进阵地，支援前进部队、警戒部队和第一线部队的战斗，而后全部在岳麓山占领阵地，在长沙外围阵地及核心阵地前准备阻止射击，特别对天心阁及其东南地区准备歼灭射击。

日军于一九四二年元旦开始进攻长沙。日军为了把长沙守军一举消灭，是完成对长沙北、东、南三面包围后才开始攻击的。日军进攻时，以一部在黄花、㮌梨至易家湾地区，对东对南警戒，以主力向长沙进攻。第十军对长沙的守备计划是符合会战计划要求的，它也是以空间换取时间来削弱敌人的。最初它尽可能向远方派出前进部队，以迟滞日军的前进，前进部队被迫撤退后，外围阵地才开始战斗。日军的攻击重点首先在长沙东南面，其次在长沙东北面。日军夺取了妙高峰、杜家山后，我炮兵指挥官王若卿曾对赵子立说过："在妙高峰、杜家山发现日军的观测所，日军的部队以妙高峰方面为最密集，我们的炮兵正破坏它的观测设备，制压它的炮兵，杀伤它的部队。"日军凭借步兵的绝对优势，冒死进攻，突进市区。我第十军对于每一个地堡，每一个建筑物，都不轻易放弃，在重要地区，如八角亭至天心阁附近，与日军发生了逐街逐堡逐屋的争夺战。本来地堡的目标是很暴露的（有一人高），如炮兵占优势，不难破坏，但由于新墙河至长沙的道路，都被我彻底破坏了，日军仅能用马匹驮来不多的山炮和平射炮。而我们的炮兵，除了步兵炮不计外，尚有重野、山炮四五十门（似乎还有重迫击炮），较日军炮兵占绝对优势，能够有效地压制它的炮兵。日军飞机不断以三五架至十几架轮番助战，并投掷了烧夷弹，由于预先构筑了隔火道，没有大面积燃烧。

第十军由前进阵地的战斗开始，经过外围阵地的层层战斗，至日军接近中山路西段—黄兴路—八角亭—南正街—坡子街以南核心阵地附近时，经过了三日的战斗。虽长沙城已失大半，部队伤亡约达三分之一，但第十军仍坚持战斗，士气旺盛。此时，第七十三军第七十七师先头部队，到了岳麓山附近。长官部立时让它接替了湘江西岸及岳麓山的防务，让第十军在湘江西岸的一部增援东岸长沙市区的战斗。

总反攻的命令

当长沙战斗继续到第四日时，外线部队的位置如下：第二十军在平江东北，第三十七军、第五十八军在高桥以东，第三十集团军主力刚至

118

浏阳附近，战区的两个直辖军在醴陵、株洲、湘潭，第七十三军至岳麓山、长沙市，另有从粤汉铁路开来原属第七战区的第四军，还有从湘桂路开来原由军事委员会直辖、新拨归战区指挥的一个战车营，均在运输中。战区此时认为：按长沙情况不能再推迟进攻时间，万一日军自动迅速撤退，将贻失战机，前功尽弃，虽有个别部队尚未到达，但无关紧要，对大局无影响。于是下达总反攻的命令，要旨如下：

"战区以内外夹击歼灭敌人于长沙外围之目的，以一部确保长沙核心阵地，以主力向长沙外围攻击。

"第十军固守长沙核心阵地继与外线部队协力夹击敌军。

"第二十七集团军以所属各挺进部队向新墙河以南攻击，遮断大荆街—杨林街道及原长岳古道，极力阻止残敌退回新墙河北岸；第二十军向汨罗江以北攻击，而后扼守长乐街以西、汨罗江北岸，不得让残敌通过汨罗江北逃；第三十七军、第五十八军向捞刀河以北攻击，而后占领原粤汉铁路长平公路间要点阻止残敌北逃。

"第三十集团军由捞刀河、浏阳河间向长沙东面攻击，而后沿青山市—长乐街—杨林街道及其以东地区，向北跟踪追击。

"战区直辖军由浏阳河、湘江向长沙南面攻击，而后沿原粤汉路及其以东地区向北跟踪追击。

"第七十三军由长沙以北渡过湘江，向长沙北面攻击，而后沿湘江、洞庭湖向北跟踪追击。

"在攻击和追击各阶段，各部队必须努力完成任务，如有作战不力，致使敌军脱逃时，敌军由某一部队正面逃出时，即由某一部队长负完全责任。

"湘鄂赣边区总部指挥所属集中力量向通城—崇阳线、新墙—临湘—蒲圻线尽最大努力，攻袭破坏断敌后方交通。"

捡得日军通信袋

外线各部队依照上述命令开始向长沙进攻时，有株洲方面的部队在株洲以北与日军战斗中，有日机向日军投通信袋，误投到我方。这个通信袋上大意说："你们在这里拒止敌人，我进攻长沙的部队，完成任务尚需两日。"从日军的这个文件中，可以知道日军是让它在长沙以东以南的部队对我外线部队进行持久战，想赢得两日时间把长沙完全攻下再走。这个文件对我们帮助很大，我们一面让第十军知道日军的企图，日军愈恋战，于我愈有利，让它坚持战斗，以竟全功；一面让外线各部队，不要为敌小部队所抑留，务于两日内攻到长沙，歼灭敌军。当时薛岳对这个文件，保守秘密，除捡得部队（似第四军）和赵子立外，其余的人都不知道，他也未呈报军事委员会。

长沙战斗的第二阶段

日军知道它能够攻击长沙的时间不多了，从第三、四日起攻击更为猛烈。由于它破坏地堡的火力和技术不够，只好采取越堡进攻的方法，即将成班成组的兵力插到我军地堡与地堡之间的侧面建筑物中，以火力封锁地堡，断绝堡内守兵的饮食。但堡内守兵并不因此而撤退。在这种两军交错的情况下，日军的飞机很难在长沙协助步兵作战，只好对湘江两岸及岳麓山滥施轰炸。第二阶段的战斗以八角亭、南正街方面为最激烈，几度发生白刃战，最后第十军的炊事兵、司号兵都自动拿起武器参加战斗。日军连攻击了三四日，终于没有得逞，被阻止在核心阵地以外。当时听说，有一个年纪不大的小号兵在八角亭附近与日军肉搏并夺取了日兵的武器。

外线部队的战斗

日军在长沙以东以南，对我外线部队作战的兵力约七八个联队，重点在长沙东北捞刀河两岸地区，长沙以南的兵力比较薄弱。战区的两个直辖军由湘潭—株洲—普迹西南的概略线上发起攻势，仅经两日的战斗，就到了长沙城南。第三十集团军于浏阳以北发起攻势，第一日沿途驱逐了日军的小部队，第二日在黄花及稞梨方面遇到日军顽强的抵抗。第三十七军、第五十八军由高桥以东发起攻势，右翼驱逐了日军掩护后方交通线的小部队，切断了原长平公路、粤汉铁路；左翼在捞刀河以北遇到日军顽强的抵抗。到了这时候——日军攻击长沙的第三日或第四日，它再不能恋战了。

日军在长沙的撤退

从日军通信袋的文件内容和几天来日军攻击长沙的情况看，它是想把长沙完全攻下，把第十军完全消灭再走，要是做不到，好像会失去"皇军"的面子。因此就失去了撤退的时机。及至我外线主力部队接近长沙，日军除了态势不利和伤亡重大、疲劳过度外，携带的粮弹也不允许它再对优势兵力作战了，它不得不乘夜仓皇撤退。第十军首先发觉日军由长沙南部撤退，即派小部队向长沙北部东北部夜袭，这更增加了日军的混乱。当时正值隆冬，他们把大衣军毯撂了许多，带不了的武器也来不及破坏了。日军非万不得已是不在战场遗弃尸体的，这次却未及烧完。日军撤退的翌日早上，赵子立同薛岳等由岳麓山回长沙二里牌驻地，车过八角亭后，看见日军遗弃尸体很多，二里牌也有少数尸体和死马。后来参谋长吴逸志由耒阳回到长沙，让人把已经掩埋的日军尸体全部扒出来，埋在一起，堆一个高台子，并勒石留念，上书"倭寇万人冢"，旁书"陆军中将吴逸志题"。虽然没有万人，但冢中也有几百具尸体。

捞刀河、汨罗江间的截击和追击

日军主力借黄花、㮾梨方面的部队的掩护抢渡捞刀河，由于我第十军进行了战场内的追击，我岳麓山的重野炮以最大射程向捞刀河射击，日军渡河时相当混乱。它渡过捞刀河后，前面有两个军——第三十七军、第五十八军截着，后面第七十三军、第二十六军、第七十九军、第四军等军及第三十集团军主力追着，此时不得不作困兽之斗。我第三十七军、第五十八军在捞刀河、汨罗江之间，占领纵深的阵地。初期，日军一面于昼间以一部占领捞刀河以北地区，阻止我追击部队的前进，一面以主力向北进攻，硬要夺路而走。先头和两侧的部队都上起刺刀，远则射击，近者格斗，但几经突击，伤亡很大，进展很慢，虽勉能冲开道路，但不能排除我军在其两侧的射击。我追击部队是生力军，连续击破它屡屡派出的后卫部队，追近其主力。因此，后期日军为了减少损害，不得不于白天战斗，夜间撤退，但一经我伏击或袭击，又发生混乱，自相践踏。由捞刀河至汨罗江，约一百里，日军经六七日的苦战，才摆脱了重围。战后，据我军被俘逃回的人员说："日军在捞刀河、汨罗江间十分艰苦，前有阻兵，后有追兵，处处都有伏兵，不断发生战斗，没有休息的时候；行军锅都撂了，米也没有了，地方又找不到米（藏起来了），有时找到一点，只好用饭盒来炊爨，有的连饭盒也丢了，只好用钢盔来做炊具。后来夜间走，找不到老百姓带路，有时找到一个，不是装聋，就是作哑，不给他好好带路，他生气就把老百姓杀了，只好靠地图和指北针定位，摸着走。有时捏下电筒看看地图，一阵枪弹打来，手一哆嗦，在图上的指北针掉在地上，再不敢捏电筒照了，弯着腰多半天摸不到指北针。"这是他亲眼目睹一个日军大队的情况。

汨罗江、新墙河间的截击和追击

当我外线部队向长沙进攻时，我第二十军就由梅仙、平江以东向敌进攻，击破了日军在汨罗江北岸留置的小部队，占领了长乐街东西地区，但日军的小部队仍在新墙河以南地区与我湘北挺进部队混战。日军大部队撤至汨罗江以南后，以有力一部在瓮江—白水的概略线上占领阵地，阻止我追击部队；以主力渡汨罗江向第二十军进攻。约经过两日的战斗，日军全部（连掩护部队在内）通过了第二十军的阻击地区，向新墙河以北它的原阵地退去。第三十集团军追到汨罗江南岸停止，第四军、第二十六军、第七十三军追到新墙河南岸停止。

战后各部队的行动

战后，第二十七集团军仍恢复了湘北原阵地；第三十集团军仍回赣北原防；湘鄂赣边区总部所属部队仍回大湖山、九宫山等原根据地；战区各直辖军、师及特种部队仍控置于长沙、湘潭、株洲、醴陵、衡山、衡阳等地。

战役的结果

第三次长沙战役，日军陷入了重围，伤亡惨重；但日军的指挥系统未被打乱，日军虽然在艰苦的状况下撤退，却始终是有部署有指导地撤退。

战后的宣传

会战刚结束，苏、美、英、法各国记者就到长沙来采访。这次是薛岳亲自安排的，指示参谋处向他们作会战经过报告时，可以拿作战计划给他们看；可以多给他们些战利品；可以让他们到长沙和汨罗江以南各作战地区去参观，由原作战部队派员给他们作战斗经过的讲解；可以让他们看日军的尸体和所获武器。

他们是由军令部派员和中央通讯社及各大报记者陪同前来，到长沙后，先由薛岳接见，然后由赵子立向他们作报告。报告的内容，关于会战经过部分是真的；关于战果部分，如日军伤亡、我军所获战利品等夸大了。报告后并拿作战计划给他们看。有个美国记者说："你们墙上挂的《会战经过要图》怎么和这计划中的《作战指导要图》一样，你们这个本子是不是打过仗才印的？"报告人反问："要是打过仗才印的，是不是还可以叫作《作战计划》呢？"那个记者摇着头说："怎么这样巧呀？神话！神话！"报告人说："你先生认为是神话吗？不是神话，是现实。任何一个战争，如果没有一点超前思想，根本就不能打胜仗；凡是打胜仗，或多或少地总得有些超前思想表现在计划上——你们国家的作战也得是这样。"接着，那个记者又要看俘虏，也还有个别外国记者附和他。报告人老实地对他们说："有几个重伤、重病的俘虏，已经死了，无俘虏可看。"那个记者又说："你们打了胜仗，为啥不捉俘虏？"报告人说："中国是被侵略的国家，中国作战的目的，是要把日军从中国领土上一步一步地赶出去，中国作战的目的不是捉俘虏。你认为没有捉俘虏，就不能算是打退了日本人吗？"大多数记者态度是好的，不赞同个别的人以怀疑、挑剔的态度来发问，对赠给他们日本战刀、望远镜、大衣、军毯、太阳旗等战利品很高兴。散会后，中央社记者胡定芬对赵子立说："对那个别轻蔑中国的外国记者，用严肃的态度回答他是应当的。"

长乐街追击溃敌

李介立※

一九四一年十二月，驻在新墙河以北的日军，不甘心一两次进攻长沙的失败，相隔两个月后，又发动第三次进攻长沙的战役。这次战斗前，守备新墙河南岸的第二十军，经过一段时间的训练，战斗力加强了。军部率新编一个师驻在平江的水吼岭，第一三三师驻关王桥，第一三四师驻在唐城坳，第四〇一团驻在杨林街以北，担任新墙河以南之大云山、八百市、草鞋岭第一线任务。战前几天，发现日军驻在岳阳、城陵矶附近的部队，有新的第三十四师团的番号，同时部队调动频繁，判断又有向长沙发动大战的可能。立即将情况向上级报告。敌军向我守备第一线之第一三四师第四〇一团阵地进攻时，第二十七集团军总部命令第二十军部队，在新墙河以南、汨罗江以北地区，沿着公路、铁路附近构筑阵地，坚持阻击日军三天，以掩护战区主力部队在长沙附近的部署。这时第一三三师部队，沿铁路附近的黄沙街、龙凤桥、下高桥等地，构筑据点工事。第一三四师部队在公路附近的旨泉岭、影珠山、古华山等地构筑据点工事，对日军进行坚强的阻击。因为这次日军突破我新墙河防线之后，是沿公路、铁路分两路前进的。第一三三师在铁路附近与日军进行激烈战斗的两天一夜中，敌我双方伤亡都很大。第一三三师的第七九三团团长周炳文、第三九八团团长徐昭鉴负伤，营长王超奎、连长王化南均阵亡。第一三四师部队在公路附近各据点工事，对敌人进行阻击的激烈战斗中同样伤亡很大。日军在汨罗江以南、捞刀河以北地区，受到

※ 作者当时系第二十军第一三四师第四〇一团团长。

我战区主力部队的坚强阻击，伤亡惨重。敌进到长沙久攻不下，就被迫向北撤退。这时第二十七集团军总司令杨森，位置在影珠山，亲见向北溃逃日军，沿途以烧民房燃起的火焰作为各部联络信号，即命令第二十军在影珠山、古华山、长乐街等地，对退却的日军进行阻击和侧击。敌军伤亡很大，遗尸遍地。笔者当时任第二十军第一三四师第四〇一团团长，在长乐街追击日军作战中，亲眼见到日军遗尸三十余具在街中，还有未死呻吟号叫的，有的向我军举手投降。溃败日军，狼狈不堪地退回原来老巢，会战就此结束。这次湘北会战大捷，大快人心，大长我军士气。第二十军仍继续担任新墙河防守任务。

影珠山阻击战和上高伏击战

余建勋※

一

十二月二十三日，敌攻新墙河防线守军第二十军杨汉域部，第五十八军军长孙渡奉令统一指挥第二十军及第五十八军。二十四日，第五十八军指挥所及新编第十一师推进到杨林街附近，新编第十师在小湄集结，准备策应第二十军作战。二十五日，敌与第二十军在王复泰、王伯祥、南岳庙、洪桥一带激战中。新编第十一师梁得奎部西向四六房、观德冲及王伯祥之敌攻击。二十六日敌窜关王桥，孙、杨两军主力转向关王桥东南地区，侧击南犯之敌。敌突破汨罗江防线后，两军衔尾追击，先后在三江口、陈家桥、铜锣坪与敌激战，以陈家桥战斗最烈。我新编第十一师第三十一团第一营官兵伤亡较大。敌避战继续南犯。一月四日，第五十八军挺进到福临铺西北的东影珠山附近；第二十军进至影珠山以西栗桥、横板桥地区。第五十八军以军直属队及新编第十师占领影珠山东面两侧及其南麓附近阵地，军、师指挥所均位置于影珠山北侧。第二十军占领栗桥、横板桥、明月山等处阵地。新编第十一师在西影珠山为第二线部队。各部都向南加紧构筑工事，准备迎击由福临铺方向北逃之敌。七日，败敌先头到达福临铺以南地区。八日，敌机十余架，轰炸扫射东影珠山附近我军阵地，地面部队在敌机、炮兵掩护下分攻栗桥、横板桥、竹烟塘阵地。接着古希台等处全面展开激战，整日未停。入夜，古希台

※ 作者当时系第五十八军新编第十师副师长。

的一部日军窜袭第二十九团指挥所，在第三十团协力下，将敌逐回古希台。九日凌晨四时，敌一部潜至影珠山上，偷袭新编第十师指挥所，与特务连发生激战。军部与该师指挥所电话中断。影珠山上枪声激烈，情况险恶。拂晓，孙渡军长率第三十团尹然营驰援，行至腰子坡时，与敌接触，奋勇反击，节节胜利，毙伤敌人不少，残敌被迫退入竹林丛中顽抗。九时许，敌机飞临影珠山上空投弹扫射，炸弹多中敌阵，敌军慌乱，我乘机猛攻，将残敌全部逐出影珠山。尹营长缴获步枪数支、电台一部。腰子坡敌遗尸数十具，影珠山转危为安。当敌袭影珠山迫近新编第十师指挥所时，兼师长鲁道源只身遁走，据说跑到西影珠山方向某地，直到战争结束才返回部队。后鲁道源受到孙渡军长的批评。

当影珠山激战时，我左侧后的敌屈内大队，迂回由古希台侧翼袭击第二十九团阵地。第二十九团得到三十团的协助，前后夹击该敌，粉碎其策应影珠山的图谋，当场击毙屈内大队长以下官兵数十人，敌遗尸狼狈溃逃。栗桥方向亦击退敌人进攻。十日，敌我对峙，不时发生局部战斗。十一日，占据古华山的敌炮兵射击我影珠山阵地，敌机协力轰炸，掩护福临铺之敌千余向我猛犯，与尹然营激战。尹营英勇顽强，屡挫敌锋，不幸尹然营长被敌炮击中，壮烈成仁。第二十八团增援影珠山，始将敌人击溃。十一时，战事移至麻林桥、上杉市一带，第二十九团攻占福临铺及竹山铺，东影珠山战斗胜利结束。战场敌遗尸近千，我军缴获野炮一门，机、步、手枪三十余支，马二十余匹，军装、电台等物资数百件。第五十八军伤亡官兵一千余人。

二

会战前夕，赣北战场只剩杨宏光新编第三军守备，锦江北为第一八三师李文彬部，南为新编第十二师张与仁部。一九四一年十二月下旬，南昌方面敌独立第十四旅团以一部对第一八三师阵地佯攻。主力突破锦江南岸第十二师阵地，转向上高方向急进，由溯锦江西上武装汽艇配合，沿途击退新编第十二师抵抗，进展迅速。该师师长张与仁与参谋长黄绶甲率部转进，敌跟踪追蹑，势急危殆。李文彬夸大当面敌情，坐视不动。总部急派特务团王友春部在棠浦南北之线拒止敌人，迫使敌主力改变方向，绕过王团左翼，向平江以南直趋金井，与湘北敌军会攻长沙。

一九四二年一月中旬，湘北败敌在福临铺、影珠山地区受到我第五十八军、第二十军等部堵击后，赣北败敌一股经平江、浏阳间地区回窜江西，大部走找桥、甘坊、上富道，骡马辎重则经上高、高安大道返南昌。总部以第十二师及直属辎重团一部、特务团一部，归辎重团长胡正昌指挥，发动当地群众，将上高地区东西向道路彻底破坏，并在上高县城以东有利地区设伏。当敌骡马辎重进入伏击圈时，我军以轻、重机枪和迫击炮袭击，敌骡马、人员纷纷倒地，未死的混乱奔跑，陷入水田泥沼中，被我伏兵一一杀伤。是役毙伤敌人三百余人，遗尸上搜出敌军身份证二百多份。击毙骡马九十余匹，缴获辎重、军装、行李、文件甚多，枪支军刀数十件。死亡敌人身份证表明，其中由教师、律师、牙科医生及学生入伍者有数十人。高荫槐副总司令很高兴，将这些身份证寄给龙云一部分，以说明日军兵源枯竭情况。

第一四○师对岳阳城外的攻击

牟龙光※

第二次长沙会战后，第三十七军作为第九战区的战略预备队，驻在长沙东北的金井、福临铺、长乐街附近，一面加紧训练、修固工事，一面演习战斗，补充装备和兵员。休息整顿近两月有奇，一九四一年十二月下旬，日军越过新墙河，与我第二十军在关王桥、新市街附近战斗几昼夜，到达汨罗江南岸并继续前进。第三十七军第六十师在汨罗江北岸与敌激战后，撤到汨罗江中游之瓮江附近山上，由东向西侧击敌军；第九十五师在神鼎山、东影珠山附近与敌激战；第一四○师在金井、脱甲桥附近加固工事。记得是一九四二年元旦前几天，突然奉命向东影珠山、象鼻桥、李家塅星夜前进。黄昏时出发，走了一个通宵。第四一九团为前卫，到达东影珠山南面与敌第六师团先头联队遭遇，激战终日，敌无法前进。第四二○团行抵李家塅、象鼻桥附近，与敌一个大队遭遇，当即展开激战，阻敌前锋部队于明月大山脚下，三日不能前进一步。

第四日，敌之后续部队由栗山巷突破我第四十四师阵地，由福临铺经金井向长沙前进，第一四○师于完成迟滞敌人前进任务后，奉命向明月大山转进。到达后已是元旦，年也不过了，即以明月大山为依据，进出于苦竹坳，向敌人东侧翼进击。日军腹背受敌，伤亡遍地。记得是在明月大山的梓木洞附近过的元旦，正拟向敌人全面开展进攻，突然接到第九战区司令长官薛岳的命令："奉蒋委员长手令，着一四○师北向岳阳前进，限三日攻下岳阳，望该师为革命军人放一异彩。"于是全师星夜掉

※ 作者当时系第三十七军第一四○师第四二○团团长。

头北上。到岳阳有三百五十多里，平时须五日行程，我们对官兵宣布，这是国家给我们的光荣任务，不能计较疲劳，必须完成任务。时值天气突变、大雪纷飞，汨罗江水深达二米许，却无渡河工具。师长和几个团长亲到河边侦察，得知靠洞庭湖边上河面较宽水较浅，师长、团长带头徒涉。过河后，衣服湿了也来不及换，急速向岳阳前进。第三日晨，到达新墙河南岸，休息了三四个小时，即派谍报队侦察敌据点的配备情况。侦知敌抽调来一个旅团，先我们半天到达，已在新墙河北岸占领阵地，凭坚固工事据守。第一四〇师第四二〇团为攻击队，渡过新墙河进攻，攻到半山即遭到阻击，经二日战斗，稍有进展。第四一九团深入岳阳东郊，以迫击炮射击火车站，使敌惊恐无已。第四一八团在洞庭湖边构筑工事，防敌人由湖上来袭。进攻的第二日，敌由武汉飞来敌机八架，在第四二〇团攻击路线上狂轰滥炸，第四二〇团组织高射机枪和机枪对敌机射击，半小时后击落敌机一架于新墙河中，其余敌机飞走，不敢再来。

在攻到岳阳外围时，接到薛岳的命令：日军已开始撤退。一四〇师停止攻击岳阳，转向汨罗北岸、新墙南岸地带，破坏敌人临时通车路，阻截敌人南下的汽车和水上的伤兵。当晚三个团撤到划船冲、徽山冲、护国垸附近，连夜构筑工事，并破坏了临时公路三四华里。天刚拂晓，日军即蜂拥而来，第一四〇师三个团当即全面展开激战，使日军不能前进一步。入暮后，我军向前推进。敌人越来越多，拿着枪却不射击，估计是没有子弹了。敌人为夺取退路北逃，派来了敌机八架，配合步兵万余人向护国垸攻击，包围住第四二〇团轰炸射击。激战直到次日拂晓，第四二〇团突出护国垸，发现敌尸数十具，随身均无一粒子弹。生俘敌兵十余人，问之乃第六师团第二十四联队，饿得连路都走不动，只要求我军不要用大刀砍他。我们用日语说：我军只杀日本军阀，不杀俘虏。日本兵连说谢谢，并给我军战士叩头，感激流泪。第三天，第七十八军夏首勋军长率部前来解第四二〇团之围，因该军参谋长吴剑岭、师长吴守权、唐郇伯等与我同为军校六期同学，闻我被围，便一日跑了一百五十多里来解围。他们到时，因我团奋力苦战，已将敌军堵住，敌军未由大道撤退，绕道由神鼎山脚退去，遗弃了许多衣物，都是血迹斑斑。第一四〇师协同第七十八军尾追敌人至岳阳县之八百市，奉薛岳命令，停止追击，仍回原驻地金井、脱甲桥附近整补。

按上级指示，行程三日回到原驻地。到时附近村民都杀猪宰羊，燃放鞭炮欢迎，庆贺胜利，显示了军民同仇敌忾。

这一战役，第一四〇师在象鼻桥、李家塅将敌一个辎重联队阻止一周，使敌第六师团缺粮缺弹，不能再战而退却，并缴获这个联队的战马百余匹，战刀二三百把，手枪十余支，步枪五十余支。第四二〇团又在新墙河击落敌机一架。当我们把战利品送到长沙第九战区长官部时，长沙市民沿街拍手欢笑，鸣放鞭炮祝贺，薛岳亦频频点首微笑。

一九四三年十一月，日军进攻湘北重镇常德，第一四〇师奉令进驻益阳县城，第四二〇团负责城防。我任城防司令，在县城周围构筑工事，维护资水交通，派第二营进驻军山铺，收容常德方面退下来的散兵并与友军联系。历时半月，同敌没有接触。第四一九团进驻华容、南县，也未与敌接触，仅对常德东边起警戒作用，敌人也未由东边进攻。

第三十集团军东线作战概况

刘识非[※]

会战前敌我态势概述

第三十集团军当面敌情：

一、东面——武宁方面：修水北岸之箬溪（武宁城东约七八十华里）附近有侵华日军约一个中队，箬溪对岸有伪军约一个中队。该敌伪军不时派出小部队离开据点一二十华里，向武宁方面骚扰，抢劫老百姓猪羊鸡鸭等物。

二、北面——阳新、通山（属湖北）方面：阳（新）通（山）公路各个据点敌军以小部分（一班或一小队）控制，并配属一部伪军驻守其外围据点。

敌后方广大地区所有要点上都部署一部敌伪军，专对付在敌后积极活动的我方游击部队。

集团军部署如下：

一、第七十二军（军长韩全朴）第三十四师（师长陈良基）以一个团驻武宁城附近修水南北岸，对付箬溪附近敌伪。以一个团固守九宫山北麓，对付阳通公路各据点之敌。以一个团控置于澧溪（武宁城西约六十华里），在师部附近。

军部同新编第十五师（师长傅翼）集结于修水城东约三十华里之辽田附近整训。

※ 作者当时系第三十集团军总司令部上校作战科长。

二、第七十八军（军长夏首勋）辖新编第十四、新编第十六两个师，控置于修水城西约七八十华里之渣津附近整训。

三、湘鄂赣边区挺进军总指挥王劲修指挥第一、二、三、四挺进纵队（每纵队约等于一个师）和鄂南保安部队两个团，以及边区各县常备部队。总部位于修水城附近。除直属部队以外，并配属一个调查室，调查室有新式装备的便衣队两三千人。

会战经过概要

一九四一年十二月间，军事委员会和战区司令长官部通知：侵华日军十余万人，沿粤汉路向长沙进犯。长官部命令第三十集团军除以一部留置于武宁、修水地区守备外，总部率主力参加长沙方面会战，总部指挥所进驻平江附近。湘鄂赣边区挺进军所部仍执行原任务。总部奉到上述电令后即以第七十二军军部及第三十四师担任武宁、修水地区守备，该军之新编第十五师和第七十八军随总部参加长沙方面会战。

总部指挥所到达平江附近后，并指挥由长官部直辖之第三十七军（军长陈沛），该军当时正在平江西南福临铺附近同敌一部战斗中。旋奉长官部指示：敌军主力已逼近长沙附近，各部队立即将当面敌军击破，向长沙围攻，聚歼敌军主力。薛岳并发出遗嘱电报，大意是：誓与长沙共存亡，如司令长官战死，即以副司令长官罗卓英代行。还特别指示，此电务要转知所属各级。

当时，总部对敌军有多少、主力在什么地区和我军哪些部队在战斗等情况不明。原在平江以北的新墙河南岸之第二十七集团军（总司令杨森）所部之第二十军、第五十八军等，据悉均在汨罗江南北岸同敌一部战斗。

总部参谋人员中，有不少人对敌之行动表示怀疑，认为敌人并不是大举进犯，而是有力之一部窜扰。但行动仍基于长官部指示，即令第三十七军、第七十八军分两翼队（第七十八军在左），沿平江至长沙公路，向长沙进行"求心"攻击，聚歼敌军主力；新编第十五师为总预备队。

当第三十七军拨归集团军指挥时，曾要该军以电报报告参战人数。集团军总部根据该军和第七十八军的战斗力量，划分了作战地境：以金井、长沙公路（已破坏）为地境线，线上属第三十七军。该军参谋长即在电话中向总部作战课长请求，说该军经过几天苦战，伤亡颇重，战斗力大为减弱，战斗地境线请改由第七十八军担任。由于该军系临时指挥的部队，不便深说，同时第七十八军当面并无多大敌情，即改为线上属第七十八军。

第三十集团军以两翼向长沙进行"求心"攻击，除右翼队第三十七军当面据报有较大战斗外，左翼队第七十八军只同少数敌军接触，敌军未作长时间之抵抗。两翼队先头部队距长沙三四十华里时，得悉友军在长沙附近同少数（据传不到一千人）敌军战斗。敌军主力何时由何地撤至何处不得而知。总部参谋处即提出情况判断，认为：如敌人鉴于我军以雷霆万钧之势向长沙进行"求心"攻击，处于内线苦境，不敢再事顽抗，可能置少数部队于长沙城附近，诱惑我军，其主力迅速秘密转移到长沙东北山林地区隐蔽，俟我军主力进至长沙附近，再从我右侧背压下，以外线优势（后退包围）予我以歼灭性打击；如果敌军已真正撤退，我军主力进至长沙亦无丝毫利益，反而迟滞而后追击任务。因此，右翼队第三十七军应即作梯次配置，重点保持于左翼，逐渐转向北侧。左翼队第七十八军应即转为行军态势，准备向北退之敌追击。旋得悉长沙附近之少数敌军亦已沿粤汉路向北撤退，集团军当面已无敌踪，即决心以第七十八军向平江以北行超越追击。第三十七军速将潜匿于福临铺附近山林内之少数残敌肃清后，集结于福临铺附近待命。

修水、武宁地区战斗

当集团军主力正向长沙附近攻击，并得悉长沙只有少数敌军时，留置于武宁、修水地区担任守备之第七十二军军部和该军之第三十四师遭受箬溪附近敌伪军窜扰，军、师部都报称有敌千余向其进攻，不能支持，已节节后退，恳速救援。总部基于全盘情况，认为箬溪附近敌伪军不可能有所增加，该敌向武宁窜扰系策应性质。因此严令该军、师集结主力，首先将沿修水北岸西进之敌歼灭，然后再将南岸敌伪军消灭，恢复原守备地区。总司令王陵基深恐第三十四师继续后退，失掉修水，又令第七十八军新编第十四师第三十八团和总部直辖之野战补充第二团，不分昼夜赶回修水增援。该两团赶到修水，得悉沿修水西窜之敌，距修水城只有二三十华里，即折返武宁、箬溪附近。沿途房屋多被敌烧毁破坏，劫后惨状不堪目睹。

第七十八军向平江以北行超越追击，通过平江后，尚未发现敌踪。而原在平江以西至粤汉路间地区截击敌军之第二十七集团军部队，闻正集结待命。总部即令第七十八军在平江北端附近集结。一两日后，奉长官部电令，会战胜利结束，各部队即回原防整训。

守卫长沙

葛志先[※]

一九四一年十二月下旬，第三次长沙会战开始。为什么仅隔两个多月的时间，敌人又再犯长沙呢？我们得到日军的情报说："中国守长沙的主力部队第十军和第七十四军已调往他处，长沙守军势力薄弱，我军可乘机进攻，一举攻占长沙，准备再向南进。"那时第十军驻衡阳迤东地区，在茶山坳附近整训。第九战区薛岳长官得知敌情，立即给第十军下令，命该军防守长沙，以一个师守岳麓山阵地，两个师守长沙近郊，"情况紧急，不得有误"。第十军到长沙后部署如下：预备第十师守岳麓山阵地；第三师和第一九〇师守长沙近郊。第三师守小吴门等阵地，防线长三十余华里，处处显出薄弱，该师战斗力虽强，仍有兵员不足之虞。那时第九战区司令长官部由长沙移住耒阳，只留指挥所少数人员由参谋处长赵子立率领和炮兵旅在长沙参加战斗。情况发展很快，敌军前方是一个骑兵旅，随后有三个师团之众，按第二次进攻长沙老路，迅速前进。我军在司令长官薛岳指挥下，以长沙两翼部队向敌侧方迂回，进展很快。守长沙的将士们都关心着国家的兴衰、民族的存亡、战局的发展。第十军少将参谋长蔡雨时，判断敌情时，得知友军先敌一天到达长沙，对薛岳守长沙的战略部署，很不满意。蔡和李玉堂军长研究，倘能把预备第十师由岳麓山调进长沙，接防第三师一个营的五华里长的阵地，则长沙可确保；否则敌众我寡，近郊无险可守，处处薄弱。此事如何向薛岳请示呢？他处事主观，很难变动他的计划，但时间只剩一日，不能迟延。

※　作者当时系第十军预备第十师参谋长。

135

李玉堂对蔡说："你先用电话问一问方师长，他如同意，咱就这样办。"蔡雨时打电话给方先觉说："友军先敌一天到达长沙，我和军长研究，让你师过江接防第三师小吴门一个营的阵地。你同意不？"方先觉说："给我下命令，我就过江，别无他意。"蔡说："军长命令你师即刻过江，岳麓山阵地将来由我友军第七十三军派一个师去防守。"方先觉当即集中湘江的大小船只迅速过江，急忙接防。人马渡过半时，薛岳得知情况，打电话问蔡雨时道："第十预备师怎么过江来了呢？"蔡报告了敌军和友军的情况，说："友军先期到达长沙，可接岳麓山阵地；预备第十师过江接防第三师之一部，长沙可以确保。……"薛岳停了片刻没有吭声，最后说了一句："你小心你的脑袋。"就把电话挂了。预备第十师过江后，把船只全部调走，连一只通信用的船都不要了，真是破釜沉舟。第十军的官兵决心与长沙共存亡。

战况是这样进展的，敌军骑兵旅突破捞刀河阵地，搜索前进。离小吴门十里远距离，战斗打响了。预备第十师炮兵营中校营长张作祥为了行动方便，机动性大，将全营都换成迫击炮。第一天的战斗，全营共发射炮弹五千七百发，准确地打击进攻之敌。敌骑兵部队被我歼灭，步兵亦有重大伤亡，尸横遍野。敌主力部队损失惨重，部队长把侦察情况的侦察员就地处死了。战斗继续激烈进行着，敌飞机参与地面战斗亦颇频繁，轮流向我阵地轰炸。我军士气旺盛，精神抖擞，苦战三日后，敌军疲劳，并因后方联络线太长，弹药运输补给困难，士气不振。我军乘夜间派出一支部队，绕到敌后，袭击敌司令部，俘获敌旅团长，因弄他不走，处死后胜利返回。第四天，敌攻击减弱，退出火线。远处只有稀疏枪声，系敌施用调虎离山之计，倘我出击，正中其圈套。第五天，敌全力猛扑，与我军肉搏多次，终未得逞。我预备第十师经几日战斗，由七千人损失到只有两千人，但死守阵地意志甚坚；其他各师均伤亡过半。第六天，我友军两翼包抄，敌军被迫全部撤退。敌边战边退，损兵折将，气势颓丧，向岳阳方面退去。至一九四二年一月十五日，第三次长沙会战以大捷告结束。政府派慰问团到长沙慰问，到预备第十师后，看到全师连长一级的军官只剩两个，可见为守长沙将士们浴血奋战，不怕牺牲，付出多么大的代价。慰问团人们问："你们怎么打的敌人？"有一个上尉副营长答称："我们师在整训期间，由师主办了劈刺训练班，培训全师下级军官，由师长、参谋长等亲手教给劈刺技术。学员个个技术娴熟，对敌作战时，冲锋陷阵，有战胜敌人的自信力。我们愿意和敌人拼刺刀，并刺死他们。我们不怕牺牲，几次冲锋，使敌人的损失比我们大，所以能赢得今天的胜利。"慰问团听了，不断称赞。这次大捷后，李玉堂升任第二十七集团军副总司令；方先觉升任第十军军长，蔡雨时获得胜利奖金二十万元。

长沙保卫战始末

杨正华※

一九四一年秋，第二次长沙会战，第十军奉命堵击南犯之敌，与日军遭遇于金井、福临铺一线，激战一昼夜，敌以陆空优势兵力，并以骑兵快速部队，偷袭我指挥部，使我上下失却联系，人心慌乱，不敢恋战，造成溃败。会战结束，我军在衡阳东茶山坳整训。预备第十师（以下简称预十师）于第三次长沙会战开往长沙驻岳麓山。我军针对作战失败的教训，明耻教战，贯彻："我不怕敌，敌必怕我"和"我困难、敌亦困难，能坚持最后五分钟就是胜利"等思想，要求在任何情况下稳扎稳打，激发雪耻、复仇、恨敌的观念，准备再战。

一九四一年底，敌出动十二万之众，扬言要在一九四二年元旦，到长沙过新年。在此咄咄逼人的气焰下，第九战区司令长官薛岳，缜密计划，运用"诱敌深入，待到达有利于我的地形和时机内，一举而歼灭之"的战术，布置了袋形阵地，着我第十军确保长沙，以待友军合围，聚歼敌人。

敌越过新墙河时，我湘北防军第二十七集团军即避入山区。敌渡过汨罗江，所过之处，我友军稍加抵抗即撤退，气焰嚣张之敌，似乎势如破竹，果于一九四二年元旦前夕，到达长沙外围。驻守长沙的第十军军长李玉堂，虽被撤职，但仍留任。在此紧要关头，蒋介石急电李玉堂，令其继续指挥第十军，固守长沙。李玉堂临危受命，以戴罪之身，又负重任。

※ 作者当时系第十军预备第十师政治部科长。

一九四二年十二月二十八日上午，我师部突召开紧急会议，方先觉师长即席讲话说："最近情报，武汉之敌又大举出动，现已迫近汨罗江，声称出动十二万之众，扬言要在明年元旦到长沙过新年。我第十军已奉命固守长沙，任务必须完成。各部队和各处要立即做好应战准备。"他简明扼要地说完即退席。副师长孙明瑾随即布置，着将非战斗人员、眷属等，一律于两日内送往衡山办事处，其余人员立即做好作战准备。并勉励大家说：打仗是我们军人的本职，用不着大惊小怪。况此次作战，我们以逸待劳，有准备地打阵地战，不是上次在疲劳行军后，情况不明仓促遭遇。兼之长官部在我们身边支持，具备有利条件，我们要坚定信心，沉着应战。

师政治部方面，主任李拔夫赴贵川接家眷，副主任去中训团受训，此次配合部队作战的任务，就落在我的肩上。按规定，政治部负责督战。征得师长同意后，我将平时的纠察队改为督战队，派副官一人率领，归我指挥；又分派科员到各团和野战医院协助工作，以期明了部队战斗情况，并起监督作用；政工队留作机动使用。

因方先觉坚决不当军预备队，要求军长给固定任务，表示不完成愿受军法制裁，所以迟至三十日，军部才决定各师任务：第三师守东门；第一九〇师守北门；第七十三军韩浚师守沿江城厢一带，兼做军预备队；我预十师守南门。三十一日入夜后，我师才从岳麓山渡江占领阵地。

我师在长沙南郊作三线配备：第二十九团占领金盆岭至猴子石一线为第一线；第二十八团占领白沙岭至修械所一带高地为第二线；第三十团占领第三师阵地至我师阵地连接线为第三线，兼做师预备队。半夜后，第二十九团前哨即与敌骑哨相遇。元旦拂晓，敌机飞临长沙，陆空紧密配合，向我猛攻。第二十九团团长张越群（军校六期）严令部队猛烈还击，敌我展开了殊死的战斗。

这时师部的处置：一、炸倒妙高峰的塔亭，消灭敌炮火的射击目标；二、督战队开始执行任务，首先严格疏散人口；三、同意长沙县长李公甫过江，负责动员群众供应肉食和蔬菜（原长官部命令李县长随我师行动，不准过江）；四、我以政治部名义向军事委员会电告战斗开始情况，说："我师士气旺盛，布置严密，指挥官意志坚强，从今晨起，激战正在进行中。"我将电稿送方先觉过目，方当即指示："督战队的督战任务，必须认真执行，擅自后退者，就地枪决。"并说："我授给你紧急处置权，可以先斩后奏。"我受命后，心情非常沉重。

敌越过捞刀河和浏阳河，主力绕过东门，直指我师阵地。将我师作为攻击重点，可能是欺我预备师为薄弱的一环。敌以排山倒海之势向我第二十九团攻击。从金盆岭至猴子石约有五华里，正面过宽，兵力单薄，敌攻势猛烈，我伤亡过重，于上午十时许全线崩溃。团长张越群随科员马有成潜行来政治部，神色仓皇不安。在作战前，长官部规定：所有船只统归长官部控制，第十军连重伤兵亦不准撤退。并在河西沿岸一带，布置机枪，对擅行过江者立即开枪射击。现我军已被敌包围，任何人无躲逃的余地。况我师亦有"擅自后退者就地枪决"的命令。张团长是冒着生命危险来师部的。我为着多年战友的情谊，怎能不顾他于危难之际，便到指挥部察看方先觉的态度。当谈到战斗情况时，方长叹一声说："敌人来势太快太猛，张团恐难顶住，现电话已中断，情况不明。"我看他对张团长有体谅之意，便据实以告说："张团长已来师部，他表示很惭愧，未能尽到力量完成任务，对不起师长，听候处分。"方说："叫他暂到副官处休息，待我空时，通知来见我。"这时第二十八团有个营长（军校八期）在即将与敌接触时，竟来师部向师长请示，方一言未问，喊他到外面等着，当即手令师附田琳监斩，推到指挥部后面城墙下枪毙了。我不禁为之毛骨悚然，战时军令确实巍然如山啊！

方先觉接着打电话给第二十八团团长葛先才（军校四期），说："艺圃，现在看你的了！我全力支持你，第二十九团立即收容整理，统归你指挥，第三十团随时可以调用，你一定要顶住呀！"听到葛先才说："报告师长，请您放心，我们不能在薛长官面前丢脸！"这时方先觉的脸色才稍为宽舒些。

晚间，薛岳来电话询问战况，最后向方先觉说："你能守几天？"方刚强气盛，硬要硬到底，便说："我能守一个星期。"薛说："如何守法？"方说："我第一线守两天，第二线守三天，第三线守两天。"薛说声："好。"便放下了电话。我听了他们的对话，非常惊异，常言道，"军中无戏言"，第二十九团打了半天就垮下来了，您怎还说能守两天？我不便多话，便同副官主任张广宽到隔壁副师长房间里围炉烤火，默默沉思。忽听方先觉喊张广宽，声音有点激动地对张说："这封信，马上派人送到后方给我家眷，无论如何明天以前要送到。"张把信拿出递给我，我不揣冒昧，拆开一看，原来是方师长的遗嘱，内容是：

"蕴华吾妻：我军此次奉命固守长沙，任务重大。长沙的存亡，关系抗战全局的成败，我决心以死殉国，设若战死，你和五子的生活，政府自有照顾。务令五子皆能大学毕业，好好做人，继我遗志，报效党国，则我含笑九泉矣！希吾妻勿悲。夫，子珊。"

　　我看过后，决定送报馆发表，以励士气，拟就新闻稿交马科员连夜随送公文的小船送《长沙日报》。第二天的《长沙日报》头版标题为《方师长誓死守土，预立遗嘱》，并将遗嘱全文登出。据说当时有读此遗嘱感动得痛哭流涕的。

　　战斗到第二天，在我第二线的修械所一带高地上，敌我展开了争夺。第二十八团的指挥所在修械所下面，葛先才坚决与修械所共存亡，指挥部队，寸土不让。同时岳麓山预伏有两团美式装备炮兵，发挥了最大效率。炮兵部队在平时早把长沙四郊的地形地物测量精确了，炮兵部队与我师有专线联系，只要有请求，不到两分钟，便能听到炮声。即使在敌机盘旋轰炸下，岳麓山的炮兵和我们的军属炮兵、师属炮兵，仍可万炮齐发。炮声怒吼，高射机枪一片狂啸，威慑敌机不敢低飞，掩护我步兵猛烈还击，打退敌人多次进攻。"武士道"精神虽说顽强，但抵不住我密集炮火的威力，敌伤亡严重，锐气大挫。第三十团（陈希尧团）不甘寂寞，夜袭并消灭了突入白沙岭的一个敌中队，击毙了中队长。我辎重兵酒后竟拿着扁担夜袭敌营，惹得敌兵惊慌四逃。我之士气，越战越旺。

　　三日晨，马有成引导各报记者来我师采访，适值政工队员拉胡琴唱戏，记者们极为赞赏。次日报纸上即有报道说："我某师指挥部，在隆隆炮声中，犹闻弦歌之声。"可见我师上下斗志之高昂。我获战利品亦多，堆满了五间楼房。在这剧烈的战斗中，修械所高地的拉锯战已达十一次之多，结果阵地仍在我手中。

　　四日上午，战斗正在激烈进行，师部一个参谋陪同我到了工兵营阵地，看到修械所高地上，敌兵弯着腰冲过来，骤密的子弹打在工兵营阵地的墙上，吭咔的炸裂声不绝于耳。工兵营的士兵们，伏在工事里，持枪瞄准，准备拼杀，毫无惧色。在我方射击下，日军有的倒下，有的仍弯着腰跑回去。工兵营长顾虑我的安全，不住地说这里危险，频频催我回去。

　　是日晚，师部发出一份出人意料的通报："奉军部转来长官薛电，准二十九团团长张越群晋升少将团长。"我意识到这是间接激励第二十八团团长葛先才，使他不甘落后于六期同学张越群。军部也以此来激励全军团长们竞立战功。

　　情况依然是严重的，我军伤亡很大，敌伤亡三倍于我。战斗已进入白热化阶段，我师考虑万一第二线被突破，必将据城垣固守，城垣前的射击障碍必须清除，否则一旦敌人突入，不易肃清，便忍痛将妙高峰下的长街付之一炬。敌人攻我不下，又转向东门和北门的第三师和第一九

○师阵地猛攻，各师都不甘落后于我师，猛烈还击。敌人有些着急，到处乱撞，均未得手，却付出了很高的代价。

浴血奋战已经三昼夜了，激烈的冲杀始终未断，葛团虽坚持保住了修械所阵地，但已岌岌可危。师为万全计，决定将指挥所移至江边仓库地下室内指挥。此时长官部亦深知我师艰苦，趁夜调来第七十七师的一个团，交方先觉指挥，方先觉说："仗易打，账难算。仗打胜了，必然说是友军增援的功劳，打输了，又可能说我们不爱惜友军，指挥有偏心。不到最后一刻，不使用他们。"决心战斗到最后一刻。

四日傍晚，情况更趋紧张，师部各处全体官兵，均发给武器，分配了死守碉堡和几座坚固建筑物的任务。我们既然决心一死，也就无所顾虑和畏惧了，一心一意作最后的一拼。我被指定指挥士兵一个排和督战队，坚守路西江边一座仓库。在堵塞大门时，突然一颗流弹穿门而过，打倒我身边的一个士兵，原来约一个班的敌人，从江边溜边窜了过来。我率众登上房顶，居高临下进行阻击，击倒二人，其余落荒逃窜。

我们密切注意着敌情，半夜过后，枪声却由密而疏。我们正在揣测情况时，电话里传来长官部的通报说："我湘北第二十七集团军杨森等部，已从平江山区出击，断敌归路，其他部队均已出动，长沙地区的敌人有撤退模样。敌如撤退，你军无追击任务。"我们听到后，一颗悬起来的心，一下落下来了。那种轻松之感，是没法形容的。未过多久，前面的枪声由稀疏而沉寂了。

五日拂晓，我同副官主任张广宽一同到了前长沙县府所在地莲花池。据说敌人的临时野战医院曾设于此。我看到院内约有三十公尺见方的新土隆起，着随行士兵挖开，竟是一窖被烧残的敌尸约数十具，都用黄呢子大衣裹着：有的怀里揣着太阳旗，旗上满布着千人针和密密麻麻的签名；有的怀里还揣着别人的断手；还有的头上仍戴着钢盔，钢盔里嵌着小木佛像。师长方先觉、副师长孙明瑾、参谋长向竹本也来看了，我们相视发出会心的微笑。我们已经圆满完成了固守长沙的任务。

战斗结束，重庆军事委员会电示："战场不动，等待各国驻华使节参观团前来参观。"三日后，我随参观团到了修械所高地上。看着满地炮弹、炸弹、手榴弹、枪弹的碎片和无数具敌尸，有位使节风趣地说："你们不会逞凶了吧?"其他各师阵地前也敌尸累累，还有战马残骸。

此次敌人失败的原因，我认为是：一、日军骄焰太盛，轻敌冒进，重兵器多未能跟上，我炮兵占了优势；二、我军被置之死地，退无可退，只有死拼，所谓置之死地而后生；三、我军官兵吸取教训，稳扎稳打，有复仇雪耻的观念；四、指挥官信心足，决心大，长官部在隔河激烈战斗，险象环生以及被敌机狂轰滥炸的情况下毫不动摇；五、各友军协同作战密切配合，按计划完成了合围歼敌的任务。

三月，军委会发布命令，我记得的六条内容是：一、收回钟彬接任第十军军长的任命；二、李玉堂调任第二十七集团军副总司令；三、预备第十师师长方先觉代军长；四、预备第十师副师长孙明瑾升任师长；五、第二十八团团长葛先才升任副师长；六、杨正华由军委会政治部记大功一次，以副主任记升。

守卫长沙纪实

黄　钟※

　　一九四一年十二月三十一日晚，日军抵浏阳河北岸黑石渡、东屯渡之线，搜集渡河材料，企图夜渡，为守卫长沙城的第十军所属第一九〇师警戒部队所阻。当时第九战区司令长官薛岳设指挥所于岳麓山，薛将所有船只集中湘江西岸，令第十军死守长沙，背水而战。

　　一九四二年一月一日，昨夜抵廖家渡、洪山庙、黑石渡之日军第六师团与抵东屯渡之第三师团作出强渡浏阳河姿态，长沙南郊却无敌情。守军自上至下注意力都集中于东门与北门。上午九时许，东南角赤岗冲突然杀声震谷，我在赤岗中构筑前进阵地的部队，急忙拆枪架取枪，枪刚拿到手，敌人已至山腹。我军退守马家冲，立足未稳，敌人跟踪而至，又退守侯家塘，敌人尾随而来。我军一营长率两个步兵连反击，一举把敌人打退到马家冲，才扎稳了阵脚。敌后续部队陆续到达，全力再攻侯家塘阵地，我预备第十师第二十八团寸土不让。敌炮则猛轰冬瓜山、扫把塘一带我军阵地。

　　当南门战斗开始时，东屯渡之敌也炮击五里牌、杨家山、阿弥岭，北郊之敌炮击开福寺、伍家岭、周家嘴、黑石渡。我炮兵部队也猛轰敌阵，并集中炮火压制敌炮，长沙保卫战全面展开。激战至晚，北门之敌由周家嘴、东门之敌由东屯渡渡过浏阳河，敌我在伍家岭、蒋家垅、九尾冲、黑石渡、五里牌、杨家山、阿弥岭等地发生激战，尤以五里牌战斗最烈。战至午夜，我军退守开福寺、上潘家坪、唐家巷、上大垅、湖

※　作者当时系第十军第一九〇师作战科长。

积渡、陈家山、杜家岭、袁家岭、窑岭、长岭之线；南郊我军仍固守侯家塘、扫把塘、冬瓜山诸据点。

第一天的战斗，敌人渡过了浏阳河，攻占了我东郊、北郊和南郊的全部前进阵地。这应归咎于我方情报人员疏忽，以致受敌人迷惑。开始我上下注意力都集中在东郊、北郊，而不知其第三师团一部绕至东山渡过浏阳河，乘我不备，先袭击南郊。我方匆忙应战，打了一天被动战。

长沙市区西临湘江，东、北两面是浏阳河，像个口袋，袋口在南。日军采取由南向北进攻的方略，企图将守军压迫于袋底一网打尽。

一月二日晨，北面日军第六师团炮击开福寺、上潘家坪、唐家巷、上大垅、湖积渡、陈家山，东面日军第三师团炮击杜家岭、袁家岭、窑岭、长岭；我岳麓山炮兵群对洪山庙、东屯渡敌炮兵进行制压。上午九时许，敌第四十师团接替南面的第三师团，猛攻我预备第十师阵地，长沙保卫战主决战全面展开。双方决战兵力：日军减去强渡新墙河、汨罗江两次战斗伤亡约两千人外，三个师团约存六万人；我第十军因不满员，全军约两万人。兵力比例为三比一。

十时许，敌三个野炮联队各以一部支援步兵进攻，敌炮主力刚与我炮阵对战，敌机六架编队轰炸岳麓山我炮兵阵地与长沙市区。下午二时，各路日军白刃冲阵，北门开福寺失守，东门袁家岭失守，南门冬瓜山失守。我第三师反攻袁家岭，第七团复而据之；预备第十师反攻冬瓜山，第二十九团复而据之。黄昏，东、北两面敌之步兵大部渡过浏阳河，南面第四十师团全部到达战场。三个师团发动黄昏联合攻势，彼攻我拒。继以夜战，在零摄氏度气温下，我方战士仍热气腾腾，精神振奋。因城郊阵地已参差不整，我军退守油铺街、湘雅医院、陈家山、清水塘、韭菜园、识字岭、回龙山、白沙井、沙河街、楚湘街之线。

一月三日微明，李玉堂电话问第一九〇师师长朱岳："陈家山怎么失守了？"朱答："没有失。"李玉堂责令复查，陈家山果然失守。

全军阵地彻夜派有哨兵，陈家山怎么会轻易失守呢？因昨日第六师团攻北门，受陈家山侧击，伤亡惨重，攻击顿挫。入夜，敌利用我守军在堡垒内瞭望视角缩小的缺陷，一个一个匍匐潜行到山下集结，早晨冲到山顶，占领了陈家山。虽然第五七〇团团长李芝当即披衣赶至，督队反攻，终因敌人主力轻重火器先到山顶，居高临下，三次反攻均未能收复。（战后营长吴子南离职，李芝告退）

陈家山失守后，北门之日军第六师团与东门之第三师团连成一线，三个师团合围长沙城的计划实现，乃合力进攻。第四十师团炮击回龙山、沙河街、南门口，第三师团炮击清水塘、小吴门、浏阳门、识字岭，第六师团枪击油铺街、湘雅医院、兴汉门、邮政局仓库（何键公馆后门）。我岳麓山炮兵强大火力予以压制。敌炮火渐呈颓势，但步兵咄咄逼人。守湘雅医院之第五六九团团长符志豪告急，第一九〇师师长朱岳督战于兴汉门；南门第二十八团团长葛先才告急，预备第十师师长方先觉督战于南门口；识字岭告急，第三师师长周庆祥督战于天心阁，并对团长张振国说："你我都是军长（李玉堂）提拔的，长沙守不住，军长是挽不回来的，于公于私，我们都说不过去！"张团长表示决与阵地共存亡。周庆祥说："我陪着你干。"周庆祥要求炮兵对杨家山、妹子山、窑岭进行压制，张振国增加两挺重机枪封锁窑岭至识字岭的道路，并增兵一排固守，识字岭险情方才缓和。

守小吴门之第五六八团团长陈家垕是李玉堂由军部工兵营营长提升的，在战场指挥若定。因为他是军校八期工兵科出身，长于阵地战，编成十字交叉火网，布置严密，凡是要道口，伐树枝堵塞，并堆放桌椅门窗封锁，还在敌人必经之道、必入之房，广洒粪便。当各处告急时，他独从容不迫，三挫敌人攻势。

此期间，李玉堂将称病不去督战的其山东同乡高副师长通令撤职，严肃了战场军令，增强了士气。

日军继续猛烈攻击，下午四时许，第三师团工兵营于韭菜园一带穿墙凿洞，爬入市区。位于藩后街以北之第七团立刻派兵堵击，位于小吴门内何键官邸之第五六九团陈营奉令跑步参与堵击。第三师第八团由南向北打，第一九〇师由北向南封锁敌后续部队，隔断内外之敌。冲入之敌是工兵，善爬屋，我军也爬屋，敌人上楼，我军也上楼，互争制高点。激战至晚，敌全线顿挫，突入城内之敌固守待援。当晚，专与长沙守军联络的第九战区高级参谋容有略向守军宣告：我外围各军按敌前制订的"长沙决战案"到达指定位置。

一月四日，敌全面攻阵，炮火命中率惊人。国货陈列馆（今中山路百货大楼）第三层有一窗朝北，敌炮误认为是守军炮兵观测所，连续三弹俱从窗口入内爆炸，造成伤亡。近午，日军白刃冲击湘雅医院，被我火力击退。复集中臼炮、掷弹筒轰击，因守军沿墙根脚开射击孔，又未奏效；再用三七平射炮炮轰墙脚，轰得到处是洞，守军退守兴汉门。敌攻至残存的护城河（大水塘），被守军遏止。回龙山失守，预备第十师副师长孙明瑾前往督战；浏阳门吃紧，第三师参谋长孙鸣玉往阵地策军。三个师的正副师长均未回师部吃午饭和休息，唯李玉堂与参谋长蔡雨时对坐吃馒头稀饭。忽然一弹穿破玻璃击碎菜碟，折李玉堂一箸。李玉堂就用手抓大头菜吃。蔡问："是不是变换一个位置?"李答："不动，不动。"蔡又问："那我们就快点吃。"李又答："不用，不用。"可见李玉堂之镇静。

下午，敌人炮兵被我岳麓山炮兵强大火力摧毁殆尽，唯闻我方炮弹迎着东北风，落到敌人阵地上的爆炸声。

薛岳电告李玉堂："外围各军已全面反攻。第四军已抵暮云市、大托铺；第七十三军已由乔口渡过湘江；……望再坚持一夜。"喜讯传遍整个火线，第十军将士提出了："苦战一夜，打退敌人，守住长沙，要回军长"的口号。激战至晚，炮声息而敌枪疏，侵入市内之敌，虽系工兵，只会架桥凿洞，不善步战，但是一根插入我心脏的钉子。李玉堂令军部工兵营参战配合原包围敌军的两个步兵营，并令第一九〇师副师长彭问津（黄埔五期，茶陵人）统一指挥，务围歼窜入市内的敌工兵营。我工兵纵火烧楼，迫敌往楼下跑，再由步兵冲击。敌退我追，逐屋争夺，经三小时的火攻，侵入市内并盘踞一昼夜之敌工兵一部被歼灭，一部逃出城外。

一月五日天明，已不见敌踪。

清扫战场，有日军剖腹尸数具，为下级军官。

第十军苦战四昼夜，终于击退三倍于己之敌。一月九日，军事委员会魏镇到长沙向第三师、第一九〇师、预备第十师授民族荣誉旗；李玉堂获二等宝鼎勋章，并晋升第二十七集团军副总司令兼第十军军长。

长沙南郊战斗

韩　浚※

　　一九四一年十二月下旬，华中日军集中兵力，由鄂南湘北向长沙进犯。第七十三军当时驻在湖北，归第六战区司令长官陈诚指挥。我是第七十三军第七十七师的师长，担负大江南岸枝江县的守备任务。当时有消息说：日军又有向湖南长沙第三次进犯的动态。一天，接到军部参谋长的电话："奉六战区长官部转来军事委员会紧急命令，日军已大举向长沙进犯，第七十三军立即出动向长沙急进，归第九战区司令长官薛岳指挥，参加守备长沙作战。"

　　第七十三军不属于集团军的建制，明令归军事委员会直接指挥，是机动部队，哪个战区情况紧急，便往哪个战区调动。因此，第六战区、第九战区，甚至第三战区，都争着要第七十三军。而我们第七十三军在第六、九两战区的对日作战中，几乎无役不从。

　　由于情况紧急，上级限定我们必须在两天之内从湖北赶到湖南，归薛岳指挥。受命后，我们星夜兼程。湖南境内的铁路、公路和桥梁全被破坏，几乎分不出哪是田，哪是路。我们在烂泥深坑中一步一步地艰难行进。终于在两天两夜内走了三百多华里，到达长沙河西岳麓山附近。当部队快要到达长沙的时候，不断传来隐约的炮声，我们感到敌人这次向长沙进犯，比前两次更加凶猛。我们到长沙河西的第二天，敌人已完成对长沙东、北、南三个方面的包围，其攻击重点在南面。

※　作者当时系第七十三军第七十七师师长。

第七十三军是湖南的地方部队，即所谓杂牌部队。正因为如此，第七十三军的各级干部和士兵要争这一口气。在军事学术科方面，在军容和纪律方面，特别是对日军作战的战场上都表现得非同一般。大家懂得，如果在战场上不英勇，不顽强，就会断送自己部队的生命。第七十三军一贯提倡"七三"精神，第七十七师官兵们的抱负是把自己的部队训练成全国的模范师。

当日军向长沙进犯的危急关头，军长彭位仁接到薛岳的电话命令，要我军派一个师渡过湘江，参加长沙守备作战。彭位仁军长就在电话中向薛岳报告：派第七十七师韩浚参加。薛岳同意，并亲自给我打来电话，说："你是韩师长吧？你马上到我这里来接受任务。"于是我一面命令各团迅速地集结在指定的渡河点，一面赶到河西长官部指挥所。薛的副官转身把我带到防空洞里，我和薛岳事先并不认识，这回是初次见面。他十分高兴地对我说："啊，你是韩浚师长吗？你坐下。"接着说，"这个仗打得好狠！我想派你这个师参加直接守城，相信你一定能完成这个任务。"我向他报告：已命令部队集结在指定的渡河点，并问："我是否归第十军指挥？"他说："不，归我直接指挥。"停顿片刻后，他又严肃地说："你要做好充分准备，敌人这次声势浩大，有三个半师团以上的兵力，其目的是要占领长沙。我们一定要全力守住，决不让敌人的目的达到。现在第十军守长沙，他们在南门和敌人打得很激烈。由于敌人来势凶猛，因此调你一师去增强守备，希望你一定要守住。你这个师的战斗力很强，士气很高，相信你是能够完成这次任务的。……"我心想："薛长官过去不认识我，又听说他是个很骄傲的人，为什么对我格外客气？"实际上，他是以激将法来激励部下。我暗暗地下定决心："不打胜仗，决不去见长官！"我信心百倍地高声说道："遵照长官的指示，全力以赴，打好这一仗。马上渡河。"薛岳立起身来说："好吧，你可以走了。"我当即在长官部指挥所副官处打电话问清部队集结情况后，迅速地赶到了渡河点。这时天气已经很暗，只能看到黑压压的人群。我依次向第二二九团、第二三〇团、第二三一团讲话："我们军长为什么指定我们第七十七师参加守备长沙的作战呢？这是对我们第七十七师的信任，是我们的光荣。我已接受了薛司令长官给我们第七十七师的既艰巨又光荣的任务，就是参加长沙的直接守备作战。"我加重语气说，"上峰对我们第七十七师给予最大的信任，我们必须打赢这一仗。所谓养兵千日，用兵一时。今天正是我们第七十七师用武的时候了，正是我们报效党国、保卫国土的时候了。我们必须不辜负长官的厚望。我们要认识到，武汉失守后，长沙是我们国家今后对日军作战至关重要的战略重地，如果长沙失守，不仅严重地威胁我们的大后方，更重要的是影响我们各个战区对日作战的情绪。长沙守备作战的胜负，是我们各个战区关心的问题，是我们全国同胞关心的问题，是全世界同情我们的国家和民族关心的问题。长沙是湖南的省会，我们第七十七师的官兵几乎全是湖南人，我们第七十七师应该全力以赴地保卫我们的省会长沙。我们还应该认识到，保卫长沙就是保卫我们湖南同胞的父母兄弟和姊妹们的生命和财产。同志们，你们不是提出要兢兢业业地把我们第七十七师训练成全中国模范师的口号吗？我赞同你们这种雄心壮志，但希望你们把自己的心愿在这次守备长沙的重要的战役中具体地表现出来。我们第七十七师在历次抗日作战中是有成绩的，我是第七十七师的师长，我要同我们最亲爱的全师官兵同志共同努力，不怕牺牲来打好这一仗，决不能让敌人的野心得逞。"全师官兵听了我这一番讲话后，震动很大，紧接着便开始渡河。

第二三一团渡河后，李玉堂派一个参谋来到河边，要该团开到南门，接方先觉师的守备任务。团长左九成先不同意，他说："我们不归你们第十军指挥，对你的要求不好接受。没有我们师长的命令，怎能接替你们的防务呢？"那个参谋说："你所说的是对的，但就今天紧急的情况来说，接防增援是一件大事，耽误了时间，后果是不堪设想的。方先觉师已经伤亡很大，参谋、副官、书记、司书、伙夫都到前线参加抵抗。现在正是危急的时候，如果你们不去增援接防，南门外的黄土岭一带阵地被敌人占领了，长沙就不能守住，希望你们顾全大局。"左团长说："你们一个师不行，加上我这一个团看能不能抵得住呢？"经过交谈，左团长说："好吧，顾全大局吧！"他把队伍马上开到了南门。这时敌人已进入城内，开始巷战。开到南门见到方先觉，左九成对方先觉说："我绝对听你的指挥，我们师长还未到，我有些事不敢自专。"于是左九成团与方先觉师共同防守该线阵地。

我过江后，把第二二九团、二三〇团部署好，就去看第十军军长李玉堂。虽然我不归他指挥，但我们是多年未见的黄埔军校第一期同学，这次接受了他交过来的任务，需要了解敌我双方的具体情况和交换守备作战的详细计划，所以看他是必要的。当我到达第十军军部时，李玉堂正站立在他的住房当中，手中摆弄着日本战刀，兴致勃勃地同他的参谋长蔡雨时高谈阔论。我尊敬地向他敬了个礼，他毫不在意地瞟了我一眼，应付地点了点头，然后继续谈他的日本战刀。我见状非常生气，心想："现在情况这么紧急，你竟躲在这里悠闲自在地谈论军刀！"于是很不高兴地说道："既然没有什么事，那我就走了。"李玉堂才连忙说："好吧，同我的参谋长谈谈吧。"我对他也不屑一顾，掉头即去。

我到了第二三一团，左九成向我报告增援换防的情况说，他对方先觉说："我参加作战，义不容辞。"方先觉说："你接一部分守城任务，我们共同守城岂不更好。"他便接受下来。但方先觉没有把战斗的详细经过和双方态势向他交代。我鼓励左九成团长说："你没有按照指挥系统执行任务是错误的，但就战争的具体情况来说，不增援更是错误的，这两个错误比较起来，后一个错误就更大了。因此，你做得是对的。"左九成虽接受增援防务，但认为方先觉的一个师在六七个小时内就伤亡那么大，担心一个团打不了，因此，希望最好由我们全师接受任务。这样，他就可以直接听从师部的指挥，减轻自己的责任。我对他说，"我归司令长官直接指挥，我也要听他的命令，没有他的命令，我是不敢自作主张的，等我把情况向薛岳长官报告后再说。"我考虑了一下，又对他说："我先增加一个营给你，你一定要把敌人驱逐出南门。黄土岭是长沙外围仅有的一个制高点，如果夺不回来，长沙守备就很困难。"左团长听我这么一说，感到任务更加艰巨，便面呈难色，但又不敢向我叫苦。我也感到一个团加一个营，兵力确实不够，就给薛岳摇了一个电话，报告敌人已经进了南门，现正在灵官渡进行巷战，我已严厉命令正在巷战的一个团，今晚一定要把敌人驱逐出南门，而且要把黄土岭夺回来；不过以一个团兵力是很困难的，希望河西炮兵团重炮支援我们。虽然敌人几十门山野炮速发起来，犹如雷声一片，但炮兵团重炮的威力已足以制压。薛岳说："好！你什么时候打黄土岭，就什么时候支援你们，但首先必须把少数敌人驱逐出南门。"左团长便集中所有的轻重机关枪，竭尽全力向敌人猛烈射击，终于在天未明前把敌人赶出了南门。我立即向薛岳报告战局，并请求马上用重炮支援部队向黄土岭攻击前进。薛岳说："好！我马上就下命令。"紧接着炮兵团重炮发射了，炮声轰隆隆地响彻云霄，震撼大地，很快就把敌人的几十门山野炮完全压了下去。我向左团长下令："借重炮的掩护，乘胜前进，把黄土岭夺回来！"在争夺黄土岭的战斗中，形成拉锯的局势。敌人几次拼全力疯狂地向我们进攻，他们的炮兵相当厉害，加上飞机配合向我扫射和轰炸，形势万分紧急，然而始终未能攻下我方阵地。其原因，除有重炮支援外，还在于我们的官兵打出了经验：为了节省弹药，当敌人进攻时，我们集中火力居高临下，向敌人猛烈射击；敌人停止进攻，我们也暂停射击，并不时在夜间派出小部队扰乱他们。敌人的飞机大炮采取平面巡回，反复轰炸，我们就用重炮来回敬，同时向山后稍撤退，待敌炮一停，又迅速地回到阵地。这时薛岳命令第九战区所指挥的各军全部出击，向敌人穷追猛打。

第七十七师接到命令后，英勇奋发，急起直追。敌人狼狈逃窜时，偶尔抵抗一下，并一路用飞机轰炸我军，我们却越追越紧，士气越来越高涨。敌人尸体、死马沿途皆是。在追击中，我们也有一点伤亡。追击到长沙北面时，听说有二三百敌人逃到了荷叶塘，我急忙派人把老百姓找来询问。老百姓说："你们追得很紧，敌人逃窜不及，就躲进了荷叶塘。"我立即派一个营长（他是熟悉当地地形的湖南长沙人）带领一营部队去解决这股敌人。荷叶塘是山地，房屋两旁和后面都是山，呈凹字形，唯有前面一条道路可通行。营长见地势对我们有利，便决定瓮中捉鳖。他在道路两旁各派一个连把住，把火力集中在那条通道上；另派少数人向敌人躲藏的房屋佯攻，引诱敌人；再派一些人从山后爬上房屋，把瓦揭开投掷手榴弹。敌人被炸得血肉横飞，鬼哭狼嚎，拼死向外突围，冲了三四次，都被我们两边把守的部队堵了回来。最后，除二三十人逃生外，其余全部被歼灭。

我率领大部队穷追猛打，乘胜前进，到了汉家山，敌人的炮兵无法占领阵地，便用大批飞机进行轰炸，企图掩护撤退。我把指挥所就设在汉家山麓，决心和部队一道，把占领汉家山的敌人全部歼灭。官兵们看到师长亲临前线，更加拼命。第二三〇团柏柱臣团长也作出了表率。军长彭位仁十分担心我的安全，和参谋长徐亚雄一再打来电话，要我换一个安全的地方。我答复："不能离开汉家山。"结果，在全体官兵奋力冲击下，只花了半天的时间，就把占领汉家山的敌人全部击溃。我们继续往前追击，追到汨罗江畔时，第七十三军接到薛岳电话，要我们立刻回防，让其他各军继续追击。

战斗结束后，我们才感到疲惫不堪。

返回长沙后，我派一部分人把缴获的武器和俘虏押解到长官部，一路上到处围满了兴高采烈的人群。官兵们虽然辛苦劳累，但见到老乡们个个喜笑颜开，点头称赞，不觉忘记了苦战几天几夜和追击的疲劳。

薛岳对第七十七师这次的战绩非常满意，请我吃了一次饭，以表慰劳。他说："这回守城，你打得不错。这是我自己泡的药酒，今天特地拿来招待你，来，喝这一杯吧。"我站立起来举杯一饮而尽。

第 二 章

常德会战

常德会战

薛 岳※

敌图攻略常德、汉寿湘西门户，确实掌握洞庭湖全部资源，及击破我野战军攻势准备，确保占领区，获得局部胜利，以振作士气，安定民心，乃由长江两岸抽调第三、第十三师团主力，第三十四、第三十九、第四十、第五十八、第六十八、第一一六师团一部，以一部集中华容、石首、藕池口，主力集中沙市、江陵，向我第六战区进犯。

民国三十二年十一月二日，敌第四十师团开始向我第六战区南县、安乡进犯，即日陷南县，六日陷安乡，我九十九军之九十二师一部反击南县，九日克之，继向安乡侧击。自十一月十四日至二十一日，敌连陷第六战区之石门、澧县、慈利、临澧、桃源，围攻常德；十五日起，安乡、流碧潭、德山之敌第四十、第六十八师团，配合汽艇百余只，自东、西、北三面，水陆夹攻汉寿城，第四十师团，且由德山、石门桥向太子庙以威胁我侧背。我第九十九军猛烈反击，激战至二十五日，连克酉港、鸭子港、接港口、汉寿城。

十一月二十二日，敌开始向我第六战区常德守军第五十七师余程万部围攻。为速解常德之危，自二十七日拂晓，第九十九军（附暂五十四师）由汉寿自东向沧港、毛家滩，第十军自资水左岸向薛家铺、赵家桥、放羊坪一带之敌第四十、第六十八、第一一六、第三、第十三师团三万五千余众猛攻。我第三师钻隙突进，三十日午后克德山，即以一团两次

※ 作者当时系第九战区司令长官。

北渡沅水，进攻常德外围之敌，协助守军五十七师作战。嗣我后续兵团五十八军、七十二军、暂二军到达战场，自十二月六日拂晓全面猛攻，至八日夜，九十九军攻克软纳桥、新兴嘴、伍家嘴，第十军攻克石门桥，第五十八军攻克苏家渡、德山、常德南站，第七十二军攻克黄石港、沙市港、斗姆镇、裴家码头，遂将沅江右岸之敌肃清。

九日，第九十九军（附暂五十四师）分向南县、安乡及涂家湖追击，十三日克涂家湖，十九日克安乡，二十日克南县。第十军向石桥追击，十三日克之。第五十八军于八日夜渡沅水，九日克常德。十日敌反攻，据城西北隅；十一日夜再将敌击退，续向渡口追击，十六日克之。第七十二军于八日夜渡沅水，九日克常德西关及河洑；十日敌反攻，河洑又陷，十一夜再将敌击退，续向新洲追击，十六日克之。至是澧水以南之敌遂告肃清。

常德会战，敌深入二百余公里，作战一个半月以上，作战正面过宽，因是兵力减弱、分散，后方空虚，陷于内线不利态势，予我军有抽援之余裕时间，及形成外线围击有利之战机；其后方虽有河道可资为交通，然会战距离太长，作战正面过广，且其空军劣势，水陆运输，受我空军之妨害甚大，致粮弹补给，极感困难，均为失败之因。

会战初期，我即判明：敌在战区正面发动攻势之公算甚少，乃抽调分宜之五十八军，修水之七十二军，衡山之第十军，衡阳之暂二军，平江之一四〇师，长沙之暂五十四师，迅向资水右岸集中，故得适机参加决战。而五十八军、七十二军，渡河动作秘密迅速，故能趁敌退据常德、河洑喘息未定，击溃之以收复常德。至第九十九军对湖防部队之掌握，颇为确实，故使用灵活，在汉寿、沧港、太子庙作战，虽遭敌正面、侧翼多方攻击，仍能应付裕如，予敌重大打击。

常德、桃源地区战斗

邱正民※

我军部署和敌情动态

第四十四军军部驻津市。第一五〇师守备沿虎渡河各要点及南县、安乡县；第一六一师以一部守备卧湖堤、沙道观至松滋之间各要点，主力控置于澧县做预备队；第一六二师主力位置于常德外围之凤凰山、太阳山，一部位置于石板滩，构筑前进阵地，与守备常德之余程万师紧密联系，协同作战，保卫常德。

第七十三军位置于石门地区，作为战区的机动作战部队。

第七十四军之余程万第五十七师死守常德城；张灵甫师、周志道师位置于临澧、桃源间地区，做战区预备队。

海军布雷队沿沅水自常德至汉寿以东水域布雷，防敌舰艇活动。

日军已占据沿长江各要点，自七月以来，航运频繁，部队不断集结；汉口至宜昌公路上运输增加；当面之敌加强工事，并派出小部队抢粮。

虎渡河战斗，缴获作战地图

十一月初，敌小汽艇分队利用河湖港汊不断向我军进犯。第一五〇师师长许国璋多次观察发现敌活动规律后，决定伏击。一天，敌进至我伏击地点，我军突然射击，击溃敌一个中队，伤敌三十余人。敌遗尸十

※ 作者当时系第二十九集团军参谋处上校作战课长、代理参谋处长。

一具，乘小汽艇遁去。我军缴获小汽艇三只及轻重机枪、大衣等军用物资，获五十万分之一地图一份。图上标明其主攻矢标指向常德，助攻矢标指向桃源，我们立刻将这一情况向长官部参谋长郭忏、参谋处长武泉远报告并提请重视。这时我军与敌已经战斗了半个月。

敌五路进犯，第七十三军出击失利

敌企图占领常德、桃源两城市为据点，以便掠夺滨湖地区的丰富物资，将第六战区部队封锁于湘鄂西山区。从缴获的敌空投文件证实，敌军分四路进犯。

第一路以一个旅团由塔市驿，调弦口、华容分进，直取南县、安乡，然后渡澧水，企图截断津市我军退路，配合第二路敌军围歼我军于澧水地区。

第二路系一个师团，由藕池口登陆后，突破我虎渡河阵地，直趋津市、临澧。敌计划先歼灭我第四十四军部队，但我军已识破其企图，予敌打击后，即行撤退，使敌扑空。

第三路以一个师团由太平口经弥陀寺，与我第一六一师激战后，直趋澧县，与二路之敌会合，企图强渡澧水。经我第四十四军各部沿澧水坚强抵抗，敌之行动受阻。

第四路以三个师团由董市、宜都之间作广正面渡过长江。战区决定，乘敌分进之际，以第七十三军由石门直趋大堰垱，攻击敌之侧背；以第七十四军两个师由澧水的合口、新安间渡河，协同第七十三军夹击。此时，渡江之敌以一部直指渔洋关，作佯攻姿态，掩护其主力之侧背；主力直趋大堰垱，寻求第七十三军战斗；另一部迂回到石门之皂市，合力夹击第七十三军。第七十三军位置过于突出，处于不利态势，有被包围的危险。而第七十四军的进攻部队，被敌阻击于新安、合口间地区，为支援第七十三军突围，便以有力一部由新安渡河攻击敌人。第七十三军以一部占领石门以北以东山地，与敌殊死战斗，掩护主力向石门以西撤退。第七十三军军长汪之斌冒险突进，没有抓住战机，首战失利，影响整个战局。为了整顿这支部队，战区下令免去汪之斌职务，以第二十九集团军副总司令彭位仁兼任第七十三军军长，驰赴慈利、石门间地区，收容整顿。是役该军暂编第五师师长彭士量忠勇殉职。敌击破第七十三军后，解除了侧背的威胁，于是大胆集结力量，在飞机大炮掩护下，采取广正面，强渡澧水。时值冬季，澧水枯竭，敌主力由新安、石门间渡过澧水，以钳形包围态势向常德、桃源狼奔豕突。第四十四军与第七十四军被敌分割成许多点，仍独立与敌作战。集团军总司令王缵绪见作战态势于我不利，有被敌各个包围歼灭的危险，乃令第四十四军军长王泽濬分遣第一六一师钻隙到漆家河、羊毛滩以西地区，集结整理后，协同第七十四军向敌侧击；第一五〇师师长许国璋率部占领太浮山为根据地，与太阳山之第一六二师遥相呼应，夹击进攻常德之敌，协同常德守军作战。

敌军占领桃源

东线安乡、津市之敌强渡澧水，突破我第一五〇师河防后，分成多股向第一五〇师追击，突破我第一六二师石板滩前进阵地后，主力直插常德，并以有力之一部向太阳山进攻，以掩护主力侧背的安全。西线之敌主力强渡澧水后，将第四十四军和第七十四军分割成小块。我军利用山地空隙，又于漆家河以西山地集结，攻击敌之侧背。敌以一个旅团，配合部分伪军，直插桃源县城，与第二十九集团军之独立团战斗于桃源城郊之张家港丘陵地区。桃源县城无兵守备，总部迁到郑家驿。日、伪军进入桃源城后，纵火焚烧。

许国璋壮烈殉国

第一五〇师由虎渡河，经南县、安乡，撤至澧水西岸时，安乡至津市一线之敌，已渡过澧水。许国璋师长为了太浮山战略要点不致为敌所占，急令第四四九团团长谢伯鸾迅取捷径，先敌占领太浮山各要点。并令第四四八团、第四五〇团，设法避开敌之追击到太浮山集结。许师长率直属部队和收容的两个步兵连跟进。渡河之敌分多股向常德急进，行动迅猛，截断了许国璋往太浮山的道路。而追击之敌，又误认为许所率是有力部队，紧跟不离。许率部且战且走，到了陬市。他认为陬市是常德的外围，构筑有野战工事，可以守御，就将仅有的兵力部署于外围各据点。时近黄昏，敌开始试探性攻击。许师长鼓动士兵说："我们为国家尽力的时候到了，守陬市等于协同常德守军作战，我们多打死一个日本兵，就等于给常德守军增加了一份力量，尽到了军人的天职。我们已三面被围，背后是深不可测的沅水，既无渡船，天气又冷，与其当俘虏或落水淹死，不如战死光荣得多。为了保卫国家民族，每个人都要勇敢杀

159

敌，与敌决一死战，不愧做中国的军人。"全体官兵士气大振。此时，敌已侦知陬市兵力薄弱，攻击愈急。许师长身体瘦弱，与敌战斗已半月之久，疲劳困顿，又身负重伤，休克过去。部分佐属认为他已死，抬至街市草房。有渔民二人，正欲驾船离开，听说是师长战死，将其渡过南岸，大家挤在一草房内休息。凌晨四时许，许师长苏醒过来，询知退到南岸，气愤之下，又昏厥了。他再次醒后，摸到卫士的手枪，向自己伤口射击，壮烈殉职。事后，集团军总司令部曾派员详细查明如上情况，总司令王缵绪令第一六二师副师长赵璧光接任第一五〇师师长，到太浮山指挥。

太阳山、凤凰山战斗

敌渡过澧水后，以有力一部向第一六二师之前进阵地石板滩攻击，主力直趋常德。我石板滩部队与敌激战一天后，第四十四军副军长兼第一六二师师长孙黼见阻击敌人之目的已达，如再恋战，有被敌包围歼灭的危险，当令该处守备部队于夜间撤回太阳山。该师集中后，分三路向敌侧翼及侧后攻击，另将直属部队分小组隐伏于密林暗处狙击敌人，截击敌之运输人员，共击毙敌大佐以下官兵二百余人，歼灭其后勤部队亦在百人以上。敌不得不派出重兵在运输部队两侧保护，但仍时遭袭击。三路攻击部队分由常德东西两面向敌攻击，中路攻敌侧背，敌不得不抽调预备队迎击。因敌占据野战工事，我军伤亡亦大。孙副军长为了与余程万师取得联络，击中敌之要害，乃根据敌主攻方向之所在，向西路之敌进攻，以图减轻余程万部的压力。我军以两个团的兵力攻击西路之敌，敌不得不抽出大部兵力向我反击，以保其退路之安全。我军充分利用有利地形，伤毙敌官兵七八百名，战马百匹以上，击毁敌运输车辆亦多。敌攻击锐气大减。

太浮山战斗

第一五〇师第四四九团团长谢伯鸾奉到师长许国璋的命令后，急驰太浮山占领各要点。立足未稳，敌之追击部队便跟踪而至，谢伯鸾立即集结部队迎头痛击，同时派一部乘敌尚未展开之际拦腰冲击。将敌击退后，才分兵守备各要点，并派小部队迎接师长及其他部队和用无线电与总司令部取得联系。根据总部指示，谢伯鸾组织了两个加强营，向敌后袭击，予敌打击后，又利用地形隐蔽撤回。因此，敌为解除其威胁，以一个加强大队向谢团攻击。谢团长以少数兵力利用复杂地形与敌战斗，而以有力部队，迂回至敌侧背，使敌首尾不能相顾，不得不撤退。谢团还在夜间以连、排为单位，袭击敌运输部队的宿营地。太浮山部队对牵制进攻常德之敌，起了有力的作用。

总部独立团袭击德山之敌

敌猛攻常德时，以一部由河洑以东渡过沅水，企图与占据德山之敌会合截断余程万师同外部联系的唯一通道。王缵绪立令高参张一斌指挥独立团沿沅水向德山突进。至河洑对岸，与敌三百余人遭遇，独立团向其猛攻，敌以为我援军到达，急向德山逃窜，并同德山之敌一起仓皇渡河。独立团以猛烈火力射击，伤毙敌在百人左右，我亲见敌二十余人落入沅水中。独立团占领德山，保持了与余程万部的联系。为此，战区发给奖金万元。此时增援部队第一〇〇军施中诚部距德山只三十余华里。

向常德敌军分进合击

进攻常德之敌，在我军死守的情况下进行攻坚，每攻夺一个据点，都必须付出相当大的代价。正如孙子所说："其下攻城。……杀士三分之一而城不拔者，此攻之灾也。"日军正犯了这个大错误。十二月二日，常德守军已到了弹尽援绝，无兵可守的境地，余程万率仅剩下少数人于夜间乘船突围。第四十四军军长王泽濬率第一六一师及第一五〇师之一部，击溃桃源之敌后，沿陬市以北地区反攻，并令太阳山之第一六二师、太浮山之第一五〇师，集结全力，分向常德之敌进攻。此时第七十四军军长王耀武率两个师由漆家河方向向常德合围，并以一部截断敌之后路。敌占领了已成废墟的常德，处在我军四面包围之中，又无兵可援，为了免于全军覆灭，分股向藕池口、沙市方向退却。第四十四军组织精干部队截击、追击，敌每股退却部队用于运死尸的驮马均在五十匹以上。我军俘敌二十三名，缴获枪械等战利品二百多件。敌退据藕池口、石首、注滋口、太平口等据点，我军仍驻虎渡河、南县、安乡等地，与敌对峙，常德会战结束。

考察团的评价

    会战临近结束时，军令部组织了有中外记者参加的战地考察团到常德视察战场情况。根据实地弹痕，战斗遗迹，及余程万部的伤亡情况综合研究后，考察团认为：余程万师尽了最大的努力，确已到了弹尽援绝，无兵可守，无地可退的境地，始退出常德。中外记者一致称赞余程万死守十余日，予日军很大杀伤。因此，蒋介石对余程万撤离一事没有追究。

    常德会战中，日军烧杀极为残酷，桃源大街附近的深水港及沿江的木筏均付之一炬；陬市附近，被杀的我军民尸体横陈，途为之塞。人民深恨日军，也责怪第二十九集团军作战不力。

战斗在洞庭湖西岸

林文波※

千里行军接江防

一九四三年四月上旬，我们第二十九集团军由河南内乡出发，经宝康县等地到三斗坪。过长江后，经曹家厂、羊毛滩等地，又徒步七八百里的月余行军，才到达桃源地区。全程一千七八百华里。总部驻临澧，第四十四军驻津市，第一四九师（会战后改为候补师）驻南县，第一五〇师驻安乡县属官垱，第六十七军及第一六一师驻澧县，第一六二师驻桃源县属宜窝潭附近整训。

六月中旬，总部转下第六战区长官部命令，指定我侦察常德地形，提出守备意见，绘图呈报。我去经一周侦察，见原来工兵营构筑之半永久性工事，适合守备要求。为了扫清射界，必须拆除常德城东北附近区内民房数万间。常德守备兵力需一个军，以一个师（欠一个团）守备城区和对岸的乾缘寺。以两个师附一个团在外围河洑地区，机动作战，阻止敌人渡过沅江，接近常德城，这样可以确保常德。绘图呈报六战区后，派余程万师守常德。

八月，第一六二师奉调到湖北松滋、枝江两县，接替第八军荣誉师师长汪波所守的长江南岸江防任务。师部驻茶园寺，第四八六团在枝江，第四八五团在松滋，第四八四团为预备队。接防月余，王缵绪前来前线视察，并将幸春廷团长以走私罪撤职关押，派蒲昌年接任，并令我师严

※ 作者当时系第四十四军第一六二师参谋长。

加戒备。

阻塞战工程

六战区长官部判断敌军可能由松滋、枝江地区向南进犯，为了阻敌进攻，实行阻塞战，扼制敌人行动。在枝江、松滋、澧县的通道路线，包括道路在内的左右十里，由北向南，构筑纵深百余华里的阻塞工程，每隔二百公尺，挖十公尺长、四公尺宽、二公尺半深的壕，平时通过架上梯形小桥，不用时就搬走。在松滋、枝江、澧县、石门等地区，发动民工挖掘，派工兵监督，已成上述三县部分地区纵深六七十华里。因为据战区内的一些部队意见，认为现代战争，这样的工事，只能暂时迟缓敌人行动，不能有效阻敌进攻。同时对自己部队行动，也有阻碍，而且工程浩大，劳民伤财，得不偿失。因此，六战区长官部为了贯彻阻塞战的工程构筑，派蔡高参率同工兵参谋到澧县召开第二十九集团军的炮、工会议，召集各军、师的参谋长、副师长开会。目的是继续完成工程。当时，我也认为不能有效阻敌，限于上级部署，只好服从，命令下属遵办。

反攻华容

第一六二师调石子山整训，后调常德石板滩。后敌人一部，由调弦口渡江，占领华容县城。第一六二师奉命经陬市、梅田湖到华容以南约二十华里地区布防，堵敌南犯。部队经过集镇，老百姓均自发放鞭炮，热情洋溢，鼓舞官兵努力杀敌。师长和我立即下马，一面行进，一面举手答礼。我内心非常感动，心想如不能打败敌人，真是对不起老百姓。到梅田湖渡河时，船民自动帮忙将骡马驮子（弹药）卸下，分别用船渡过。其中有一匹驮马，乱蹦乱跳，负载泅渡到河中，船民急了，怕骡马淹死，弹药沉没，赶快划船去追，将驮子扶着过河。人民抗战情绪之高令官兵深受感动。

一周后，奉命反攻华容。华容东靠望山湖，其余三面环水，南门系一条独路，被敌封锁，禁止通行。堤的两边都是湖，无法接近。北门防守严密。因时限紧急，不仅大部队不能展开，就是小部队行动也困难。于是，令第四八四团派小部队绕道北门，向敌夜袭，到拂晓前，攻击未奏效，天明后撤退。

164

我部奉命移驻安乡，以梅田湖为第一线，在官垱构阻塞工事。后移驻临澧陈二铺整训。

常桃鏖战

枝江高山庙江防要塞仅有炮一门，归当地守备部队长指挥，每次部队长视察时，都去试炮，因此，早已暴露了目标和弱点。到一九四三年夏秋间，江北敌军渡江进犯，以重炮数门击毁要塞，旋即炮轰江防部队，进行扫雷，掩护渡江。江防部队被击退后，敌军一部西向长阳、宜都，压迫友军后撤，占领沿线阵地，阻止友军反攻，掩护其主力右侧，使主力由茶园寺、石门、临澧进攻常德。在进攻中，先用压重炮将我枝江、松滋、澧县附近的阻塞工程摧毁，后面用掘土机填平，构成临时公路。我构筑的阻塞战工程并未发生作用，敌军进攻速度并未减低。

会战前，本集团军奉命固守临澧县属之羊毛滩（五公山以南），常德县属之大湖山、太阳山阻击敌人。第四十四军之第一四九师守羊毛滩，第一五〇师守大湖山，第一六二师守太阳山、凤凰山地区。第一六一师为预备队，驻桃源地区待命。余程万师归本集团军指挥，守备常德。时敌军一部，由陬市接近常德东门，由于事前余师未扫清东面射界，使敌军易于接近，难于抵抗。敌军另一部，向我第一四九师羊毛滩地区攻击，该师不支后撤。敌军立即转向大湖山攻击第一五〇师。激战半日，师长许国璋亲临第一线指挥，阵地被突破后，许国璋殉国，部队向西撤走。敌军乘机派另一部主力向常德进攻，经过激烈争夺，常德沦陷。原因是由于汉寿、滨湖未设防，敌攻击余师侧后，以致常德失守。在常德激战时，余程万师与我部没有电讯联系，战斗情况我部不了解，余师作战情况也不明。

常德沦陷后，第四十四军之第一四九师、第一五〇师向常德之敌攻击，第七十四军已到桃源地区增援。这时据谍报，敌军还在常德，车运频繁，来是空车，去时是盖覆着的重车。我判断敌军是运送伤亡人员和抢劫的物资，是准备逃跑的征候。急电总部建议，立即电长官部。复电称："分电各军，准备追击。"一日后，敌军果然退却。敌军之所以迅速退却，是由于孤军深入，补给线太长。同时，另部友军对敌左翼威胁很大，不得不撤。我第一六二师奉命去石板滩、太阳山山路附近，攻击敌掩护部队，激战一日夜，我军伤亡很大。敌军炮二门射击超过了我师部队后，步兵随即攻到我师部门口，师长同我镇定不移，派第四八四团向右迂回侧击，敌军受到威胁，被迫撤走，我师乘势追击，约一周时间，追击到长江边为止。

追击途中，所有民间牲畜，均被敌军杀光吃光，遍地丢弃头、蹄、肠、肚，家具被破坏，木器水车当柴烧，粮食仓库被焚烧。敌军的"三光政策"造成人民损失是数不胜数的。

一九四四年二月，南岳会议后，第二十九集团军番号撤销。王缵绪调任第九战区副司令长官，第六十七军军长佘念慈因盗卖军粮免职。原集团所辖的两个军，第六十七军的番号调走，将两军缩编为一个军即第四十四军，少将军长王泽濬、少将副军长孙黻。下辖三个师：第一五〇师少将师长赵璧光、少将副师长杨自立；第一六一师少将师长熊执中、上校参谋长曹济寰；第一六二师少将师长何葆恒、上校参谋长林文波。第一四九师调为后调师，少将师长陈春霖（原第九战区司令部副参谋长），在沅陵整补。改编后，第一六二师在宁乡附近新华铺整训。其余第一五〇、第一六一两师，调浏阳整训。军部驻浏阳。

奔袭热水坑

刘养锋[※]

　　热水坑地处桃源县城东北约六十公里处的云盘山麓，与石门、慈利及常德等县交界，南北石山高耸，有古道横贯其间。山坳平坦处有店铺六七家，掩映于丛林之中。山道崎岖，地势险峻，当常德与九澧（澧水流域九县）之通衢，为常德外围战略要地。山坑里有温泉，四时有热水溢出，故得名曰热水坑。

　　一九四三年十一月，日军围攻常德城时，抢占了热水坑高地，以一个大队兵力，于东西山口，凭险构筑工事，用以守备要隘，堵击我从九澧及湘鄂西方面来援的部队。

　　我第七十三军第十五师经滨湖战役之后，驻慈利城郊整补。奉军部命令，要求我师立即编组兵力，捕捉战机，以一个加强团兵力，拔除热水坑敌据点。当时部队整补尚未完成，第四十四团接新兵去了，第四十三团另有警戒任务，乃决定由梁祗六师长亲率第四十五团（实编两个营）及师直属队进行奔袭，务求一举攻占。这两个营是由滨湖战役之后剩下来的老兵和一部分伤愈归队的人员组成，对日军的侵略暴行恨之入骨，经过几个月休整，求战心切。梁祗六师长亲自作战斗动员，分析敌我形势：我军以顺讨逆，以众敌寡，以逸待劳，以静制动，处于绝对优势，抱有必胜信心。并在连以上干部会上对敌情、地形、攻击目标、进攻路线都作了详细研究和部署。正在此时，我侦察部队侦悉，热水坑日军已派出百余人向常德方向押运物资去了，据点兵力薄弱。梁师长当机立断，

―――――――――――
　　[※]　作者当时系第七十三军第十五师作战参谋。

167

向军部请战获准，决定当晚远道奔袭。于是全师紧急动员，于黄昏饱餐后，轻装出发。第四十五团团长王一之率第一营为前卫，并由该团选拔敢死队一个排，配属师直搜索连一个便衣班为尖兵，由该团著名猛将第一连副连长王友生（外号王老虎）指挥，每人配二十响驳壳枪一支，大刀一把，手榴弹八枚。这时正是农历十月下旬，入夜朔风扑面，寒星满天。我们于晚九时出发，沿着崎岖山路，以强行军速度向热水坑疾进。凌晨二时许，接近敌据点，部队停止待命，做战斗前准备。守敌麻痹大意，轻视我军，戒备松懈。我侦察部队却早已摸清了他们的哨所、工事及宿营位置。日军在热水坑前山高地上派有双岗，这时两个哨兵都躺在掩体内打瞌睡，我尖兵隐蔽接近，手起刀落，将他们双双送上西天。按原定部署，我分东西两路向敌阵地突击。西路潜行至工事前沿，才被敌发觉，对我射击。我军一声号令，轻重火器一齐开火，掩护步兵步步迫近。随着密集的手榴弹爆炸声，第二连连长席仲武挥舞大刀，带头杀入敌阵。敌惊魂未定，仓皇应战，大部被我军劈死，剩下十余人向后逃窜。在山头民房宿营之敌从梦中惊醒，居高临下向我反攻。其北端土堡中两挺重机枪构成扇形火网，火力猛烈，压得我军抬不起头，掩护大队步兵蜂拥而来，企图夺回工事。我军俟其迫近，先以手榴弹猛炸，接着跃出掩体，展开肉搏。我官兵挥舞大刀、刺刀，无不以一当十。我迫击炮击中敌土堡，敌重机枪哑了，民房亦中弹起火。一营营长谢儒轩率后续部队一拥而上，再次占领敌工事，随即向敌据点突击。敌利用住房墙壁及残余工事顽强抵抗，火力仍很猛烈，我攻势受阻。不久，原派出从南面绕至敌侧背进行包围的预备队——师特务连王连长率兵两排及时到达指定地点，开始进攻，一时枪声大作，敌阵地大乱。我从正面发动强攻，一举突入据点，守敌大部被歼。第二营从东路攻克敌另一据点，在山头会师。残敌百余人向常德方向逃去。此一战役，从凌晨二时半发起攻击，拂晓前完全占领敌据点，历时三小时，创造了我师攻坚战的光辉战例。是役，我军打死敌军百余，缴获轻重机枪七挺，步枪百余支。我阵亡营长谢儒轩，连长钟琪、席仲武以下官兵八十余人，伤三十余人。

我军占领热水坑据点后，加固工事，凭险设防，日军畏我声威，不敢来犯。其后我湘西援军通过热水坑源源赶至，使侵占常德之敌侧背受到严重威胁。

热水坑战役的胜利，使我军军威大振，受到最高统帅部传令嘉奖。两个月后，蒋介石委派第二十九集团军副总司令彭位仁为代表，前来热水坑我阵亡将士公墓举行公祭。彭主祭，我奉命朗读祭文。当时各友军，地方各界及群众自动参加者数百人。会上军旗招展，鸣炮致哀，祭礼十分隆重。

烈士陵墓建立于热水坑高地一侧，高垄耀日，松柏参天，气象极其雄伟。墓地两侧矗立花岗石华表两根，其上镌刻着梁祗六师长亲撰对联，联曰：

> 人杰地灵，热水清泉流日夜；
> 成仁取义，碧血丹心照古今。

石门、新安战斗

贾应华[※]

一九四三年秋，我在陆军大学毕业后，感到"国家兴亡，匹夫有责"，主动请求去鄂西前线参加抗战。在三斗坪向第十八军报到后的第三天，即随部队急行军向湘鄂前线出发。开始任命我为军部参谋处的科长，会战中调任第十八师参谋主任。

我军采取了"争取时间，消耗敌军，待主力部队到达战场，然后与敌决战"的指导方针。滨湖前线守备部队采取梯次配备，扼守要点，节节抵抗，尽量迟滞敌人；鄂西山区以有力部队占领侧面弓形阵地，利用地形抗击敌人，并相机出击，以威胁南下敌军侧背；固守常德城核心阵地的部队，不惜牺牲，争取时间，待我大军到达，夹击敌军而歼灭之。我所在的第十八军在会战中是攻击力较强的一个军。当敌第三十九师团占领松滋向汉阳河进攻时，罗广文军长不顾山路崎岖，冒大雪徒步行军，及时赶到汉阳河，占领渔洋关、刘家场、茶园寺、潘家湾诸要点，凭险应战，使敌死伤累累，攻势顿挫。战斗中，第五十二团团部遭敌突击队袭击，团长失踪，但部队损失不大。当敌主力进占澧县继续南下时，第十八军派了一个团进袭煖水街、大堰垱之敌，起到了威胁敌侧背的作用。当敌进攻新安、石门、慈利时，第十八军主力及时南下，与敌激战，在石门、新安西北山区予敌杀伤不小。当敌军疯狂进攻常德时，第十八军又向占领石门、新安的敌十三师团发起进攻，相继收复石门、新安，并控制澧水北岸，进攻澧县，威胁敌后路，与敌连续激战，迫使敌人后退。

※ 作者当时系第十八军第十八师参谋主任。

敌分路溃退时，第十八军先是在澧水北岸阻敌逃窜，以后又跟踪追击到沿长江之敌据点才停止。

敌我得失浅析

日军投入会战的兵力不足，又系逐次增加，延误了战机，我军获得了调集优势兵力的时间。会战开始将近一月，日军才抵达常德，进攻常德又因兵力不足受挫，被迫陆续增兵，又暴露了侧翼弱点，为我军所乘。我看到十二月上旬缴获的敌机投下的总退却命令，上面标示着各战场的态势，除常德战场我军处在优势外，还有八路军和新四军在敌后战场的作战情况，这是导致敌军因兵力不足而败退的重要原因。

会战区域的地形，有利于我，不利于敌。滨湖地区河汉甚多，交通不便，公路只有一条，补给困难，重武器受到限制；西部山区，险隘多，道路崎岖。特别是常德地区，北有澧水，南有沅江，形成天然的袋形地带，城垣附近有山有水，易守难攻。这也是使敌人败退的原因之一。

敌军凶残狠毒，烧杀奸淫，抢夺粮物，种种暴行，令人发指。如我们师的一个营追击敌人至易家坪、五仙庙，一次就抢救了被日军掳去的年轻妇女五百多人，当时日军正准备放火烧死这批带不走的妇女。追击中还见到敌人占据过的城镇中，很多房屋都被烧毁；新安江中有不少死尸从上游漂来，其中有赤裸的女尸；有些树上也挂着死尸，被敌人拉去的民夫死者难以数计。敌军暴行，不胜枚举，我军官兵见了无不义愤填膺，誓死报仇，部队士气大振。广大人民群众自动坚壁清野，破坏交通，为我军通风报信、担任向导。有的还提供粮食，参加战斗，为我军作战顺利提供了基础。

我军占有天时、地利、人和，从兵力对比和会战后期态势来看，也占有一定优势，但会战却未能大胜，仅恢复了会战前形势，斩获不多。第十八军是担任包围截击的主力部队，也只抓获十几个俘虏，敌之伤亡亦不比我军多。其主要原因，我认为是高中级干部多数缺乏歼灭战思想，不敢实施包围、迂回、分割和穿插。部队训练差，步炮协同、地空配合及士兵身体素质都差，冻死病死的比战斗伤亡的人还多。如第十八师在十二月五日即占领新安，此时日军在澧水以南尚有三万余人，因遭我各路大军围攻和空军轰炸，补给困难，状极狼狈，可是第十八师师长不派兵切断澧县附近敌军退却的唯一公路，坐失歼灭敌人大部队的良机。在敌人一部分向石门、新安逃窜时，遭我军隔河阻击，未能强渡，以后乘夜分股渡河逃走，我军发觉，已大部漏网，斩获不多。

湘鄂会战纪实

马千毅※

常德会战，军事委员会命名为"湘鄂大会战"。我在第九战区司令长官部发下的《情况汇编》和师转军的《战场动态》中，得知整个会战敌我双方的战斗情况。这次会战的范围，东起监利，西至宜昌长江南岸，包括清江、汉阳河、资水、沅江、澧水流域及洞庭滨湖的广大地区，约二十个县境内发生过战斗。参战部队初时六万多，后增至八万多，在常德守城战时，增至十二万多，另有空军及江防舰艇直接参加作战。我参战第六战区是七个军，加上特种部队和后勤部队，共有十四万人左右，也使用了空军，后第九战区又派四个军援常。会战从一九四三年十一月一日起，至十二月二十六日战斗终止，历时五十多天。缴获的日军文件说明，日军发动这次战役的目的是欲占领常德和洞庭滨湖地区，获得粮食供应，然后夺取长沙，打通粤汉路。（这是一九四四年一月，第十八军在澧县冷水滩驻地召开营以上军官会战总结时，军参谋长在会上讲的）针对这一目的，我军采取步步为营，积极防御的战术，损耗了日军的兵力和装备，遏制了其企图。据一九四六年十二月重庆《大公报》和《新华日报》载，第九战区长官部参谋处长赵子立向新闻界公布的敌我伤亡数为：日军四万多，我军一万七千多，另有平民八千多人被杀害。

我当时是第六战区野战军第十八军第十八师第五十三团第三营营长，从参加宜昌战役以后，一直在鄂西长江两岸担任江防。一九四三年三月间，参加了长阳境内的石牌、柳林战斗，结束后在鱼坪补充兵员，完成

※ 作者当时系第十八军第十八师第五十三团第三营营长。

了第一期训练计划。于十月底又编入常德会战战斗序列。作为营长，我对本单位师团以下的战斗情况有较详细的了解，而对整个战事情况，仅从文件中知道一些概略战况。

早在三月初，长江北岸荆门、沙市、监利一带的两万多日军，从五个渡河点强渡长江，侵占了华容、石首、藕池口、浣市之线，在南岸建立了立足点，使荆沙以下日军航运畅通无阻，为而后进犯常德确立了有利态势。三月渡江之战，实为十一月湘鄂大会战之序幕。

十一月一日起，荆门、沙市、监利和华容、石首、藕池口、周家场、黄金口、弥陀寺各地之敌，集结三万余，分路向洞庭湖西南各地进攻，重点在南县。四日，长江北岸郝穴之敌，渡江向西南包抄公安背后。公安守军迫于形势，自动撤离，转至虎渡河，与向弥陀寺西进及浣市南下之敌对峙。敌会合于米积台后，分路向松滋及新厂进犯，矛头指向澧县。我军退守溇水。

华容之敌四千余众，向西南易家嘴进犯，遭我守军痛击，激战半日，毙敌甚众。敌施放毒气，我军牺牲较大。三日，敌增加兵力，汽艇沿湖汊向南县西南侵扰，敌机十余架轰炸扫射，我军奋勇还击，与敌展开白刃战，敌我均有较大伤亡。至晚，我军转移至南县以南三十余华里之三仙湖、沙港据守。南县失守，敌折转向西南，进迫安乡。

连日来，由松滋、新江口经磨盘洲、西斋、东岳庙、津市、安乡西北迄南县之线，都有激战。西线战争，逐渐转入山区。我军奋勇阻击，敌每进至一地，均有消耗。

从八日起，我空军连日出击助战，对新江口、磨盘洲、西斋、聂家河之敌猛烈轰炸，协助地面部队作战，并沿长江轰炸敌运输船只，我士气大振。

由于江陵以下之长江南岸早被敌占据，敌攻下南县的同时，主力迫近鄂西长阳、公安及湘西北之澧县、临澧、石门、慈利一带山地。在这一线，我军部署了两个军（四个师）的兵力，配备一个山炮团。我师（第十八师）防守宜昌西岸及长阳至宜都江防和后方地区，我第五十三团以两个营分守宜都红花套至宜昌两岸大桥边一带江防。

五日，敌进犯新店铺、冯家铺，猛犯西斋、新江口、磨盘洲、松滋各地，迫近我团侧后防地，江防已失去防守作用。是夜，江防部队后撤至长阳沿汉阳河北岸潘家湾、渔洋关、茶园寺、甘溪滩至刘家场之线。我团防守渔洋关至茶园寺一段，第五十二团防守甘溪滩至刘家场一段，我营防守渔洋关和潘家湾。从整个战场形势看，敌主攻方向已逐渐向西北转移至湘鄂山区，进入山地作战。

九日起，敌得到增援后，向我师正面两个团之阵地进犯，战斗全面展开。敌来势甚猛，除敌炮向我阵地猛击外，午后有敌机十余架，飞腾上空轰炸，一时山石飞溅，硝烟弥漫。敌步兵多次冲锋，我军凭险沉着应战，在阵地前山下，敌人陈尸累累。至夜，我军为配合在石门、慈利的右翼友军及中路主力作战，在消灭敌有生力量后，按计划撤离至渔洋关、清水湾、子良坪、磨市、皂角市之线。为加强鄂西我军左翼各要点的防守，从防守宜昌西北之西陵山的第十一师抽调了一个团，由三斗坪渡江赶来，接替我团大桥边、长阳、聂家河阵地。十日，姚家河之敌向聂家河进犯被击退，我师正面战场沉寂。

十一日，侵占大堰垱之敌得到增援后，进犯煖水街，续犯王家厂、八王岭及方石坪。我第十八师第五十四团由磨市急进石门北面，将占据在笔架山、乌风寨、白云山之敌击溃，收复了龙风垭、风虎山、林家桥及大堰垱。

中路敌军十一日在青泥潭会合后，分向澧阳桥、桃花滩进犯，澧县城被围，守军依托澧水与敌激战，十七日澧县失守。

安乡敌军在炮艇飞机掩护下，直下毛家嘴。南县之敌，继续南下，在三仙湖、沙港与我守军激战。敌汽艇绕袭草尾，我军处于腹背受敌之紧急情势，遂转进至沅江固守。

敌占据澧县后，沿澧水西进，十五日侵占合口、新安，并集中陆空优势兵力，攻占石门，然后向石门西北皂市、龙风垭和慈利两县城攻击。我军利用山地、隘口，步步设防，并组成若干小组，不时绕袭敌后。敌人既找不到主攻方向，又被拖住，不得脱身。

十六日窜犯皂市的五六十名日军骑兵，进至王子岩山口，冲进了两河口河谷，河谷无通路，又折回。第十八师第五十二团第一营第一连埋伏山口，以机枪、手榴弹猛袭，杀伤十余骑。敌骑被迫回至河谷。第五十二团得知此情况，增派一个迫击炮排，向河谷猛烈炮击，步兵冲进河谷，将敌全部消灭。

在石门、慈利和澧县西北一线，敌以两个师团兵力与我相持战斗，策应其主力进攻常德、桃源。十七日，进犯龙风垭之敌联队长伊藤义彦负伤，我趁势收复澧县西北甘溪滩、河口、王家厂、煖水街等地。

十八日，慈利、石门、长阳西北山区大雪纷飞，有部分官兵棉衣未到，但仍在冰天雪地中与敌军战斗。

中路敌军以优势兵力进犯临澧，守军退守常德外围的石板滩。安乡之敌一个旅团渡过澧水后，经周家店进犯常德，常德形势逐渐紧张。

二十一日，敌一个师团由陈二铺南下，与周家店之敌协同，向常德外围白鹤山、燕子桥、羊角山、廖家村、牛鼻滩猛烈攻击。敌机向常德城内投弹。

二十一日至二十七日，敌一再增援，猛攻常德，我第五十七师全体将士浴血奋战。二十四日，敌炮击常德城，发射炮弹五千余发；敌机二十余架，整日轮番轰炸。我英勇官兵毫不畏惧，以手榴弹和刺刀与冲至阵前敌人拼杀，阵地前敌我尸体横陈，战况激烈空前。

二十八日，我援军三个军一个师攻抵常德外围，控制沅江南岸。

第七十九军之一部，于二十六日收复慈利后向常德攻击前进，二十八日攻下漆家河、三阳港，继续向陬市攻击，截断了常德与桃源之通路。桃源敌一个联队趁夜渡沅江东逃，被围歼于石门桥、太子庙一带。

二十九日晨，我空军飞临常德上空，轰炸城外敌军，散发重庆市人民致前线抗日将士和给坚守常德的第五十七师将士的慰问信。

十二月二日，敌军增至四万多，向常德发起猛烈攻击，我守城将士，英勇抗击，在城内展开巷战，至夜撤出。

在常德守城战进行时，湘北鄂西战场之敌已进入沅江、澧水之间的袋形地带，我各路大军，以大包围态势，于二十八日展开总攻击。从慈利、石门、澧县西北的山地迄宜昌长江西岸一百八十余华里弓形地带，形成对敌侧翼阵地。第十八军（两个师）占领石门以北直抵鄂西的地区。石门以南，由第七十九军防守。

第十八师于二十七日收复甘溪滩、河口、王家厂、煖水街、大堰垱后，二十八日乘势收复石门，同时分兵向新安、澧县两城攻击。在石门、皂市，与北退之敌第十三师团发生激战，我据守要隘，阻敌退路，经两昼夜，歼敌一千余。另一股逃敌，在仁和坪中我军伏击，死伤二百余，被生俘十二人。

侵略常德及其外围之敌虽有三万多人，但后援被断，形成孤军深入，乃于九日分三路向北逃窜。其西路第三十九师团逃至石门东佘家铺时，第七十九军将其阻击两天，毙伤敌七百余，缴获各种军械不少。余敌向东北溃退。第十三师团窜至新安、合口，被第十八军第十八师隔江阻击，强渡未成，逐分两股，一股从停弦渡涉水过河，向青泥潭方向北逃；一股在新安江上游渡河向大堰垱逃跑。往大堰垱之敌与我师第五十四团相遇，死伤数十人，向西北溃逃。第五十三团奉命追击向青泥潭北逃之敌，我营配备一个工兵排为团的前卫营，以急行军前进，将青泥潭澧水大桥炸毁。十二月十三日，我营前进至青泥潭以北十华里通公安的公路侧的五显庙，布阵截击来敌。当夜，侦察兵探知山下松树林里有敌骑兵三四百，我命令机枪连潜行下山，迫击炮排在山后构筑阵地，对松树林做好射击准备。午夜一时，我信号弹一发，机枪、炸弹一齐发射，一时敌方人喊马嘶，四处乱跑。我命步兵分路冲进林内，活捉二十余匹战马，打死打伤二百余匹；击毙日军二十余人，其中有个骑兵大尉，名永井一郎。

十四日，我营前进至石子滩，见桥已被炸断，桥边有敌人遗弃汽车二辆，一座小屋烧得正旺。走到近前，闻听屋内有呼叫声，我命令速灭火，进去一看，方知逃走的日军将二十多个伤兵丢在屋内，准备用汽油烧死。火扑灭后，屋角尚有三个未被烧着的。我命将敌伤兵抬送后方，他们以双手合十叩头。

十六日，我营继续追击前进至易家坪，与敌遭遇展开激战。敌仓皇北逃。我击毙敌一少尉医官，缴获一整箱医疗器械和药品。

易家坪左前方有一小山，山上有一庙宇，我营到达时，庙宇正燃烧。我炮排前去山腰侦察炮位，听到庙内有哭声，我命迅速灭火。进庙内察看时，见两廊墙根下，有青年妇女数百人，有的穿日军大衣或上衣，有的仅穿一件单衣，有的穿军鞋，有的还是赤脚，蓬头垢面，状极凄惨。见到我们，她们都叩头求饶。我告诉她们："我们是中国人，日军已经被打败了，现在正追赶他们。"妇女们即刻欢呼起来。原来这些妇女是日军从常、桃、澧、慈各县掳来的。有的已一月，有的才几天。据她们说，从常德出来时，有一千多妇女，有的在夜间逃脱；有的病了不能行走，被奸污后丢弃了；有的逃跑被逮住，奸后当众杀死。她们都是日军准备带过江去做营妓的，因我们追之甚急，加之路烂难行，日军见无法带走，即关进此庙，欲将其烧死。日军的凶残令人发指。我营官兵谁无妻女？谁无姊妹？都表示要狠狠打击日军，为受害妇女报仇。

这些被救出的妇女，在石子滩街上吃过饭，当日下午，我派一个排护送至团部，再分送回原籍。

在作战途中，我们还亲见亲闻日军之令人难以想象的种种暴行。澧县西山区的一个小镇合口，镇上只有七八个老太婆未逃走，都被日军轮奸至死，还有一个七八岁的幼女也未幸免。敌从龙凤垭溃逃时，在一农妇家牵出一条黄牛，用刀在后大腿部割下一大块肉煮食。牛痛极狂叫，农妇见状不忍，欲用刀将牛放血速死，敌人不准。农妇骂，敌人发怒，取刀在农妇腿部割下一块肉，听着人叫牛叫，狂笑鼓掌。当晚我军收复龙凤垭时，农妇还活着。新安江上时有死尸从上游漂来，大多为赤裸妇女。青泥潭附近路边大树上，倒挂着数具尸体。村中人诉说："日军扬言，如有一个日军被打死，将杀十个中国人抵命。"这是发生在十一月的事。日军进村后，叫喊"花姑娘有的?"适有一家因妻子病重，未能躲藏，丈夫只得陪侍。一日军见病妇欲行奸污，丈夫见状愤怒已极，拿柴刀将敌人砍死。另两名日军来寻同伙，见到尸体，便将那丈夫倒挂，活活吊死。病妇拼命抵抗，咬伤日兵脸部，日本兵凶相暴露，将病妇拖出，全身捆绑，用军刀砍断路旁一小松树，留出地面一尺多，上端削尖，从病妇下部插入肚腹致死，日本兵仍不肯罢休，另觅到几个老百姓，用粗铁丝穿透脚踝，倒挂树上吊死。

慈利、石门一带多是山路，日军从当地老百姓家抢来被盖棉絮，铺路防滑。从澧县至常德，还用稻谷铺路。溃逃时见房就烧，进村煮饭则烧桌椅板凳，见到猪牛不吃也要杀死。目睹日军的暴行，全体官兵和人民群众更激发了同仇敌忾的爱国情绪。

十六日，我营继续搜索前进，直至江边未遇敌情，晚宿公安城外待命。十七日休息。十八日开回冷水滩。

常德保卫战纪要

王仲模[※]

敌众我寡的形势

一九四三年十一月十八日，日军第三师团窜至观国山附近，第一一六师团第一〇九、第一二〇、第一三三等联队，进至羊毛滩东南，南下的另一股敌军窜抵大山嘴、花山以北，由洞庭湖西犯之敌第六十八师团一部及第四十师团第二三四联队先后向涂家湖市、牛鼻滩窜犯，形成包围态势，来势凶猛。（据了解，日军在常德附近共有步兵、骑兵、炮兵、特种部队和空军共约五万，另有伪军三千余）

我军第五十七师于七月间参加鄂西会战后，即奉命仍驻常德附近，构筑常德外围据点及太阳山、太浮山半永久性防御工事，并以一部集结于河洑市附近整训。九月底，各据点工事均已构筑完毕，战区司令长官部工事组于十月中旬派员前来验收，对各处工事之战术、技术均表满意。十一月初旬敌发动攻势后，师于十一月四日奉命进入常德附近既设阵地，加强工事，严阵以待。师召开了第一次幕僚会议，策定了防御作战指导腹案，以师作命甲云忱字第一号命令发出。当日部队开始行动，黄昏前部署完毕，并派部队远出侦察当面敌情。旋奉兼军长王耀武仁森字第四四六八号作战命令及戌微亥仁梓电令，要旨如下：着第五十七师即以一个团守备太阳山（含玉皇庵及解家桥两个连据点），并于三十里铺、大龙站、黑山尾、长岭岗、茶园岗、齐阳桥各据点之既设工事派队据守；主

※　作者当时系第七十四军第五十七师参谋处上校主任。

力则占领太阳山各营据点工事，左与第五十一师浮海坪之守备部队取得联系，并对清化驿、张家湾派出警戒部队，对北严密警戒。限于六日前配备完毕。师即遵令以第一七一团于五日星夜兼程赶赴太阳山，于六日十八时前配备完毕。十一月十三日十四时，复奉王耀武元午仁梓电令，要旨：着该师即以第一七一团留一加强营担任太阳山之守备，其余开回常德城机动使用，并加强城垣核心工事。师遵命即令第一七一团留第一营（附团迫击炮连）仍坚守太阳山，其余星夜开回常德附近。十四日十三时，先后接王耀武戌寒午仁梓电令：一、着该师即派队前往河洑。利用既设阵地确实固守，并由河洑经石板滩、太阳山、踏水桥、德山之线，确实联系，派队远去搜索。二、奉长官孙戌军未齐电，兹规定第二十九集团军与第五十七师之作战地区为踏水桥、大龙站、长岭岗、石板滩、河洑之线，线上属第五十七师。同时复奉司令长官孙连仲电话，该师太阳山防务着即移交第四十四军接替。师遵军电令，当即指令第一七一团于十五日十四时前进入河洑山既设阵地配备完毕。十六日拂晓，该团第一营始将太阳山防务交第四十四军第一六二师第四八六团接替完毕，该营当晚开回常德，归师直接指挥，构筑常德西门外洛路口至河洑间河堤据点工事。本师部署至此基本就绪，随即召开第二次幕僚会议，策定防御作战计划。

当时，本师兵员共八千余名，主要指挥员如下：

兼师长余程万；

副师长李琰、邱维达（均在陆大受训）；

参谋长陈嘘云。

步兵指挥官周义重；

炮兵营长孔溢虞；

工兵营长高玉琢；

辎重营长杜少兰；

特务连长杨筠；

骑兵连长薛家富；

通信连长刘扩襄；

输送连长曹宝贵。

第一六九团，团长柴意新，辖步兵三个营、迫击炮连（炮四门）、输送连、侦察排、通信排；

第一七〇团，团长孙进贤，兵力配备同第一六九团；

第一七一团，团长杜鼎，兵力配备同第一六九团。

179

此外配属部队有：

第六十三师第一八八团（团长邓光锋）；

军炮兵团（团长金定洲）山炮兵一营，火炮六门；

军炮兵第三营（营长何曾佩）；

军战炮营（营长蓝健民）战防炮一连，火炮四门；

高射炮连（副连长瞿国桢）高射炮一排，炮二门。

保卫战经过

常德外围战斗时期（十一月十八日至十一月二十五日）

十一月十八日拂晓，堤工局方面，敌先头部队二三百人，利用汽艇向我涂家湖市柴团前进据点进犯。十九日，我于沙包、崇河市、淡家河、豪州庙等处逐次阻击，敌增至七八百人。二十日，敌向牛鼻滩方向进攻，激战至午，我守军终因伤亡过多，于十七时转移至牛鼻滩、芷湾附近，继续战斗。

韩公渡方面敌二百余，石板滩方面敌三百余，于十九日午时和二十日辰时，先后向我大山嘴、花山之柴、孙两团警戒部队进犯，守军顽强抵抗，敌无进展。

二十一日拂晓，牛鼻滩方面敌千余，在三架飞机掩护下，向我马家铺猛犯；另敌一股约三百余窜至洛路口，与我柴团警戒部队发生激战。同日十一时，马家铺敌增至千余，向常德市猛犯，与柴团孟营血战，争夺至烈。迄申，该处守兵白刃肉搏，伤亡惨重，乃移至黄木关、新宾桥、石公庙之线，继续激战。同时，敌另一股千余，由蔡家嘴南渡，向我老码头、乌峰岭之第六十三师第一八八团进犯。

同日八时，浮海坪敌九百余，以其一部步兵五百余附骑兵百余，在敌机三架掩护下，由戴家大屋向河洑山我杜团阮营阵地猛犯；一部四百余，由缸市向黄土山我孙团前进据点进犯。同时盘龙桥方面敌千余，附步兵炮十余门及骑兵百余，窜至陬市，一部利用木筏、民船南渡，一部五六百附炮四门转向河洑，与戴家大屋之敌会合，向我杜团阮营阵地猛犯。苦战竟日，敌前后猛冲十余次，均未得逞，我生俘敌第三师团第六十八联队军曹松村本次，毙敌高级指挥官一员，获轻机枪两挺，步枪五支，钢盔、文件等战利品甚多。

二十二日七时，河洑敌增至两千余，炮六七门，骑兵百余，以飞机掩护，竟日猛扑。我守军沉着应战，与敌人血拼肉搏，反复争夺七次，终将敌击退，该营阵亡连长王振芳、刘荣贵，排长唐安华，士兵伤亡三分之二。当晚，敌继续增至三千余，炮十门，于二十三日拂晓集中炮火并用毒气猛攻。阮营官兵反复冲杀，喋血奋战，疆场尸骸枕藉。鏖战至十二时许，阮营长身先士卒，奋不顾身，向敌数次逆袭，苦撑拼斗，终以众寡悬殊，全营官兵牺牲殆尽。阮营长壮烈殉国，余部转移至黑家垱、南湖铺附近续战。

八时许，黄土山方面敌增至两千余，炮六门，自辰迄未，六次向孙团鄢营前进据点和栗木桥、新桥、高桥之线猛冲，均为守军奋勇击退。是日城郊敌陆续增至万余，炮三十余门。

二十三日夜，我军在岩桥、七里桥、沙港、白马庙、长安桥、洛路口之线主阵地，与敌展开血战。廿四日，战斗愈趋激烈，副团长冯继异勇往直前，率队反扑，敌受重创。中午，德山、乌峰岭之敌千余，与洛路口西南南渡之敌一股会合，于下午三时，企图由南站强渡，扑我南城。我炮兵及轻重机枪集中火力猛击，击沉敌汽艇、木船甚多，毙敌亦众。敌计未逞。旋城东西两部敌军以密集队形，分向我岩桥、七里桥、长安桥、洛路口主阵地反复猛扑，尤以船码头、洛路口争夺最烈。孙进贤团长在洛路口沉着应战，与副团长孟明五均数度率队果敢逆袭。敌尸积如山，其中有大队长中村东雄。我军缴获轻机枪五挺、步枪七十余支，生擒敌第一一六师团第一三三联队上等兵松江三郎、石川正一。

炮兵团金定洲团长沉着指挥，做到了步炮协同，弹不虚发。长安桥战况紧急时，第一七〇团营长张廷林率队冲锋七次，负伤多次，最后壮烈牺牲。迄申，该团阵地全毁，官兵伤亡惨重，乃在岩桥、三里港、七里桥，由兴隆桥、渔父中学、洛路口之线继续战斗。

二十五日辰时，敌后续部队又增加万余，全线攻击，气焰愈凶，在东、西郊以飞机二十余架助战，冲锋肉搏十余次。战场杀声震天，我伤亡踵接。血战至黄昏，我军阵地全毁，牺牲殆尽，炮弹亦于此时告罄，无法支援，而敌炮火愈烈。敌军乘机钻隙，迂回迫近城垣。同时，五百多个日军由南站强渡成功，从东南角水星楼附近攀登偷入城内，与我杜鼎团张照普营在东门下、南门附近街巷发生恶战。杜鼎亲自指挥，张照普率手榴弹班奋勇冲击，很快将这股敌人全部消灭，俘虏第三师团第六联队一等兵铃木秀夫、藏木富治、村尾义一，第一一六师团第一三三联队军曹山本正一等四人，缴获轻机枪十六挺、重机枪十挺、步枪一百四十余支。

常德城垣和巷战时期（十一月二十六日至十二月二日）

二十六日辰迄二十七日，两日激战，东、西、南、北城门的战斗尤烈。守东门的柴意新团予敌重创，缴获敌轻机枪五挺，步枪二十一支。此时，我军弹药已消耗约百分之八十五，敌伤亡惨重，续增加七千余人，用炮三十余门，飞机二十一架，轮流轰炸。两日来，敌放毒气二十四次，我官兵抱必死决心，冒毒气沉着应战。敌屡次以密集部队猛冲，我军苦苦撑持，屹立不动，并以手榴弹猛投，侧防火力猛射，敌尸层层堆积，终不得逞。我军俘敌第四十师团及第一一六师团士兵四名，缴获轻机枪二十余挺、重机枪一挺、步枪百余支。

二十八日拂晓起，敌全线猛攻，炮火连天。中午东门北侧被敌突破一处，敌复集中炮火，将碉堡逐个击毁，我军将士多被掩埋。十五时，北门被敌攻入，四处放火。我官兵冒死拼杀，寸土必争，虽负伤二次、三次甚至更多次，犹继续战斗。连日来各部队官佐兵夫和全体政工人员，以及炮、工、辎、通、担架、卫生各兵种人员全部参加了战斗，拼死力争，一寸山河，一寸血肉。

二十九日整天，敌全线猛攻不下十余次，局部进攻更不计其数。战至三十日五时许，敌一部由北门内皇经台、小西门逼近西门，敌六七百人同时向我猛攻。我第一七一团副团长卢孔文壮烈牺牲。下午六时，于小西门击毙敌第一一六师团联队长布上照一，缴获敌作战命令地图多件，夺获敌轻机枪七挺、步枪二十三支。

十二月一日，战况愈形惨酷，敌炮火昼夜轰击，城内尽成焦土。至晚，我军仅据守西南隅家屋五所及少数残破碉堡，情况危急。柴意新团长前后五次率残杂兵夫以白刃及手榴弹冲杀，消灭了一些敌人。二十二时许，得友军第十军第三师侦察报告：该师已占领德山。我师期望援军心切，即派指挥官周义重率参谋副官等，乘夜暗偷渡到南岸，迎接援军入城。不料援军到达离车站约二华里处，与敌军遭遇，激战后退走。

是晚，敌全城撒毒，我官兵一面尽力消毒，一面继续战斗，待毒气稀薄时，果敢逆袭，使敌之伤亡数倍于我。此时我军弹药粮秣均将告罄。二日拂晓起，情况更紧，因援军复被敌击退，在德山被敌包围，无法进展；敌放大量毒气，炮击愈猛，轰炸愈烈，火攻愈凶，步步逼近，城内外残余之建筑物及碉堡几乎全毁。战至十二时左右，我几无立足之地。敌钻隙越墙，愈聚愈多。我军有一人在，一人战，有一支枪，一支枪放，无枪则使用刺刀或砖头、木棒，枪炮声、冲锋喊杀声不绝于耳，血肉横飞，其状之惨，实抗战以来所未见。我军人少弹尽，粮竭援绝，无立足之地，最后少数剩余官兵只好撤出，常德为敌所占。

常德失而复得

三日二时许，师以柴意新率本团残部并杜团之一部留置城内牵制敌人并掩护伤员，继续死拼；其余分别向西北城郊和南岸转进。四时左右，守城之柴意新团长第五次向敌冲杀，忠勇捐躯。

九日一时，我师以杜鼎团长率兵八十余名协同友军第五十八军新编第十一师第三十二团由德山老码头渡口入东门向常德城中心攻击，与潜伏城内之部队，外合内应，将城内之敌歼灭。拂晓，收复常德城。

防守太阳山战斗

王　超[※]

　　一九四三年初冬，正当开罗中、美、英三国首脑开会前夕，侵华日军为了配合政治上的攻势和经济上的物资掠夺，纠集了十万兵力，发动进攻常德之战（外籍记者称为谷仓之战）。防守这一地区的是国民党精锐部队之一的第七十四军，军长王耀武，王耀武还指挥第一〇〇军共组成一个兵团。他以第五十七师余程万守常德，自率第五十一、第五十八两师及指挥第一〇〇军（辖第十九、第六十三两师）在外围作战。当时，我在第五十七师第一六九团三营任文书，全营固守阵地达十六个昼夜，人员由开始时的五百余人，到战事结束时仅剩下不足五十人，其惨烈可以想见。现就记忆所及，叙述如后：

　　常德为湘西重镇，城郊有个东西向的太阳山，山不高，有利于防守。沅江曲折环绕，形成东西狭长的牛角形。

　　我营营长孟继冬，山东大汉，出身黄埔军校，是一个久经战阵的基层指挥官。我营守备太阳山阵地，右与第一七〇团第一营，左与本团第二营阵地衔接。我们利用地形，构筑了工事，加强了覆盖。日军进攻的方式，是在飞机、大炮的轰炸和扫射下，步兵才发起冲锋的，这一套方式，我们领教过几年了。在这次常德攻防战中，我们是不到有效射程内不打，利用近战、肉搏战、交叉火网，打退敌人一次又一次的冲锋。在最初的几天夜里，我们还进行了夜袭，打击了敌人。

　　白天，工事炸毁了，天刚黑，便全力抢修。事前，我们准备了一些

　　※　作者当时系第七十四军第五十七师第一六九团三营文书，后代理连长。

木头，加厚覆盖耐抗力。茶饭吃不上，便吃炒米（事前每人发了一袋，约三斤），饿了，随手抓一把。附近的小池塘，水原来是澄清的，现在，经过炮弹、炸弹的投入，还有死尸，成了臭水，我们也舀来沉淀一会儿，把上面喝下去，把下边杂物倒掉。

电话线断了，起初还组织轻伤者检修，后来无力修补，便成了聋子，各自为战，固守自己的阵地。

人人眼睛红了，声音嘶哑了，伤员不断增加，全营不足百人，阵地愈来愈狭小，敌人也只派部分人和我们对战，主力向纵深发展。营长下令重新编组，营部的副官、军需、军医、文书、勤杂兵，编成一个排，由我任排长。我拿起牺牲战友们遗下的枪支，无限悲愤。大家都发誓，要为保卫国家民族利益，死而后已。第八连连长黄维汉是全营干部中最后一个牺牲的。营长便令我代理八连连长，这时全连只剩二十四个人。

师长余程万曾冒着炮火来到我营阵地视察过，给予了我们很大的鼓舞。他说："现在军长率领第五十一、第五十八两师及第一〇〇军，已进抵常德近郊，与敌军鏖战，我们胜利会师在望，要坚持到底。"几天来，我空军数次飞临常德上空助战，还投过食物并和敌空军交战一次，大大地鼓舞了士气。

战斗到第十六天午夜，全线突然沉寂。这时，孟营长对大家说："看来敌人退却了，我们本应出击，但是，我们现在都是爬着，站都站不稳，真是心有余而力不足啊。"说完，喟然长叹。第二天早上，果然师部派人通知，全营撤出阵地休整，先到天主堂集合。我们来到常德，城内面目全非，一片断垣残壁，有几处尚冒着余烟。全师集合不到千人，师长和步兵指挥官周义重先后讲了话。周指挥官说到全师会战初有近一万七千八，现在不到百分之五时，大家都哭了。常德是守住了，但牺牲是惨重的。

会战结束不久，前来慰问的团体，络绎不绝，他们当中有中外记者、外国武官、社团代表等等。著名章回小说作家张恨水先生也来了。后来，他以常德会战为背景，写了一部题名《虎贲英雄》（虎贲为第五十七师臂章）的章回小说，小说中有余程万、戴九峰（常德县长）等多人，都是真人真事。地方政府为第七十四军第五十七师抗日阵亡将士建立了纪念塔，当日落沅江时，更显出纪念塔的巍峨、高大。

我在战事结束后，被保送中央军校军官班学习，从而由一名文书锻炼成为正式的军人，在抗战胜利时，是名实相符的连长了。

牛鼻滩战斗

李宗贻※

　　第七十四军参加湘北会战后，又投入浙赣会战，转战于衢州、江山之间。得到保卫常德的军令后，部队徒步夜行军，历时一个多月，如期到达指定地点桃源集结。进驻常德后，余程万师长即命令第一六九团柴意新团长派第三营死守常德东门外德山据点。我排配属重机枪两挺，守卫德山以东三十华里的牛鼻滩。军部及第五十一、第五十八两师，部署在常德外围的桃源、河洑、石板滩一带，构筑工事，严阵以待来犯之敌。

　　一九四三年十一月上旬，全军各部按原部署进入阵地，至中旬拉开了保卫常德的战幕。

　　牛鼻滩是位于沅水北岸河堤的一个小镇。从这里有多条小河连接洞庭湖区各县，每日从华容、安乡、南县等地经此地疏散到沅陵的船只多达五百多条。我当时刚从中央军校（黄埔军校）毕业，才二十岁，就受命担当了扼守牛鼻滩的艰巨任务。我仔细侦察了地形，选好了轻、重机枪的射击位置，在阵地前沿布置了严密的交叉火网，并请熟悉河道的当地居民袁小民等人做向导，带副排长刘鸿海盘查船只，防止敌人潜入偷袭。我带领全排战士，发动当地群众，靠水依堤构筑工事。

　　十一月十三日，日军分数路沿河堤进犯我阵地。敌机三架临空盘旋滥炸，掩护步兵前进。我排利用地形和坚固的工事，在居民紧密配合下，与日军苦战了三昼夜。十五日下午，敌陆续增加了数倍于我排的兵力，蜂拥而来，我排奋勇迎击，伤亡过半。机枪射手王勇阵亡，我的两手、

　　※　作者当时系第七十四军第五十七师第一六九团三营九连排长。

头部、左脚连中四枪。刘鸿海把我抢救出来，继续指挥战斗，敌人的进攻终被打退。

自十一月十三日以来，敌人从东、西、北三面进犯常德，包围圈一天一天地缩小，守御外围的我营官兵伤亡殆尽。

守城官兵誓与阵地共存亡，与敌展开了白刃战。从拂晓到黄昏，敌机轮流轰炸并投下毒气弹。我军没有防毒装备，个个眼泪双流，咳嗽不止，呼吸困难。师长余程万下令收集全城木炭，以班、组为单位，选择地势较高处烧火，三五人围坐一起，用湿毛巾捂住口鼻防毒（毒气比空气重，停留在低洼地带，见火即消散），一次一次地打退了日军的进攻。十一月二十七日，敌人占领了沅水南岸，完全包围了常德城，截断了我后方补给线。我军阵地一天一天缩小，战斗员、伤员、非战斗员挤在一起，伤亡更多。在十二个昼夜的苦战中，有八千勇士为了保卫常德英勇捐躯。

巷战中与日军进行劈刺搏斗

李　超※

　　一九四三年十一月二十三日天将拂晓，一阵紧急的集合号声把我们从睡梦中惊醒，我们以很快的速度全副武装赶到北门外土桥。排长王本厚命令我班守住土桥通路，阻止敌人进入我军阵地。十来分钟后，日军的机群飞临上空，炸弹、燃烧弹，雨点般地落入城区。整个城区顿时炮火连天，烟雾弥漫。我们除了观察员留在阵地上观察敌情外，其余都进了碉堡或掩蔽部。轰炸过后，我们又迅速地回到射击位置。这时，我们连派到南坪、新桥等处的潜伏哨与敌人的先头部队交火了。听到枪声后，我们把子弹推上了膛，手榴弹的保险盖也拧开了。不一会儿，敌人的平射炮、掷弹筒，轻、重机枪向我阵地猛射过来，敌人距我们只有两百多公尺了，密密麻麻，足有两百多人。我们的心情十分紧张，屏住了呼吸，手指扣住了枪机。当敌人距我们只有一百多公尺时，连长刘省三一声令下："打!"全连集中火力，打得敌人嗷嗷直叫，一排排地倒下去，死伤近半。后面的敌人见势不妙，就边打边往后退。刘连长当即命令，除我们班留守碉堡外，其余乘胜追击，一直追到五百多公尺以外。经过半个多小时的激烈战斗，敌人发起的第一次冲锋被打退了。我连虽然也伤亡了一二十人，但初战的胜利给了我们很大的鼓舞，个个斗志昂扬。接着，我们利用战斗空隙加固工事，调整部署，补充弹药，准备敌人第二次冲锋的来临。

　　二十八日天麻麻亮，日军又发起了进攻。先用机枪向我方阵地射击

※　作者当时系第七十四军第五十七师第一七一团三营七连代理班长。

近半小时，接着，大批步兵在猛烈火力的掩护下猛扑过来，企图从土桥突入我方阵地。这时，我们班的工事受到极大的破坏，班长武世锡等七位战友已先后牺牲。刘连长任命我接任班长。战友的牺牲，更加激起我们的民族恨，有的战士边打边哭，喊着："为同胞们报仇！""和鬼子拼了！"突然，我的左眼被弹壳炸伤，鲜血直流，还有几个弟兄也负了伤。但看到敌人还在步步逼近，大家顾不上包扎，一个劲地猛烈射击。敌人伤亡一百多人，剩下的连滚带爬地退了回去。第二次进攻又被我们打退了。

日军在小西门曾连续发起四次冲锋，始终未能攻下，二十八日晚把攻击的重点转移到了北门。团部侯团附来到我连阵地上，与刘连长一道指挥部队抗击敌人的进攻。他们看到敌人的攻势越来越猛，我方的工事已大部分被毁，伤亡也很大，难于坚守了，便命令我们班趁天未亮撤退至青阳阁、黄金台一线修筑工事，准备巷战。

二十九日天亮后，日机又来轰炸扫射，此时北门已失守，我官兵坚守第一中学附近的几个据点和敌人激战。余程万师长和陈嘘云参谋长等人来到独狮子巷，对附近正在抢修工事的百把个官兵训话。余师长戴白手套，全身上下都是泥灰，两眼发红，看样子已数日无寐，但显得精神抖擞。他慷慨激昂地说："全体官兵们，现在我们虽伤亡很大，但日本鬼子伤亡更大，希望全体官兵继续奋战，为保卫常德誓与日本鬼子血战到底！不成功便成仁，不当亡国奴！"简短的训话，激发了我们的斗志。青阳阁的工事修好后，我们又跑到黄金台继续抢修掩体。突然，我们连的指导员杨弟斌跑来，命令我们班尽快把黄金台、百街口、小西门一直到设在兴街口中央银行的师指挥所的房屋都打通，并在每条街道口修筑一个掩体。他还告诉我们，日军已从北门攻进来了。

我立即组织全班战士修筑掩体和开辟道路。我们把黄金台附近商店的各种袋子都拿来装上土，堆成掩体。在丝瓜井修掩体时，我和四个战士把附近糕点厂的一块大案板抬来，筑起一个机枪掩体。这时，师指挥所也派出一个排的兵力在兴街口抢修工事。

二十九日上午，我们把各条街道的房屋都打通了，并且在每条街口处筑起了掩体。

下午，日军打到百街口。在五官街，我们班与五六个敌人展开了白刃战。开始是在街上打，一直打进附近的染织厂。由于我的左眼已负伤，观察不便，从左边来的一个鬼子，把刺刀刺进了我的左腿，我班战士孙宝祥眼明手快，一枪把那个鬼子打死了。其余的敌人也被我们消灭了。

此时，余师长派来一个姓汤的传令兵对我们说："师长命令全体官兵，不准临阵脱逃，誓死不当亡国奴，不成功便成仁！"说完又跑步向各个据点传达师长的这一命令去了。

我因腿部受伤，流血过多，不能走动，担架队就把我抬到百街口的一间民房里包扎，然后又抬到隽新小学的一个教室里。天黑后，在六七个武装士兵的掩护下，担架队抬着我们三十多个伤员，沿河堤向丹洲坪转移。两天后，我们又乘小船前往沅陵陆军医院治疗。

我所经历的常德会战

岳其霖[※]

八年抗日战争时期，我曾先后在常德县政府建设科任职，一九四三年十一月常德会战期间，我正在离城二十华里的石门桥负责飞机场的破坏工作，被日军所俘，一个多月后，从湖北石首焦山河日军驻扎地逃回。这次会战由于我的职务关系，有机会参与当时常德驻军第七十四军第五十七师师长余程万与县长戴九峰研究城区防务事宜。因此，关于会战情况，我亦略知梗概。

常德会战前的准备

一、设置障碍，切断交通。首先是破坏公路。一九三八年以后，武汉失守，长沙面临威胁，日军还只到岳阳新墙河，国民党湖南当局的头头儿就张皇失措，把长沙烧成一片废墟。同时，指令全省破坏公路，以阻止日军窜扰。当时，常德有三条公路线（常德至沅陵的公路尚未修建），常德至长沙线，在常德境内的约四十五公里；常德至桃源线，在常德境内的约十二公里；常德至澧县城，在常德境内的约四十五公里，共计百余公里。规定每隔三十公尺，在公路横断面上挖成十公尺宽、五公尺深的深坑。由县政府按照《全民义务劳动条例》征集民工进行破坏。全县三十二个乡镇按人口数分派任务，每乡镇大概分担三至五公里，约有几千上万的土方。一般出动四百至六百名民工，自带铺盖、工具及口

※　作者当时系常德县政府建设科长，参与构筑城防工事。

粮等。城区乡镇居民各有职业，则出钱雇工，由镇长找工头承包。在摊派工程任务中，镇、保、甲长通同作弊，以饱私囊，整个公路破坏任务拖延了数月之久才算完成，估计消耗了五万多个工日。这对日军犯常德虽然起到一些减缓作用，但也给自己造成了一些不利的因素，如从长沙增援的国民党部队由于不能走公路，无法及时赶到，致使常德终于沦陷。二是飞机场的修筑与破坏。抗战开始，国民党当局决定在湖南修筑芷江机场与常德机场。前者为空军基地，后者为加油站。常德机场于一九三八年春动工，地点选定前乡石门桥，面积约为一千八百亩，跑道长为一千二百米，拆迁民房给了一些补偿，土地则是无偿征用的。修筑工程颇为浩大，动用了常（德）、桃（源）、汉（寿）三县民工，经过一年多时间才告竣工。一九三八年，武汉失守后，日军渡过长江，湖北石首、公安相继沦陷，严重地威胁到湖南岳阳、华容一带。在这种情况下，国民党当局即采取了破坏机场的措施，发动常德全县民工将石门桥机场挖了二十多条宽五米深二米的深沟。一九四三年，据说为了供盟国空军加油之用，又下令修复。修复工程接近完成之际，常德会战面临一触即发之势，为了免于留存资敌，接着又紧急动员大批民工不分昼夜，进行破坏。反复两修两破，消耗了不少的人力物力，可是从未落过一架飞机。三是破坏乡村要道。在完成破坏公路任务之后，接着又修筑阻塞工事，作为阻止日军机械化部队的进攻和战时的掩体工事。其做法是将乡村各交通要道，每隔几十公尺挖掘丈余宽人多深的地道，平时在上面铺盖木板，便于人们通行，敌人来犯时，便将木板拆掉。责成地道所在地的乡公所动员民工挖掘。行政当局事先不宣传，事后不检查，以致被占用了田地的农民无不怨恨。有的乡保长在工程中敷衍了事，用些树干代替木板搁在上面，有的木板刚盖不久就被盗走，群众只得踏着庄稼而过。特别是雨天，泥泞没脚，步履维艰，怨声载道，不久，农民就自动把它填平了。四是封锁河道。常德东北隅是洞庭湖的西侧，又是沅水汇入洞庭湖的进口，其周围河汊沟港密布。为了防止日军从水路来犯，就采取河道沉牌的备战措施，并选定牛鼻滩河道为封锁点，将木牌系上铁锚沉入水中。据说，这种防御工事，汉寿、安乡等地筑得不少。

二、召开军事会议，部署防务。常德会战在国民党军事当局已早有预见。一九四三年四五月间，常德由蒋介石嫡系部队第七十四军接防。由该军第五十七师驻守常德，第五十八师驻守石门，第五十一师驻守桃源。同年九月，有一天（具体日期记不清），由洞庭湖警备司令傅仲芳主持，在河洑山古庙召开保卫常德的军事会议。有第五十七师师长余程万、第五十一师师长周志道、第五十七师的三个团长、主要参谋人员、常德县县长戴九峰、县警察局长和我这个建设科长共计二十多人参加。我之所以参加这个会议，主要原因是构筑防御工事征集材料和征用民工等事务，归建设科筹划。这次会议气氛紧张严肃。傅仲芳讲了国内外战场的形势，指出了日军有窜犯常德的可能性，并明确地部署：除第二十九集团军王缵绪所属的两个师驻守湘鄂边境慈（利）石（门）一线外，第七十四军第五十七师守常德，第五十一师守桃源，第五十八师守石门南部及慈利部分地带，互为掎角之势。这是根据分析预料日军窜扰常德时，必定会取道鄂南、湘北华容，再向南插进而作的决定。同时限期在十月底以前迅速完成常德城区的防御工事。

三、构筑坚固的防御工事做好巷战准备。自武汉撤守以后，历次驻防常德的部队都要构筑防御工事，而且地域拉得很远，北至临澧斋阳桥，西至河洑，东到德山。而每次换防，又各搞一套，否定原来的，重新构筑。其实，这些工事并没有发挥一点作用。第五十七师是根据兵力的实际需要进行构筑。第一道防线为洛路口—七里桥—岩桥（东）；第二道防线为县城城墙的墙基一个圆圈；最后一道，在城内由东到西一条正街上的交叉路口即西围墙、大高山巷、下南门、上南门、兴街口分别构筑钢骨水泥碉堡。总共构筑了钢骨水泥碉堡数十个。这些碉堡在会战中也确实发挥了作用。

四、有计划地实行全城大疏散。从抗战初期常德被敌机轰炸起，一些大商富户为了避免敌机的轰炸，早已将自己的财物疏散到乡村，老幼妇孺亦已陆续迁居乡间。会战前夕，留在城市的是一些机关职员、贫民与小商小贩。十一月初，鉴于常德局势日趋紧张，驻军第五十七师和地方行政机关配合，动员并强制城内外居民全部疏散。并告示，为了民众的生命安全，决定城内不准留一人。县属单位、专员公署规定向花岩溪（在安化交界处）集中。县政府由主任秘书带领疏散，只留下县长、警察局长、建设科长三人和百多名警察分别在城内和石门桥飞机场。

为了使市民迅速离开城市，第五十七师还派出士兵帮助老弱市民搬送物资出城，不取分文报酬。在渡河的船上派兵维持秩序，每船一兵，不许船户贪载，不许勒索多收渡资。因此渡河秩序井然。截至十一月十日，城内已经空无一人。

我为了执行破坏飞机场的任务，必须常到小西门外万缘寺向县政府请示汇报。每次从鄡公堤（现改名东堤）进东门，穿过大街小巷，出小西门到这里。全城寂静得可怕，街道由于无人行走，有些地方已经长了绿苔。我沿途只在陡码头和小西门两处，碰到第五十七师守城部队的哨兵，因我持有特别通行证，才准许通行无阻。在敌人合围的头天晚上，我黑夜到城里请示县长时，大街在手电光的照射下，全城寂静觉得可怕。这时，第五十七师的部队到哪里去了呢？原来他们都各就各位守在第一、二道防线去了，并没有发现一个趁火打劫、乘机破门盗窃民物的士兵。

战斗概况

日军窜犯常德前，对常德及其附近的军事部署情况已了如指掌，因而其窜常路线也是针对我方的情况而定的。一路自湖北松滋、公安入侵湖南石门北部；二路由湖北藕池口、石首，向湖南安乡、汉寿进行东线包围。

日军第一路出击部队在石门北部与第二十九集团军四川部队遭遇，第二十九集团军溃败。驻守石、慈一带的第七十四军第五十八师，在日军到来时，与其进行了一场激烈的战斗。当时从常德西北隅可以隐约听到日夜不断的枪声，可是，并没有堵住日军的攻击，致使日军窜至桃源的北部。守军第七十四军第五十一师在阻击战中，又被日军击溃，因而日军得以通行无阻地直取陬市、河洑，对常德实行了左翼包围圈。

第二路日军出击部队所经路线，沿途均未设防，如入无人之境。经洞庭湖西部，走垸堤，搭浮桥，河面宽的用汽艇，在新兴嘴渡过沅水，直扑德山，迅速窜至斗姆湖、裴家码头，完成了对常德的合围。十一月二十四日，发动了围攻。

第五十七师守卫常德，有其主客观上的原因。主观方面，该师训练好，军纪严，第七十四军在国民党军队当中算战斗力最强的，称为攻击军。客观方面是蒋介石在开罗会议向罗斯福许了诺，下令死守，按着"不成功，便成仁"的训诫，责令其与城共存亡。在此情况下，不守也得守。在余程万的头脑中，明知孤军是守不住的，围城前知道第五十一师、第五十八师已没有阻止住日军，无力支援。唯一希望，就只有薛岳电告有两个军由长沙星夜驰援常德。而常长公路已被破坏，坑洼难行，无法及时赶到，直到合围时，这些增援部队，还在益阳、汉寿一带缓慢行进。由于县城被围，原来第五十七师三个团的兵力，加上几个直属营，全师不过八千人左右。余程万以第一七○团守西北线，第一七一团守东北线，第一六九团守城垣。第一七○团在西北面被强敌攻击，我军失利。会战的第一天第一线被敌突破，就撤回第二线（即旧城墙墙基一线）。这一线由于有护城河阻碍，射击线比较明朗，多守了两三天。随着防地的缩小，攻守战也愈打愈激烈。第五十七师的司令部设在兴街口原中央银行的地下室内。日军把进攻重点摆在大西门和小西门，以便直捣第五十七师指挥部，实现早日占领常德的企图。因此在小西门的攻势最激烈，以致双方造成拉锯战与白刃拼刺，苦战数日之久，敌人终未得逞。于是，敌人不得不另行采取从东、西两门侧面夹击。这样，激烈的巷战开始了。

余程万似乎采用了苏联的保卫察里津战术，步步设防。首先，岩桥至陆码头一线失利，就退守城防二线。退守前，将城外民房烧掉，以烟火阻止敌人追击。东城二线守不住，就守西围墙三线，将西围墙至东城一带房屋烧掉。再其次是大高山巷、下南门、上南门等线，步步撤守，直至兴街口止。包围圈随之缩小，第五十七师最后也就只有集中兵力死守而已（西门也是采取这样的退法）。在兴街口附近一带，每条街道的民房都打通，木房子则拆掉板壁，砖墙则打洞，条条巷子都串通，窗口和大小门都垒上沙包，房屋内的东西，甚至连敌人的尸首都用作巷战的掩体来进行血战。

余程万所部第五十七师虽然要算是战斗力最强的一支部队，但敌我力量悬殊太大，孤立无援，毕竟寡不敌众。苦战了十二天之久，只剩几百人了，防守地区日益缩小，强敌层层包围，最后只占据兴街口弹丸之地了，且弹尽粮绝。等到援军抵达德山时，看到城内一片火海，炮声隆隆，也不渡河奔赴城区，却只在孤峰岭上打信号枪、吹号，表示援军已到，壮壮城内守军的胆而已。在这种情况下，余程万最后采取了突围这一决策，率领随员二十余人换成便衣，深夜缒城，乘船渡过沅水，到达花岩溪与戴九峰联系后，向安化方向去了。无法突围的官兵四五百人，均被日军所俘，常德便于十二月三日沦陷。日军进城后，大肆掳掠与烧杀。这时，我军各路的增援部队才赶到，日军在我军各路部队的围击下，只得退出常德，我军于十一日收复了常德。敌人退后，除兴街口一条街残存几栋房屋之外，全城已付之一炬。

日军在常德会战中的暴行

日军窜犯常德时，烧杀、奸淫、掳掠，无恶不作，手段残酷，用心狠毒，真是罄竹难书，令人发指！

十一月二十三日早晨，我在石门桥飞机场被日军所俘。那天还有一些老百姓逃躲不及，也被日军俘去一百多人，被押往东门外盐关一间密

195

闭的屋子里，喊出一个就用刀砍死一个，屋子里面的人听见外面声响不对，死也不肯出来。日军便在大门口用汽油放火焚烧。除了冲出一个幸免外，全部皆死于敌人的屠刀之下和烈火之中。与我同时被俘的县政府合作室主任刘震中、县政指导员黄及汉和两名警士，也在这里被日军集体屠杀。同天早晨，常德县国泰乡乡长张君瑞带领一班枪兵向黄土店方向疏散，在石门桥附近与日军遭遇，放了几枪。敌人包围俘虏了他们，当即把他们砍了头，将头悬挂树上，真是惨不忍睹！我被日军押解所经之地，从斗姆湖，经善卷村、二里岗、石门桥、谢家铺，到汉寿沧港一带，到处可见惨遭日军屠杀的中国人的尸首。其中大多数是逃难的老百姓，极少数是穿军装的。敌人抓的中国人，要处死的，就交给"宣抚班"，拖到丛林中，用刀劈杀或刺刀刺死。尤其是其中几个操石首县口音的流氓，充当汉奸，为虎作伥，助纣为虐。这些民族败类，学了几句日语单词，在白天宿营时，伙同日军出外窜扰，大肆掳掠财物，奸淫妇女，真是无恶不作，无耻已极！

县长戴九峰在会战中突围

常德会战开始前，地方政府与驻军尚能协调配合，戴九峰与余程万两人也相处得很好。戴尽力协助余部署防务，做好战备工作，他有次对余说："你守常德，我与你共同抗敌，我们一起与城共存亡。"后来常德被围时，戴确实没有走，他带领多名警察要求与守军共拒日军，共存亡。合围的第三天，外围的第一线被敌突破，这时，余程万再三劝他说："你那几条破枪和警察对守城不起什么作用，何苦留在城里作无谓的牺牲！不如乘半夜渡过沅水突围出去。"戴在余的苦劝之下，才于十一月二十五日半夜用几条木船（战前疏散藏在沿河民房吊楼下的），率领警察渡过沅水，打算走斗姆湖到尧天坪入安化边境。不料，一到斗姆湖就与日军遭遇，被日军打死几十名警察，戴本人侥幸冲出，仅以身免。第七十四军军长王耀武对戴在这次会战中的表现颇为赏识，将他调到第七十四军军部任职。抗战胜利后，王兼任山东省主席，戴被任命为该省某区行政督察专员。

第五十七师师长余程万其人

余程万系黄埔军校毕业生，五短身材，精明干练。他驻守常德半年，在常德的老百姓心目中，留下了较好的印象。下面是我亲自见闻的几件事：

第一，军纪严明。不强买强卖，不取老百姓一针一线，也没有一个官兵在娱乐场所骚扰生事的。会战前夕常德疏散，主动帮助老弱市民搬运物资，不取报酬。这在国民党部队中是罕见的。

第二，为农民收割稻谷。在秋收季节，分派士兵帮助郊区农民收割，自带炊具、粮、菜，煮中饭，拒绝招待，拒收报酬。

第三，不摆架子，平易近人，联系群众。余程万身为少将师长，不像其他的国民党军官，坐在司令部里打麻将，陪姨太太，而是经常深入民间，了解民情，以和蔼可亲的面孔接近老百姓。抗战开始，我因职务关系，要与驻军打交道，如修飞机场、破坏公路、供给构筑工事材料。以往其他驻常部队，都只派下级军官来到县政府，动不动就打官腔。而余程万驻常德以后，却经常找我谈话，问材料有无困难，要不要派部队帮忙运输。记得我有次患疟疾，买不到奎宁丸，他和戴县长来到我住的茅屋里探视，亲自写了一个草药单方，要我服用。一个师长能做到这样，我认为是难得的。

第四，尽到了守土之责。第五十七师是在易攻难守的情况下，被迫而孤军作战的。余程万以少量的兵力与数倍于己的敌军坚持苦战了十多天，迟迟未见援军到来，以至于濒临弹尽粮绝，四面包围情况下，最后短兵相接，确实无法继续支持下去了。这时，才抉择突围这条路。可以说，守常德，他应尽的责任已经尽到了，而且尽到了最大的努力。

余程万驻常德的事迹，常德一些上年纪的老人至今记忆犹新，认为他确是国民党将领中比较好的一个。

在洞庭湖区的三次战斗

李晋忻[※]

血战流花口

常德会战进入紧张阶段时，第九战区为策应常德守军作战，命令驻守沅江的第九十九军第九十二师派部队进入敌后，断敌补给，阻敌增援。第二七四团邹鹏奇团长带该团两个营为一个支队，我带了不足两营兵力的一个加强营为另一个支队，统归邹鹏奇指挥，任务是经鸭子港、流花口，进出牛鼻滩之线。

我支队于轻取鸭子港后，接到邹鹏奇手令，大意是得悉流花口有敌仓库，守敌仅一个中队，着我支队攻歼守敌。当夜支队渡河向流花口搜索前进。天亮时发现敌机，为避免无代价地牺牲，部队分散隐蔽，趁机休息。我却因敌情不明而焦虑："流花口地形如何？不知道。敌人只一个中队吗？未必。从鸭子港逃走的两百余敌人也在流花口的可能性不能排除。"我把自己的想法书面向邹团长报告，请示如何行动并请他的部队靠拢来，以免我支队孤军作战。邹团长攻击精神异常旺盛，未把敌人放在眼里，回示是："纵然敌人有一个大队，我军有两个支队仍占优势，情况不明也无妨，到流花口再说。"又另批示云："你迅速行动，我就来。"入夜，我支队向流花口前进，沿途严密搜索，进至离流花口约两里处停止，等待邹团长。第二天天亮前，邹团长和两位营长到来，带有俘获的一个敌探。这敌探是岳阳人，关于流花口的情况就是从他口中得到的。经过

※ 作者当时系第九十九军第九十二师第二七四团第一营中校营长。

研究，认为敌探所供是两天前的情况，并不可靠，必须认真侦察。白天，部队休息，我们几个指挥官出动侦察，从望远镜看到流花口是一条小街，只有几十家房舍，堤上多是茅棚，堤斜面有几处瓦屋，没有炊烟，也看不到行人，静静的几乎是一条死街。地形是复杂的，又设有障碍，易守难攻。为了解情况，用了一个多小时才找到两位老太婆，我向她俩说明要打日本鬼子，向她俩了解情况，并保证不要她们带路。于是，她俩找来一位原住流花口的中年渔民。他说，半个多月前，流花口的老百姓就逃光了，他一直不敢回去，但常窥察情况。汽船来时，就有敌人装卸东西，大约堤坡上的三处瓦屋都是仓库，至于敌人究竟有多少不知道，只见到常有敌船经过。他提供的情况虽很简单，对我军的行动却有很大的帮助，首先是解除了担心攻击会伤及同胞的顾虑，其次是证实了有敌人仓库。

　　研究作战方案时，有位营长提议部队暂时隐蔽，待敌船到达，敌人装卸时发起攻击。我则认为经过鸭子港战斗，敌人已经知道我们的行动和意图，敌运输船只不会盲目行动，很难说天天有船来，所以等待不够妥当。而且从鸭子港逃出的敌人很有可能窜来流花口，我军应以小部队作威力搜索，迫使敌暴露兵力和部署情况，然后再决定攻击方案。邹团长同意我的意见，并把任务交给我。我随即召集干部会议，说明意图，指派三个排长各率所部三路攻击，我和各连长现场观察。邹团长和两位营长也来观战。下午四时，三个排同时发起攻击，立即遭到敌人炽烈火力的阻击，南北街口和三处瓦屋各有重机枪射击，街上自南至北竟有二十余挺轻机枪射击，但未见炮击。从火力来看，敌兵力绝不止一个中队；从未使用炮兵看，又不像是一个大队，很可能是凑合在一起的几百步兵。情况大致了解后，便将攻击部队撤回。我们团的营、连长十多个人立即研究攻击方案。大家一致认为，攻下流花口对常德会战极有价值，但敌占有利地形，火力配备周密，攻击部队会有重大伤亡。于是有人主张围而不打，断敌前后方联络，这样可以免于过大牺牲，也算完成任务。不少人都赞成这个方案。我则认为，敌前后方联络并不止这一条，断此一路不足以致敌死命，意义不大；如果把流花口攻下，则会对犯常德敌军造成精神上的威胁，才真正有利于会战，牺牲大一些是值得的，为民族争生存而流血，是我们的职责和志向。这一意见得到绝大多数人的支持，邹团长当即批准。几经斟酌，订出了攻击计划，要点是集中两个支队的十门迫击炮，由炮兵连长统一指挥，掩护步兵攻击；我支队的攻击目标是街北口及相邻的两个仓库；邹团以一个营攻击街南口及相邻的一个仓库；任何一处得手即投入预备队扩大战果；次日凌晨在邹团长亲自指挥下开始攻击。

次日凌晨五时半，我炮兵开始射击，数分钟后，步兵发起攻击，在敌人火力网里突进。这个仗是不容易打的，尽管有炮兵掩护，进展仍然十分缓慢，每进一步，都要付出若干人的生命。七时半，敌机三架低飞扫射，我军攻势受挫。在进攻中，我发现街北口的敌火力比仓库方面弱，于是断然把攻击仓库的兵力转用过来，向街北口重点突破。九时稍过，攻占街北口。可是进街口后，敌人的抵抗更凶猛，双方呈胶着状态。幸而敌一仓库起火，火光冲天，爆炸声震耳欲聋，对敌人形成精神上的压力。我乘此机会再发起攻击，但仅前进二十余公尺，就伤亡三十余人，再无法前进。午后，街内也有几处起火，但敌人依然顽抗。逐屋争夺直至日落，只攻占了二十余间房子。邹团部队仍在堤上与敌相持，未能占领南街口。夜幕来临，战斗暂趋沉寂。我认为这样打法，即使能攻占全街，难免会伤亡三四百人，必须改变计划。于是找到邹团长，建议调整部署，放弃攻占街南口的计划，把兵力转用于街北段，给敌人留出一条逃生之路，使敌不再死守，然后我以绝对优势，从街北口向南席卷，逼使守敌向南逃窜。这样，虽不能全歼守敌，但可以大大减少我军伤亡，有利于而后的战斗。邹团长考虑很久，采纳了我的建议，夜里重新部署就绪。次日晨六时，我军以雷霆之势由北向南压迫敌人，逐屋搏斗，战况至为惨烈。九时未到，已攻下大半条街，敌人放弃了最后一个仓库，纵火烧房。残敌龟缩在街南部，烧房焚尸，旋即狼狈逃窜。此役敌人伤亡近两百人，我军伤亡几乎两倍于敌，一条流花口街被全部削平，其状之惨，令人悚然。

歼敌围堤湖，进军汉寿城

支队攻克流花口后，即在附近休整，并向上级电呈战斗要报，连续收到师、军、战区的嘉慰电，咸称此役对常德会战做出重大贡献，并令毋庸再趋牛鼻滩，应相机收复汉寿。

由于两次胜利，虽然伤亡惨重，但士气却十分高昂，宣布上级嘉奖电后，欢声雷动。休息一天，即向汉寿前进。沿途无敌踪，也看不到人民群众，过三圣宫后，发现围堤湖中有敌汽船五艘，汽艇二十余只。我考虑，如果仍遵令向汉寿前进，定会受到这部敌军的侧背袭击，万一汉寿敌军再回头夹击，支队就会腹背受敌，有被歼危险，决心先消灭这股敌人。支队正在占领阵地，被敌人发现，敌艇蜂拥扑来。来得太好了！

我军在堤上，敌艇在水面，形势对我十分有利，一阵猛烈的炮火过后，击沉敌艇八只，敌汽船一艘起火。但敌人极其顽强，仍不断扑来，直到二十余只敌艇全部沉没，汽船才狼狈逃去。可是邹团长到来后，却对我责难，理由是未奉命令擅自行动。我不接受训斥，因为捕捉战机歼灭敌人，是我作为支队长的本分。我以二十余人伤亡为代价击沉二十余只敌艇歼敌近两百，虽不算功，但绝无过。我就这样当面顶撞了他，他虽盛怒，但也无可奈何，只是命令他的一个营立即向汉寿前进。这显然是不用我攻汉寿，作为给我的惩罚。我于是就在附近宿营，并将详细情况写成报告，派专人送回师部，使师长有所了解，免得"立功受惩"。第二天，我向汉寿前进。七时稍过，敌机来袭，邹团那个营被五架敌机轮番扫射前后达四十分钟之久。当我赶上时，他们正在重新集结，一个营的兵员伤亡过半，遍堤死尸，惨不忍睹。

进击汉寿的任务，又重新落在我的肩上。鉴于敌机的猖獗，我将支队分散前进。为了能早发现敌情，便于集结兵力，我令搜索排早出发一个小时，万万没想到沿途平静，既未遇敌军，也无敌机骚扰。进抵汉寿时，见到的却是一座空城。邹团长要向上级报"攻克汉寿"，其意是为被敌机射击伤亡的那个营报功，好作交代。我不同意，理由是应使上级明了敌情，以免判断错误，贻误大局；坚持以"未遇抵抗进入汉寿"具报。鉴于事实和作战纪律，他不得不如实具报。

两天以后，师来电，大意谓任务已完成，侵常德敌军已有溃退模样，着星夜返防补充，另有任务。我理解上级意图，敌人大军撤退，哪容我们这样一个部队堵死退路，小部队孤军作战，只有被歼而已，回防是正确的。

回防后，师长召见，当面慰勉，特别是对围堤湖战斗表示满意，认为能当机立断，处置正确，指挥恰当，战果丰硕；但也指出我的缺点，认为尽管来不及请示，也应向团长报告，当面顶撞更不对。我也深悔自己缺乏修养，随即登门向团长认错，这件不愉快的事也就过去了。

侵常德敌军溃退的几天中，我们在防地整补待命，接着又接受了"向安乡方面尾追残敌"的新任务。

苦战仙桃嘴，收复安乡县

敌人进兵快，退兵也快。我军向安乡前进中，只见到敌丢弃的物资、伤马和成堆焚烧的伤兵尸体，未追及敌人。途中接师转来军的指示，略谓敌已大部退走，安乡仅有残敌一个大队，命令我们迅速歼灭该敌，收复安乡。部队进抵仙桃嘴南岸时已是傍晚，邹团长决定分两路攻安乡，命令我支队星夜渡河，沿河东大堤北进；邹团不渡河，即沿河西大堤北进。仙桃嘴在安乡城南十余里，地形对我很不利，我支队渡河是背水作战，如果战斗失利，一定是全军覆没！特别是敌情不明，北岸固然无敌军，垸子里如何呢？只有天晓得！渡船只有一条，一次只能渡二十余人，要把我支队近千人渡过去，实在费时间，如果半渡时遭敌攻击，该会是什么惨状？何况是夜里渡河！这样作战，我感到毫无把握。但军人是服从为第一，我接受了任务，只请求团炮兵相机支援我。邹说："可以。你大胆渡河就是。"又加上一句，"战机不可坐失！"这就是严重警告了。军令如山，我把心一横，立即通知各连队：一、立即开饭，准备渡河；二、不分官兵，人人须身带两日份口粮（即炒米）；三、连长、独立排长立即前来开会。

在干部会上，我把任务说明，着重指出这是背水一战，不胜即亡，人人须有思想准备，由于敌情地形都未能侦察，兼之又是夜间行动，必须以"先求稳当，次求变化"的原则部署兵力；为对付敌人陆空攻击，构筑工事特别重要；任何人在任何情况下不得后退一步。我的指导思想是先求立于不败之地，然后根据情况研究攻击。我征求大家的意见，谁也不作声，心情显得十分沉重。于是我当面下达命令：一、着副营长为渡河指挥官，确保渡河安全：全支队渡完后，将船放回南岸，派人看守，不准任何人返渡南岸。二、一律轻装，辎重行李暂留南岸，由各炊事班守护。三、尖兵连着排长一员带第一船士兵渡河，之后立即向安乡方向搜索敌情，侦察地形，随时报告；该连力争进至距渡河点两三千米处，选择有利地形占领阵地，以确保主力渡河安全。四、其余各连按原行军次序依次渡河，渡河后等候命令。五、我在尖兵连尾渡河。

散会后，我即至尖兵连督促渡河。每次渡三十人，令人焦急，但有什么办法呢！当我渡河时，前方有了枪声。接着有信号弹升空，这是搜索排的报警信号。我过河后快步前进，不到三里，已追上尖兵连，该连正在构筑工事。那里有一条和大堤直交的横堤，向东延伸，交点有几间小茅屋。据报告，前去不到五百米远，也有相似地形和茅屋，有敌驻守。本来我认为尖兵连的阵地距渡河点太近，很不利，情况既如此，也只好定下来。我粗粗看了地形，了解到横堤向东延伸四五百米处已被挖断，河水已灌进垸子里。我令该连筑纵深配备的工事，横堤只着该连占领五十米。然后我即返回渡河点，途中仔细看了地形，原来从渡河点到尖兵连之间还有两条横堤可以利用。我把一个连部署在尖兵连右翼横堤上，一个连部署在尖兵连直后，营指挥所也在那里，炮兵在第二横堤占领阵地。为了掩护侧背安全，派一个连从渡河点向东北在大堤上构筑工事，其余部队部署在营指挥所至渡河点之间。这样，第一线有三个连，右侧有一个连，预备队有两个连，纵深完全可以对付敌军的猛攻；缺点是部队密集，可能造成大的伤亡，但地形如此，别无他法，唯多筑掩体而已。

支队渡河甫毕，副营长就带来邹团长"立即攻击前进"的命令。我不能在未站稳脚前盲目行动，又不敢违抗命令，实在为难。还是副营长想出妙计，以"营长到各连督修工事，一时尚未找到"回复邹团长，延宕了一个多小时。

天亮后，我和第一线三个连长一同侦察敌方情况，副营长带人测几处积水的深度。我们发现敌占主堤的茅屋上公然插着太阳旗，横堤上有兵卒活动。敌阵地右后侧水中有两块台地，是两个独立院落，树木荫蔽，有无敌人不得而知。虽是严冬，芦苇尚密，水深一公尺上下。为了摸清敌方火力配备，决定先用小部队发起一次攻击，以便观察敌情。我派一个排突进，立即遭到敌机枪和掷弹筒的猛烈阻击，从火力看，敌在大堤和横堤上共有机枪掩体几个，估计兵力不少于一个中队，两个台地独立家屋各有机枪掩体两个，可能是个小队。我刚将攻击排撤回阵地，敌机就临空了。敌人在飞机掩护下向我阵地猛冲，一上午时间，进犯六次之多，均被我军击退。下午，无敌机来袭，而敌守军则隔一段时间便猛烈射击一阵，但再未发起攻击，显然是只求压制我军不前进而已，并无积极企图。

此时我的思想集中在如何先夺取敌占两台地上，如果夺得两台地，就能从侧背射击敌主阵地，再以优势兵力猛攻敌正面，必能取胜。可是时值严冬，水深齐腰，这个困难使我一直未能下决心。通信班长在我背后已站很久，窥知我有困难，离去不久，带来一个多次立功的军士，两人表示愿为我分忧。我把想法向他们说明，着重提到水的问题。他们一个说："这仗必胜。"一个说："水是冷，但总比受伤流血好过。"在他俩的热情感染下，我下了决心，另加派一个军士，由他们三人执行侦察任务，并交代他们只带刺刀，不携枪和手榴弹，日落即出发，利用芦苇隐蔽，把两台地的地形和水深侦察清楚，直接向我报告。

两个半小时后，他们回来了，一切很顺利，从水中可直抵台地，而且愈近台地水就愈浅。我立即将任务交给一个连，命令该连于下半夜行动，极端秘密地接近台地，进至台地侧背，拂晓发起攻击。由于全连要在冷水中行动，保持旺盛的士气就十分重要，所以我到该连进行鼓动，送他们出发，祝他们胜利。

　　拂晓前，战斗开始，这个连只用半小时就攻下两台地，全歼守敌三十三名，缴获机枪四挺。原来敌人视积水为天险，阵地全在台地南沿，侧背均无戒备，我攻击部队从侧背发起攻击，故一举全歼守敌。由于是刺刀、手榴弹的短兵搏斗，我部重伤排长一员，伤亡士兵四十八名，损失重于敌方，这是由于水冷影响了官兵体力所致。攻克台地后，我立即用四门炮轰击敌阵地，以一个连发起猛攻，我率另一个连支援。经过一小时二十分钟的激战，敌不支，放火烧房后，撤退到另一横堤，与该处守敌会合。我军因兵员伤亡严重，未再攻击。经过两天的战斗，我对敌情有了进一步估计：我支队正面之敌，是掩护主力退却的部队，兵力是两个中队。如果两天前安乡只有敌一个大队，绝不会用两个中队掩护；而且一个大队不会用两天还撤不完。因此安乡敌军应在一个联队以上。我严令所属加固工事，严阵以待，防敌突袭。两天的战斗，支队只前进五百米，毙伤敌百余而已，我军则伤亡超过两百。这两天如果西岸的邹团也同样猛攻，不但我支队可以减少伤亡，战果也会大得多，遗憾的是他们正面无敌人，又不肯向前推进。就在此时，邹团长又命令我发起攻击。我以"伤亡惨重，自愧力不从心，请求星夜派部接替，或增加两连兵力给我"。报告未获批准。我的干部一致主张就地坚守，等待敌人退却然后行动。我们估计：如果安乡敌已大部退走，掩护部队自必撤退，明天的战斗就不会剧烈；反之，如果安乡仍有敌大部队，则其掩护部队必抵抗以死相拒，明天的战斗就会更惨烈。我决定待机行动。

　　夜在沉寂中度过。

　　第三天上午，我只用小部队出击，一则探敌虚实，二则敷衍邹团长的命令，每次使用一个班。两次攻击，都被压回。九时起，敌炮弹和掷弹筒发射的榴弹，急雨般地向我阵地倾泻而来，我军三线阵地的兵员，都有重大伤亡。我的指挥所是个机枪掩体，也被击中，电话机、地图均被炸得粉碎，幸而我正在步兵线上，得免于炸死。我们在散兵坑里避敌轰击，直到日落。

　　第四天拂晓，敌人放火，这是撤退的信号，支队立即以火力送瘟神，并随敌尾追击，进入安乡。仙桃嘴之战是抗战八年中我经历的最艰苦的战斗，兵员损失超过四百，大于敌人两倍。这次在湖区对敌截击和追击三次战斗，总共歼敌四百多，我支队伤亡近六百人。战区嘉奖，群众代表两次慰劳了我们。

第十军增援常德经过

李拔夫※

常德会战时，我是第十军预备第十师的副师长兼政治部主任，随预备第十师参加了常德会战。关于第十军整个军的战斗部署以及作战经过，我在会战后听到军长方先觉谈过一点轮廓，现将记忆所及，略述如下。

第十军兵力及其部署

第十军（军长方先觉）辖预备第十师（师长孙明瑾）、第三师（师长周庆祥）、第一九〇师（师长朱岳）三个师和军直属部队，为第九战区的机动部队，归薛岳直接指挥。第十军参加第三次长沙会战后，移驻衡山整训的各师官兵均不足六千人，加上军直属部队，全军不到两万人。

整训后，预备第十师驻衡山龙头湾，第三师驻石湾，第一九〇师驻朱亭一带，军部仍驻衡山。

一九四三年十一月下旬，第十军奉薛岳命令，限期赶赴常德救援。全军于十一月二十八日由驻地出发，其行军序列依次为第三师、预备第十师、军部、第一九〇师。由衡山至常德三百多公里，当时计算行程，不易如期到达目的地，因此我们取道湘潭、宁乡、益阳、沧水铺向常德急行军前进。军部由马迹塘渡过资水，经黄土店于十二月二日抵兴隆街。第一九〇师亦由三堂街附近渡过资水，经牛路汰向德山前进。是日第三师进至石门桥附近宿营，军部则在兴隆街驻扎。经过四天的急行军，部

队疲劳已极。

十二月二日夜晚，军部得知敌情：日军第三师团和第六十八师团向常德进攻，一路由津市、临澧，一路由安乡方面，其主力在安乡方面，先头部队已进至厂窖附近。

第十军为阻击日军南侵并策应常德守军第五十七师余程万部确保常德，当晚研究了敌情、地形，认为日军有由牛鼻滩方面渡过沅水，先我占领德山高地的企图，遂决定先行占领德山。即以第三师为右纵队，向德山前进，任务是占领德山；以预备第十师为左纵队，向南站、德山一线前进；第一九〇师为军预备队，集结于牛路汰以北地区，军部仍驻兴隆街指挥作战。

预备第十师作战经过

预备第十师辖三个团：第二十八团（团长葛光才）、第二十九团（团长张越群）和第三十团（团长李长和），师直属部队有特务营、迫击炮营及工兵连。预备第十师于十一月二十八日由衡山驻地出发，经过四天的急行军，于十二月二日到达兴隆街以北某地。在距宿营地尚有五公里左右时，天已黄昏，有敌机一架在部队上空侦察良久。至宿营地后，得军部通知：预备第十师为军的左纵队，应于三日拂晓向德山前进。预备第十师研究敌情后认为，明日白天行军有与敌遭遇的可能，便不顾疲劳，提前于三日凌晨三时许出发，以第二十八团为先头部队，向德山前进；第二十九团在第二十八团左翼；师部和师直属部队随第二十八团之后；第三十团则在师左侧后跟进。师部和直属部队所选的行军路线有一段是小丛林地带，道路狭窄，搜索、瞭望均感困难。上午八时左右，师部行至上朳山附近山隘时，遭到日军伏击，官兵非死即伤。随后的直属部队无法展开，各自脱离阵地。战斗中，师长孙明瑾被敌机枪射倒阵亡，参谋长何竹本负重伤后被俘，参谋处长陈飞龙阵亡，其余幕僚人员也伤亡甚多。我在师部后尾行进，仅以身免。第二十八团于上午八时左右在放羊坪附近与敌遭遇，激战两小时，团长葛光才负重伤，官兵阵亡甚众，该团残部且战且退。第二十九团亦尚未展开即遭到敌人侧击，被敌冲散。第三十团在师的左侧，听到师长阵亡后，即撤走。

我到兴隆街时已是黄昏，军部已离开兴隆街进至某处，在第三师方面指挥作战。入夜，闻枪炮声越打越近，我乘月色往沧水铺退走。次日上午抵沧水铺，见本军士兵陆续从前线退下来，我只好收容伤病士兵，往益阳桃花江集合。经过两天，收容了预备第十师的官兵七百多人，第三师的官兵亦不少，但一九〇师的官兵却很少。方先觉于十日左右来到桃花江，我见到他时，他口中大骂要枪毙朱岳，说这次战败完全是因朱岳不听指挥，同时又怨薛岳不应直接指挥第一九〇师。他问了我收容的情况之后，派我代理预备第十师师长，在桃花江整训部队。次日，第二十九团张越群、第三十团李长和亦先后率残部到达桃花江，预备第十师合计还有两千多人，遂恢复了建制。在桃花江停留了十余天后，第三师亦来附近某处集合；第一九〇师则在太子庙以南某地集结。全军于十二月下旬回师衡山原驻地，补充整训。

预备第十师被击溃，主要原因是十二月二日行军至兴隆街以北地区时，被日机侦知了将要宿营的地点和行军方向、路线。敌人于是日黄昏时派出部分兵力进入丛林地带埋伏狙击预备第十师的首脑。所以预备第十师于三日拂晓出发后，行进不到十五公里，就遭到敌人伏击。其次是师长孙明瑾实地作战经验太少，疏忽之处太多。例如二日晚在研究敌情时，并未将敌机侦察我军的现象加以判断；对于部队经过复杂丛林地带时的警戒搜索，没有注意部署，以致遭到伏击。

第三师作战经过

第三师兵力与预备第十师相等，为军的先头部队，在预备第十师的右翼。该师先预备第十师一日到达三堂街，十二月三日由三堂街出发向德山前进，估计是日可以抢占德山高地。可是敌人已先第三师于二日下午进占了德山，另有一部向南站方面窜扰。第三师于午后展开，攻夺德山，经过激战，突破了敌人阵地，占领了一处高地，但伤亡甚众。这时预备第十师已被敌阻于上阵山、放羊坪一带。军长急命第一九〇师增援，可是第一九〇师到达牛路汰后，朱岳获薛岳电令，要他准备协助第十军右翼的友军暂编第五十四师作战，因此未能及时执行方先觉的命令，而按兵不动，以致第三师缺少支援，未能确保所占领的阵地以达到其增援常德的目的。同时常德守城部队第五十七师余程万部也遭受敌人飞机大炮和毒气的攻击，伤亡殆尽，被迫放弃了城垣。师长余程万率少数人乘一小木船往下卡方向遁走。周庆祥睹此情景，认为有被包围之险，遂带领参谋长、副师长及卫士十余人冲出德山，乘船向太子庙方向而去。第三师各团残余部队七零八落，群龙无首，退守一线。时已入夜，警戒枪炮声通宵不绝于耳。次日，军长方先觉亲自前往督战，率第一九〇师一部分兵力以及直属部队前往增援，将第三师残部重新部署，准备再攻德山。至七日，敌人已开始自动撤退，周庆祥亦回到第三师，与军部会合，并重整部队。

关于第一九○师作战的经过，朱岳未执行方先觉的命令，方对他恨之入骨，朱未曾提及，我无从了解。会战后，该师仍归回第十军建制回衡山原驻地整训。

第十军参加常德会战失败的原因，主要是由于薛岳认为常德是第六战区管辖地区，在日军进攻德山之前，对其企图行动未加密切注意，以致被动。其次是第十军以疲惫之师，在对敌情、地形未能确切判明的情况下作战，因此难以取胜。

常德会战后，薛岳认为第十军作战不力，且不听指挥（方先觉因第一九○师未能听命增援第三师，曾在电话中与薛岳争吵过），未能完成策应守城部队的任务，结果方先觉被调职，以钟彬接任第十军军长。后经李玉堂在重庆将第十军参加常德会战的实际情况报告顾祝同，请其向蒋介石说情；同时第十军全体官兵愤愤不平，通电请求中央保留方先觉原职。钟彬见此情况，迟迟不愿到差，拖了两个多月，方先觉亦亲自去重庆向蒋介石请罪，进行活动。适逢日军不久发动豫中会战，亦有第四次进攻长沙之势，蒋介石遂令方先觉驻防衡山担负守卫长沙的任务，第四次长沙会战后复调守衡阳。

第 三 章

长衡会战

湘北湘南阻击战

薛 岳[※]

民国三十三年（一九四四年）春，敌鉴于马绍尔群岛失陷，及凛于海运船只吨位之不足，知海洋交通不可必恃，乃变策略，以库页岛之利饵苏联，订（日苏）中立协定，移关东防苏兵力于我中原湘北各战场，欲以重兵急掠粤汉路，进而打通湘桂路，循我内陆以达马来半岛，攻印通越，以济其窘，且图击破我野战军，摧毁我空军基地，使无反攻力量。遂于五月上旬，任板垣为华中派遣军总司令，由第三、第五、第六各战区抽调大军，会合本战区当面之敌，以第十三、第三师团集中通（城）、崇（阳）地区，第六十八、五十八、第一一六、第三十四师团集中临、岳地区，第四十师团，集中华（容）、石（首）地区，为第一线兵团；第六十四师团、第十七独立旅团，守备湘北各据点，掩护后方交通，为第二线兵团；并由关东军抽调第二七、第三十七师团，为后续兵团，七月下旬先后到达战场；以第七独立旅团守备赣北，第十二独立旅团守备鄂南各据点。以上兵力共约二十余万人。此外尚有第十一军直属骑兵联队，独立山炮兵第一、第二、第五、第三十九联队，独立第九中队，独立野战重炮兵第八联队，独立工兵三个联队，铁道兵两个联队，独立电信第三、第五联队，战车第三师团之一部，飞机六百余架，汽车三千余辆，以备倾巢窜犯。

※ 作者当时系第九战区司令长官。

湘北阻击战

一、民国三十三年（一九四四年）五月二十五日夜，东路敌第十三师团、第三师团，分自南林桥、崇阳南犯，被我鄂保安团第三挺进纵队、新十三师阻击。二十八日陷通城。六月二日，第十三师团越长寿街、献钟以南大山，被我第一集团军后调部队及四四军一团阻击。敌循东门市、永和市南窜，我五十八军、七十二军、二十军之一三三师围击于蒋埠江、横山、高坪间。十四日，敌窜澄潭江、上栗市、白兔潭，第三师团经平江，出安定桥，以犯浏阳，我四四军据城反击，二十军尾击侧击。十四日浏阳陷，敌遂渡浏阳河南窜。我急令五十八军自桐木向西侧击，七十二军自澄潭江南拊敌背，二十六军自萍乡北上芭蕉塘，三十七军自醴陵疾趋白兔潭，阻敌南犯。

二、五月二十七日，中路敌第六十八、第五十八、第一一六、第三十四师团，分由潼溪街、八仙渡六路强渡新墙河，被二十军阻击。敌向汨罗河急窜，我三十七军、一六二师、九十九师于汨罗河两岸阻击。三十一日，敌由浯口、归义间强渡汨罗河，被我节节阻击。六月六日，敌主力抵金井、福临铺、沙基市、大路铺、五伦铺之线，先头进至捞刀河畔；而其三千人又在营田登陆，会攻湘阴。九十九师守兵一营，与城同殉。第三十七军以其六十师置金井、栗桥，阻滞敌人，主力向洞阳市、浏阳河转用。第九十九、第一六二师移匿三姐桥、大娘桥东西山地，侧击伏击。七日，敌六十八师团、五十八师团、一一六师团、三十四师团，在大桥市、路口畲、春华山、沙坪、桥头驿、霞凝港分别集结完毕。我长沙守军之第四军，以五九师、一〇二师扼长沙城，九十师扼岳麓山，严阵以待。八日，敌六十八师团、五十八师团向长沙，第一一六师团、三十四师团向岳麓山进犯，我节节猛击。十日，长沙外围之阿弥岭、雨花亭、金盆岭，岳麓山北之谷山，鏖战最烈。十四日夜，敌以纵深部队进逼愈烈。长沙南之红山头、黄土岭、妙高峰、岳麓山北之石家冲、西之熊家冲，屡失屡得。十六日夜，红山头、黄土岭陷，是时敌已集结达三万余，我第四军与敌搏斗者，才万余耳，连日苦战，伤亡逾半。我倚岳麓山建瓴之势，以制长沙，敌则志在先夺岳麓。岳麓主阵地，广袤五十里，我以伤亡过半之三团固守，实感不足，且隔河分阵，三面饶敌，势极险恶。张军长德能慑于危局，于黄昏时，令五九师、一〇二师各置一团固守长沙，抽主力渡江保岳麓。十八日拂晓，敌机三十余架更番狂炸，重炮毒弹集中射击，我守军伤亡中毒者又半，岳麓山核心卒被突破。长沙城内亦火光烛天，张军长指挥余部，且战且却，至湘乡永丰时，仅余两千人。敌积愤数年，耻深三败，且以世界局势威逼，不能不倾国力以图苟延，屡进屡退，长围血污。侵略者伤死固不足惜，而我以一军之众，力御数倍强寇，博战十余昼夜，竟使我忠烈将士与名城俱殉，可哀也。

先是六月四日，敌第三师团主力，分由花桥、金井南犯，我三十七军主力御之洞阳市、跃龙市。十三日，敌渡浏阳河进犯株洲，暂七师拒敌至十五日夜，移渌水北岸。

三、五月二十七日，西路敌第四十师团自华容、石首南犯，我九十九军节节阻击。六月一日，敌水陆夹击赤山岛，六日陷沅江，九日分由资水两岸犯益阳。我七十七师据城反击，第十九师由澧县趋援。十四日，敌转犯宁乡，十九师尾击之。初，敌陷沅江后，分二股，一由白马寺、关公潭、吞口、靖港南窜，被九十二师阻于沩水北岸；一由南湖洲，自烂泥湖登陆，渡沩水，合益阳之敌，从沩水两岸犯宁乡。我五十八师据城反击，十五师压城南，七十九军回龙铺，自西南向东北，十九师出岳家桥，自西北向东南侧击，剧战四日。敌陷宁乡疾趋湘乡，第十五师续战宁乡，五十八师、十九师逐敌尾击，七十九军驰赴永丰以固衡阳左侧。

湘南阻击战

一、东路敌第十三师团被围击于上栗市、白兔潭后，六月十八日窜湘东登官、醴陵，第三师团一部，亦薄醴陵西。我五十八军、七十二军、二十六军自萍乡西，三十七军自醴陵南，二十军、第四四军自澄潭江、白兔潭，逼醴陵东北，六十师自金井进至醴陵北，二次围击。敌急自浏阳增援两万余，瞰虚东犯，二十三日陷萍乡。二十四日，敌第十三师团向攸县进犯，五十八军、七十二军、二十六军自萍乡东、南、北三面反攻。二十八日，五十八军克萍乡，遂与七十二军向醴陵进击。七月七日，五十八军克醴陵，七十二军克泗汾、横岭铺、皇图岭。旋敌二十七师团自浏阳增至醴陵，第三十四师团亦自长沙经浏阳东南犯，第十三师团全部向攸县、安仁续窜。十日，敌复陷醴陵东出，其时留置三姐桥、大娘桥之九十九师、一六二师已越白兔潭南下，乃令与五十八军、七十二军合力击敌，颇有进展。而敌三十四师团，又经上栗市窜至芦溪，二十七日，萍乡复陷。九十九师、一六二师、五十八军、七十二军主力向萍乡合击。八月四日，九十九师、一六二师再克萍乡，第三十四师团向莲花南窜，九十九师、一六二师衔尾击之。二十七师团向醴陵回窜，五十八军、七十二军向醴陵再攻。十三日，五十八军迫城东、南、北郊，十五日夜，移击淦田、朱亭。七十二军继之续攻，曾突入东门，巷战三日。其新十五师于九月二十五日亦一度突入株洲，至十月十日，仍向醴陵及株洲之敌攻击未已。

五十八军自八月二十六日迄九月三日，先后攻占泗汾站、淦田、朱亭、石湾，颇有斩获。旋其新十一师击攸县，薄城东北接官亭。嗣为兼顾茶陵，九月十七日，以其一八三师留击渌口、淦田、朱亭，鲁（道源）军长率新十、新十一两师疾集湖口圩、浣溪圩。

当六月二十四日，敌第十三师团出醴、攸大道时，第三师团亦由铁河口渡渌水南窜，陷攸县，窜安仁。三十日，第十三师团之一〇四联队，向耒河之泚江口进窜，我二十六军尾击之。其时四四军已经萍乡、莲花进至茶陵北，急击攸县北，二十军进至茶陵黄石铺，急击攸县南。七月五日，四四军攻占新市，二十军攻占渌田、草市，三十七军亦攻占潭湖市、平田圩。敌急由明月桥南援，第三师团之三十四联队，且由皇图岭向茶陵南窜，四四军转向茶陵北，二十军转向茶陵东合击。十四日，茶陵陷，我仍合力反攻。是时敌正围衡阳，乃令九十五师悉力压安仁北郊敌，六十师急赴泉溪市，击衡阳东岸。二十三日，敌第十三师团之一〇四联队回窜界首圩以援茶陵，我乃以四四军续攻茶陵，二十军、九十五师主力及暂二军两营合击界首圩，敌不支，回窜竹塔市。是时敌攻衡阳益急，遂以二十军续攻安仁，九十五师再赴泉溪市，与六十师会击衡阳东岸敌。

第九十九师、一六二师衔敌三十四师团尾击，八月十三日克莲花。而敌二十七师团又循高垅窜茶陵，第三师团之三十四联队则西窜耒阳。四四军向茶陵围攻兼旬，八月二十八日夜突入西南门巷战。第三十四师团，八月中旬由安仁附近渡永乐江，被二十军、九十九师、一六二师阻击于九如山、洋际市、华王市，二十九日续西窜耒阳，图与衡阳南下敌出常宁、白水、零陵。九月三日，以一六二师继二十军攻安仁，九十九师向耒阳尾击。其时二十军向零陵转用，归入四战区指挥。迄十月十日，四四军之一五〇师、一六一师分压茶陵东南郊，一六二师压安仁东、南、西郊，与敌二十七师团对战。

二、中路敌陷长沙后，即循湘江两岸南犯，第六十八师团六月二十三日窜至泉溪市，第一一六师团六月二十五日窜至南岳市。我守衡阳之

214

第十军，以一九〇师、暂五四师（步兵一团）扼衡阳东岸，第三师、预十师扼衡阳城，严阵以待。

六月二十三日，敌第六十八师团开始向衡阳东岸进犯，二十五日夜，以其主力渡湘江，扑衡阳南郊。第一一六师团同时扑衡阳西南郊，且分置精锐于泉溪市、白鹤铺、金兰市各要点，拒我外援。二十七日，我东岸守军移守衡阳城，敌向城外围瓦子坪、火车西站、汽车西站、五桂岭诸要地猛攻，激战亘十余昼夜，敌伤亡綦重，攻势顿挫。

七月十五日，敌整顿阵势，向我易赖街、青山街、杨林庙、西禅寺、五桂岭、电灯厂、外新街连续猛攻，战斗日趋激烈；我外援兵团已开进配置完毕。十六日，第六十师、第六十二军、第七十九军、第六十三师，分向衡阳东岸及城西南、西北郊，第十九师向金兰市，为第一次攻击。激战至二十日，六十师攻占长岭铺；六十二军攻占黄茶岭、欧家町、托裹坑、火车西站，与第十军隔山相望；七十九军攻占贾里渡、铜钱渡；六十三师攻达望城坳、樟木市；十九师攻克金兰市，敌退元公寨。二十一日，敌集力向六十二军反扑，翌日，我退盘古街。其时敌四十师团由永丰向渣江、衡阳南窜，五十八师紧蹑尾追；五十八师团由长沙向衡阳急援，六十四师团亦向长沙、湘潭跟进。

二十五日，外援兵团为第二次攻击，迄二十八日，六十师攻占林木塘、回龙庵；六十二军攻占木厂边、龙家町；七十九军攻占二塘，渡过蒸水南岸；六十三师向望城坳攻击；十九师转攻潭子山；五十八师击退元公寨之敌，向演陂桥追击。二十九日，敌援五十八师团至，全面反攻。我稍却。是时衡阳守军，困斗已久，伤亡甚重，疲惫匮乏，不忍言状。八月二日，四六军之新十九师加入作战；外援兵团为第三次攻击。六十师攻抵泉溪市；六十二军攻占七里山；新十九师、十九师攻占雨母山、杨柳井；五十八师攻占鸡窝山；七十九军攻抵贾里渡、铜钱渡、集岳滩，六十三师攻抵樟木市、江柏堰。敌仍不断反击，五日，我新十九师、十九师、七十九军、六十三师又稍却。

八月四日起，敌六十八师团、五十八师团、四十师团、一一六师团，倾力向我天马山、西禅寺、五显庙、岳屏山、五桂岭、电灯厂、外新街诸要点攻击愈厉，我第十军集余力苦撑。外援兵团亦奋战日夜不息。六日午，敌占西禅寺、花药寺，攻益急。七日晨，敌五百余由小西门突入城内，我第十军竭力与之搏斗巷战。其时外援兵团，虽获进展，但敌自七月十五日猛攻以来，二十八日援至愈烈，我第十军守城四十七日，竭尽忠虑，伤亡殆尽。八月八日晨城陷，遂留光荣战绩，与名城永存。

衡阳陷后，外援兵团攻击至十八日，第三十七军转用于耒阳常宁方面；六十二军、四十六军、五一师扼衡阳西南北郊，与敌对战；七十九军移集白鹤铺附近；十九师、五十八师、六十三师移集永丰、佘田桥间。

敌围衡阳时，敌第十三师团于七月七日窜至梧桥铺、小水铺、耒阳，我连日攻御。十日，二十六军克梧桥铺。二十六日，暂二军克耒阳。八月一日，敌第三师团一部，由安仁陷耒阳，小水铺敌陷梧桥铺。第九十九军、二十六军、暂二军分从东、西、北三面合击。旋三十七军已渡茭河，向荫田圩、水口山会击，将敌压于耒阳城、灶头市、南京桥。九月一日，敌第十三、第三、第三十四师团，相继窜集耒阳荫田圩；第十三师团北向以渡湘江；第三师团向西犯常宁，以出白水、零陵；第三十四师团继之。我常宁守军六十师与敌苦战逾月，十月一日夜，退守南郊。是时第二十六军及九十五师，又于九月四日归杨森兵团指挥，向四战区转用。

八月中旬以来，敌三十七师团由长沙渐向衡阳、邵阳间移动。九月一日，敌集十三师团、五十八师团、四十师团进犯湘桂路，第三师团亦经常宁、白水犯零陵。李玉堂兵团之七十九军、六十二军阻击于祁阳、冷水滩、芦洪司、山口铺、巡检司，第一突击总队阻击于零陵，第七十九军军长王甲本战殁。

三、西路敌于六月十九日由宁乡犯湘乡，我九十二师与三十二师、新二十三师，各后调部队阻击；十九师、五十八师逐敌尾追，二十六日陷永丰；十九师、五十八师又合力反击，七月十日克永丰。敌更南窜金兰市，续窜衡阳，我又衔尾逐之。

八月二十一日，敌一一六师团沿衡宝公路，第三十七师团沿潭宝公路，向邵阳猛犯，我王耀武集团之七十四军、一〇〇军，于高真寺、白果市、台源市、渣江、金兰市、永丰、佘田桥、青树坪诸地阻击。九月十二日，敌猛犯邵阳城，十月三日城陷，我据城西北及西南地区与敌对战。

回忆此次作战，时连五月，地贯全湘，以我劣势之师，御敌倍蓰之众，敌且时有增援，我则久战疲敝，为攻为守，筹策维艰。将士同仇敌忾，万众一心，或纵横攻防，或钻隙奇袭，皆能排除艰难，遂行任务，深堪自慰。

先是战区预定于湘江东岸新墙、汨罗、捞刀河、浏阳河、渌水间，湘江西岸资水、沩水、涟水间节节阻击，消耗敌力；置主力于两翼，在渌水、涟水北岸地区与敌决战。于是由赣北及请由第三、第四、第六、第七战区抽调大军，令我湘北、滨湖、长（沙）、衡（阳）各地守军，并力于预定地区与敌决战，唯暂编第二军、第十军因各奉固定任务，及六十二军、四十六军又不能调至湘中，故本策不能实现。盖谋事在人，于所预期者，往往出意料外，斯为憾耳。

第十军固守衡阳，其中可歌可泣之事实，悲惨壮烈之牺牲，令人不敢回忆。盖自开始构工，以迄作战终了，官兵终日处于烈日烘炙与雨浸之中。衡阳房舍，被焚炸几尽，物资全毁，幸米盐早经埋藏，无多损失，作战全期，官兵饮食除米盐外，别无任何副食，因之营养不足，加之长时不能睡眠，以致腹泻腹痛，转为痢疾者甚多，又无医药可资疗治。各官兵忘其本身之痛苦，一意尽其天职，视死如归，坚守待援，故能苦斗四十七日，永留光荣之战绩，供后人凭吊。外援兵团第一次攻击时，均获甚大进展，且已与守军隔山相望，遥取联络，但无后续兵团策应，致被敌反攻退回，功亏一篑；迨后虽两次增兵再攻，而敌亦不断增加，终不能达到解围之目的，斯为遗憾。

此次作战，敌行广正面进犯，多通过崇山峻岭，人迹罕到之蹊径，其高级指挥官，亦多临前线指挥，致有六十八师团师团长在欧家町阵亡之惨（被炸成重伤，抬下战场）；攻长沙、衡阳时，尤多践战死者尸体，而厉行猛扑；独立防御时，不屈不挠，拼死抵御，虽全部战死不惜，有时多数阵亡，仅残余一二士兵，犹不肯降。其勇往迈进牺牲之精神固值赞许，然实凛于危局，不能不倾国力，以图苟延一线也。

长衡战役

赵子立　王光伦[※]

战役发生前敌我的情况

长衡战役前第九战区的人事情况和战斗序列

第九战区参谋长吴逸志于一九四三年秋让参谋处第一科科长林方策，代他向美国总统罗斯福写了一个建议：强调亚洲战场的重要性，并设计了一个加强亚洲作战的方案，由他的一个在外交界工作的襟兄转给罗斯福。罗斯福复电嘉许，并说已经把那个文件交美国参谋机构研究了。吴逸志大喜，即时将这件事的经过打电报报告蒋介石。他估计加强亚洲作战，于中国有利，蒋见此电，一定也会嘉许他。想不到蒋介石一见此电，不仅不嘉许他，反批了一个"免职，交军法执行总监部法办"。当时军法执行总监来电，让他到重庆去报到，他不敢去，后经薛岳说情，免职了事。

第九战区参谋处处长赵子立，于第一次长沙战役后，因薛岳突将长官部副官处长赵复汉、军务处长贺执圭降为第九战区干部训练团总务处长和教育处长，赵子立因与赵复汉感情甚好，不满此事，表示和他们同进退，向薛岳辞职，未准。第二次长沙战役，因在作战中与薛岳意见不合，战后二次辞职，又未准。第三次长沙战役后，杜建时任国民政府国防研究院副主任，杜提名赵为国防研究委员兼研究员去重庆学习，薛岳

　　※　赵子立当时系第九战区司令长官部参谋长。王光伦当时系第六十军第一八三师第五四八团团长。

不准去，赵只好报病住在湘雅医院而坚决辞职，薛又未准，并给赵晋升中将。至吴逸志去职后，薛岳保赵子立任参谋长。赵现在的"留"和以后的"去"，全在薛岳的掌握之中。

长衡战役时的战斗序列如下：

第九战区司令长官薛岳，副司令长官杨森、王陵基、王缵绪，参谋长赵子立，指挥下列部队：

一、第一集团军副总司令孙渡（参谋长悬缺未补），辖新编第三军杨宏光，第五十八军鲁道源，第一挺进纵队康景濂。新编第三军辖第一八三师余建勋，新编第十二师唐宇纵。

二、第三十集团军总司令王陵基，参谋长宋相成，辖第七十二军傅翼，第二挺进纵队盛瑜。第七十二军辖三个师。（编者注：后会战开始，第一集团军第五十八军由第三十集团军指挥，防守普迹、金刚头地区）

三、第二十七集团军总司令杨森，参谋长邵陵，在名义上指挥第二十军杨汉域、第三十七军罗奇、第四十四军王泽濬、第四挺进纵队王翦波。第二十军辖第一三三师周翰熙、第一三四师刘席涵。第三十七军罗奇辖第九十五师何旭初、第一四〇师毛定松。第四十四军似辖三个师。在实际上除第二十军外，均等于归薛岳直接指挥。

四、第二十四集团军总司令王耀武，辖第七十四军施中诚、第一〇〇军李天霞。第七十四军辖第五十一师、第五十七师、第五十八师；第一〇〇军似辖两个师。

五、战区直辖部队

战区直辖军三：第四军张德能，辖第五十九师、第九十师、第一〇二师；第十军方先觉，辖第三师、预备第十师、第一九〇师；第二十六军丁治磐，辖第三十二师、第四十一师、第四十四师。

战区直辖师一：暂编第五十四师饶少伟。

战区直辖特种兵团队：炮兵指挥部（王若卿），指挥约一个炮兵团；工兵指挥部（朱焕庭），指挥约一个工兵团；通信指挥部指挥官（孙某），副指挥官（唐明辉），指挥两个通信兵营。湘北破坏队（常章濡）；南浔线破坏总队（詹藜青）。宪兵第十八团（姚应龙）。

战役开始前第九战区的部署

第一集团军：新编第三军担任高安、奉新方面，第一线阵地的守备，第五十八军控置于上高、万载方面（战役开始集结于浏阳河南岸普迹市、金刚头地区，归第三十集团军指挥）。新编第三军以新编第十二师在锦江口—淞湖—高邮市（含）之线占领阵地，与生米街方面的日军对峙，师部驻珠湖（高安南）；以第一八三师在高邮市（不含）—大城—赤田—奉新—草坪岗之线占领阵地，与牛行、安义方面的日军对峙，师部驻肖坊（在高安、奉新间）；军部驻卢家圩（高安西）。康景濂纵队仍以九仙汤为根据地在靖安以西九岭山山区活动。总司令部驻上高附近。

第三十集团军：仍以第七十二军在修水（城）武宁间、醴溪方面对东北占领阵地，与武宁方面的日军对峙；一部控置于醴溪、修水（城）间。盛瑜纵队以九宫山为根据在幕阜山山脉活动。总司令部驻修水（城）附近。

第二十七集团军：第二十军以主力在通城、平江间南江桥方面，对北占领阵地，与通城方面的日军对峙；一部控置于平江以北地区。第四十四军以主力在新墙河南岸占领阵地，与北岸日军对峙；以一部在汨罗江口至新墙河口间担任洞庭湖东岸警戒。第三十七军，仍以一部在汨罗江口—营田—湘阴—临资口之线，沿洞庭湖东岸、南岸占领阵地，担任湖防，以主力控置于湘阴以东地区。王翦波纵队，在通城、临湘间地区活动。总司令部驻平江附近。

第四军控置于长沙、湘潭地区。第十军控置于衡山、衡阳地区。

王耀武集团军于战役开始前，似在湘西北，归第六战区指挥；战役开始后，才归第九战区指挥。

第二十六军于战役开始前，似在赣东；战役开始后，才归第九战区指挥。

战区直辖的特种部队任务同前。

日军不敢向第九战区进攻吗？

自一九四二年春，第三次长沙战役后，一直至一九四四年夏长衡战役在第九战区当面的兵力只有第六、第三十三等三个多师团。在这两年内，日军曾先后抽兵去参加第三战区浙赣路战役，第六战区的宜都、常德等战役；第九战区除了于一九四二年以第四军在清江抚州间参加浙赣路战役，于一九四三年以第十军在汉寿西北沅江南岸，参加常德战役（预备第十师师长孙明瑾阵亡）外，第九战区本身并无大的战役发生。至一九四四年五月间，综合本战区的情报及军令部与各战区通报情况大体如下：平汉路南段、粤汉路北段，长江航路运输频繁，不仅第九战区赣北方面，连长江中下游，南北两岸沦陷区，日军都在大量抓夫。湘北日军到处不准中国人通行，日军显有增加。最初参谋处处长林方策向薛岳报告，薛岳不信，继又综合各方情况作了一个敌情判断："日军要攻长沙。"签给薛岳，薛岳仍是不信。

很快日军进攻了，薛岳如此执拗，怎么办呢？由于薛岳对内部控制甚严，每当作战中，重庆军令部的参谋，常来电话问情况，在战区的参谋，回答电话时，薛岳如听见不合他心意的话，他都发脾气。后来他规定无论谁和军令部通电话，都得按他判行的情报和战报说，并且当时赵与薛同住一个楼，前后左右都是薛的耳目。因此，赵子立既不能打电报，也不能打电话向重庆报告。正在苦闷，事情恰恰凑巧，新到长沙的副司令长官王缵绪要到重庆去。王到长沙虽然没有几天，因为王是前清的秀才，赵子立把自己写的诗、词、曲名为《峰集》的书送给王，请他指教，因此，赵与王还谈得来，敢于向他说心里话。当王向赵辞行，赵子立说："日军正向湘北集中兵力，我判断这次日军集中的兵力，较之第一、二、三次长沙会战要大得多，可能要打通湘桂与越南的交通。但薛长官硬不相信日军会进攻长沙，他说：'自第三次长沙战役以后，敌人不敢再攻长沙了。'这样，要误大事！您到重庆恳切地向委员长报告，并对军令部说，要赶快计划这次的作战，要充分预备兵力，在衡阳决战。"

王缵绪走了以后，赵子立既怕耽搁事情，又怕王讲得不确实，又将对王缵绪说的话，示意给金远询——军统局派在湖南的负责人，让他电军统局转报蒋介石。

到一九四四年十二月或翌年初赵子立在重庆时，到王缵绪的家中去看他。王一见赵就说："我离长沙时，你对我说的话，我一到重庆，就向委员长报告了。"

应当在哪里决战

关于长衡战役，具体的作战计划是根本谈不上了，关于这一战役的作战指导方针，大体可分为三案：

第一案

战役开始的前几天，蒋介石派副参谋总长白崇禧到桂林，指导目前就要发生的战役。桂林本来有李济深——行营主任在那里，为啥又派白崇禧去呢？因为那时李济深与共产党有联系，蒋介石不怎么相信李，所以派白去。薛岳一听白崇禧到桂林，指导第四、六、七、九等战区的作战，就开始叫骂，闹腾着要辞职。有一次薛岳和白崇禧通电话以后，赵子立看薛岳怒容满面，口里骂着说："丢他妈！我就不去给广西看大门，不在湖南打，把部队都拉到广西——他家里去，可恶！"赵子立在旁估计白是要在湘桂边区或广西境内决战。这一案虽有缺点（下文可见），但有一定的理由，对攻者来说，像橡皮带子一样，拉得愈长，就愈薄弱，超过了极限，它就要绷折。显然到广西境内与日军作战就有这样的利益。

第二案

薛岳过去夸大第一、二、三次长沙战役的战果，别人倒不一定都相信，而他自己却深信不疑。先是认为"日军于三战之余，不敢再问津长沙"。及日军陈兵湘北，大战迫在眉睫，他的预言破灭了。但他又起了"守株待兔"的念头，认为在第三次长沙战役，祭起了他的所谓"天炉"战法，把敌军打败了，第四次日军进犯，仍应如法炮制，坚决要照第三次长沙战役的老样，一成不变地在长沙外围与日军决战。赵子立这时想起了第三次长沙会议时的会外意见——"不能用一个'死架子'打人"，现在薛岳正是要用一个"死架子"打人。赵子立只好婉言说："看敌人在江南江北到处抓夫，水陆运输繁忙，其形势与第一、二、三次会战显然不同，兵力很大，仍在长沙照老样决战，到时敌人有打内线的，有打外线的，还有预备的，我们难以取胜。并且敌人自第三次战役吃了亏，必然妥筹对策，我们不宜老用一个'死架子'打人。长官考虑，我们再让敌人深入一段，时间宽裕些，请军事委员会多给我们一些兵力，改在衡阳与敌决战怎样？"不管怎样说，薛岳总是认为日军东拼西凑，不会有什么大的兵力。

第三案

赵子立当时认为必须使用第九战区的全力，第三、第六、第四、第七战区的大部或有力一部在衡阳与敌决战，才有获得胜利的希望。原因是：

如果日本真是要打通湘桂与越南的交通，集中的兵力准不会少，中国只有集中江南的兵力，才能战胜日军。决战的地点，最好是在衡阳，它是当时江南交通的中心，第三、第九、第七、第四、第六战区及军事委员会直辖的兵力，均易于向那里集中，其余全州、桂林、柳州、长沙、衡山等处，均没有这个条件，它的地形好，北临蒸水，东临湘水、耒水，四周没有可以瞰制它的高地。市区适宜于三四个师兵力的守备。其余长沙、衡山、全县、桂林都没有这个条件。

由新墙河至衡阳五百余里，实施有计划的逐次抵抗，至少可赢得一个多月的时间。在此期间内，江南任何战区的部队，均可赶到衡阳。

当衡阳的核心部队和外围部队与敌决战时，另以有力部队，由衡山

（城）方面，湘江东西山区向衡山（城）夹击，易于切断日军后方的交通。

当第三次长沙会议时，赵子立受到会外议论——"不要用一个死架子打人"的启发，曾经想："后退决战""争取外线"这两个方针是不能变的，要变只得依敌人兵力大小，改在衡山或衡阳决战，或依敌我态势不再进行求心攻击，而决战地区的重心，改在敌军的一侧（或湘江西岸或东岸），让敌人摸不到我军的行动。但遗憾得很，由于两年的平静生活，除了看例行公文外，总想看自己想看的书，对作战方案一度想过后，就没有再去想。及至一九四四年五月，有了具体情况，最初只争论日军敢打不敢打的问题，没有着重去研究作战计划。直至王缵绪由长沙去重庆时，赵子立尚未考虑成熟，仓促之间，没有能写一个书面的具体方案，带给蒋介石，只如上文所述，请王缵绪口头向蒋介石转达那几句简单的话。及考虑成熟，再想写成一个成文的东西，让金远询的电台报给蒋介石，初则没有机会和金见面（不便公开找他），继则听说金疏散到后方去了。在这种情况下，只好对薛岳说，但是那时薛岳是听不进去不同的意见，赵子立也不能尽其词。

至八月赵子立到桂林见白崇禧，赵向白报告长沙作战经过，赵刚说道："薛长官囿于第一、二、三次长沙会战的经验，不管敌人的目的、兵力和行动如何，硬要用老一套，在长沙决战……"白不等赵说完，就用手一敲桌子插言说："当时我就很反对在长沙决战！荒谬！荒谬！——你知道，薛伯陵是不听我的话，委员长当时也没个一定的主意！"从白崇禧的这句话看，蒋介石也是同意第二案的——至少未制止薛岳进行第二案。在薛岳离开长沙以前，蒋介石把第三战区的丁治磐军、第六战区的王耀武集团军交薛岳指挥，仍如第一、二、三次长沙战役一样，全听薛岳摆布。赵子立请王缵绪向蒋介石所作的"薛岳要误事"和"要充分预备兵力在衡阳决战"的报告，一点也没有效力。

第四次长沙会战和内部矛盾

长衡战役于一九四四年五月下旬开始，至八月初结束，共约三个月，分为第四次长沙会战及衡阳保卫战两个阶段来说。

现在先说第一个阶段——第四次长沙会战，它约自五月下旬新墙河战斗开始，至六月中旬长沙失陷，约近一个月。

在新墙河战斗时期

日军由新墙河北岸及通城方面，向第四十四军、第二十军的全正面进攻，速度不快，步兵在炮空的支援下，步步向南压迫。同时以许多小型舰艇由新墙河口开始扫雷，破坏我军封锁线。薛岳此时仍认为敌人兵力不大，进展不快，没啥！

新墙河的战斗开始了，是决定长沙会战整个部署的时候了。首要的问题，就是谁来守长沙。这时第四军正驻在长沙、湘潭，第十军正驻在衡山、衡阳。薛岳几次向赵子立说："让哪个部队来守长沙呢？第四军这个部队长于攻，而不善于守……"薛岳是启发赵子立说话。赵总是把头低下，装糊涂。此时赵思想上萦绕起一九三八年夏吴逸志关照自己的话："……要知道第四军与伯公（薛岳）的关系，什么事情，不要等伯公自己说话……"但赵子立终于咬紧牙关，不开口。最后，薛岳很不高兴地说："好吧！那就让第四军守长沙吧！"赵子立不开口主要的原因是：以第四军守长沙，将来赵子立好建议薛岳仍在衡阳决战，把长沙只作为逐次抵抗中的一个抵抗线。到那时，薛岳为保全第四军，容易接受赵的这个意见。

第四军守长沙的问题决定了，就开始下达作战命令。这个命令的内容在洞庭湖和湘江以东，完全是照第三次长沙战役的老样描，其要旨如下：

"第四军（附战区直辖的炮工兵）守备长沙。

"第二十七集团军：一、先以第二十、第四十四军利用现阵地拒止敌人；继应确保外线，一面采取逐次抵抗，一面以第二十军转移至平江及其东北地区；同时以第四十四军转移汨罗江南岸。二、次以第三十七、第四十四、第二十军守备临资口—湘阴—汨罗江南岸—平江东北线阵地，拒止敌人；继应确保外线，一面以右翼为轴采取逐次抵抗，一面以第三十七、第四十四军主力向平江东南地区转移；同时以一部潜伏于汨罗江、捞刀河间地区。三、而后待命以第二十军向汨罗江以北攻击，断敌归路；以第四十四军、第三十七军向捞刀河以北长沙外围攻击。

"第三十集团军以一部守备修水方面现阵地，以主力向社港市、相公市以东地区前进，待命沿捞刀河左岸向长沙东北攻击。

"第二十六军向浏阳前进，待命沿浏阳河右岸向长沙以东攻击。

"第一集团军以第五十八军（附新编第三军一个师）向上栗市前进，待命沿浏阳河左岸向长沙东南攻击。

"第十军向渌水南岸前进，待命向长沙以南攻击。

"王耀武集团军向宁乡以西前进待命，向岳麓山外围攻击。"

这个命令下达以后，薛岳让司令长官部大部人员到耒阳，以一部人员组成指挥所，搬到岳麓山去住，他要重温第三次长沙战役的旧梦。

这时候，前第四军军长、现任第二十七集团军副总司令欧震，此时怕薛留他在长沙指挥第四军。他对赵子立说："我不愿意留在长沙指挥第四军，你和长官商议，给我一个任务，离开长沙吧。"赵和薛商议，让他帮助杨森去指挥第二十六军、第三十七军、暂编第二军了。

薛岳同赵子立搬到岳麓山，没有两天，就看出大势不好了！湘北前线部队在战斗中发现敌人兵力十分强大，综合部队及情报人员的报告，已查明的师团及独立旅团的番号有八九个之多（当然还有未发现的）。第二十军在第一、二、三次长沙战役中，都是一度战斗后转到梅仙、平江以东准备侧击敌人。此次在汨罗江以北站不住脚，第四十四军、第二十军都被敌人压迫到汨罗江南岸，薛岳始则说"报告不实"，继见日军湖面部队连破我封锁线，侵入营田以北、汨罗江以北，大为惶恐，坐卧不宁，想要逃跑。尤其是薛岳的太太不断由耒阳打来电话，让薛岳离开长沙。接着薛岳提出了指挥所的转移问题。薛岳说："将来本部要移湘东指挥。"赵说："将来的战事，是要向西南发展，本部移驻湘西指挥怎样？"薛岳带着气说："我不去给重庆守大门！"赵子立这才明白，他是要躲在粤汉路以西，让开日军的箭头，必要时就去拉游击队。

薛岳临由岳麓山向耒阳走以前，很客气地对赵子立说："我先去后方，你在这里照料一下。"赵子立当时认为薛岳是先去后方，将来仍会让自己到后方去；如果不让回去，对长沙守军，岳麓山指挥所当然可以指挥。到那时就让第四军向远方多派些前进部队，以空间换取时间，磨上几天。薛岳绝不会牺牲第四军，白崇禧又是反对在长沙决战的，到那时建议薛、白由长沙向衡阳进行逐次抵抗，这样，自然就造成衡阳决战的形势了。所以当时赵子立就接受薛岳的话，留在岳麓山。赵子立送薛岳走时，对薛岳说："我们赶快把已发现的敌人番号报军事委员会，并说明战斗刚开始，敌人就用了这样大的兵力，一定还有后续部队，还是要多调部队，在衡阳决战好。"薛岳不加可否，"唉""唉"了两声就走了。

薛岳走后，赵子立看第四军守长沙的部署是：长沙两个师，岳麓山一个师。赵不同意，打个电话给第四军军长张德能，让他把第四军的主力调过岳麓山来。张未说话。赵又说："你放心！岳麓山要是守不住，长沙绝守不住。换言之，只要守住岳麓山，就是守住了长沙。"赵表示很坚决，张德能不得不说实话了。他说："长官走时有交代，部队仍归他指挥。你要想变更部署，先打电话给长官吧！"赵子立一听，身上气得哆嗦，立时向薛岳要电话，赵问："我在这里是否指挥第四军？"薛答："你不要指挥它。"赵说："那我在此地干啥？要不我就回去吧？"薛说："不！——你在那里联络。"赵再也忍不住了，说："联络，为啥不派参谋？要是看房子，为啥不派副官？"薛岳无言以对，摔了电话机，赵也摔了电话机。从此，赵、薛再没有直接通过电话。并听说，薛岳已让中将高级参谋沈久诚办理参谋长的业务。接着薛岳就把他的亲信、半亲信，甚至稍亲信都从岳麓山调走了。赵子立一看这种情形，更明白薛岳是要安心整自己了，就让岳麓山指挥所除了一个通信班、一排武装兵（长官部特务团的）和赵子立随从士兵外，全由高级参谋马良骥带着回耒阳去。马良骥不愿走（马与赵是陆大十四期同学），当时赵硬让他走，还有上校参谋陈驭远和一个李副官说啥都不走，也留在岳麓山了。

正当岳麓山指挥所的人纷纷去耒阳时，有由军令部和美国的首席顾问联合派在长沙担任陆空联络的一个美国军官来找赵子立说："你们都走了，怎么不让我走？"赵对他说："他们在此地没有任务了，所以要走，你担任对空联络，现在长沙要作战了，正是你要履行任务的时候，你怎能走呢？"那时，日机天天去炸长沙，也不见美国的飞机去助战。那位美国军官又停了一天，吓得又哭又嚷，再来找赵子立。他说："你让我走，我也走，你不让我走，我也要走！"赵子立无奈他何，他就走了。

在这个时候，赵子立的妻子由耒阳来电话说："前几天我问薛夫人：'长官回来了，一峰（赵别名）怎么没有回来？'她说：'迟几天就回来。'昨天我又问她：'留岳麓山的人，大部都回来了，一峰怎么还不回来？'她吞吞吐吐，不肯明说。我又说：'您对长官说让一峰回来吧！他又不是带兵的，老把他留在前方干吗？'这到底是怎么一回事？你啥时候回来？"赵说："他们就是把我留此地了，你们带着孩子离开耒阳到桂林去住吧！"这样，赵与薛决裂的痕迹更加明朗化了。

在汨罗江战斗时期

日军开始进攻汨罗江南岸，它的主力是在平江方面。它的兵力虽大，进展的情况和在新墙河战斗一样，仍是不快。这是因为：日军洞庭湖湖面部队进展不快，在岸上、洲上、堤上都有我步兵战斗，树上也设有鸟巢工事，大部雷区都在岸上、洲上、堤上的炮兵掩护下，一切峡道港汊（水面窄的）还有竹木或其他材料构筑的封锁线，它须一面战斗，一面扫雷和破坏我其他封锁线。日军地面部队，一面前进，一面在后方强迫民夫修路。这与第一、二、三次长沙战役的情况，大不相同。

在汨罗江战斗开始，赵子立不愿再直接向薛岳说什么，便在电话上对张德能说："现在我不是指挥你，我是向你建议。这一次敌人进攻是从湖面和地面两路来的，这与第一、二、三次长沙会战不同。你想想，敌人要是占领了岳麓山，长沙与岳麓山只一水之隔，长沙全在岳麓山瞰制之下，你能守住长沙吗？如以主力守岳麓山，就是敌人占领了长沙，我们仍可居高临下，隔河对战。主力转到岳麓山之后，向北向东，远远地派前进部队进行逐次抵抗，只有这样才能争得守长沙的时间，你可以将这个理由报告长官。"张德能的回答是："长官教我以主力守长沙，我只好以主力守长沙。"

赵子立气极了，想先向桂林白崇禧、重庆军令部和蒋介石侍从室将自己的处境备个案，将来活着呢，好打官司；死了呢，也要让别人明白。但是糟得很，后方的长途电话，又忙又乱，不是要不通，就是要通了说不成。赵子立正在着急，机会来了：一个是王耀武率部到了常德、益阳，途中来电话与赵子立联络，赵除了将洞庭湖、汨罗江的情况告知王外，并对王说："我现在处境很恶劣，薛长官先到耒阳去了，把我留此地，你赶快向军令部和委员长给我备个案，我在岳麓山既不能实行参谋长职权，薛岳又不让我指挥长沙守军，他安的什么心？千万替我说明。"一个是第三战区副长官兼吉安指挥所主任上官云相（他是赵子立在第九军工作时的老长官）由吉安来电话问湘北的情况，赵除了将湘北情况告诉他以外，又将对王耀武说的话，对上官说了一遍。除此以外还接第二十六军军长丁治磐、第一八三师第五四八团团长王光伦等部队长在湘赣途中打来电话联络。赵子立除了告诉他们湘北的情况外，怕他们重蹈第二次长沙战役时第七十四军的覆辙，总告诉他们搜索前进，特别注意右前方的情况和友军的联络。此后，岳麓山与湘东湘西的部队电话就不通了。

渡过汨罗江的日军把它的左翼（东面）一直延伸到献钟方面，向南猛攻第二十七集团军，使它在平江东南——预定的反攻准备位置——立不住足，纷纷向捞刀河以南败退。此后，岳麓山与湘北的部队电话就不通了。日军再度向南猛攻，连新到达浏阳附近准备向长沙进攻的第二十六军，连新退到捞刀河以南的第二十七集团军都立足不住，纷纷越浏阳河向渌水败退。日军于向南进攻的同时，向东、向东南击攘。向社港市、相公市方面进出的第三十集团军，向上栗市方面进出的第五十八军、第三十集团军似停止于东门市附近，第五十八军与日军连日激战于蒋埠江

227

上流，文家市附近地区，两翼受敌包围，第一八三师长余建勋负伤。部队撤至上栗市继续抵抗。

日军湖面部队，一面以扫雷艇扫雷，一面以飞机狂炸封锁线。在这一时期，它要开辟的航道，主要只是营田到靖港段，其次是营田到临资口段，湖面战斗的范围，仅东南一隅。经四五日的战斗，日军在资水、湘江间——临资口、靖港一带登了陆，并将王耀武集团军阻止于益阳附近地区。

在这个时候，有一次电话兵对赵子立说："委员长要找你说话。"赵子立拿着耳机子听着，一会儿电话兵又说："电话局试不好电话，已报告委员长不能说。"此时湘北部队已退到株洲方面，电话乱成一团，蒋介石也打不成电话。此后岳麓山和后方的电话，也就断了，长沙、岳麓山成了孤岛。

自日军占领靖港后，日军由湘江东岸铜官方面向湘江西岸靖港方面过河，一连过了几天。赵子立曾让第四军电报薛岳，要求空军前来轰炸，亦未见到。

在长沙战斗的时间

长沙的战斗是在这样的情况下开始的，东面的部队被敌人击攘于东门市—上栗市概略线上，南面的部队被敌击攘于渌水两岸，这两方面不仅无力反攻，连防御都感不支，北面根本没有部队了，西面的部队被敌拒止于宁乡以西，不能进展。距长沙最近的部队也有百里之遥。在这种情况下，薛岳所说的什么"天炉"，早被敌人打得粉碎。仍要在长沙决战，仍要固守长沙，已毫无可能，毫无意义。但这时白崇禧主张要在广西与日军决战早已失败，不再争执了。赵子立本想于战况发展到一定阶段，提出在长沙决战不利时，再向薛岳、白崇禧建议在衡阳决战，可是想不到自己被薛岳"置诸瓮中"，业经窒息了。薛岳是坚决主张仍在长沙决战的，他后来虽想保存第四军的实力，但他没脸请求放弃长沙。他一意孤行，早已乱了步骤了。至于蒋介石呢，他从来是不分青红皂白，只知道要求部队与阵地共存亡。

在未说长沙战斗以前，再把长沙的工事和阵地说一下：长沙的地堡工事，仍基本完整，岳麓山是野战工事，也有少数地堡。第四军受命守长沙后，加紧修补工事。第三次长沙战役时，湘江两岸无情况，以一个军守长沙，兵力尚嫌少，此次，敌人于湘江的东西两岸同时进犯，仍以一个军守长沙和岳麓山，守备的兵力与阵地根本不相称。就按岳麓山说吧，北、东、南三面，总共十三四里，对最优势的敌人，如企图作最坚强的持久防御，一个团只宜给予二里的正面，尚必须有充分的预备队，以此而论，仅岳麓山就需一个军兵力，何况尚有长沙呢？

战斗开始，日军对第四军派在长沙、岳麓山外围的前进部队、警戒部队驱逐以后，以较第四军绝对优势的兵力，进攻长沙和岳麓山。第一日长沙的战斗，十分激烈，日军的攻击重点似指向长沙的东北面。日军攻击进展很快，在第三次长沙战役中曾经大显神通，遏制了日军前进的庞然大物——街市地堡，在此次战役中，是一蹶不振，变成守兵的坟墓！岳麓山的炮兵，在第三次长沙战役中，曾经大显神威，叱咤风云，此次则力竭声嘶，终于噤若寒蝉。这是什么原因呢？形势变了。第三次长沙战役道路被破坏了，日军没有后方交通。此次日军开辟了水上的航线，又修复了陆上交通，开来大量的各种炮兵。对于暴露的地堡，是一炮或几炮就破坏一个，尤其大量的平射炮，于近距离直接瞄准射击，命中十分容易。岳麓山的炮兵，在第三次长沙战役时，都是在山头占领阵地，直接射击，容易发挥威力。此次敌人炮火优势，制压了我军的炮兵。更加上日军的飞机，此去彼来，不断猛烈轰击。在这种情况下，长沙只经一日的战斗，就失去三分之一。第一天岳麓山的战斗还稳定，日军的攻击重点，指向岳麓山的北部。日军不顾伤亡，冒着我炮兵及机枪的火力，向我阵地接近，至黄昏前后，被拒止于山脚下。

入夜后，张德能沮丧地给赵子立打电话说："敌兵强大，长沙难守，我想按你的意思以主力守岳麓山。"赵说："能过来吗？晚了吧！"张说："能过来。"赵想第四军主力在长沙完了，岳麓山绝对守不久，第四军主力过来死守几天，薛岳绝不会让第四军全部牺牲。此时如仍想进行逐次抵抗，是已经迟了，但如薛岳同意，将来仍可向西突围。湘江以东部队虽多，距长沙远，且战斗力不强；湘江以西的王耀武部，距岳麓山近，且战斗力较强，或不会被敌人驱逐得过远，只要突出包围线，容易与王部会合。纵使不突围，与阵地共存亡，将兵力集中在一起，予敌人损害也要大些。赵考虑之后，对张说："你知道，你不归我指挥，但如你一定要转移时，我仍同意，并仍负建议的责任。"

于是张德能以一部——约一个团守长沙，以主力——两个师欠一团，由湘江东岸向西岸漕渡。由于船只不多，渡河迟慢，敌人发觉后，进行夜袭，渡河部队，有的渡过，有的溃散。当时张德能并没有亲自指挥渡河。他先过西岸，因连日疲乏，就蒙眬了一下。这时岳麓山部的敌人，利用暗夜，向我阵地前进，我军照明材料不多，射击效力减少。这种情况，守岳麓山的第九十师找到张德能报告。张让渡过河的部队去增援岳麓山北部。但糟得很，就是渡过河的部队，也发生了混乱，军长、师长都不能掌握部队，错乱之间，逼近拂晓，尚未能进入阵地。

赵子立在这一夜间，因找不到张德能，曾亲至第九十师师部见了师长陈侃和参谋长罗旷，才知道第四军主力于长沙撤退和渡河中出了纰漏。至拂晓前，第四军军部与赵子立处的电话通了，和张德能通了电话，又晓得已渡河的部队，也大部发生混乱。长沙市区也没有枪声了。赵子立知道"完了"，走吗？怕给薛岳以"口实"——说赵子立先逃跑影响了第四军；不走吗？自己又不指挥第四军。考虑的结果是："张德能走，就走；张德能不走，就不走！"赵子立一面派人在爱晚亭附近的山顶瞭望情况的变化，一面不时在电话上和第四军联络。拂晓前后，岳麓山北部、西部枪炮声最为激烈，不久枪炮声渐渐稀了，瞭望人报告说岳麓山北部第四军部队纷纷后退。赵子立再在电话上找张德能说话，先是找不到，再是连电话也不通了！这时陈参谋、李副官匆忙走进屋来，他们说："敌人已到我们北面的山头，距此不远，第四军全部溃了，张军长已经走了，我们再不能不走了！"赵子立就同他们和留下的那一排士兵一同向南走。这次敌人是急于要占领长沙，采取了"围攻必缺"的战术，岳麓山的南路并无日军拦阻，日军仅在路的西面高地向路上射击，有的被打死打伤了，有的跑过去了。赵子立脱离了敌人射界以后，赶上了张德能。赵子立说："长沙是丢了，我建议你要赶快收容部队，拖向岳麓山以西反击岳麓山。"张德能说："你看部队这个样子，怎能收容起来！哪能反击岳麓山呢？"赵说："不管收容多少，都应这样做，都能这样做，只要你放着枪，你的责任就要轻些。"看样子，张无心接受赵的建议，赵就走了。从此，一直到八月间赵和张才又在桂林见面。长沙的战斗，步兵是溃了，伤亡并不大。可惜的是炮兵连一门炮也没有拖出来。

由新墙河战斗开始至长沙失陷，将近一月，而长沙的战斗仅占一天一夜多。

衡阳会战和长沙失守

赵子立自留岳麓山以后，就没有行使参谋长职权，于衡阳战役的中期，就赴桂林、重庆去了。所以衡阳会战，只知梗概，不能详细叙述。

日军占领长沙时，仅进行战场内的追击，并没有进行战场外的追击。因为第四军是溃的，而不是有部署的撤退，有由湘江东岸溃的，有由湘江西岸溃的，落荒而逃，没有整体的目的，使日军无法追击。日军占领长沙后，也需休息，补充弹药器材，再开始而后的作战。

赵子立等由岳麓山经湘潭以西走了四五天到了衡阳，见到第十军军长方先觉，知道薛岳已令第十军并指挥暂编第五十四师饶少伟部守衡阳。薛以暂编第五十四师参加守衡阳，非出自意愿亦系为当时形势所迫。方先觉对赵说："薛岳这样对待你，他已经把事做绝了，你没有再去耒阳和薛岳见面的必要了，就去桂林、重庆和薛岳打官司好了。"这几句话，正合赵的意思，赵就上了湘桂路的火车（此时衡阳以南湘桂路、粤汉路尚未被破坏）。此时，陈驭远已决定不回耒阳，但他却力劝赵子立回耒阳。此时，又遇见一个人，似工兵指挥官朱焕庭或政治主任徐中岳，他们说："你径向桂林，要是薛岳报你潜逃，怎么办呢？"赵子立这才由湘桂路的车厢里，转到粤汉路的车厢里，忍着气回了耒阳。

衡阳战斗开始前的时期

日军以有力一部，由宁乡方面向南进攻，经湘乡、永丰，将王耀武集团军压迫至衡阳、宝庆（详细地点不知道）间地区。与此同时，日军以主力由上栗市、株洲方面向南进攻，第二十七集团军（第三十七、第四十四、第二十军）及第二十六、第五十八军，虽经各军力战，但终不支。第五十八军转战于湘东、老关、安源、麻山、莲花等地区。在麻山战斗中，鲁道源杀了第十一师的两个作战不力的营长，其中有一个是鲁道源的外甥。结果，这五个军被压迫至莲花—攸县—衡阳之线。在这一阶段的战斗，约经过二十日之谱，日军到达衡阳附近时，似届七月中旬。

我军由株洲向衡阳撤退中，对湘江东岸的铁道未能彻底破坏，对湘江西岸的公路更说不上破坏，湘江航线，亦未封锁。日军一面向南进攻时，就一面恢复了交通。

从长沙失守后，第三十集团军就以铜鼓为核心，东对武宁，西对通城、平江，采取警备和自卫态度。它对衡阳会战来说，已不发生什么关系。

赵子立到耒阳见薛岳，用在路上已经想好的一句话对他说："此次作战，我未有能尽到我职责上应尽的责任！"薛岳呆着脸说："你回来了，你休息吧！"赵子立回到耒阳以后，有许多人劝赵忍耐免生意外，俟战役结束后再想法脱离。赵并从许多和自己接近的人员中知道了下列的情况：

薛岳到耒阳，曾接到蒋介石的电报，让他到湘西去指挥，他不去，并且说："不去给重庆守大门。"

自赵子立留岳麓山，由沈久诚在薛岳左右办理参谋长业务后，沈竭力破坏赵，并从中挑拨赵与薛的关系，说什么："既不接受蒋的命令到湘西去，赵是中央军校的学生，就不宜再用赵做参谋长。"

长沙战斗开始前，蒋介石侍从室主任林蔚曾在电话里向薛岳说："你很忙，还是让赵参谋长回来帮助你吧。"薛岳说："现在交通有困难了（实际上当时并无困难）。"

自长沙失陷后，薛岳又不接受蒋介石的命令到湘西去指挥，要闪开敌人的箭头，躲在粤汉路以东，因之威信大失，各部队对于他的命令皆不如以前重视。

赵子立在耒阳的时候，只有开饭的时间才和薛岳见面。在开饭的前后，薛岳总是骂张德能给赵子立听。赵总忍耐，但他没个完了，赵子立只好说："事情过去了，再痛恨也是枉然。第四军在变更部署和渡河中发生了混乱，以致长沙迅速失守，固然是值得痛心的事情，但纵使不发生这个错误，第四军守一个星期，守两个星期……外线的部队能打上去吗？第四军全部牺牲了，能会使此次作战，得到胜利吗？目前衡阳的战事还不是一样，外线部队现在连守都不能守，将来还能打到衡阳去吗？应当研究怎么办。至于第四军，此次损失不太大，虽然溃了，无异于前方解散，后方集合，收容起来还可作战，'塞翁失马，焉知非福'，不必再生气了。"

衡阳战斗的时间

衡阳的战斗，从前进部队开始与日军接触起，至衡阳失陷止，共四十余日，可分为三个阶段。

衡阳战斗的第一个阶段：日军仍一面以主力继续进攻衡阳以东以西的外围部队，将他们压迫到莲花—茶陵—耒阳—常宁—洪桥—佘田桥这一概略的弧形线上，使他们远离衡阳；一面以一部由驱逐衡阳派出的前进部队和警戒部队，围困消耗疲敝衡阳的守军。这个阶段约经二十余日。

这个阶段，薛岳在耒阳也待不住了，赵子立又跟他们逃到郴州。当衡阳快要合围的时候，薛岳于开饭时，悲痛地说："第四军完了！暂编第五十四师也要完了！"又骂第十军军长方先觉对暂编第五十四师指挥不当，是要牺牲饶少伟。

到郴州没有几天，薛岳对赵子立说："军事委员会让张德能去桂林、重庆报告作战经过，你也去一趟吧。张德能的熟人少，你的熟人多，到那里好帮他说些话。"赵当时正如坐针毡，认为这样离开薛岳是最好不过了。在赵子立起身之前，突有中央通讯社驻长沙的记者胡定芬同大公报驻长沙记者高元礼，去找赵子立，并对赵说："我俩也要到桂林去，同你结伴走。"这样，就别离了工作七年之久的团体，踏上征途。

衡阳战斗的第二阶段：在本阶段和次一阶段，赵子立已经离开第九战区了，以下所写的情况都是战后听第十军的朋友，如萧圭田［守衡阳时任团长，一九四六年定陶战役时任整编第三师（第十军改编的）的参谋长，与赵是陆大十四期同期同学］，姚少一（守衡阳时任参谋，一九四六年任郑州绥署参谋科长，一九四九年任第一二七军赵子立的参谋长）等所说的。尤其姚少一以后与赵子立两次相处，多次谈过第十军当年守长沙、守衡阳的情况。衡阳的地形，前面说过比长沙好，长沙与岳麓山是为一水——湘江——所隔，东西交通和联络不便。而衡阳为三水——蒸水、湘江、耒水——所绕，东、北两面有天然的障碍力大的外壕。衡阳市区的阵地，较之长沙和岳麓山的阵地，要少二分之一以上，以三个师担任守备，兵力与阵地相称。衡阳的工事，市区边缘是一临时构筑的野战工事；市区之内亦是预行和临时构筑的地堡工事。一切衡阳市战争的设备都是照它于第三次长沙战役时守长沙的经验进行的。日军向市区进行总攻时，日军又增加了生力部队。进攻的重点是由蒸、湘两水间指向衡阳市区。日军凭借它的空军和绝对优势的步炮兵进攻非常猛烈。第十军各部队的官兵，有守长沙的经验，战斗是沉着的，部队均能自动作战。屋宇地堡虽被敌机炮轰倒，士兵们或利用断壁颓垣，以火力坚决抗击；或奋不顾身，挥舞白刃，与敌格斗。尤以衡阳西南部最为激烈，一沟一壕，一堡一垒，一街一巷，一屋一宇，皆失而复得、得而复失者数次。有很多士兵在负伤抱病的情况下，坚持战斗，不退出火线，或一时退出了，再自动上去。双方死伤之众，盈街累巷，无暇掩埋，也不能掩埋，尸臭熏天，血凝满地。第十军的士兵们为啥这样坚决呢？他们以为第三次战役能在长沙把敌人打退，现在仍能在衡阳把敌人打退，衡阳打得愈紧，外面的将包得愈紧，他们只知道为完成任务，反抗侵略而战，他们哪知外面战略战役的形势已今非昔比，早已在不战而败之中呢！像这样进行了约十几天，衡阳市区大部仍在我手。此时外围各军，因兵力处劣势，且转战两月，疲劳已甚。据赵子立所知道的，当时并无生力部队参加。就按现有的兵力说，其部署也是错误的。依情况：应当把主力使用在湘桂路方面，集中兵力于一点，向衡阳西南面反攻，才有力量。因为薛岳不到湘江以西去，他就把主力——第五十八、二十六、二十、三十七、四十四军留在湘江以东散处在莲花、耒阳间二三百里的地区，重点不明，毫无力量。衡阳以西仅有王耀武的两个军。虽蒋介石于此时严令各军向衡阳反攻，但各军不能胜任，毫无进展。

赵子立到桂林见白崇禧，报告长衡战役和长沙战斗的经过。白对赵无限同情，给赵向蒋介石写了亲笔信，证明赵留长沙既未能实行参谋长职权，亦未能指挥长沙守军。当时赵又向白说："长沙失陷之快，固然是由变更部署和渡河搞乱了，但不出这个差错，又怎样呢？一定是全军覆没！张德能不能掌握部队是能力和疏忽的关系，究与临阵退却、贪生怕死有所不同，也请您给他写封信说明一下吧！"白又给张德能向蒋介石写了一封亲笔信。至张德能到桂林见白崇禧后，赵和张就同机飞重庆了。

衡阳战斗的第三阶段：衡阳经过二十九日绪战，又经过十几日激战，不能说没有争取了时间！但这个时间争取它干什么呢？真是毫无目的。等待远方的援军到达吗？没有！等待外围部队攻来吗？没可能！——如果有可能的话，它就不会被敌人撵走了！——让第十军永久守住衡阳吗？是做梦！至此，第十军虽然守了一月多，但外线的友军是愈打愈远，而内线的敌人愈打愈近。弹尽、粮竭、援绝。第十军于失望、悲愤之余，开始突围，又被阻止。这时候，方先觉向蒋介石和国人发出了"来生再见"的电报。但他行不顾言，紧接着就在第十军高级干部中酝酿投降，与敌人往返接洽，又拖了几天，结果挑起了白旗。

赵子立同张德能到了重庆，张德能立时就被捕送往土桥监狱了。赵子立去见参谋总长何应钦报告湖南作战的经过。何说："薛伯陵说失长沙你也有责任，将来军法执行总监部问你的话时，你就将刚才说的话对他们说好了。"接着，军法执行总监部传赵子立到案。军法执行副监秦德纯对赵子立说："何总监（成濬）不在家，你暂在本部住一下，等他回来再决定你是否可取保住在外面候讯。"赵子立虽然是住在总监部，但是有武装兵看守着，当晚上赵子立要关灯就寝的时候，猛听"咔嚓"一声，只见看守兵端起枪来，厉声喝道："不准关灯，开开！"赵子立这才领略到失去自由的铁窗风味，终夜未能入寐，认为秦德纯以副监身份都不敢让"保外候讯"，可见问题严重，怕薛岳将失守长沙的责任都推在自己身上，有生命危险。过了两天，何成濬回来了，赵前在第九军工作过，何曾一度任第九军军长。赵见何除了简单的报告湖南作战的经过外就说："薛岳既不让我行使参谋长职权，又不让我指挥长沙守军，并且我事先曾托王耀武等代为报告过。而委员长和何总长竟不与我做主，把我押起来是不是要让我负长沙全部失守的责任，这太委屈我了！"何说："不要难受！我在这里，你还不放心吗？并且这事与你根本没啥关系。我已经看见薛伯陵的电报了。尽他自己说,把你留在岳麓山是帮助张德能的,这话本身就是错误,为啥要让战区参谋长去帮助一个军长呢?中央对你虽然是清楚的,但认为必须经过法律手续,才好处理。刚才卢丰年(卢原第九战区军法执行监,河南人,当时与赵关系最亲密,由赵向薛推荐调任薛驻重庆的代表)见我,我已让他替你办个'保外候讯'的手续。他在外面等你,你同他去吧。"关于张德能的问题,赵临行前,将在桂林对白崇禧说的话,向何成濬又说了一遍。后来经过预审,正式开庭,由军令部部长徐永昌任审判长,他们的拟判是"赵子立无罪,张德能判处无期徒刑"。何成濬签呈此案时,在签呈中说:"薛岳在长沙走得早,薛岳不应当这样使用参谋长,张德能是因过失失守长沙,请从宽处理。"但这时正值衡阳失陷后,蒋介石要把部队向西拉,来保他的驾;薛岳要把部队向东拉,来保他的驾,蒋对薛是一头火,逼着何成濬处张德能极刑。就这样,赵子立虽加力营救,张德能倒霉,终做了薛岳的替罪羊。

还有第九战区炮兵指挥官王若卿在重庆找到赵子立说:"军法执行总监部,要追究他岳麓山丢炮的责任。请赵给他证明两点:一是他是在步兵溃败后才离开岳麓山的;二是他离开岳麓山前,把炮都破坏了。关于第一点赵是知道的,应当给予证明;关于第二点赵子立当时只顾逃跑,根本不知道是否将炮破坏了。但也基于私人感情给他证明了。王若卿因此也未受处分。

衡阳失陷后的种种

衡阳失陷时,日军广播守军投降。衡阳失陷后,第十军军长方先觉、暂编第五十四师师长饶少伟都由日军中出来了。据他们自己说是由日军中逃出来的,可是社会上的人谁也不相信,日军会连中国的军长、师长都看不住,会让他们跑掉?方先觉约于十一月到了重庆,赵子立一知道就去看他,想了解一下衡阳的战斗和他脱险的情形。想不到方先觉除骂薛岳外,就是吹嘘他如何打得好,对于他投降的事却讳莫如深。他骂薛岳拉到湘东去是想造反,是要让中央失败后,他好去投效他的广东主子汪精卫、陈公博之流去,他说他打了四十七日,薛岳按兵不动,他说他见委员长时,委员长说:"你们在衡阳激战时,我天天祷告上帝,保佑你们。"说蒋介石对他如何关怀……至于衡阳怎样失陷,他如何脱险,他避而不谈,经赵询问,他说的和报上一样。赵子立听不下去,抬头向墙上一看,只见墙上粘了一张纸,纸上写着某日委员长召见,某日见何总长,某日见某院长,某日见某部长……当赵子立走时思想上大大地打了几个问号：抵抗了四十多天，就有资格投降吗？"党国要人"对作战失误的就一定要杀，对屈膝投敌的则宠爱备至，是何道理？衡阳失陷后，薛岳处境不佳，军队减少。至十月各部的概略位置和番号如下：赣北、铜鼓方面有第三十集团军第七十二军（但薛岳对王陵基已指挥不灵）。赣中、高安、新淦方面，有第一集团军新编第三军。湘南、桂东（第九战区长官部所在地）方面有第四军、第四十四军、第五十八军等。

拉开第四次长沙会战战幕

鲁　元[※]

　　一九四四年五月，敌以第一线七个师团分三路南进。正面之第三、十三、一一六、六十八等师团强渡新墙河、汨罗江，直趋长沙、株洲；右翼之第四十师团及第十七独立旅团，循洞庭湖西岸，向沅江、益阳而趋衡阳；正面左翼之第十三、第三师团突破我通城防线后，径向平江、浏阳攻击前进，与右翼之敌形成钳形攻势。敌之第二线部队跟随南进。我战区大军在薛岳司令长官指挥下，与敌展开激战，敌我伤亡俱惨重。

　　六月三日，第五十八军奉薛岳司令长官令：集结于浏阳河南岸之普迹市、金刚头地区，并指挥第二十军及第一六二师、第九十五师，进攻浏阳及其附近浏阳河南岸敌之第十三师团。军当即策定攻击部署：以第五十八军为主攻军，第二十军为左翼进攻军，第九十五师为右翼进攻师，第一六二师为机动师。四日拂晓，第五十八军向跃龙市、浏阳，第二十军向江背、小女市，第九十五师向高坪之敌，同时展开猛烈进攻，连日激战，迫敌退守浏阳河北岸。敌我隔河炮战。七日，新编第三军之第一八三师奉战区令，由江西调浏阳，归第五十八军鲁道源军长指挥，该师当即加入战斗序列。随即情况变化，敌第十三师团之主力南窜上栗市，企图趋萍乡。薛岳司令长官立令第五十八军追击南窜敌之主力。第五十八军（附第一八三师）当即迅追猛击，与敌一路激战。敌沿途南窜北突，东闪西击，极尽凶狡。九日，在蒋埠江第五十八军日前派至第一八三师之督战官张天举（本军轮训总队长）阵亡。该师师长余建勋大腿亦负弹

　　※　作者当时系第五十八军参谋长。

伤，午后送泰和医院治疗，职务由该师参谋长王少才代理。我军沿途追击，与敌激战至萍乡附近，此时敌之第三师团、第二十七师团先后由长沙、株洲窜达渌水南岸，与我友军激战，并派部队应援敌十三师团。接近萍乡之敌第二十七师团，二十日晨突以步炮联合之支队突袭我赤山桥军指挥所，被我痛歼而败溃。我军与敌继续战斗于萍乡地区。

六月下旬迄八月下旬，第五十八军（附第一八三师）与敌第十三师团及第二十七师团转战于醴陵、萍乡、莲花地区。八月上旬，第一八三师师长余建勋伤愈返部；九月，该师调回新编第三军。第五十八军与敌反复激战，牺牲较大，敌亦伤亡惨重。十月初，我军当面之敌大部北遁，一部南窜攸县、茶陵，第五十八军奉薛岳司令长官电令：立即追击南窜之敌。全军当即追至攸县、茶陵，与敌连日激战，疲困之敌伤亡很大，南奔酃县、资兴。十一月初，我军追歼至郴州、乐昌附近，敌伤亡殆尽，残余无几，逃入韶关，亦为我第七战区友军所俘歼。

萍乡、醴陵战役纪实

骆湘浦※

会战前武汉日军动态

　　第三十集团军第七十二军第三十四师第一〇一团（以下简称我团）从一九四二年春起，守备赣鄂交界之石艮山、九宫山地区，与侵占鄂南阳新、通山之日军独立第三旅团所部对峙（日军旅团部驻咸宁）。当时我任该团上校团长，团部驻九宫山北麓通山石板下，经常派员深入大冶、鄂城长江沿线敌后，侦察敌情。一九四四年元月获悉鄂南日军积极征集民夫，运屯粮弹，似有大举南犯模样。为了进一步摸清武汉日军的具体情况，选派我团团部传达上士熊汉林乔装小贩，持我亲笔信潜赴武昌，密访汪伪武昌县长刘立藩。刘是湖北沔阳人，日本士官学校毕业，系我后期同学，一九三七年冬入川，任成都市防空指挥部少校参谋。一九三八年五月，第三十集团军组成，王陵基任总司令，调刘立藩任总部少校侍从副官。那时我任总部随营军官大队上校大队长，与刘经常聚晤，有了感情。同年七月，我随军去九江参加南浔会战。刘同时请探亲假去武汉，直到武汉沦陷，刘仍未返部销假，从此走上歧途。我信中敦促刘认清德、意、日败局已定的形势，为其个人前途打算，立功补过，犹未为晚。刘读信后，有所感悟，立即复信，感谢我对他的友谊，接受我对他的忠告，并附重要情报三项：一、武汉日军大举征集民夫，运屯粮弹，近期南犯。二、武汉日军这次南犯用兵方式不同于前三次，主力要迂回

　　※　作者当时系第七十二军第三十四师第一〇一团团长。

穿插于我未设防或设防薄弱地区，深入长沙侧背。三、附武汉地图一张，图上标明日伪机关、军营、仓库、飞机场等所在地，以供我军派飞机轰炸，派游击队袭击之用。我收到刘信及情报后，立即派员直接去修水第三十集团军总部，附刘原件报请总司令王陵基审处。后来第四次长沙会战的事实证明刘立藩所报完全正确（抗战胜利后，刘被武昌法院拘捕，以汉奸罪本应处重刑，由于王陵基去函证明刘有上述立功事实，减为有期徒刑三年）。

萍乡战役

一九四四年五月中旬，日军由武汉大举南犯。五月下旬驻修水之第三十集团军总司令王陵基奉命以第七十二军军长傅翼率第三十四师（即出川时的新编第十四师改名，缺警卫总部的第一○○团及留防九宫山的第一○一团第一营）、新编第十三师、新编第十五师三个师经渣津、长寿街，向平江前进，协同第二十七集团军阻击南犯之敌。六月上旬，第七十二军先头部队到达长寿街时，获悉日军已陷浏阳，正经大瑶市向醴陵、萍乡间地区挺进，威胁长沙我军侧背。第七十二军奉命改道，由长寿街南越连云山东端小道，经大瑶市、上栗市向萍乡前进，协同第五十八军阻击南犯之敌。第三十四师（缺第一○○团及第一○一团第一营）奉命先行，军率新编第十三师、新编第十五师继进。

我团（缺第一营）为师前卫，六月十日上午九时许尖兵连（第二营第六连）到达萍乡县城，获悉第五十八军部队已在萍乡县城以西三十多华里处与敌接触。团奉命折向西行，沿渌水经十二里桥、湘东道搜索前进，联系第五十八军部队阻击南犯之敌。同日上午十一时许，我团尖兵连行抵十二里桥附近时，突与敌人遭遇，一时枪声大作，我在前卫营（第二营）后跟进，急登道侧高地侦察，见十二里桥地形没有逐次投入兵力争夺的价值，决定将部队统一展开于五里坳（距萍乡县城五华里）以西约二华里多大道两侧南北高地之线。急令第二营督促任尖兵连的第六连就地占领要点，阻滞敌人前进，以掩护团统一展开于上述之线。命第二营迅速展开于五里坳以西约二华里多大道北侧高地之线（含大道），适时撤回任尖兵连的第六连做该营预备队。命第三营（缺第九连）展开于五里坳以西约二华里多大道南侧高地之线（南临渌水）。令迫击炮在五里坳大道右前方选定阵地，以主火力配合第二、第三营指向沿大道两侧进攻之敌。团指挥所设在五里坳右侧高地。第九连、团特务排、团突击队

（临时抽调士兵四十多人组成，便衣，配备大刀、手枪、冲锋枪、轻机枪、步枪）为团预备队位于团指挥所东侧附近。副团长率团部及其他直属连队位于五里坳东侧大道上村落，负通信联络、伤员转运及其他后勤工作。

同日午正稍过，我团统一展开刚完毕，敌之山炮即从十二里桥方向向我展开线大道南北侧高地射击，与此同时我在向团指挥所搜集战报，得知我担任尖兵连的二营六连已从十二里桥附近撤回，不幸的是该连连长盛道生遭遇战刚开始时右臂即负伤，后来为了完成我团统一展开的掩护任务，坚持不下火线，率一个排扼守大道上一个要点，击退敌人多次进攻，终被敌人密集的机关枪火力击中要害，英勇殉国。又隔不久，同日午后一时半许敌山炮延伸射程，炮弹纷纷在我团指挥所山头落下，随侍我侧的团部中尉副官王郦生被打得血肉横飞阵亡，守团指挥所电话机的一名通信兵负轻伤。这时我判断敌人即将全线进攻。接着就听到全线双方发出的炮声、机枪声、步枪声、手榴弹声颇为激烈。

同日午后二时许，以电话先询问枪、炮更激烈的左翼第三营战况，营长王治中在电话上说："敌人猛烈攻击的是我营右侧接近大道第七连展开的几个小高地，该连二排刘排长已负伤，所部士兵伤亡较重，七连连长谢洁已亲率预备队的第三排前往增援。谢连长作战勇敢，一定顶得住，请团长放心！至于我营左侧第八连的展开线左临渌水，不是敌人攻击重点，我早已从该连抽出一个排做营预备队，准备即将做营预备队的这个排拨归谢连长指挥，消灭来犯之敌。"我接着说："立刻令调团做团预备队的第九连，归还你营建制，掌握在手里，看准时机才使用。"次问右翼第二营战况，代营长廖昌新（营长张德纯调成都中央军校高教班受训，廖以副营长代理营长）说："敌人攻击重点在我营左侧接近大道的五连展开线正面，该连连长阮明荣英勇善战，已击退敌人两次进攻，我阵亡排长一员，伤亡士兵约二十人，敌之伤亡较我更大，至于最右侧的四连展开线，只有少数敌人进攻，伤亡不大。任尖兵连的第六连中尉排长林××及其所率的一个排尚未归队，已派人去寻找。"我接着说："四连应进击当面少数之敌，以策应五连的战斗。"就这样激战一个多小时，双方均无进展，仍相持于原线。

同日下午三时半我在团指挥所综合前线战报，得知的概略是敌伤亡官兵近百人，我伤亡官兵不少于一百五十人，其中壮烈牺牲的除上述盛连长道生外，还有七连连长谢洁亲率连预备队第三排，夺回第二排失去的高地时，负伤多处，不及医治，死于转运途中。还同时获知我师已派第一〇二团第一营占领我展开线右侧高地，解除了我对右侧背空虚的顾虑。认为这是主动发起进攻的有利时机，理由是敌未分兵攻击我薄弱的右侧背，只沿大道正面进攻，企图迅速达到中央突破目的，迫使我军溃退，必然兵力不多，现在前线只有零落枪声，证明敌人进攻是一鼓作气，再而衰，三而竭矣。同日午后四时许打电话给留守团部的副团长邱扬武交换发动进攻的意见。邱的答复是："不忙！刚才通信排秦排长向我报告，师通信连正在拆电话线，不知为了什么？已派人跑步进城探听，请你守在电话机旁不要离开。"我放下电话后就听到萍乡县城以北上栗市方向发生机步枪声。接着邱的电话来了，说："敌军大部突然由北向南压迫，我军主力猝不及防，已下令全部撤退，城中秩序已乱，师部对我团未发任何指示，也随军部南涉渌水，向南坑方向去了。团长！你要当机立断，没有犹豫时间了！"我接着向邱说："你立即把团部及直属连队带到五里坳团指挥所附近，伤员尽可能转运一部随团卫生队行动。"转过身来，我就面临在前后受敌情况下，应向什么方向安全突围的问题了。向左、向左前、左后，均要徒涉渌水，而且回旋余地纵横都不满十华里，等于就歼。向右后，正碰上敌军进军路线，也等于送死。向右，接近敌军侧卫，也不安全。只有向右前，在敌军侧后寻空隙或薄弱部分突围才比较安全。遂采取向右前突围方案，急令刚乘马驰到的副团长邱扬武率团特务排、团突击队占领团指挥所右前方距萍乡县城西北约十余华里的高地，以掩护我团向该地区集结，准备突围。接着以电话令左翼第三营留置一小部兵力于第一线迷惑当面之敌（伺机撤走归队）速率全营到五里坳团指挥所，随团部行动，按团直连队、团部、三营顺序，向右前方七八华里，团特务排、团突击队已占领的高地集结，准备突围。续以电话令右翼第二营留置一小部于第一线，迷惑当面之敌（伺机撤下归队），速率全营向四连右侧后自选小道，向右前方六七华里，团特务排、团突击队已占领的高地集结，准备突围。还于打电话给两个营的同时，派人通知迫击炮连撤出阵地，循团特务排和突击队所走道路跟进，向副团长报到。

　　同日下午六时许，团直属连队及二三两营撤到预定地区。与此同时第一〇二团第一营也撤到靠近我团地区，与我取得联系。我攀登附近最高山头用望远镜观察敌情，见十二里桥、五里坳间敌军仍在原地，未派部队向我追击，萍乡城方向敌军已派出一个小队约三四十人向城北山地搜索前进，渌水以南没有激烈枪炮声，可能军主力已向南坑安全撤退。时已薄暮远眺逐渐困难，急下山头首先通知团突击队、二营代理营长、三营营长立即派人侦察北边山麓小道及山麓湘东通向萍乡县城大道上的敌情。继下达突围撤退口头命令要旨是：一、突围后撤退目标是上栗市以东约十华里地区，需要传达到各班。二、本团现有部队划分两群，第二营及团直属队为一群，由团长直接指挥，第三营为一群归王治中营长指挥，前一群先行，后一群继进，寻小径向北下山，到达山麓时，要短暂停止，俟后续部队跟上，并派兵搜索湘东通萍乡县城大道敌情，准备一举通过。由于情况变化或失去联络，后一群在王营长指挥下可另选道路，越过湘东通萍乡大道，径赴撤退目标上栗市以东十华里地区。与此同时将我团突围撤退的上述部署概况告知第一〇二团第一营派来的联络员。同日午后八时许，由团直接指挥的第一群先头二营尖兵已到达山麓暂停待命，我在山麓稍高地方观察，看见湘东通萍乡大道上有火光，并闻马嘶声，都是由西向东，判断系敌辎重由湘东去萍乡县城。遂派员到二营先头，传达从敌辎重部队空隙中一举通过，对两侧特别是西侧要加强警戒，做好战斗准备的命令。同日午后十时许，团部、团直属连队及第二营已全部突围到达湘东通萍乡县城大道以北约十华里地区，王治中营长所属的第三营却没有跟上，与团失却联系。但以两小时未闻激烈枪声来判断，我三营必已另取道路越过湘东通萍乡大道，进入大道以北安全地区。遂率队继续向北撤退。

到翌日（十一日）晨二时才令就地休息造膳。同日上午六时，我率队继续北行，才走一二华里就发现道旁村落有许多从活鸡身上剥下的鸡皮，知敌军昨日（十日）曾经过这里。为了慎重起见，令副团长到前头指挥尖兵排选择前进道路，遇到沿溪沟走的道路，要加宽两侧展望搜索范围。当天（十一日）午后七时选定上栗市西偏南二十多华里一处竹林茂密的纸厂附近宿营。六月十二日午后，我所率的团部、团直属连队及第二营安全到达上栗市以东十华里许预期的撤退目标地区。入暮时王治中营长所率的第三营以及我师第一〇二团第一营均先后安全到达上述预定地区。当晚（十二日）利用地方原架设电话线与宜春第三十集团军总部参谋处通了电话，我报告了萍乡十二里桥遭遇战及突围经过，以及第一〇二团第一营现亦安全到达我团驻地附近情况。随即按照总司令王陵基"均就地休整两日"的指示，开赴宜春、萍乡间之泸溪，以电话与现驻萍乡以南之上下南坑之第三十四师部联系，归还建制。我团利用这两天，清理了损失，整肃了军纪，主要事项如次：

一、清理官兵伤亡散失。军官伤亡九员，其中阵亡五员，负伤四员。士兵伤亡约一百五十人，其中阵亡约五十人，负伤约一百人。突围时由于夜暗失去联络，散失士兵三十多人（后来有十多人归队）。

二、清理武器损失。损失步枪约二十支，由于打运动战，撤退太速；损失迫击炮四门（后来寻回炮座二个），由于夜间突围有些地段坡急无路，要穿越荆棘，连长指挥又欠沉着。

三、派员收容散失士兵（包含轻伤士兵）和遗失的武器。命团特务排排长率兵十名着便衣携手枪、步枪、大刀循撤退路线，返萍乡县城西北山地我夜间突围出发地区，寻找遗失的迫击炮四门，并沿途收容失散士兵，探访我团负伤官兵八十多人在敌侵占萍乡县城后沦入敌手的情况。后来的结果是寻回迫击炮座二个，收容失散士兵十多人，探明在萍乡县城落入敌手的负伤官兵因得不到及时医治，多已死亡。

四、整肃军纪，鼓舞士气。甲、哀悼阵亡军官连长盛道生、谢洁，副官王郦生，排长刘××、李××等五员，由团专案报出叙功请恤。哀悼阵亡士兵约五十人，由各连队详细清点后造册，简叙战死事实、家属姓名、住址，交团汇总请恤。乙、表扬战功卓越、抢救负伤官兵有显著成效之军官、军佐、士兵：计有营长王治中，副营长廖昌新，连长阮明荣、瞿中和、曹发勋、张爕阳，队长邹庆阳，组长姜世祥，排长王××等四员，战斗士兵十多人；卫生队队长王永铭，医佐徐鸿文、陈××、胡××，担架排长及护士担架兵十多人。由团汇报叙功请奖。丙、处分军官一员，迫击炮连连长盛卿耘指挥无方，教兵不严，在突围撤退中遗弃迫击炮四门，严重失职，降调职务，由团报请上级备查。丁、枪决军官一员，第六连中尉排长林××在本连（尖兵连）连长盛道生阵亡后，理应代理连长继续指挥全连作战，反而在奉命撤到团统一展开线后做本营预备队时，将本排带到隐秘安全之处藏躲起来，直到午后六时半才在上述本团准备突围集结地区出现。像这样目无法纪、临阵带队逃匿的人，不重处，不足以儆效尤。召开了全团大会宣布其罪行，当场执行枪决。

我团同月十五日由上栗市以东地区出发，十七日午后到达泸溪，当晚（由电话）与本师取得联系，十八日到达萍乡城以南之下南坑归还了本师建制。十九日夜间，全军由萍乡上下南坑出发，向攸县皇图岭前进，有截断醴陵攸县间敌之交通，相机攻袭醴陵攸县之敌任务。我团为右纵队第三十四师的后卫。二十日上午九时许刚到达南坑西南之梨树坳时，获悉萍乡之敌发现我军转进，派出部队追击，我团奉命占领梨树坳击退来追之敌。当即率团后卫第三营营长王治中登梨树坳较高山头，侦察地形，发现梨树坳山不算高，坳口两侧荆棘丛生不便通行，敌我双方均难发挥火力。遂令第三营在梨树坳占领防御阵地，重机枪连以主火力指向坳口正面，坳口两侧荆棘从中选择适当地点，潜伏密集的步兵群，当发现敌兵穿越荆棘爬入时，乘其行动先后不一致之际，群起与敌兵肉搏混战，以多胜少。切忌让敌兵进到空旷处，与我拼刺枪术，扬其所长，乘我所短。命第二营为预备队，位于坳口直后约一华里之处。团部及团直属连队位于紧接二营部队后之小村落内。同日上午十时半许，来追之敌向我梨树坳阵地发动进攻，敌集中火力兵力猛攻我坳口正面，持续半小时，均被击退。与此同时，正如我们所预料那样，有敌兵一股悄悄穿越荆棘，爬入我坳口右侧，出现在我潜置的密集步兵群前面的荆棘边缘。我九连连长曹发勋早有准备，步枪均上了刺刀，立即下令密集的步兵群冲入荆棘丛中与敌肉搏。敌兵爬在先头的只有十多人，而且被荆棘隔离分散，被我群起围攻，杀得七零八落，仓皇逃命。我乘胜追击，前进到约七八十公尺处，发现敌人背包三十多个（敌惯例，发起冲锋前，卸下背包，胜则回取，败则生命不保，遑论背包），被我全部夺回。我负伤士兵五六人，敌伤亡士兵八九人，遗尸两具及步枪两支，步枪两支被我夺回。来追之敌见我有备，没有便宜可讨，相持入夜后，全部撤走。这次梨树坳战斗，连同坳口正面的双方伤亡，敌共二十多人，我也二十多人，不过我夺获背包三十多个，步枪两支，稍胜一筹。翌（廿一日）晨我团随师主力向攸县皇图岭地区前进，离开了萍乡县境，萍乡战役于斯结束。

醴陵战役

一九四四年六月中旬第三十集团军第七十二军第三十四师第一〇一团（以下简称我团，缺第一营）于参加萍乡战役十二里桥、梨树坳战斗后，奉命随军、师主力向攸县皇图岭地区转进，截断攸县、醴陵间敌之交通，待命攻袭攸县、醴陵之敌。六月下旬我团到达攸县皇图岭以东地区，一面做好战备，一面整顿部队。由于萍乡战役两次战斗，我团伤亡散失官兵二百余人，遂将两个营所属的六个步兵连缩编成四个步兵连，每营辖两个步兵连，一个机关枪连。这中间还有一个有趣插曲，那就是我团在皇图岭以东地区发现一个爱国的汉剧团，武汉沦陷后不当亡国奴，撤到湖南各地继续为军民演出。这次敌人突陷醴陵，该团由醴陵逃出，仓皇无计，尚有三十多人，生旦净末丑俱全，面临散伙危机。我闻讯后，立即派人邀请该剧团负责人吴艳秋等晤谈，共商挽救大计，结果是暂由我团供应剧团伙食及演出开支、演员最低零花钱，雇民夫为剧团搬运戏装道具，剧团随团后勤部队行动，有机会就为我团官兵及当地居民演出。

约三个月后，商得师部同意，将汉剧团交由师部救护，就这样直到翌年（一九四五年）九月，日军投降后，我师进驻湖北石灰窑黄石港，汉剧团才与我师、我团依依惜别，去了汉口。

一九四四年七月二日，我团在攸县皇图岭以东地区获悉侵占萍乡之敌已全部撤走，奉命随军师主力向萍乡湘东以西地区转进，协同我第五十八军围攻醴陵之敌。七月六日上午，我团（缺第一营、第六连、第七连）在湘东以西某地奉命向醴陵县城以东之八里坳急进，接替第五十八军阵地，掩护军主力由湘东西进，围歼醴陵守敌。当日（六日）下午七时许，我团先头部队到达八里坳，发现第五十八军已撤走，没有留人移交阵地，我闻讯驰赴八里坳率第二、第三营两位营长侦察地形。时将入暮，近处看得比较清，远处有些模糊，见八里坳是一个向东西两面倾斜的小高地，无险可恃，其右侧向北延伸约二华里许，有一较高的山头名叫佛子岭（土人说岭北麓就是渌水）。其左侧向南、向西是连绵起伏的小山。当认定我团步兵少，阵地宽，又系夜间匆匆接防，应暂以固守大道为主。遂命走在先头的第二营缺第六连扼守八里坳口及其两侧高地，立即派兵一班沿大道前进两华里，向醴陵城方向警戒，步兵部署着重分班分组选守阵前要点，不可平均分散在第一线，重机关枪部署在坳口附近，以密集火力歼击沿大道进犯之敌。命第三营（缺第七连）左侧联系第二营扼守佛子岭高地，以小部队占领制高点，在佛子岭西麓（即通向醴陵城方向）布置警戒线加派小组巡逻，尽可能多掌握预备队以应变。命团突击队（临时组成四十余人，配备有手枪、大刀、轻机枪、步枪）在八里坳口前，联系第一线第二营部队，做好纵深防御配备，阻击寻隙潜入之敌。团部及其余直属连队即位于现已到达的地区，八里坳口后面一华里多的小村落内。命令下达后，各部队方开赴指定地区之际，即闻八里坳大道前几华里之处发生枪声。这时团部有人提出，团部太靠近第一线，没有应变回旋余地，应稍后退另选地点为是。我说这是常理，但今天情况不同，既是夜间，前方又已发生枪声，已进再退，有可能动摇军心，这次就这样定了，今后是应该先作考虑，不宜轻率过于突进。之后我与副团长邱扬武交换意见，一致认为八里坳距醴陵城太近，正所谓："卧榻之侧，岂容他人酣睡。"我第五十八军黄昏前早已撤出阵地，我团薄暮才到达接防情况，必为敌所侦知。敌兵常胜骄横，欺我初到情况不明，必然胆怯，夜袭我团的可能性很大，需严阵以待。当从电话告知第二、第三营营长，今晚敌人夜袭的可能性很大，要传语到各连、排、班，当敌夜袭时要坚守据点各自为战，不许擅动，擅动必然造成混乱，为敌所乘，违者军法从事，萍乡战役枪决林排长有例在先。

当晚下半夜即七日凌晨二时半敌人果然发动夜袭，一时枪声四起，坳口大道前及坳口右侧高地前沿枪声、手榴弹声、呼喊声最为激烈，我二营守兵各自为战，岿然不动。一小时后坳口及其右侧高地前之敌，再度发起进攻，我守兵沉着应战，又将进攻之敌击退。时当七月天亮较早，晨四时半我登八里坳右侧第二营机关枪阵地展望：见我正面阵地八里坳口及其右侧高地前面是一片稍有起伏的平地，有散落农家数十处，有几处距我阵地前沿不远，是两小时多以前敌发动夜袭的重点所在，现在尚见几处有闪烁火光，尚闻几处有犬吠声。见右侧阵地佛子岭山地无异状，只闻山脚下通向醴陵城方向有零落枪声。见我正面阵地坳口以左高地的前面是平地，只有少数农家，两小时多以前这里也是敌人发动进攻的所在，但不是重点。见我左前方是起伏小高地向醴陵城延伸，近处小高地脚下也有几处小房屋静悄悄无异状。综合上述所见所闻，判断敌人尚未撤退，自恃常胜，有发动拂晓攻击的可能，但地形于我有利，高地均在我手中，易于发挥火力，敌处在无屏障的平地向我仰射，难于发挥火力，无异于就地待毙。兵力对比于我有利，估计敌人兵力不多，所以夜袭正面不大，限于坳口及其两侧特别是右侧，无力分兵攻袭我右翼佛子岭，或抄袭我之左侧背。士气于我有利，不久前萍乡战役小桥下（即十二里桥）遭遇战我团以缺一个营的兵力，顶住了敌人的进攻，在前后受敌的情况下，又能安全突围，因而增强了对敌作战的信心和勇气。遂认定无论敌人是否发动拂晓攻击，均是我发起反击歼敌的良机。机不可失，时不再来，毅然下达攻击命令要旨如次：一、团决心拂晓全线出击，聚歼盘踞八里坳口右前方平地村落之敌。二、第三营派出一个加强连立即出动，从佛子岭下山攻击敌之左侧背。三、团突击队归入第二营指挥，出击坳口右前方平地村落之敌。四、第二营（缺六连、附团突击队）为出击主力，拂晓前将机关枪连推进到坳口右侧现五连阵地上，拂晓全线一齐离开原守阵地，一举冲入敌所踞之村落，全歼敌人。五、团特务排以一个班沿我阵地左前方小高地搜索前进，扰胁敌之右侧背。其余两班由排长率领进驻原五连阵地（即坳口右侧）。六、团指挥所设在坳口右侧高地、原二营重机枪阵地。

七月七日上午五时半，出敌意表，一向"被动挨打"的中国军队，竟敢向"战无不胜"的"皇军"发动反击。霎时间，步枪声、手榴弹声、军号声，冲破晨曦，震撼大地。我出击主力第二营（缺第六连、附团突击队）以第五连从坳口右侧原阵地冲出，猛扑敌之正面；以团突击队从坳口冲出，向右转弯，右联五连猛扑敌之右侧面；以第四连从坳口左侧原阵地冲出，沿大道前进一段路后，向右转弯，猛扑敌之右侧背。命机关枪连随五连战斗进展，推进阵地射歼敌人。我右翼第三营（缺七连）以第八连附重机枪两挺，从佛子岭下山，索敌之左侧背攻击，截断敌人后撤归路。经过约一小时许的激烈战斗，敌在平地无险可恃，受我三面围攻，死伤近半，无法继续进行有组织的抵抗，不得不向醴陵城溃逃，逃跑不及的有些就地举枪投降，有些弃枪藏躲在红薯窖内被我搜出当了俘虏。接着清扫战场，发现敌遗尸二十余具，内有数具在我阵地前沿，是数小时前敌人夜袭，被我第二营第五连士兵击毙的。又从遗尸中查出，敌支那驻屯军第三联队第一大队第三中队中队长佐藤、同大队第一中队小队长德田是今天拂晓我发动反击时，在农家院坝内被我第二营第五连及团突击队士兵击毙的。共俘虏敌兵十一名，内二名伤重死亡，押交上级九名。共缴获敌人三八式步枪三十余支，轻机枪二挺，机、步枪弹两千余发。（后奉准全部留用，发给本团特务排，特务排换下的机步枪，补充上次萍乡战役的损失）经我亲自审问俘虏，得知侵占醴陵之敌为支那驻屯军两个联队，第一联队守城北，第三联队守城南，兵员不足，携行弹药不多。日本国内男丁抽得太多，田园不少荒芜，士兵思乡情切，祈祷战争早日结束，夜袭之敌为支那驻屯军第三联队第一大队之第一、第三两个中队，由大队副指挥。估计敌负伤官兵有四十多人，加上阵亡、被俘共计损失官兵约九十名，接近消灭了敌人一个中队。至于我方伤亡，负伤排长一员、伤亡士兵三十余名，其中五连最多，次为团突击队。论战绩亦以五连为最，敌人夜袭时沉着应战，岿然不动，反击敌人时，又智勇兼备，首先冲入敌所踞的农家院坝，俘获最多；次为团突击队，反击敌人时，行动迅速果决，从横方向冲入敌所踞的农家院坝内，把敌人分割为数块，迫使敌人难于进行有组织的抵抗，仓皇溃逃，俘获亦较多。我师师长祝顺锟得到我团捷报后，于同日上午十一时许，亲到我团八里坳阵地视察，查看了俘虏及缴获武器，询问了战斗经过，要我团迅速查报立功官兵姓名事迹请奖。

最后，为了谈谈对作战得失的感想，还要添上一点蛇足，那就是我团八里坳战斗小捷后两天，七月九日第七十二军奉命围攻醴陵县城之敌。十日以新编第十三师、新编第十五师（缺第四十五团）攻城南，第三十四师（缺一○○团、第一○一团第一营、附第四十五团）攻城北。围攻了两天，尽管攻占敌外围据点数处，敌人伤亡不大，我之伤亡却倍于敌人，得不偿失，攻击遂告终止。我团随师参加战斗，任师预备队，只派出过少数部队攻占外围警戒阵地一处，伤亡士兵不满十人，无战绩可述。十四日我团奉命防醴陵城以东约四十华里的渌石墩，隔渌水支流与醴陵城之敌对峙。同年十二月我团奉命随师经萍乡、永新，向遂川、泰和地区前进，阻击南犯之敌，遂离开醴陵县城。

第四十四军作战经过

邱正民※

一、第四十四军划归第九战区指挥，薛岳令第四十四军开赴湖南宁乡整编，将第二十九集团军总部的直属部队编入第四十四军，整编后，军、师编制不变，师以上主官姓名如下：

第四十四军军长王泽濬，副军长孙黼，参谋长夏嘉富。

第一五〇师师长赵璧光，副师长杨自立，参谋长田伟然；

第一六一师师长熊执中，副师长李秾，参谋长曹济寰；

第一六二师师长何葆恒，副师长周青廷，参谋长林文波；

第一四九师（后调师）师长陈春霖，副师长李铁青，参谋长李世伟。

二、三月中旬，整编完毕，奉薛岳命令，第一四九师系后调师就沅陵补充训练。第一六二师开赴湘阴，占领三姐桥附近各要点，构筑工事，阻击南下之敌。第四十四军军长王泽濬率两个师，开赴浏阳，部署如下：

第一六一师师长熊执中，因患吐血病，准假赴沅陵治疗，职务由副师长李秾代理，为第一线守备队，占领浏阳以北约二十华里之黄金台、沙市街、蕉溪岭、道吾山各要点。师部位置于蕉溪岭。

第一五〇师以第四四八团占领东门市以北山地，阻击由铜鼓、平江等方向南下之敌，掩护本军右侧背；第四四九团位置于浏阳城，担任浏阳城之守备，加固城防工事，师部及第四五〇团位置于浏阳城东关外为预备队，第四十四军部及直属部队位置于浏阳西邱家大屋。

※ 作者当时系第四十四军代理副参谋长兼作战科长。

三、友军方面

（一）第三十集团军位置于修水地区；

（二）第二十七集团军位置于平江地区；

（三）第四军军长张德能部守备长沙；

（四）第五十八军鲁道源部位置于长沙以北地区；

（五）第十军方先觉部守衡阳城。

四、敌情

敌鉴于以往三次进攻长沙均遭失败的教训，于是改变其战略，这次进攻，除以主力进犯长沙外，另以有力纵队，从湘赣边区插入，采用孙子所谓"出其不意，攻其不备"的办法，指向株洲以南地区，使我首尾不能相顾，企图围歼我主力。敌军西路三万余人由粤汉铁路经岳阳、汨罗、湘阴直趋长沙，中路两万余人由临湘、平江、浏阳协同西路包围长沙，敌东路一万五千余人由通城在长寿街附近击破第三十集团军部队后直插东门市、张家坊、文家市、大瑶铺、上栗市向萍乡攻击。

五、第四十四军各部战斗情况

敌击破第二十七集团军后，分三路南下，右路经平江、瓮江、金井，渡捞刀河击溃我黄花市、永安市友军后，协同其主力向守长沙之第四军攻击，占领长沙后转向跃龙市，渡浏阳河经普迹寺向南进犯。而中路之敌由三眼桥、社港市、沙市街，东路之敌与第三十集团军部队在长寿街附近战斗后，直趋东门市后南渡浏阳河，直趋上栗市，与普迹市之敌相呼应。此时我第四十四军在浏阳附近作战，居于四面受敌包围的态势，但第一六一师仍凭借黄金台、沙市街、蕉溪岭、道吾山各要点的有利地形与坚固工事与敌激战达十一昼夜。这些要点先后陷于敌手，只道吾山始终为我所据。军长王泽濬权衡战况，令第一六一师以一部守道吾山，主力守浏阳东北之狮子山，以此为据点，向进犯浏阳城之敌攻击。先是第一五〇师之第四四九团与敌激战于浏阳城郊各据点，被敌逐点攻击，经第四五〇团侧击，第四四九团之一部退据城内所筑工事与敌战斗。敌以重炮击毁我城垣工事，并以大量燃烧弹射入城内，民房多处起火燃烧，敌乘势突入城内，与我进行巷战。经多次激烈战斗，我伤亡过重，守城部队得第一六一师守狮子山部队之支援，退据狮子山。

东路之敌向我守备东门市以北之山地第四四八团进攻，团长谢白鸾机动灵活，凭借地势险要与敌战斗。敌久攻不下，乃分兵多股向该团攻击。一股突击至该团之后，断其归路，该要点被敌突破，但该团仍据有利地势，向敌侧击。敌以一部与该团战斗，但敌主力由东门市渡过浏阳

251

河经张家坊，直窜大瑶铺，军长王泽濬令该团向第一五〇师靠拢。

六月中旬，长沙陷于敌手（第四军军长张德能后在重庆被蒋介石枪决），第九战区司令长官部撤至桂东，敌主力直趋株洲，而大瑶铺掩护其主力侧背之敌配合其主力行动直趋醴陵、攸县，向衡阳外围发展。此时第二十七集团军杨森奉令经古港南移，薛岳令第四十四军南移茶陵。

第一六二师方面，南下日军与第一六二师在三姐桥附近激战，敌突破其防御阵地，主力南下。经司令长官薛岳指示，该师退据侧面，攻击敌之侧后，支援我长沙部队之作战。该师在敌后坚持四十余日，伤毙敌四五百人，俘敌战马及驮马四十余匹，其他军用器材物资颇多，因携带不便，即行焚毁。南下时，薛岳令该师归鲁道源军长指挥，在南下沿途袭击敌之仓库，焚毁敌弹药库十余处，受薛岳及鲁道源的嘉奖。该师于六月下旬始归还第四十四军建制。

六、向茶陵转进，两次进攻攸县

当时，第二十七集团军奉命向茶陵转进；同时第四十四军亦向茶陵转进。敌之战略目标指向衡阳，而衡阳外围各战略据点，正展开积极的争夺。因此，争取时间，即是争取胜利的先声。军长王泽濬考虑到如果同第二十七集团军在一条道路上行进，发生拥挤，且为敌机轰炸的目标；翻越武功山虽属捷径，但山高路险，马、骡行动困难。几经考虑，最后决定，经西坑东坑翻越武功山，直插莲花县。刚到莲花县，喘息方定，又奉薛岳命令，急向攸县之敌攻击，阻止敌之南下。当令第一六一师代师长李秾，指挥两个团向攸县北关攻击，以第一五〇师之第四四九团位置于双石门占领阵地，防备茶陵之敌，截断敌军之唯一交通路。而第一五〇师之第四四八团、第四五〇团渡洣江向攸县进攻，与第一六一师合围攸县之敌，由第四八三团派一个营监视新市之敌，掩护我进攻部队之侧背第四八三团（缺一营）占领洣江东岸阵地，维持进攻部队之交通补给线。我各攻击部队与敌战斗三天，第一六一师攻占北关高地，敌凭坚固工事，死守待援。战斗到第四天，由醴陵南下之敌第三十四师团四千余人击破我新市掩护部队后，向我进攻部队反扑。我进攻部队被敌截断于洣江西岸，于是向攸县以西地区占领阵地，向敌侧击与敌激烈战斗。此时，茶陵之敌与醴陵南下之敌主力相配合行动，派出混合组成之步兵、炮兵部队两千余人，猛攻我双石门与第四四九团，激烈战斗一昼夜，双石门阵地被敌突破，团长鲁宗周不收容集结部队，节节阻击敌军，反而放开正面，退到侧面收容，致敌大胆前进，将军部围困于茶陵、攸县间之红脑石狭窄丘陵地区内，所有部队均被敌隔断于洣江以西地区。于是急将守备洣江东岸之第四八三团余懋刚营调来，以一个连守备两路口通攸县之要道，其余部队占领要点，与敌周旋，敌机不断盘旋侦察轰炸。我同时将军直属部队之工兵营、通信营等仅有的武装士兵组织起来，分区防守备要点，并将守备洣江之第四八三团团长周青廷率其一营与敌战斗。幸丘陵地带地形复杂，回旋余地较大，我不时埋伏向敌进行阻击射击，杀伤其有生力量。敌因丘陵地区，运动不便，不敢大胆前进，且伤亡增大。战斗两天，我严令各进攻部队，向攸县之敌猛烈进攻，以牵制敌之行动。战斗到第三夜，前线枪声沉寂，判断敌已退却，当令前线各部，各派搜索部队进行威力搜索。翌晨三时左右，敌确向后撤退，于是由电台急令各进攻部队，停止进攻，分别渡过洣江，集结整顿，并将以上情况上报司令长官部，但仍令再次向攸县进攻。为了进行第二次攻击准备，军长将第四四九团团长鲁宗周撤职扣押惩办，遗职以年富力强、作战经验丰富之副官处长萧德宣充任。

第二次进攻攸县：军长王泽濬认为第一六一师代师长李秾在作战上计划细密，行动稳当，以第一六一师为主攻部队，以第一五〇师之一部，为助攻部队，再向攸县城进攻，敌仍据城垣坚守。第一六一师与第一五〇师之第四五〇团与敌战斗三天，颇有进展。敌由醴陵南下增援约两千人，而茶陵增援之敌千余人由两翼向我反包围，而第一五〇师第四五〇团与敌战斗两天后，因伤亡过大，请准司令长官部，将部队撤回茶陵以东地区整顿。

七、薛岳派欧震为第二十七集团军副总司令驻鄱县指挥第四十四军

六月，第二十七集团军奉命西调，放弃了对茶陵之敌的攻击，以致第四十四军两次进攻攸县失利。此时军长王泽濬突然接到其父王缵绪由重庆发来密电称："该军长不顾一切，率部随同杨森部西移，一切后果，由我负责，切勿迟疑。"王泽濬接电后，踌躇不决。同时，杨森派其亲信邵林持杨亲笔函催促王泽濬随同行动，第四十四军做前锋，杨部断后，由杨森出面，对付薛岳。王泽濬怕薛岳手段毒辣，派队拦截，予以制裁，其父远在重庆，远水救不了近火，届时画虎不成反类犬，因而犹豫不决。杨森见王胆小，时间迫切，乃率部西移。而后杨森任贵州省主席，而王缵绪深责"王泽濬胆小，真误乃公大事"。第九战区派驻第四十四军督战官顾家齐将上述情况告知薛岳，薛立派欧震为第二十七集团军副总司令驻鄱县指挥第四十四军。

八、三次进攻茶陵

约在七月初欧震副总司令指示：为了策应衡阳之作战，该军立向茶

陵之敌攻击。我以第一六一师为主攻部队向茶陵北关进攻，以第一五〇师为助攻部队向茶陵东关进攻。战斗到第三天，攸县之敌两千余人向茶陵增援。第一六一师代师长李秾胸有成竹，决定以围城打援战术对付敌人，早在茶陵城北凤灵仙地区，预设伏兵，打击敌之后卫部队。经激战后，我俘虏日军曹长一名、士兵二名。

七月中旬，衡阳战况激烈，欧震副总司令指示，为了牵制敌进攻衡阳之兵力，令第四十四军再度进攻茶陵。当以第一五〇师为主攻部队向茶陵南关攻击，第一六一师为助攻部队向茶陵东关攻击。敌凭城墙及坚固工事据守，以逸待劳，我无攻城的重兵器，与敌战斗达三日，我无任何进展，徒增伤亡，停止进攻。

第三次向茶陵进攻，采取奇袭方式，军长王泽濬指定第一五〇师第四五〇团作战勇敢的营长李某（名字忘记）指挥。李营长经多次实地侦察，做出奇袭方案，率其全营，乘黑夜由茶陵东南门之间敌防御疏忽处，攀缘城墙而上，一部冲入城内，与敌巷战，大部被敌截断于城外，彻夜与敌激战。冲入城内的敢死队三十余人，壮烈牺牲，城外战斗部队，见奇袭未成功，逐次退回，与茶陵之敌呈对阵状态。

九、美国特种部队配属于第一五〇师第四四九团，由团长萧德宣指挥阻击日军辎重部队

日军占领衡阳后，驻醴陵敌第三十四师团对攸县、茶陵、安仁补给汽车运输频繁。此时战区派美国特种部队官兵十二人到军部，军长王泽濬考虑这种部队最适宜于阻击敌之辎重部队，击毁其补给物资，予日军以打击。认为第一五〇师第四四九团团长萧德宣指挥灵活，担任是项任务最为适宜，当即将萧团长召到军部指示："将美国特种部队官兵十二人，配属于该团，任务是阻击茶陵至安仁段公路敌之辎重部队，既要有战果，使美国官兵发挥其作用，又要保证其安全。"萧团长接受任务后，激励其官兵，说："本团在双石门被日军打败后，前团长撤职查办，我官兵亦蒙受不能打仗的耻辱，这次是本团独立作战，我团官兵应当发扬我中华民族勇敢善战的精神，宣扬国威，为美国官兵做出好榜样，成败就在此一战。"在这种激励下，全团官兵，摩拳擦掌，斗志昂扬。萧团长集合营长及化装侦察官兵二十余人亲赴实地，选择埋伏区，计划打的方法。将日军汽车活动情况了解之后，当面分配了各营长的任务：由第一营任东翼，二营任西翼，团率预备队及美国特种部队居中，待敌汽车进入我预伏区内，先由美国特种部队将首尾两辆汽车击毁，同时，我迫击炮、六〇炮等配合美国特种部队向敌汽车队发动攻击。由于美国特种部队用

烈性炸弹，使敌首尾不能相顾，炸毁敌汽车七八辆。敌掩护部队顽固抵抗，茶陵、安仁之敌，听到剧烈爆炸声相继增援，我打死打伤日军四五十人。萧团与敌增援部队战斗三小时后，任务完成，安全撤出，我亦伤亡十余人。美国特种部队官兵见了萧团长，竖起大拇指，急叫"OK! OK!"见了我官兵，竖起大拇指："449，OK! 449，OK!"一片欢呼声，军长王泽濬对萧团长德宣的这次作战深感满意，说："打得好! 打得痛快!"

十、长衡会战的概略统计

（一）长衡会战以衡阳失守而告结束。据不完全的回忆，先后俘日军中尉队长渡边信雄、军曹园田玉真以下官兵二十余人，缴获日军各种武器和通信器材四百余件，俘、毙敌战马、驮马七十余匹，袭击敌仓库、焚毁敌弹药库十余处。

（二）我军伤亡损失达三分之一强，由于得不到补充，仍需继续作战，军长王泽濬将各师每团编成两个有战斗力的营，又将军、师、团的搜索队、卫生队防毒排、输送部队等拨补各团，以维持一定的战斗力。

第九十九军参加战斗经过

陈燕茂※

第四次长沙会战时，我任第九十九军上校副参谋长。

会战前，第九战区仍然保持着第一、二、三次长沙会战所曾用过的袋形配置，将兵力集中配置在湘江东岸之新墙河、汨罗江、捞刀河、长沙间近三百里的狭长地带。湘江西岸之益阳、沅江仅配置一个师，即第九十九军的第九十二师。

因第一九七师调洪江改编为师管区，第九十九军以剩下的两个师跨江守备湘江东岸的湘阴营田及西岸的益阳、沅江一带，防区正面宽达百余里，纵深达五六十里。当时，第九十九军军长是梁汉明，参谋长是常百川（请假未归），所辖第九十二师师长是艾瑗，第九十九师师长是朱志席。

一九四四年五月上旬，武汉之敌向江西修水、湖北通城和湖南岳阳、华容等处军运频繁。

五月二十七日，敌向长沙大举进犯，一反过去前三次内线作战的战法，改向我军外翼进攻。最为突出的外翼——沅江第九十九军的第九十二师阵地首当其冲。

敌从华容分路从洞庭水面向沅江进犯，在飞机掩护下三面登陆，激战一昼夜后占领之。第九十二师第二七六团团长邹鹏奇负伤被俘。

敌随分两路从沅江及湖口向第九十九军军部直属部队所在地益阳进犯，该军直属部队及一个团抵挡不住，向沧水铺、菁华铺、宁乡方向边

※ 作者当时系第九十九军副参谋长。

战边退。此时，远在湘江东岸相隔百多里担任湘阴、营田守备的第九十九师早已腹背受敌，无暇与军联络，且也无法联络，直至会战结束以后才归还建制。

退至宁乡的军部直属队与由沅江退回的第九十二师余部会合后，一面继续迎击来追之敌，一面转进至桃花山西边，旨在掩护长沙守军的侧背。

六日十五日，第九十九军（只有第九十二师余部）转进至桃花山西边，一面稍事喘息，一面掩护长沙侧背。闻敌早已绕过长沙，有向湘潭大迂回模样，因即转进湘潭。途中闻敌已攻占长沙，第四军已在转进中，株洲、渌口发现敌情。我如贸然进入湘潭，有被包围的危险，乃急转进湘乡。在湘乡立脚未稳，敌即追至，激战一昼夜，敌在飞机协同下以猛烈炮火向我攻击，我伤亡甚大。正在危急之际，由长沙退出，随路收容，准备向郴县（战区司令长官部所在地）转进的第四军部队适于此时通过湘乡，我一时声势壮大，敌不支退去。

第九十九军此时兵力不多，军部各处人员也多走散，缺乏战斗力。为了抢渡湘江，与战区主力会合，确保粤汉路之目的，即取小路经花石、白果、渣江南进。到了新桥的桥头小市镇，又与由衡山派出之敌小部队突然遭遇。时我军前卫已过桥远去，卫士排、特务营与之激战，由于敌机活跃，前卫部队及在后头跟进的第九十二师未能及时予以夹击。带着望远镜站在军长身边的卫士谢有当场阵亡。敌从东北方向来，企图通过该桥南去，与我军从西北方向来也将通过该桥南去的目的一致。敌我突然相遇，只有死拼。战约两小时，敌被迫向原路回窜。

第九十九军为避免敌大部队的追踪，为了争取在敌前头绕过粤汉铁路以东，因而昼夜赶路，历六七天到达耒阳以南、郴县以北的高亭司车站集结。奉命指挥第九十二师及第七战区部队第一六〇师（师长莫福如）暂编第二军（军长沈发藻，辖暂编第七师、暂编第八师）在小水铺东西之线，对北占领阵地。

会战前第九十九军军部直属部队及两个师有三万人，退至郴县以北之高亭司车站时，仅有军长梁汉明、副参谋长陈祖荣（燕茂）军部直属队及第九十二师共七八千人。军部各处官佐及沿途失散官兵多陆续退到该军后方办事处——新化县之烟溪，共达五六千人。至七月间，才通过沦陷区返回高亭司，归还建制。

第九十九军军长梁汉明指挥第一六〇师、暂编第二军及第九十二师占领小水铺东西之线阵地未几，进占耒阳之敌又来进犯，当即展开激战。

第九十九军工兵营（营长李宁璋）也作为步兵投入战斗。敌攻了又停，停了又攻，几停几攻均未得逞。敌曾派小股化装渗入我驻地附近大山，昼伏夜动，企图袭击我军司令部，也为军部所防止，并派队将其驱逐。当时，军部并未久驻一处，敌正要暗算时，我已转移位置。

在我军到达以前，小水铺曾成为战场，尚未清扫，死人死马已因热气蒸发成为疫菌，痢疾流行。住在小水铺西南高亭司西北村庄的数百个铁路工人因接济中断，无饭可吃，患痢疾而死者过半，剩下百余人已气息奄奄。我军到达后始令军医处郭处长抢救，采治痢疾有特效之草药熬水送他们服食，并送些粮食，四五天后患者痊愈。

是时，衡阳守军第十军方先觉部为敌所困，进攻外围敌人解救的第六十二军又陷敌围。第九十九军曾派谍报队前往活动，救获一名被敌打下的美籍飞行员，将其化装带回军部，据称名叫葛波里。

衡阳被敌攻陷后，第九十九军谍报员又曾指引第十军官佐，如师长饶少伟等安全脱险出来。

衡阳失守后，第九十九军曾奉战区司令长官薛岳命令派两个小队挺进衡阳附近之东阳渡一带游击，各以一个加强营组成，并各配报话两用机一部。该挺进小队曾于公路附近山地设伏，击毁敌汽车一辆，并击毙车内全部人员。在被击毙的尸首中，有柴田大佐一人，机要文件及地图甚多，似为参加开会归来者。在其文件中发现敌在此次会战所使用的兵力竟有九个师团的番号，当即将此番号及其动向报与军事委员会，立即受到传令嘉奖，颁发了相当于光洋一万元的优厚奖金。

岳麓山防守战概述

罗平野[※]

一九四四年春，我由长沙第九战区司令长官部参谋处第三课课长（管后勤通信）调第四军第九十师任参谋长，到职不久即参加第四次长沙会战。

第四军的组织概况

国民党第四军系第九战区司令长官薛岳的嫡系部队，辖第五十九、第九十和第一〇二师。每师三个步兵团，全军共九个步兵团，加上军直属的特务、工兵、炮兵、通信、辎重五个营，共三万余人。第一〇二师系贵州部队，在一九三九年第一次长沙会战中新编入第四军建制。第五十九师、第九十师是广东部队，团以上人选均由薛岳亲自任命，军长无权过问。第四军有一定的战斗力，北伐时有"铁军"之称。三个师中以第一〇二师战斗力较弱，第九十师较强，第五十九师最强。营以上军官大部分出身于行伍，未通过军官学校训练，但有实战经验，在第一、二、三次长沙会战中，均有显著的战绩，曾得到薛岳的好评。第四次长沙会战前该军驻扎在长沙，并担任长沙市区的警备任务。团以上人员名单如下：

军　长　张德能

副军长　柏辉章（兼赣南师管区司令，驻江西赣州）

※　作者当时系第四军第九十师参谋长。

军参谋长　罗涛汉

第五十九师师长　林贤察

　　　　副师长　薛广、唐连

　　　　师参谋长　张国泰

第一七五团团长　陶富乾

第一七六团团长　屈化平

第一七七团团长　杨　辉

第九十师师长　陈　侃

　　　　副师长　薛仲述（未参战）

　　　　师参谋长　罗平野

第二六八团团长　朱始营

第二六九团团长　陈治中

第二七〇团团长　吴正安

第一〇二师师长　陈伟光

　　　　副师长兼参谋长　熊钦垣

第三〇四团团长　许世俊

第三〇五团团长　杨仁瑞

第三〇六团团长　陈希周

日军动态和战区的作战计划

一九四四年，日本侵略军秘密抽调一部分关东军沿平汉路南下，加强武汉方面的军事实力，企图第四次进犯长沙。

第九战区司令长官部在会战前早已收到湘北敌人调动频繁的情报，判断敌人有第四次进犯长沙的企图，通知所属各部队做好战斗准备。对日本关东军南下的消息，则一无所知，因此未向上级请求增加兵力。在作战指导思想上也有轻视敌人的想法，认为第四次长沙会战不过是第一、二、三次长沙会战的重演，按照过去的打法，可以将敌人击退，取得同样的胜利。

司令长官部参谋处根据敌情、地形和我军状况作了全面的分析和研究，判断敌人可能以主力沿湘江东侧南下进攻长沙；以一部进攻浏阳、平江，掩护其主力的右侧背。司令长官薛岳同意参谋处的情况判断，确定的作战计划是：以湘江为左翼屏障，命第四军坚守长沙；将二十多万兵力部署在浏阳、平江、江西铜鼓地区，俟敌人长驱直下进抵长沙时，即以长沙为轴心，指挥战区主力部队向左旋回，由东向西侧击敌人，将敌人压迫、歼灭于湘江东岸地区。

上述作战计划，当时人们名之曰"口袋战术"（天炉战法），即在作战过程中，指挥部队形成一只口袋，让敌人钻进来，然后把袋口收拢，将敌人包围歼灭。这种战术，曾在第一、二、三次长沙会战中起过克敌制胜的作用。这次拟订的作战计划，只把过去的作战计划略加修改，未作大的变动。

第四军坚守长沙的防御配备

会战前，第四军担任长沙城防时曾在长沙市郊和岳麓山一带构筑野战工事，做了一些战斗准备。军长张德能接到长官部赋予的坚守长沙的作战命令后，即着手防御配备。

当时判断敌人的主攻方向可能在长沙北面，因而把军的主要防御方向指向长沙以北，决定以军主力防守长沙市区，第九十师防守岳麓山。

具体配备是：

长沙市区兵力配置，命第一○二师守长沙北半部；第五十九师从小吴门起，沿五里牌、妙高峰到江边守长沙南半部。两师的战斗分界线从小吴门起，从东到西至江边，线上属第五十九师。军指挥所靠近第五十九师，在市区南半部设置。

岳麓山方面包括岳麓山和船形山，以岳麓山为重点，命第二六八团守岳麓山，第二七○团守船形山，第二六九团为师预备队，控置于岳麓山与船形山相接的山口后侧，随时准备由山口方向反击进攻之敌。第九十师师部在湖南大学旧址，师指挥所在岳麓山山顶设立。

战区直辖的野战炮兵团野炮四门在岳麓山东侧山麓占领阵地，以火力支援第四军的防御战斗。

战区司令长官部由长沙转移到株洲，另派战区参谋长赵子立率一部分幕僚和电台在岳麓山设立战区指挥所。

作战经过

五月下旬，敌人开始进攻，在新墙河附近与我前线部队发生激战，敌人在飞机大炮支援下强渡新墙河，主力沿湘江东侧南下，一部进攻平江、浏阳。我军苦苦抵抗，按计划逐渐后撤，随着战况的推移，六月一日平江沦陷，敌人于六月九日接近长沙郊区。

六月十四日，浏阳沦陷敌手。长沙方面，我第一〇二师警戒部队与进犯之敌发生小规模的战斗。敌后续部队一个旅团在长沙北面约三十华里处偷渡湘江，沿湘江西岸南下向岳麓山前进，第九十师警戒部队已发现敌情。

六月十五日，敌人主力部队进抵长沙郊区，对防守长沙市区的第四军完成北东南三方面的包围。岳麓山前面的第九十师的前进警戒部队被敌人驱逐，我野战炮兵团开始向敌人炮击。

六月十六日，敌人向第四军全面猛攻，战斗甚为激烈。长沙方面，敌人主攻方向与我判断相反，不在北而在南，重点指向黄土岭和妙高峰。第九十师正面，敌人主攻方向指向岳麓山，敌我双方激战了一天，互有伤亡。

六月十七日，战斗继续进行，敌我炮战激烈，炮声隆隆，响彻湘江两岸。下午，妙高峰失守。薛岳发现敌人兵力强大，"口袋战术"已被敌人戳破，孤立的第四军在优势敌人的两面夹攻下岌岌可危，为了保存实力，决定留少数部队守长沙城，将第四军主力转移到湘江西岸固守岳麓山。战区参谋长赵子立在岳麓山指挥所把换防命令转知第四军军长张德能后，另用无线电话和长沙两侧友军联系，要求他们侧击敌人，支援第四军的战斗。两侧友军均被当面敌人牵制，无能为力。

张德能接到赵子立的电话通知，即于十七日下午四时左右召集第五十九、第一〇二师师长和有关人员到军部商议，决定按赵参谋长指示行动，将军主力乘夜向岳麓山转移，加强第九十师的防御战斗。命副官处代处长陈继虞先到湘江渡口搜集船只，做渡江准备。当时江中只有两只小火轮、几十只满载货物等待外运的民船，都被征集作渡江之用。

各部队乘夜撤离阵地陆续到达江边，人多船少，互相争渡，有的失足落水，有的人多载重造成船翻。于是各自为政，自找出路，有的找木料或门板扎木筏，有的武装泅渡。由于携带枪弹过重，致使木筏在江中倾覆和游至中途力竭溺水。据目击者说，当夜溺死江中者不少。

第一〇二师损失较小。该师在渡口下游自找船只，有秩序地安全渡过湘江，除第三〇四团副团长张克俭率领的掩护退却部队未逃出敌人包围圈外，其余均到达湘江西岸。

第五十九师第一七五团陶富乾部渡到西岸的只有一千余人；第一七六团向浏阳方向突围，绕道醴陵、茶陵到郴州归队，不到一千人；第一七七团突围到长沙以南的黑石铺，渡江归队，也只剩千余人。还有一部分官兵流散到农村，由第五十九师参谋主任易震在敌后收容千余人，以后带到郴州归队。

第九十师正面的战斗，相当激烈，十七日白天，敌人继续猛攻岳麓山，敌机不断轰炸我炮兵阵地和岳麓山顶，第二六八团伤亡甚大。十七日黄昏，敌人突破岳麓山与船形山之前的山口前沿阵地，第九十师乘夜使用师预备队（第二六九团）增援山口方面的战斗，将敌阻止，尽力掩护军主力渡江。十八日拂晓，敌人攻占岳麓山顶，战局急转直下，第九十师师长陈侃带了几名卫士临阵脱逃，全军像潮水一样向湘乡方向撤退，无法掌握。我沿途把第九十师部队收容起来，并把战区参谋长赵子立安全送走，大家默默无言，心情非常沉重。部队退到邵阳近郊，副师长薛仲述、师长陈侃也相继来了。是役，第九十师伤亡两千余人，第二六八团团长朱始营和一部分官兵被俘。

长沙守卫战经过

陈宏樟※

会战前的情况

我方从一九四一年冬第三次长沙会战以后，判断日军必将再犯长沙，两年多来做了充分准备，会战方案一再修改，中央军事将领对死守长沙问题意见分歧，包括参谋总长何应钦、副参谋总长白崇禧等，尤其是白崇禧反对最烈，曾和第九战区司令长官薛岳剧烈争论。白主张放弃长沙，固守衡山，在渌水以南与敌决战。他的理由是衡山地形有利于我，可以固守；长沙地形不利于我，如守长沙不但不能确保，反恐消耗大量兵力，影响衡山，衡阳也要放弃。薛岳的意见相反，他要固守长沙，在渌水以北与敌决战。他的理由是：长沙有光荣历史，一、二、三次会战给敌以沉重打击，可保洞庭湖一带粮棉产区，使粮棉不致资敌，如放弃长沙则一带产粮棉的地区尽入敌手，我们给养更为困难。因薛坚持他的意见，白等只好放弃了自己的意见。

会战的军事部署和市区的战斗经过

五月上旬得到情报：汉口岳阳间敌军运输繁忙，似有进犯模样。五月十五日晚上又相继接到湘阴前线、滨湖督察站（战区在前线后方各地共设有十来个督察站）和重庆军事委员会发来军事情报：大量集结在湘

※　作者当时系第九战区炮兵指挥部参谋长。

北、通城、平江之敌，十四日向南移动。证实日军开始大举进犯。薛即连夜召开会议，会议开了一个通宵，决定了依照原计划部署重兵固守长沙，疏散长沙物资，长官司令部迁移驻地和组织前进指挥所等问题。同时下令从十八日起限令三天将长沙物资全部疏散完毕，百姓也不得留在城内，否则以奸细论处。为了势在必守，打一个比第三次会战时更漂亮的仗，除在外围用作侧击的部队不计外，用作担负守城任务的有：第四军所属三个步兵师，军长张德能，第五十九师师长林贤察，第九十师师长陈侃（原本薛岳之二弟薛仲述已奉命接该师师长的，因他往印度受训，长沙会战时，始返抵衡阳，未及接事），第一〇二师师长陈伟光。炮兵部队有：炮兵第十四团一个营，机械化十五公分口径榴弹炮六门；炮十二团一个营，俄造七点六二公分口径野炮十一门；炮一团一个营，德造卜福式七点五公分山炮十二门；第四军直属山炮兵营，美式七点五公分口径山炮十二门；炮五十一团一个连，三点七公分战车防御炮四门。连同其他大大小小的火炮，共五十余门，火力相当强大。还配有工兵若干营。为加强指挥机构，还派司令长官部参谋长赵子立随带特务营一个排，坐镇长沙，将炮兵第三旅组成第九战区炮兵指挥部，指挥官王若卿，参谋长陈宏樟，统一指挥长沙炮兵，集中运用炮兵火力协同第四军防守长沙。奇怪的是，参谋长赵子立、炮兵指挥官王若卿和第四军军长张德能是互不统属，三人共同负责防守长沙，谁也不能指挥谁。论职位以长官部参谋长赵子立为最高，但年龄比较轻，军校六期，陆大九期；论资历以炮兵指挥官王若卿为最老，王是保定军校第八期，与陈诚同期，同为炮兵科的，当炮兵旅长很久（炮兵以旅为最高）；论实力以军长张德能为最大，掌握了一军实力，他是云南讲武堂第十五期的。三人互不统属。

薛作上述部署后，他本人率领长官部转移至湖南茶陵、安仁、耒阳，后期转至郴州、桂东去了。当时薛除将他辖下的所有兵力投入这次会战外，还企图将驻在九战区而直属中央的战略部队第十军（方先觉军）投入这次会战，后为白崇禧反对，不果，会战失败后薛对此非常埋怨。直至一九四九年八月我见到他时，他对此事，还对白非常痛恨。

长沙城自一九四一年冬第三次会战以后，有二年多的安静时间，人们都以为日军不敢再犯长沙，百姓纷纷回城经商，物资积聚日多，交通工具（主要是船只），已为第四军预先征调控制，在短短的限令三天的时间内，是没有可能将全城物资全部疏散的。第四天（五月二十一日）则禁止百姓进长沙城，并逐户清除躲藏城内的人，加以驱逐出城。城内百姓遗下的物资以彻底疏散物资，免除资敌为名，搜集起来，由该军副官处向后方运走，单从城内八角亭各绸缎商店搬走呢绒、绸缎、布匹等不下十船之多，其他物资不计其数。初时预计用船运至湘潭，转装火车南运，长沙至湘潭仅四十五公里，本来船只在湘潭卸下物资两三天就可赶回长沙，对军事使用并无妨碍，怎知湘潭至衡阳的一段铁路已被破坏，当载运物资船只到达湘潭时，因无火车南运，不得不原船再向衡阳驶去。后来不知怎样直至长沙失陷，还不见有一只载运物资的船只回到长沙来，长沙与岳麓山中间两河相隔，只剩下几艘船作为两岸交通工具，使得后来无法作兵力转移，铸成大错。

关于保卫长沙兵力配备问题，第九战区参谋长赵子立、第四军和炮兵指挥部三方面，曾于薛岳离开长沙的第二天，即五月十七日，在湖南大学内，关于兵力配备和步炮协同作出具体实施举行过一次会议，综合各方情报，对敌情判断意见都是一致的。大家都认为敌这次进犯会吸取一、二、三次会战时的经验，可能使用兵力比前强大；直接进攻长沙，会使用两个师团以上；敌人的主力方面，过去三次是从湘阴、浏阳等方面来的，这次改从河西岸进攻，直扑岳麓山亦有可能；河西岸是湖沼地带，不能运用大兵团作战，可能性小，仍以湘阴、浏阳方面的可能性较大，但河西岸会有佯攻，或配合一部分装甲汽艇助攻骚扰。敌情判断虽然取得一致，但对兵力配备的意见则不一致，争论剧烈。张德能要死守长沙城，照原计划将兵力重点布置在城内。赵子立和我们的意见，则不同意把主力放在城内，应摆在河西岸的岳麓山，因为岳麓山与长沙城两岸对峙，地势高（岳麓山标高三百五十公尺）。长沙城地势低，不利于我。岳麓山是长沙一部分，纵使长沙城失守，而保存岳麓山也不算长沙失守；如岳麓山失守，敌可居高临下，长沙城必不可保。而张德能坚持他的意见说："这是薛老板所指示的，长沙城失了，还有什么搞头。"争论之下，始终无法将分歧意见统一起来，因此只好步兵方面依照张德能的意见去部署，炮兵则依照我们的意见去部署。张将两个步兵师（第五十九、第一〇二师）布置在长沙城（河东岸），一个师（第九十师）布置在岳麓山一带（河西岸）。炮兵依照炮兵指挥部的意见，将口径比较大、射程远、运动困难的炮种布置在岳麓山一带（河西岸），将口径比较小、射程近、运动容易的布置在长沙城附近，兵力约占三分之一。第四军军部初在河西岸的小望城坡，兵力布置后移驻城内坡子街中央银行内，那里有坚固的防空室。赵子立和炮兵指挥部则设在岳麓山的湖南大学天然防空洞内，与第四军军部相隔一湘江。到了六月十三日上午获悉：一、渡过汨罗江之敌，十二日一部企图渡过浏阳河，主力强行渡过湘江，番号为第三师团。二、在洞庭湖南岸方面之敌十二日抵达益阳县城东门，又另一股正向宁乡北沧水铺进犯中。判明了日军主力由湘江西岸进攻长沙时，张德能才发现自己部署错误，想将原布置在长沙城的两个步兵师中抽调一个转移至湘江西岸岳麓山来。此时使张最感棘手的：一、没有船只，因载运物资去了的船只还没有回来。二、不知抽调第五十九师转移好呢？还是抽调第一〇二师转移好呢？因为第一〇二师原是贵州部队，张意想抽调第五十九师，又恐怕抽去第五十九师，留下第一〇二师守长沙城为陈所疑忌，轻彼重此，因而迟疑不决。连日来敌机轰炸，到六月十六日晚上，敌人开始对岳麓山炮击，长沙城南距妙高峰九里的红山头亦为日军迂回占领，张才决定抽调第一〇二师渡江。由于匆匆下达命令，指示不够明确，使得有些连营疑为退却，不待接防部队到达，就撤离阵地，整个师陆续到达灵官渡、大西门、小西门等渡河点时，因渡船缺乏，一齐拥在那里，弄得水泄不通，秩序大乱。第四军直属美式山炮营也就挤在那里，准备渡江，还未渡过。由于使用小船渡江，一个连也要分几艘小船载运，及至天明被占领红山头的日军发觉，用机枪扫射渡江部队，此时秩序更乱。已渡的由于无人指挥，不是进入新阵地，而是沿岳麓山至衡阳公路退却（岳麓山至衡阳公路还没有破坏）。

长沙失陷

当晚（六月十七日）第四军军长张德能约凌晨二时带了几个卫士乘电船由小西门绕过水陆洲渡江，电船驶进河西岸的湖南第一纺织厂附近时，占领该处伏击敌人装甲汽艇的炮五十一团的两门战车防御炮兵喝令停止，不应，险些将张德能所乘的电船击沉。张到了湖南大学时已四时左右，没有处理问题，可能疲劳过甚，便酣酣大睡了。及至天明后，有人报告："渡江部队已向衡阳退却了。"张闻讯大怒，匆忙跑出湖南大学门前转弯的公路上，大叫："统统回来，不回来，我枪毙你们。"但没有收到效果。

留守长沙城的一个师，看见红山头已为敌军占领，到了晚上（六月十七日）也自动向浏阳方向突围撤退。有小部未及退走的，十八日在城内与入城的日军作零星战斗，至下午全部转入敌手。

炮兵方面：在正在渡江部队退却的六月十七日早上八时，炮十四团第一营观察所发现敌占领松花冈西北角，并有一股敌人百余窜进岳麓山西北侧半山腰上，快要迫近指挥部。在急忙之际，赵子立派了他随带的特务营龚仲贤排由炮兵协助，前去消灭该小股敌人，无结果。情势更紧，敌渐接近，炮兵阵地无法发射，频频接到炮兵部队打来电话请示处理，谁也不敢下令撤退，谁也不敢下令破坏武器，只答复："必要时，权宜处理。"眼看不能挽救，各人相继撤退。

衡阳战役回忆

甘印森[※]

一九四四年五月，日军自湘北向我大举进犯。侵占长沙后，继续南下，于六月二十一日到达衡阳外围。二十三日敌向我江东岸的泉溪市逼近，当与我守军暂编第五十四师第一团一个营的兵力相遇，受到我坚决阻击，从而开始了衡阳战役。

衡阳守军是第十军方先觉部，下辖第三师（师长周庆祥）、预备第十师（师长葛先才）、第一九〇师（师长容有略，该师系后调师，仅有兵力约两个团）及由第九战区临时拨归该军指挥的，原在衡阳担任机场守备任务的暂编第五十四师之一部（师长饶少伟，该师编制为两个团，其中第二团已调零陵担任机场守备任务）。守衡兵力总共约两万人。笔者当时任暂编第五十四师参谋长，对于全军情况不甚了解，且事隔久远，记忆不周。兹将当时的一些情况，回忆如下：

第十军以第三师、预备第十师、第一九〇师任衡阳城区及近郊区的工事构筑和防守，以暂编第五十四师任江东岸机场及五马归槽、泉溪市等重要据点的防守，实行逐次抵抗，迟滞敌军的前进。当暂编第五十四师第一团团长陈朝章率一个营在泉溪市附近与敌激战时（敌人曾使用毒气弹强渡耒河），饶师长又派一个营的兵力前往增援。军部另派第一九〇师的一部，转至江东岸五马归槽以支援饶师的作战。二十五日，江东岸机场及各重要据点陷于敌手。暂编第五十四师第一团的两个营由陈团长率领在作战中逐步南移，未归建制。饶师长率残部坚守江东岸的主阵地。

※ 作者当时系第十军暂编第五十四师参谋长。

旋奉方军长命令，放弃江东岸，撤回衡阳城内。是晚我两岸守军，严密灯火管制，行动静肃，轮渡以一盏绿灯高悬，作为渡江时两岸的联系。敌人竟未察觉我军企图，遂于拂晓前我军顺利而有步骤地完成了渡江东岸的撤退计划。

暂编第五十四师余部撤至衡阳城内，军部考虑该师兵力薄弱（仅千人左右），指定担任北起潇湘门南至五桂岭沿江的防御，密切监视江东岸敌军的行动，并阻击敌人的偷渡。师指挥所设在铁炉门。防线的南端五桂岭及江西会馆地区的战斗激烈。七月中旬曾一度被敌突破一口，经饶师长亲率师直属部队及时反击，才将侵入的少数敌人逐出，阵地得以固守。

衡阳城内，井水污染严重，饮水奇缺，必须派人到江边取水。当我士兵白天取水时，屡遭江东岸敌人的狙击手的射击，伤亡多人。而且对岸敌人从我方城门洞可看到我街道上过街官兵的行动，亦进行狙击，我方时有伤亡。乃决定将取水时间改为入夜以后，并在城门内的街道上，竖以木牌，用以遮蔽视线，使敌人无法窥察我方的行动，这样才解决了取水和通过街道的安全问题。

衡阳城区狭小，随着战斗的持久，敌我的伤亡很大，而城内粮、弹、医药，日益紧缺，虽偶尔获得空投补给，但数量甚微，而且多数飘落敌方，杯水车薪，无济于事。伤病官兵，既少食品，又缺医药，加以气候炎热，创口溃烂，蛆蝇趋附，呻吟呼号，为状甚惨。闻军部屡电上峰，力陈危急，请求外援，而外援不力，但一再奉电死守，全体官兵，至此另无他策，唯有拼命而已。

敌人除第六十八师团、第一一六师团及重炮旅团外，先后从各地调来援军，增强兵力并利用炮、空优势，多次向我发起猛攻。我城内房屋，被毁殆尽。在内无粮弹、外无救援的情况下，方先觉军长及其高级官佐终于八月八日城破被俘。当时各师师长均在军部开会，未能回师掌握部队。以后才得知他们均被集体扣押在南郊的天主堂内。各师的团长以上军官在被俘后经清查出来，亦陆续送至该处集中拘押。过了一段时间，日军将分散在各地原第十军的官兵数百人，集中起来，按原来师的番号，分别管理。暂编第五十四师仅收容了数十人。饶师长和我以及师部十余人，均被指定集中住在湘江中的一个小岛名叫东洲的学校内。四面环水，仅有一只小木船作为渡江采购、联系之用。饶授意其亲信副官林某，趁外出采购物品的机会与附近农民取得联系，经多方商约，利用黑夜，饶和我等共五人，划船渡江，在他们的引导营救下，终于脱险。

　　衡阳战役，自一九四四年六月二十三日至八月八日经过四十七天的激烈战斗，我军伤亡官兵一万余人。根据日本防卫厅发表的资料，日军的伤亡数字更大。这是我国抗日战争中一次重大的战役。虽然衡阳城最后失陷，但由于较长时间拖住了敌人，为我大后方军力的调动和部署、重要物资和人员的疏散、工厂及设备的迁移，赢得了时间。而对敌人企图迅速南下，打通我粤汉、湘桂两线的狂妄计划，给予了一个极为沉重的打击。在衡阳战役中，我广大官兵为了抗击敌人的入侵，前仆后继，视死如归，其英勇杀敌的精神与事迹，惊天动地，可歌可泣，真是浩气磅礴，感人至深。衡阳亦因之成为我国抗日的名城，光耀史册。

衡阳保卫战战斗经过概要

白天霖※

江东岸及警戒阵地之战斗

一九四四年六月十八日长沙陷落后，敌军即以衡阳为目标，大举向南进犯。其先头部队于十九日在下摄司、易俗河附近，与我第三师接触。第三师侦知敌之大部队由湘江东西两岸兼程南进，而西岸数纵队更不断绕越其左侧背，乃以主力沿长衡公路，一部沿湘江东岸与敌实施迟滞作战，期能以袭击阻挠敌之前进，有利于我军之作战准备。

六月二十二日，敌机首度对衡阳城进行轰炸，东西两岸市区均引起大火。晚八时，由株洲、渌口沿湘江东岸南下之敌，已进抵衡阳城东三十里之泉溪市附近，我第一九〇师第五六八团第一营派在彼岸少数警戒部队，稍事迎击后即撤回我岸，与敌隔耒水对峙。

二十三日拂晓，敌军从泉溪市强渡耒水，向我第一九〇师第五六八团第一营据守之新码头前进据点发起攻击，衡阳保卫战于焉展开。依状况，该营本可撤至五马归槽据点，与暂编第五十四师之一个团共同作战；但杨济和营长却认为，与敌初次接触，若不战而退，不免长敌人士气，灭自己威风。乃决心待敌半渡，予以急袭。天色微明，敌军在猛烈炮火掩护下，乘数十只木船、橡皮舟，向西岸直驶，我官兵冷静沉着，先在阵地内掩蔽，迨敌船接近至轻火器有效射程之内，一声令下，六门战防炮，二十余挺轻、重机枪同时发射，打得敌军船翻人溺，无法越雷池一

※　作者当时任第一九〇师第五六八团第一营迫击炮连连长。

步。敌知正面强渡不易,午后乃以一部隔河佯攻,主力潜由泉溪市以南绕越渡犯。我杨营长识破敌之企图,乃主动西撤,进入衡阳东约十二里之五马归槽据点。半日战斗,由于敌炮众多,火力炽盛,毁我战防炮二门及重机枪三挺。战炮连副连长王惠民在指挥火炮变换阵地时不幸阵亡。总计官长阵亡三员、负伤四员,士兵伤亡五十余人;但敌之伤亡连同落水溺毙者,估计在三百人以上。方军长鉴于敌主力迫近江东岸,有由赤水塘、东阳渡越湘江而向衡阳以南地区窜扰模样,遂令守备衡阳主阵地之第一九〇师及预备第十师进入阵地,并电饬正在衡山以北地区与敌接战之第三师星夜赶回衡阳,增强守备。此时第一九〇师及预备第十师均以两个团为第一线,分任衡阳城郊西北与西南阵地之守备;城东之江防,则由军搜索营担任。

本日敌机群数度飞临,对衡阳市区及飞机场大肆轰炸,以致市区大火。暂时控制为军预备队之预备第十师第二十八团及军直属部队,只得竟日从事消防灭火工作。

二十四日拂晓后,渡过耒河之敌向五马归槽进犯。方军长乃命第一九〇师较完整之第五七〇团,迅即渡江增强五马归槽阵地,务必固守。

第三师于奉到军长撤回衡阳之电令后,即以第八团留置于衡山、南岳各附近之线,迟滞敌军,掩护师主力脱离战场;师主力乃以急行军于二十四日十八时返抵衡阳城,接替第一九〇师城西北阵地之守备,即以第七、第九两团为第一线,占领汽车西站(不含)以北,迄草桥亘石鼓嘴之线,并以步兵一营占领蒸水北岸据点。第一九〇师则连夜全部渡江,占领该师江东岸原阵地,协同暂编第五十四师之一个团作战。

是日,敌机数度来袭,并投燃烧弹;衡阳城区竟日大火。

入夜,敌大部队继续由泉溪市渡江,其先头部队则由五马归槽南侧渡江,向衡阳城南郊我预备第十师派出于黄茶岭、欧家町、托里坑各附近之警戒阵地秘密接近。

二十五日拂晓,敌攻五马归槽亘湾塘之线;五马归槽方面,敌炮火尤为猛烈。我衡阳城区炮兵行火力支援,炮弹越江呼啸飞行,声闻数十里外。敌我空军亦先后相间,前来助战。一时战斗达于高潮。敌我反复冲杀,伤亡均大。我第五七〇团团长贺光耀负重伤,由副团长冯正之继续指挥,鏖战及午,被迫转移至范家坪、橡皮塘、莲花塘、冯家冲之线。敌除继续以一部向西攻击外,主力分由五马归槽以南与东阳渡渡江西进。黄昏时分,敌由湾塘方面发起猛攻,突破第五六八团冯家冲阵地,将暂编第五十四师之团与第一九〇师隔断,攻入飞机场。

敌大部分竟日纷由五马归槽亘东阳渡之间继续渡江向衡阳城南急进；另由西北铜钱渡、柘里渡（西北距衡阳约六公里）亦于午后越过蒸水向衡阳城西，作全面的开进；北面由长衡公路南下之敌纵队，亦突破衡山附近我第八团之抵抗线，向南激进中。

敌机群全日不断来袭，猛投燃烧弹，市内连日大火，入夜犹未能全部扑灭。我空军亦先后飞临城郊，对敌部队之开进地区轰击扫射。

据日本前第十一军战友会来华访问团六十一会代表稻田勇、住田克己、镰谷岩、岛本良晴、高泽信雄诸先生一九八三年七月十八日称：该第六十八师团第六十一大队之先遣中队二百余人，于二十五日午间即到达黄茶岭附近，下午二时，沿江之西岸威力搜索，经我五桂岭方面迫击炮猛烈袭击，伤亡达五十余人，因而攻击顿挫，迄未达成其越过铁路线之企图，首先尝到我迫击炮火猛烈而准确之威力。

二十六日拂晓以后，敌炮兵分从衡阳城西、南两面，不断向我阵地广正面试射；并以火力掩护其步兵分向我欧家町、托里坑、马王庙、胡坳、三里亭各附近我警戒阵地攻击。我警戒部队略事抵抗后，逐次撤回主阵地。

十时许，敌步兵在其飞机十余架更番轰炸与敌炮五十余门猛射掩护之下，开始向我西南主阵地作全正面的攻击，大胆突进，连续冲锋，其攻击重点，显然指向预备第十师所据守之西南丘陵阵地，尤以第三十团所据守之江西会馆、五桂岭，第二十九团所据守之虎形巢为最。敌曾数度突入我阵地前障碍物附近，皆为我步、炮火力所击退，遗尸累累。而南正面五桂岭、枫树山、湘桂铁路修机厂之线，因有高岭与停兵山两前进据点侧射火力之掩护，敌军皆受阻于铁路堤以南之线。此两据点东西相距约六百公尺，在我枫树山、张家山阵地南侧二百至四百公尺，为阵地之要点，预备第十师第三十团陈德垡团长特选该团精锐之第七连负责据守。该连连长张德山勇敢善战，豪气冲云，亲率连主力守停兵山；中尉排长李建功孔武有力，身经百战，率兵一排守高岭，构成小而坚的圆形坑道据点工事，据点四周环绕着外壕、铁丝网、木栅以及地雷，据点内则大量囤积手榴弹。彼二人均称："誓与据点共存亡。"

敌军攻击之初，以为此孤立二小点，咄嗟可下，乃大胆突入，连冲数次，均为我地雷爆炸及主阵地之支援迫击炮火所击灭。嗣敌集中炮火轰击，并有敌机前来助战；我炮兵亦行支援射击并反炮战，一时枪炮声密如骤雨，两个据点全为硝烟炮火所笼罩。敌军一次次冲锋，均为我军轻重火力与手榴弹所制压。战至黄昏，我两据点屹立不动，唯障碍物多被摧毁，碉堡被毁达五分之三，官兵伤亡过半。概计阵前敌尸，高岭方面不下二百具；停兵山方面，则在四百具以上。

江东岸方面，与拂晓同时，我第一九〇师容有略师长指挥第五六九团向突入飞机场之敌逆袭，鏖战五小时，歼敌四百余人，我亦伤亡二百余人。嗣敌大举增援，我乃被迫退守江东岸核心阵地，并按预定计划破坏飞机场。

战事发展至此，衡阳湘江东西两岸之主阵地，均已在敌军围攻之下。方军长基于自身之责任重大，连续不断行状况判断：第一九〇师仅一千二百余人，加上暂编第五十四师之一个营（该师原有兵力一团，当敌攻至五马归槽时，该团长率两营退往耒阳，后归长官部指挥），固守江东岸核心阵地，与西岸成掎角之势，固可支持若干时日，予敌军以消耗性的打击；但与军主力毕竟隔了湘江，实为孤城外之孤城，易为敌各个击破。同时，衡阳城郊军主力现仅有五个团，防守东西宽约一千五百公尺，南北长约两千六百公尺之矩形纵深阵地，在兵力运用上必须有较大的弹性。与其将此七分之一战力消耗于江东岸，曷若全部集结于一起，保持高度战力，作更为经济有效的发挥，乃决心将江东岸部队撤回衡阳城。

黄昏以后，第一九〇师暨暂编第五十四师之一营，利用事先控制之两艘大渡轮，往返行驶于江东岸与铁路门码头之间，于午夜前运输完毕。军工兵营随即依预定计划对湘桂铁路湘江大铁桥实行有限度之破坏，即炸毁中间三节桥桁而不破坏桥墩，由我岸以火力封锁，使敌无法修复利用。第一九〇师入城后，除以第五七〇团接替搜索营江防外，余均集结于环城街附近为军之预备队。

敌第一次总攻

二十六日入暮，敌继续对我西南及南正面猛攻，炮声隆隆，枪声嗒嗒，杂以密集的手榴弹爆炸声，全城震动；自高处视之，有如无数火龙，环绕在城西与城南第一线阵地上，翻腾滚转，此起彼落，虽惊涛骇浪之势，亦不足以比拟。战至午夜，江西会馆及五桂岭正面敌军冲击次数最多，伤亡在两个中队以上。我高岭与停兵山两前进据点，工事被毁最大，官兵伤亡最多，陷于苦战状态；而虎形巢、瓦子坪、易赖庙方面亦遭受敌军不断的攻击。

二十七日凌晨一时许，高岭李排枪声渐息，官兵均壮烈殉国；敌乃大举向我第三十团所据守之江西会馆、五桂岭、141高地、枫树山阵地猛冲。各阵地前麇集敌军，利用夜暗一拨一拨地向障碍物接近，势如潮涌。陈德垕团长鉴于敌攻势之凶猛，严令官兵沉着应战，坚守三不打主义——看不见不打、瞄不准不打、打不死不打；纵敌接近我障碍物施行破坏作业，亦不轻易射击，以秘匿我之火器位置；必待敌大部通过破坏口，进至外壕线，始以侧射斜射火力急袭歼灭之；待敌潜至我阵地前绝壁下作悬崖攀登时，再投手榴弹击灭之；不怕敌人破坏我障碍物，只怕敌人不来。同时分由副团长阮成、团附项世英巡视第一线，勉励官兵做持久战之准备，大战刚刚开始，不可虚耗弹药。项团附进至枫树山南斜面第一营指挥所，与萧维营长一同视察战况，在夜色朦胧中，发现敌军以三十余人为一拨，前仆后继，一拨一拨地通过障碍物的破坏口，向我阵地前线攀登时，均为我居高临下投出的手榴弹所击灭。随着天明的到来，敌攻势渐趋停止。各阵地前遗尸累累，概计当在一千人以上。

九时许，有我 P－40 机六架飞临衡阳上空助战，俯冲轰炸与低飞扫射反复进行。我阵地官兵正以欢愉的心情，欣赏我空军的战技，并乘势搜索，发现有利目标即予以炮击，忽见其中一架飞机尾部冒出浓烟，机身摇摆不定，知为敌地面炮火所击中。旋即戛然一声巨响，该机被迫降于高岭与停兵山之间水田。据守停兵山之我第三十团第七连连长张德山遂派排长王三禄率兵六名冲出铁丝网，拼死予以抢救。机内为我空军分队长陈祥荣，虽负轻伤，仍能冒敌火冲返我方阵地，王排长及士兵三名却不幸为敌狙击而亡。陈祥荣分队长无法归队，方军长即命安住在军指挥所内，负责陆空联络事宜，对而后作战贡献良多。

午后二时，敌步炮空联合对我全阵地猛攻，其规模较昨日为大，盖敌主攻部队已全部到达衡阳城下，乃揭开全力全面的攻城战。

战后检阅日军战史，记载当年围攻衡阳城南郊之敌为第六十八师团，西南正面之敌为第一一六师团，西北正面之敌为支摩支队，而由长衡公路南窜之敌，则为敌之独立第五旅团。

战至黄昏，我阵地屹立无恙。五桂岭、枫树山、张家山、虎形巢、瓦子坪各阵地所受之压力最大，给予我方不少之伤亡与甚多的障碍物——木栅乃至于铁丝网之破坏；而停兵山据点在优势敌人围攻之下，陷于苦战。敌伤亡甚大，各阵地前遗尸数十乃至数百具不等，总计不下七百。

预备第十师第二十八团各营长见战事进行两日，而自身却为军之预备队，不分昼夜在城内挨敌机轰炸，并疲于奔命地从事消防灭火工作，真是扑得东来西又起，官兵弄得焦头烂额，其苦况视作战尤有甚焉！同时有感于长沙三次大捷，本军固守长沙城垣与敌鏖战四日，遂有援军四面驰来，相与内外夹击，大败敌军；今兹战事重演，如我方迅即胜利结束，第二十八团仍未披挂上阵，既丧杀敌良机，又失团队荣誉，何憾如之！乃纷纷电呈师长，要求分配阵地，加入战斗行列。葛师长鉴于该团官兵战志之昂扬，与第三十团阵地正面之较广，连日来已有不少伤亡，乃报请军长核可，将第三十团驻守之五桂岭、枫树山阵地交由第二十八团接替防守。第三十团除留第三营守备修机厂及其西侧小高地以支援第七连停兵山战斗外，主力占领花药山南侧预备阵地，休整待命。并于午夜前交接完毕。自此，预备第十师即以三个团并列于第一线作战。

方军长为激励士气，经详查各部队战斗成果，将有功人员电报军事委员会叙奖，当日即蒙电复照准，第三十团陈德垈团长获颁忠勇勋章，为开战后获得勋章之第一人。

二十八日零时以后，敌再兴攻击。

拂晓以前，敌大举突入停兵山据点。各层障碍物多遭破坏，硝烟弹雨与浓雾笼罩全阵地，我第三十团第七连官兵誓死奋战，以刺刀与敌肉搏，寸土必争。战至最后一个碉堡，官兵仅存四人，连长张德山犹以电话向葛师长、陈团长报称："决与敌人拼至最后一颗手榴弹。"随着电话的中断，爆炸声、枪声与杀声的渐息，张连全部殉职于满陈尸体之阵地上。敌人攻占此一据点之伤亡，当在我方十倍以上。木栅前、铁丝网上、深壕内，满布敌尸。

天明后，我第二十八团迫击炮连连长白天霖于枫树山观测所，持十倍望远镜向阵地前作地毯式搜索。蓦地发现正南方约八百公尺欧家町小高地上，有敌十余人正向我阵地窥视，并指指点点，判断其必为敌人较高级干部之侦察行动，当即决心不以单炮试射，而径命令全连八门炮（超编二门）集中射击。第一群炮弹即全部命中目标，顿时见敌众群相翻滚；接着再行效率射两群，亦皆不偏不倚命中目标。战后阅日军战史记载，此次系敌第六十八师团师团长佐久间中将为使攻击再兴，亲至第一线指挥战斗。当日召集各部队长正在协商行动方案之际，突遭我迫击炮火之袭击，虽未当场丧命，但佐久间师团长以下，参谋长原田贞及重要部队长均负重伤，立即被裹伤后送，使敌整个第六十八师团之战力为之瘫痪。敌第十一军横山勇司令官立即采取紧急措施，令左翼之第一一六师团师团长岩永旺中将，负责全盘指挥，仍继续其如火如荼之攻击。

在六月二十八日至七月二日敌人连续五昼夜的全面攻击中，除了黄昏、拂晓和午刻，战况略事沉寂一至二小时外，其余时间，敌我双方均无休止地进行昏天黑地惨烈无比的生死搏斗。敌之攻击方式，为先以飞机轰炸，炮火轰击与毒气袭击，待我阵地官兵陷于半瘫痪状态时，其步兵始向我阵地猛冲。运动与火力的配合，和战斗演习相近似，一动一止，几乎都和步兵操典、野战教范的原则吻合。当敌机轰炸和炮击时，我守军官兵都蛰伏在散兵壕和掩体中，以避免过早发生重大的伤亡；待敌进入至近距离，敌炮兵为避免弹着散布伤及其步兵而延伸射程到我阵地后方之后，我官兵始从掩蔽的工事中露出头来，配合我各种障碍物，发挥侧射与曲射火力，以歼灭敌人于阵地前。即令敌人已突入，我官兵亦依两侧阵地之火力封锁缺口，掩护正面守军，以手榴弹与刺刀逆袭，歼灭敌人于阵地内。如此针锋相对，血肉相拼，遂使锦绣繁荣的衡阳，变成了古今罕见的大屠场。

预备第十师第二十八团方面：其第三营所据守之江西会馆外新街与五桂岭南端阵地，二十八、二十九两日经敌连续攻击，先后均曾为一部敌军突入，经我李若栋营长指挥预备队连逆袭，予以击退。阵地内及障碍物前敌遗尸三百余具。李营长左腿负伤后送，遗缺以第二营副营长翟玉岗升任。

三十日午后四时，敌对五桂岭南端阵地大举炮击，并乘有利的风向风速，发射毒气弹连续半小时。其时，我为避免伤亡，官兵皆留在工事内，因地形低洼，且不知敌军竟敢罔顾国际公法，施放毒气；待至黄昏，翟营长以电话与第七连连长朱中平联络，久久无人接听，乃派传令兵前往探视，始知该连除不在阵地之特务长与炊事四人外，八十余人皆不幸中毒死亡。该营对此一惨剧之处理煞费周章，遂不得不以预备队连填补火线。

经此血淋淋的教训，全部官兵皆提高警觉，讲求防毒，不复如前之不加重视矣。按当时我军防毒设备极差，所有防毒面具尚不敷军官分配，遑论士兵！方军长当时之紧急措施，为将军直属部队所有防毒面具收集，送第一线官兵使用，尤以轻、重机枪射手、班长为优先。敌人施放毒气时，无防毒面具者尽速以毛巾重叠，在水中浸湿后捆于面部，毛巾上剪二圆孔，露出双眼，俾不致妨碍视线，而能继续战斗。查我官兵中毒部分均类似灼伤，发生水泡，大如银圆，肿高半寸，内为黄水；较小之水泡则为绿色。中毒者两腿不能直行。事后报经大本营转请美空军第十四航空队之化学战情报军官汤姆生上尉详为研究，以黄色水泡系芥子气所致，绿色水泡则系路易氏气所致。汤姆生并信此种毒气为芥子气与路易氏气之混合物，由7.5厘米炮弹所散布者（见一九四四年七月七日重庆《大公报》《扫荡报》战讯）。

第二十八团第一营之一连所据守之141高地，与第二营所据守之枫树山阵地，最初两日敌军攻击，均为我轻、重兵器火力击灭于障碍物之线。六月三十日至七月二日，141高地三度为敌侵入；第一营营长赵国民先后使用两个连的预备队，轮番上阵，猛烈逆袭，击灭敌人一个大队以上。虽能保持阵地之完整，该营亦伤亡过半，阵地前障碍物破坏无遗。

预十师第三十团方面：其第三营所据守之湘桂铁路修机厂及其西侧高地，因在枫树山与张家山两翼强大据点交互掩护之下，敌昼间行动困难，仅于夜间实行连续性冲击，遗尸无数。七月一日夜，修机厂一度为敌二百余人突入，经周国相营长率部逆袭，天明以前将敌大部击灭，少数占住家屋之敌，直至午后始行肃清，该营亦伤亡甚大。

先是第二十九团第一营（欠一连）所据守，至二十九日夜始由第三十团第二营所接替之张家山，为全阵地之突出部，亦即战场之锁钥，由三个标高不大的小高地聚合组成。东南面是227.7高地，西北面是221高地，两个高地中间相距约五十公尺，正是步、机枪交叉火网最有效的距离。张家山在东北，比这两个小高地稍高，在这两个小高地的中央后方，相距约一百五十公尺的地方，整个阵地看起来略呈"品"字形。因为地形上可以互为犄角，互相支援，互相掩护，所以阵地特别坚固。唯其如此，在二十八日至七月二日的五天战斗中，敌人曾向这个阵地猛攻不下二十余次，均为我击退。其间一部被敌冲入或大部为敌占领，旋即为我恢复者前后达九次之多。敌军对张家山之攻击，一开始就抱着势在必得之雄心和泰山压顶之态势，集中猛烈无比的优势炮火，对我阵地及各种障碍物实行破坏射击，同时实行空袭与毒袭。在硝烟弥漫如浓雾，弹声骤密如雷雨之中，敌军如潮水般蜂拥而至；我官兵坚守工事，沉着应战，不顾毒气昏迷，无视强力震撼，前后发扬侧射与急击火力，继之以手榴弹猛投，最后以刺刀行白刃战，眼看着敌人一拨一拨地冲过来，又一拨一拨地倒下去。直至最后一日，敌军仍被阻于各层障碍物之中，陈尸于断崖绝壁之下。

二十九日，我227.7高地及221高地于午后、黄昏及午夜被敌三度突破。前两次均由第二十九团副团长刘正平指挥该团第二营（欠一连）逆袭，予敌重创；第二次并于阵前易将，以第二十八团团附劳耀民调升接替第二十九团第一营营长周立岳（改调军部）的防守任务，一、二两营均伤亡过半，劳营长与第二营营长李振武协力拒敌；第三次突破时，敌军是踩着自己伙伴的尸体，并以之为掩护与阶梯而前进冲锋，直杀得山摇地动，鬼哭神号。最后，由师加派第三十团第二营前来逆袭，天明前始将突入之敌全部歼灭。师命张家山改由三十团第二营防守，第二十九团第一、第二营归建。劳营长负伤不退；朱先基团长慰勉有加，命率残部一百余人至团部附近稍事休整，并做增强该营第三连所据守的虎形巢阵地之准备。李振武营存一百四十人，返回原据守之第二线张飞山阵地。至此，预备第十师三个步兵团均有重大伤亡；师之预备兵力只剩下直属部队五个连而已。估计敌之伤亡当在一个大队以上。

三十日午，敌军发动更猛烈的攻击，221 高地两次被敌突入，均为我击灭。黄昏，227.7 及 221 两高地同时为敌侵入。我第三十团第二营伤亡达百分之七十，徐营长身负重伤后遂身亡，由团附甘握继任营长指挥，状至危殆。陈德坒团长乃派第一营营长萧维率两个连逆袭，将突入之敌大部击灭。夜半，敌复大举进犯，势极凶猛，两高地又陷敌手。陈德坒团长不得不亲率第一营之预备队连及团直属部队编成之一个连前往增援。时值黑夜，伸手不见五指，该二高地官兵与突入之敌混战一起，敌我莫辨。双方有如捉迷藏，均静静的不敢弄出一点音响，以免暴露自己的位置。我官兵以手摸抚，穿粗棉布衣者为自己人，穿光滑卡叽布军衣者为敌人。发现敌人，即以刺刀刺杀。因此，枪支碰撞声，与被刺者之惨叫声，时起时寂。我逆袭部队进至该二高地反斜面直后方，发现此情况，只得停止前进，不敢加入战斗；追至晨曦微露，始冲至棱线，大声呼杀。敌之后续部队，亦不约而同，正停止于高地之前斜面，闻我冲杀声，始冲锋上来。就以这几分钟之差，我军先声夺人，一口气把伏在高地上和仰攻前来的敌人一齐赶下山去。恢复阵地后，检点伤亡，敌固尸横遍地，第一营官兵亦伤亡过半。陈德坒团长乃将逆袭时该营预备队连留交萧营长填补火线。

七月一日，敌复三番五次地发动攻击。221 高地子夜半曾为敌突破，萧维营长指挥官兵逆袭，天明前予以击灭。二日拂晓，敌复向我张家山阵地施放大量毒气弹，致我官兵昏迷失觉。八时许，敌更发动凶猛无比的攻势，第一拨的兵力在二百人以上，同时突入 221 及 227.7 高地。萧营长指挥所部，反复冲杀，迄无力恢复阵地。陈德坒团长命团附项世英至萧营激励士气，勉其死拼待援。萧维营长与项团附互留原籍通信地址，约定二人中如有一人阵亡，生者应负通知死者家属之责。

我预备第十师师长葛先才在五显庙指挥所，距第一线约七百公尺，与第三十团指挥所萧家山相距不足三百公尺，正密切注视前方战况。此时，深知陈德坒团长手中之预备队已残存无几，乃指派工兵连及搜索连先期向张家山方向运动，自己率参谋与卫兵数人推进至萧家山。闻知两个高地为敌突入之情况后，即亲自前进指挥该二连展开逆袭；同时要求军炮兵集中火力，对敌后续部队行阻止射击。一时冲锋号大作，官兵战志如云，奋起喊杀，排山倒海似的冲上这两个小高地，与敌鏖战四十余分钟，卒将突入之敌全都歼灭。原守阵地之第一营伤亡殆尽，萧维营长及副营长赵毓松均负伤，二连连长刘铎铮、三连连长应志成均阵亡，排长则仅存一员。担任逆袭之两连亦各伤亡二十余人。工兵连长黄仁化负伤不退，拉手榴弹与敌偕亡。搜索连中尉排长王振亚在部队先头领导冲锋，与敌作殊死战，屡仆屡起，最后擒住一个敌人互相搏斗，就地翻滚，不幸在邻近之手榴弹爆炸时，与敌同归于尽。

一周以来，第三十团伤亡重大，战力无以为继。葛师长乃将工兵连、搜索连留置第一线，与该团直属部队编成之一个连勉强凑成三个连，由副团长阮成指挥。战后据葛师长云，由于天气酷热，彼跑上张家山，已汗流浃背，目击敌我尸体交错，耳闻伤者呻吟，不禁悲从中来，伤心落泪，乃将上衣脱下，一面挥泪，一面揩汗。但在当时传言，都说葛师长赤膊大战张家山。全军官兵闻之，皆振奋不已！

预备第十师第二十九团方面：其第三连（加强连）所据守之虎形巢，为周围约四百公尺之独立高地，与张家山同为我阵地之锁钥，东南距张家山约二百公尺，北距范家庄约一百五十公尺，西正面为平坦开阔约二百公尺之水田。敌军连续五昼夜攻击，大都葬身于各层障碍物与阵地前缘绝壁之下。因为敌人冲过开阔的二百公尺水田接近木栅和铁丝网这一段途程，正是我发挥轻重兵器火力的大好时机。残余的敌人继续通过各层障碍物，窜至峭壁前缘，满以为是可以一躲的死角地带，想不到我官兵居高临下，手榴弹连续投掷，残敌非死即伤。但敌军并未因最初两天伤亡惨重而趑趄不前；相反的，却增强此一地区的炮空火力，昼间予我阵地以猛轰滥炸与毒袭，黄昏以后，始发起一连串的攻击。二十八、二十九、三十日各夜，先后发起七次冲锋，每次均有一百人以上，殆皆陈尸于峭壁之前。最后一次为三十日午夜，在一阵雷雨之后，敌军四十余人秘密通过多层障碍物之破坏口，进入外壕，叠罗汉式的以人作梯，攀登峭壁，侵入我阵地西南部，并占领三座碉堡。我第三连连长梁耀辉指挥官兵，奋起迎战，反复争夺，与敌众搅在一起，发生混战。正在难分难解之际，劳耀民营长率部急驰而至，先分兵于阵地两侧，以火力阻止敌之后续部队，使突入之敌陷于孤立；然后派出突击小组（三人）逐壕扫荡。一阵阵手榴弹爆炸声与白刃战喊杀声相互激荡，接着是伤者呻吟之声，战况惨烈，夜景凄凉。拂晓前，阵地大部恢复，唯有两个碉堡之敌负隅顽抗。梁连长亲自指挥突击，竟被敌狙击而亡。天明后，我四个突击组连番攻击，以牺牲七名士兵之代价，将两堡内九个敌兵尽行炸毙，欲求捕一生俘而不可得……

七月一日夜，敌人毫无休止地猛冲猛闯，密集得没有波浪可分，可以说是无间隙的人潮，冲进了无间隙的火海，一时子弹呼啸声、手榴弹爆炸声、吆喝、呼叫，就像煮沸了一锅粥的声音，用扩音放大开来，轰轰隆隆，噼噼啪啪喧闹一片，无有已时。午夜，敌军由多处楔入我阵地，敌我两军混战在一起。敌不断增援，我守军伤亡过半，手榴弹亦感不继，阵地大部被敌占领。劳耀民营长指挥所部坚守东北一角，浴血苦战。二日凌晨三时许，朱光基团长饬第二营营长李振武率部驰援，由东北向西逆袭，鏖战两小时，卒将突入之敌全部歼灭。天明以前，第二营即接替第一营阵地，整理战场，加强工事。敌遗尸近一千具。我第一营残存官兵不足一百人，接替原第二营所占领张飞山第二线阵地；第二营亦伤亡四十余人，李文秀副营长左臂负伤，后送医疗。

第二十九团第三营以一个加强连据守范家庄高地，主力占领西禅寺第二线阵地。因范家庄西侧为一望无垠的水田，使敌人无所遁形，敌乃改由汽车西站沿公路两侧向范家庄北正面攻击。但范家庄右后方，乃西禅寺我营主力所在，适时适切的火力掩护，使范家庄固若金汤。敌最初以炮火破坏我阵地工事及障碍物，试图于昼间以极为疏开之队形接近我阵地，皆有进无回，被歼于障碍物之前；嗣又改为夜间攻击，虽能渗入破坏口进至峭壁下，亦皆死于我手榴弹爆炸之中，连续五昼夜，迄未能越雷池一步。

第三师第七团所据守的汽车西站以北（不含）、瓦子坪亘易赖庙前街之线阵地，正面约一千二百公尺，地形平坦开阔，多数水田池塘已构成泛滥，仅易赖庙后街连栋家屋及数条交通道路，为敌容易接近之路线。我军用伏地堡封锁交通线，拆除连栋家屋，敷设多层障碍，允宜节约兵力于此易守难攻之地区；但敌仍不顾一切敢行攻击，其平射炮火对我伏地堡直接瞄准射击，予我甚大伤害。而此一地区低洼，更助长敌军施放毒气的威力。我军虽以第四十八师战防炮营（六门炮）于第二线交通要口占领阵地，常于昼间对敌炮作奇袭性的压制，但由于炮弹短少，无法进行真正有效的反炮战。敌机每日飞临上空，对我阵地滥炸。五天来，炮兵阵地及伏地堡被毁损者几达半数，官兵伤亡亦不少。二十九日晨，敌军七十余人突入易赖庙前街。第一营营长许学启指挥预备连逆袭，与敌展开逐屋战斗。迄至中午，虽将敌击退，许营长不幸阵亡，由副营长穆鸿才继任。

七月一日夜，敌军二百余人突破第三营瓦子坪阵地，经团长方人杰指挥第二营（营长谢英）数度反击，均未能将敌击灭，不得已乃退守杜仙庙预备阵地。周庆祥师长至为震怒，当将第三营营长李桂禄就地正法，方人杰团长撤职查办，遗缺以第九团副团长鞠振寰调升；并以第二营接替第三营防守之阵地；第三营残存官兵约一百三十人，集结为团预备队，以团附王金鼎任营长。全军官兵闻之，不禁肃然叹息！

第三师第九团所据守易赖街（不含）以北，辖神渡、草桥、石鼓嘴之线阵地，除辖神渡、草桥南端各为加强连据点须坚固据守，辖神渡至易赖庙前街中间水田、池塘须加监视封锁外，其余均能依托蒸水，敌军进犯之公算不大。二十八日午后，敌军猛攻辖神渡。我第二连连长苏毓刚奋战不懈，屡将突入之敌击退，毙敌二百余，但不幸于二十九日午夜中弹阵亡。排长黄宗周继续指挥仅存官兵二十余，与敌死缠恶斗，战至七月二日九时，全部壮烈牺牲。该团左翼遂退守演武坪第二线阵地，加强工事。

在蒸水北岸据守来雁塔与望城坳两据点之第三营，自二十八日拂晓开始，即被优势的敌军围攻。官兵背水而战，两据点互相侧防，在我炮火支援之下，士气极高，给予敌军重大的伤亡。至十四时，敌大举增援，望城坳阵地被突破。第九连连长许健及两个排长阵亡。孙虎斌营长指挥第七连连长周炳生率兵两排逆袭，敌势稍挫。十五时，周连长与敌奋战中咽喉被弹贯穿，后送医数日后亡故，由排长张志贞升充。同时，第八连据守之来雁塔阵地亦被敌突破，连长失踪。萧圭田团长在草桥北端督战，因见形势不利，乃严饬孙营长整顿队势，逐次向石鼓街集结，于日没后撤回草桥南岸。工兵部队以炸药炸毁石桥，并于南岸以火力封锁之。集中木船竹筏于我岸，作而后进出之用。

江防方面：自石鼓嘴至新街北由第一九〇师第五七〇团防守。二十八日以后，发现江东岸敌军有集结船只模样；飞机场有敌炮五六门，不时向衡阳城作扰乱性射击。守军不分昼夜地严密监视，防敌偷袭，并报请上级派空军前来侦炸。七月一日拂晓前，湘江东岸有三四十只木船载敌军向西岸进发，为我岸守军发现，乃要求炮兵射击，空军炸射；待敌船半渡至江中央，更以战防炮射击，多予击沉。少数接近我岸之船只，在我轻重兵器猛烈射击之下，打得船翻人溺，残骸随湘江顺流而逝。

综上所述，为敌第一次总攻，概计其伤亡当在一万六千人以上。战后敌战史记载，其第六十八及第一一六两师团所属各步兵连之兵力平均仅残存官兵二十名而已。至于我方，伤亡亦达四千余人，仍仅及敌伤亡四分之一。敌军以如此重大代价，除占领我停兵山、高岭两前进据点及瓦子坪、辖神渡、望城坳、来雁塔等阵地外，我第一线阵地均屹立不移。敌军遗尸各处，堆集如累累山丘，血流地为之赤，炎阳炙晒，奇臭无比。每隔三数日夜间，敌更于阵地四周焚烧拖回之尸体一次，熏风带来阵阵焦臭之恶味，令人何止作三日呕！

十余日来，敌机每日飞临衡阳上空，滥肆轰炸，所投半数为燃烧弹，以致城区日夜大火熊熊，红光烛天，顿使锦绣衡阳，成为一片焦土，极尽人间惨状。我空军虽亦常来助战，殆皆你来我往，各炸各的目标，甚少发生空战。蒋委员长闻知衡阳被毁，关怀战士们的住宿，特来电指示："要利用已炸毁之木板，搭盖棚屋，用破门板作上盖，用碎砖作墙，既能避风雨日光，又能防炸弹的破片，切不要让士兵们露宿。"最高统帅竟然关怀如许之小事，真所谓"体贴入微"。官兵们感动之余，迅即展开整建工作。唯伤患日增，收容医疗不得不在断瓦颓垣中进行；食宿亦大费周章，更谈不到营养，以致减低医疗效果。

七月三日以后，敌因屡攻屡挫，伤亡难以补充，乃由全面总攻改为重点攻击，且多于夜间行之。

七月四日十六时，敌炮十余门推进到我阵地前四五百公尺附近，直接瞄准向张家山、虎形巢等阵地猛轰，我炮兵乃不顾我弹药补充之不易，与阵地位置之暴露，集中火力予以全面的制压，引起近一小时的炮战。挺进之敌炮可能有两门被我击毁；我放列于清泉路之炮二连，亦遭敌炮急袭火力之反制，连长李仲琦和第一排排长张清秀先后负重伤，四门炮被击毁了一门。

黄昏以后，敌步兵即分别向我张家山、虎形巢两阵地展开波浪式的攻击。张家山方面，由于副团长阮成坐镇，师直属部队敢拼，一夜之中，连续击溃敌五次冲锋，顽敌尽歼，没有一人冲入我阵地内。虎形巢方面，敌于上半夜连冲两次，第三次却有一部突入，与我作逐堡战斗。迨朱光基团长派第三营营长严荆山率第七连及团直属部队编成之连，由杏花村方向前来逆袭时，一百余敌人已占领了西面突出部和南面的一角，将及虎形巢高地三分之一。逆袭部队与敌作拉锯式的火拼，战事惨烈进行达两小时。最后，李振武营长指挥据守工事内的官兵全部跃出碉堡，合力反击，卒将丧失之阵地夺回。严荆山营长右眼受伤，力战不退。天明以后，清查战场，我方伤亡一百二十余人；敌遗尸二百余具。

方军长鉴于旬余以来战斗之惨烈，伤亡之众多，与兵力之日趋单薄，乃于三日命第三师留置南岳、衡山一带之第八团尽速突破敌阵，以行归建。兹将该团在敌后作战行动补述如次：

自六月二十四日第三师主力南下进入衡阳后，留置之第八团（附无线电台）即命副团长杨培芝率第三营至湘江东岸石湾、大堡间地区，第一营在白石铺附近，团主力于衡山城、南岳镇各附近，搜索敌情，迟滞敌之前进。二十五日，敌军占领南岳镇。二十六日夜，团主力与敌稍事接触后即撤离衡山城。二十七日凌晨，东岸之第三营因受南进之敌压迫，依团命撤回湘江西岸归建。九时许，团于南进途中，侦知樟木头地区有大批敌军，乃避免与敌遭遇，西经衡（山）衡（阳）公路，进入南岳镇的底溪；并派便衣召至白石铺之第一营，二十八日以后，于禹王宫地区附近活动。三十日，第一营归建。七月三日，师部电饬该团相机冲入衡阳城。当日黄昏后，该团由禹王宫南下，经七星冲至望仙桥以北地区，侦知日军大部队正经望仙桥南进，乃折回禹王宫与师部联络；四日晚按原路线南行，五日黎明到达阳仙庙大休息，复与师部取得联络，遵命利用夜暗，迅速向草桥前进。六日凌晨，有我机两架飞临上空掩护。该团沿途排除少数敌军抵抗，于午刻到达草桥以北地区，发现通往渡口要道之天主堂有敌二百余人占领，乃以第一营附第二营之一连展开攻击；另以第二营（欠一连）占领要点，拒止七里井方面敌军之南下。天主堂之敌凭坚固守。一直至下午二时，该团集中大小迫击炮予以猛轰，并有我方飞机四架前来助战。三时许，敌不支沿河岸北溃，遗尸六具。我伤亡十六人。此时，草桥南岸之第九团已用木船竹筏架好浮桥接应。第八团乃按第三营、直属部队、第一营、第二营之序列南渡蒸水入衡阳城。全部到达时已入暮，全军士气为之大振。该团在衡山附近对敌迟滞作战半月，战力约损三分之一，骡马全部阵亡，战斗行李遗弃殆尽。

旬余战斗，敌之攻击重点，始终保持在西南城郊。第八团入城后，更证明北面围城之敌军兵力甚弱。方军长为加强西南方面守备，彻底形成重点计，乃于七月七日下令调整部署如下：

一、第三师除第七团担任易赖庙前街、青山街、杜仙庙、杨林庙主阵地之守备外，第八团即占领五桂岭高地北半部至接龙山之第二线阵地，第九团将城西北阵地交由第一九〇师接替后，即占领天马山、岳屏山之第二线阵地。

二、第一九〇师，即接替第九团易赖庙前街、演武坪、杜家港、石鼓嘴阵地之守备，仍负责铁炉门码头以北之沿江警戒。

三、湘江左岸，铁炉门码头以南之沿江警戒，由暂编第五十四师

（仅有一营兵力）接替。

七月五日至八日，敌步兵每于黄昏后，在其炮击与毒袭之掩护下，分向我江西会馆、枫树山、修机厂、张家山、虎形巢各阵地攻击。双方互有伤亡，我阵地安然无恙。

七月六日，由芷江空军第三路司令部传来军事委员会委员长蒋公两通电令，第一通是嘉勉第十军将士奋勇固守的作战精神和功绩，并指示我军务必再奋神勇，固守两星期，配合外围友军，内外夹击，以完全歼灭敌人，造成空前的湘中大胜利。第二通电报是嘉奖预备第十师师长葛先才恢复张家山有功，特颁青天白日勋章一枚，其他有功官兵着方军长详细呈报，从优奖叙。

七月八日中午，有我空军飞临衡阳上空，第一次空投补给品和慰劳品。因市区及城郊阵地幅员狭小，有不少物品飘落于敌阵和湘江流水之中，能拾得者不及五分之二。其中最多者为毛巾、肥皂、香烟、八卦丹、万金油之类。最令人失望者，城中迫切需要之药品未曾投下；最令人兴奋者，莫过于所投下的报纸。当天重庆出版的《大公报》有如下之一则中央社通讯：

"据军事委员会七月七日发表战讯：在保卫衡阳恶劣战斗中，我某师师长葛先才将军率领所部，亲冒毒气，恢复张家山阵地有功，政府特颁给青天白日勋章，并记大功一次。其关于参加该役作战之各连长、各排长、各班长亦各颁忠勇勋章一枚，并各记功一次；并对守城之忠勇奋斗卓著勋劳全体官兵，亦奖励有加。"

七月九日和十日，战况稍形和缓，唯敌机不断前来轰炸，火投烧夷弹。时衡阳城已成一片焦土，殆无房屋可供燃烧。五显庙预备第十师指挥所附近开设之无线电排被炸，张排长暨三位组长、六名摇机兵全部殉职。县政府附近之野战医院收容伤患官兵中，有七百余名被炸得血肉横飞，惨不忍睹；其幸存未死伤患，只得分散各地，在破壁断墙下、炸弹坑中、破防空洞与临时性掩蔽部中存身。医务人员因无卫生材料，对伤患无法按日换药；每日只能用盐水洗涤伤口，再用破布废纸敷盖而已。天热苍蝇太多，创口因污染而发炎、化脓、溃烂、生蛆者不可胜计。重伤者只有等死，甚少幸存。

第十军奉命固守衡阳之初，原准备十日，最多两周之粮弹，现战斗已近三周，步机弹消耗五分之三，暂时尚不感缺乏；因为真正赖以消灭敌人的有效武器是手榴弹和迫击炮弹，而野山炮弹亦属对敌炮兵制压与阻止敌步兵攻击所必需。此时，手榴弹已耗去三分之二，迫击炮弹已耗去五分之四，而最感痛苦者为野山炮弹仅存十分之一耳。给养方面，衡阳为米市，主食本应不成问题；奈敌机日日滥炸，城区一片焦土，米仓被毁，官兵乃到无以为炊。炊事人员只得于断瓦颓垣下掘取烧焦成褐色的米粒炊成糊饭，佐以盐水，供官兵充饥。餐时，群蝇飞来争食，挥之不去。食后，官兵多腹中隐隐作痛，且常引起下泻。因乏医药，不少人相继死亡，真不知人间何世。

敌第二次总攻

敌军对衡阳第一次总攻，系基于长沙一日攻克之急袭意念，初以为指日可下；却不料我守军战力坚强，工事如同要塞。自六月二十八日，敌对我西南主阵地的全正面连续猛冲猛打五昼夜，只落得伤亡惨重而一无进展，乃不得不于七月三日以后改为重点攻击，而一面集中兵力，以求对我阵地要点之突破；一面补充人员械弹粮秣，准备再一次之全面总攻。我军方面虽亦处于伤亡惨重之情况下，而且孤立无援，补给中断；然由于敌人始终未能越雷池一步，以及我第八团之完整突入城中，给予官兵以莫大的信心，更增强了与阵地共存亡之勇气，乃利用敌军攻势间歇与整补之时间，从事调整部署，加强工事，准备迎接敌人更凶猛的进攻。

七月十一日拂晓以后，敌机即开始其通常是竟日的轮番轰炸。午后，敌炮兵更无休止地向我西南主阵地猛轰，并施放毒气弹。与黄昏之同时到来，敌步兵漫山遍野循原攻击路线发起第二次全面总攻，一直延续至十六日，其战况如下：

预备第十师第二十八团方面：五桂岭以东阵地经敌十一日彻夜猛攻，江西会馆之第九连之一排全部壮烈牺牲；外新街第九连主力及五桂岭南端之第八连均陷于苦战。十五日拂晓，敌一百余人突入外新街南端；第八连王菊泉连长率部与敌作逐屋战斗。近午时分，王连长阵亡，官兵伤亡殆尽，仅余一位班长率兵二名据守西北角一个碉堡，仍与敌作殊死战。瞿玉岗营长即以配属前来之军部搜索营第一连展开于五桂岭东侧向外新街之敌反击。搜索第一连连长臧肖侠利用夜暗，派出突击小组绕至外新街南侧，潜入木屋，于敌后纵火；主力同时由正面冲锋。激战至十六日拂晓，卒将突入之敌全部击灭，发现敌遗尸中，有平丹大队长等官长数人。该连守兵伤亡达三分之一，当即将原阵地巩固，与江西会馆之敌呈对峙状态，以掩护军左侧之安全。臧连长刚胆机智，官兵团结用命，在连日战斗中，不仅屡挫敌之攻势，杀敌甚多；且主动派突击小组于十六日夜泅渡湘江，潜入东岸敌炮兵阵地，以手榴弹炸毁敌炮二门，而后安然返防，给予敌军莫大的震撼，实亦开两栖侦察敌后爆破之先河。

十五日午后，五桂岭南端阵地遭敌炮火集中射击，并施放毒气。黄昏前，大批敌军越过铁路，一拨一拨向我阵地猛扑。激战至午夜，第八连连长林可贤阵亡，官兵伤亡惨重。副营长李昌本前往指挥，旋即负伤，情势危殆。幸有第三师第八团第四连前来增援，战至天明，卒将敌击退。141高地，十一日夜及十二日遭受敌三次猛攻，皆为我第一营所击退。十五日夜，敌复连冲三次。战至天明，我营伤亡甚重。赵国民营长及第一连连长李炳山均亲至第一线投掷手榴弹，先后负伤不退，唯阵地被敌一百余人突入。幸我军搜索营第二连及时赶至，奋力反击，卒能将突入之敌击退，转危为安。枫树山阵地因标高较大，前崖尽削成绝壁，又获得团迫击炮之密切支援，敌军于十一日至十三日屡攻屡挫，尽陈尸于阵地前。至十五日夜，敌一百余人由141高地西侧，渗入枫树山左内侧之农民银行地下仓库团指挥所，我第二营营长余龙力战负重伤，第四连连长李浚阵亡，战况混乱。葛先才师长亲率仅有之特务连及军部搜索营第三连前来增援，士气大振。曾京团长指挥团直属部队合力反击，战至天明，始将突入之敌全行击灭，恢复原阵地。

预备第十师第三十团方面：修机厂及其西侧高地，十一日夜至十二日昼间，敌屡攻不逞。十二日夜，敌二百余人钻隙渗入两阵地中间，分向两阵地北侧席卷。我第三营营长周国相沉着指挥，官兵拼战不退，并以火力截断敌后续部队之续行突入，历三小时的奋战，卒将渗入之敌击灭。修机厂旁铁路两侧，敌尸满谷满坑。我军官兵搜取其械弹而无暇掩埋其暴尸。十三日黄昏，激战再起，敌以五六十人为一梯队，一拨一拨向我阵地猛冲，修机厂与右翼张家山阵地同时陷于激战中。周营长深知团之重点在张家山，修机厂获得上级增援之希望甚少，乃激励官兵独立苦战，誓与阵地共存亡。在几进几退的争夺战后，敌军侵入修机厂坚固家屋，以机枪架于屋顶向四周扫射，给予我方甚大之伤亡。九连连长王云卿、机三连连长何洪振相继阵亡。周营长悲愤交集，亲自指挥士兵前进扑灭之，亦不幸饮弹殉国。副营长蒋鸿熙继起指挥，奋战不退。敌我相持，死伤枕藉。十四日天明以前，第三营奉命与张家山团主力同时撤退至打线坪预备阵地，检点伤亡，幸存者仅六十余人而已。

张家山阵地方面，敌攻势最为凶猛。自十一日黄昏开始，一连三昼夜，敌军以百人为一梯队，在炮、空猛烈火力掩护之下，一拨一拨地分向我221及227.7两个小高地冲锋。我守军与敌十荡十决，阵地四度沦陷，而四度夺回。第一次系于十一日午夜陷敌，由该团第二营残存之两个连一百三十余人逆袭，于十二日天明前恢复阵地；第二次系于十二日午刻陷敌，由师之防毒连及团直属部队混合编成之连逆袭，激战至黄昏，阵地甫告恢复，又遭敌反扑，防毒连连长王开藩身中数弹，壮烈殉职，其余官兵奋战不退，皆成仁于阵地之上；第三次由军工兵营营长陆伯皋指挥两个连逆袭，激战通宵，敌我在尸体纵横中作你来我往的拉锯战，常被地面之死者伤者绊倒。一名卧地呻吟之伤者拉其最后一颗手榴弹，与地面之格斗群敌同归于尽，其战斗之惨烈，诚足惊天地而泣鬼神。天明以前，我军尽歼敌众。阵地恢复后，工事残破，而战况仍极紧迫，官兵以积尸加盖沙土，作为避弹之胸墙，臭气熏人，亦不稍顾！十三日午后二时，鏖战又起。黄昏前，221及227.7两个小高地守军工兵两连，全部力战殉职；敌军乃东北向，围攻张家山小高地，形势岌岌可危。军令第三师第八团第一营营长李恒彰率二、三两连（三连连长黄先平）归预备第十师葛师长指挥，跑步前来作第四次逆袭；敌亦不断增援。在月明星稀、左右两翼战况剧烈声中，反复冲杀，互有进退。十四日拂晓以前，张家山小高地失而复得者三次，伤亡枕藉，伏尸没胫，如谓地面增高一尺亦不为过甚之词，其惨状实非常人所能想象。葛师长认为221及227.7两高地未能规复，张家山小高地受其瞰制；同时，左翼第三营阵地亦在危殆之中，势难久守；且天气酷热，尸臭难忍，实不宜再抽来较大兵力，与敌作无益之缠斗，乃报准方军长，将此小高地与左翼修机厂及其西侧高地，同时于天明前自动放弃，退守肖家山、打线坪之线预备阵地。

预备第十师第二十九团方面：虎形巢与张家山是我西南主阵地的两扇大门。敌人深知，如不把此两扇大门敲开，是无法登堂入室的。因此，敌第二次总攻，对虎形巢的攻击，也和对张家山一样的凶猛。但由于虎形巢前地形开阔，敌昼间接近，伤亡大而成功难，故均于夜间行之。十一、十二日两夜，敌发起无数次攻击，均受挫于阵地之前。十三日夜，因阵地前崖陡壁，为一连三天的炮轰、空炸与人工爆破所摧折，敌以成百人为一梯队，紧接着敌炮击的最后一群炮弹爆炸瞬间，如潮水一般蜂拥而来。枪声、杀声、手榴弹爆炸声、冲锋号声与左右两翼阵地酣战声，混成一片，响彻云霄，山鸣谷应，地动天摇。我第二营营长李振武率部奋勇堵击，凭着手榴弹数量优势的火力，给予敌人以最大的伤亡。十四日零时以前，击退敌人三拨的攻势，但第四拨敌人又蜂拥而至。守军伤亡四分之三，阵地丧失三分之二，毫无反击力量，李营长亦于激战中壮烈殉国。朱光基团长命现在张飞山二线阵地之第一营营长劳耀民，率该营两连残存官兵不足一百人前来逆袭，鏖战至天明，卒将突入之敌歼灭，我亦伤亡达五分之二。朱团长乃将团直属部队合编约七十人之步兵连，暨配属前来之战炮连（改装步兵六十余人）拨归劳营，占领原阵地，加强工事。午后，敌继续对我阵地空袭、炮击与施放毒气，烟尘弥漫，遮天蔽日。工事大部被毁，官兵多数昏迷。黄昏以后，敌众多步兵蜂拥强攻，一拨接着一拨。酣战至午夜，敌我犬牙交错，难分难解。第一营位于虎形巢高点之营指挥所碉堡顶端，被敌攀登，用轻机枪向四周扫射，我军伤亡极大。劳营长率仅存之号目及传令各一人冲出堡外，以手榴弹将堡顶之敌炸毙，我所受之威胁始稍减轻。劳营乃堵塞两侧交通壕，中隔碉堡，与敌作捉迷藏式之攻防战，八箱手榴弹投掷到最后仅存五枚。正濒险殆之际，团长朱光基指挥第三师第九团第三营营长所率之八、九两连前来逆袭，再度展开人世间最惨烈之争夺战。冲锋号音此起彼落，喊杀之声不绝于耳，交通壕中血流遍地，移出遗尸始能通过。第九团第三营营长孙虎斌、战炮连连长陈以居及第八、九两连连长均先后阵亡；劳营长左肩再负伤，不退。战至十五日天明前一小时，官兵伤亡三分之二，敌军占据阵地半部，迄未能予以规复。同时，北侧范家庄我第三营派出之加强连据点，连日来被敌攻击，阵地几度陷于危殆。经第三营派队逆袭两次，消耗兵力一百余人，阵亡两个连长及五个排长，最后仅存十余人，由章振宏排长指挥，固守三个碉堡，坚持不退。葛师长鉴于张家山及其东侧修机厂已于昨日弃守，虎形巢、范家庄形成突出，兵力单薄，不能久守，影响西禅寺方面之防守力量，乃报请方军长准予天明前撤离，退守西禅寺、张飞山之线预备阵地。

　　第三师第七团方面：其第二营所据守之杜仙街、杨林庙阵地，第一营所据守之易赖庙前街，第三营所据守之青山街、县立中学之线阵地，连日遭受敌机轰炸与炮击毒袭，官兵颇有伤亡。易赖庙前街及杜仙街先后于十三、十四、十五日，被敌一部三四十人不等突入多次，均为守军所击灭。十四日夜，第二营营长谢英于杜仙街指挥逆袭中壮烈殉国，由该团团附侯树德接任营长。十五日午，第二连连长储垕畲与敌争夺伏地堡不幸阵亡。继任连长戴楚威，亦于十六日晨敌机大投燃烧弹时，在救火中灼伤全部肢体，备受痛苦煎熬，与甚多官兵一同殉难。

　　第一九〇师方面：该师第五六八团所据守演武坪、杜家港之线阵地，连日虽遭敌步、炮、空不断袭击，仅造成少数官兵伤亡，工事被毁则随即修复加强。敌迄未能越泛滥地区一步。

　　江防方面：守军日夜监视江面，敌岸无积极行动，仅发现火车东站附近有敌炮数门，不时向我岸射击；敌机亦常低飞扫射并投燃烧弹，不免造成少数官兵之伤亡。

　　连续五昼夜，敌我在西南主阵地上进行如火如荼、惊天动地的硬拼仗，所得结果，可以说是两败俱伤。敌以约八千之众的伤亡，只打开了工事全毁之张家山与虎形巢两扇大门，而后继无力，不得不顿挫于坚城之下。我预备第十师直属部队暨三个第一线团，甚至杂役、炊事兵，都因参加此近一个月时间的惨烈战斗而伤亡殆尽。继续据守第一线阵地者，虽属预备第十师三个团的番号，实际上多是第二线阵地抽出的第三师第八、第九两团以及军直属部队官兵。他们只是在原阵地残留未死的同胞教导之下，发挥同舟一命的团队精神，支撑残局而已。防广兵单，往往百余公尺正面空无一人。

　　十六日十六时，市民医院南打线坪高地在工事全毁、守军全部牺牲、无逆袭兵力可调之状况下失陷。肖家山及枫树山西南部亦相继被敌侵入，时已入夜，守军兵力单薄，难图恢复。方军长乃命葛师长将固守匝月，付出极高代价之第一线——五桂岭南半部、141 高地、枫树山、市民医院、肖家山、张飞山等坚固阵地全部放弃，改守第二线，乘夜调整部署如下：

　　一、第三师第八团附搜索营第一连约三百人，占领外新街、五桂岭北半部阵地。

　　二、预备第十师第二十八团附搜索营（欠）约三百五十人、占领接龙山、花药山、岳屏山阵地。

　　三、军工兵营（约八十人）附新编成之第二十九团第二营（第二十九、第三十团残余官兵约一百五十人编成，由师部少校参谋古今任营长）暨炮兵营一百人占领五显庙、苏仙井中间高地阵地。由副师长张越群率少校参谋张权坐镇指挥。

　　四、第三师第九团约三百五十人，占领天马山、杏花村之 141 高地、西禅寺阵地。

　　五、第九十师第五七〇团约九十人，占领接龙山西侧家屋、雁峰寺，中正堂、电灯公司为第二线阵地。

　　六、第一线阵地各部队，统归预备第十师葛师长指挥。

　　七、军辎重团与军直属部队非战斗单位之能战官兵，编成两个战斗营，每营约三百人，为军之预备队，分别控置于清泉路与月亮塘各附近。

　　八、着政工和医务人员，劝导轻伤官兵重返战线。

九、其余部署同前。

我重整部署后所遗弃之阵地，在两日之内，敌军尚有余悸，不敢冒进；后经全面威力搜索，始与我保持接触。战后阅敌战史称："我军再度发起总攻之后，除和上次一样，仅夺取极小部阵地外，依然无所进展，而伤亡却更惨重。两个师团之原任大队长已所剩无几；大部分之步兵队已变为由士官代理大队长，勉强支撑战斗之惨局。第二次总攻，又有联队长一名、大队长六名相继伤亡；而攻击之前途却仍不见乐观。于是攻击再度停止。"

十九日以后，敌因再度顿挫，两个师团不得不再次作大量人力补充，又改为重点攻击。本日，方军长奉蒋委员长电令指示："无论兵员如何缺乏，必须编足数营，向增援友军方向出击；否则，敌必以守城部队无力而不退矣！"

二十日午后，遥闻西南郊外有隐约的枪炮声，经与第六十二军电台取得联络，约定互为策应，以期早日会师。方军长命军特务营精选官兵一百五十余人编成五个突击排，由曹华亭营长率领，利用夜暗，冒险突出重围。天明以前，突击部队抵达西南部之五里亭，不意友军踪影已渺。历尽险阻，竟未能相会，遂于二十一日夜失望而回。归途经敌军节节阻击，伤亡过半。曹营长虽受伤，仍能率残部生还，亦云勇矣！而我以一百五十余人之突击部队，竟能进出敌之重重包围，来往如意，更可概见我官兵斗志之旺盛与战斗力量之坚强。

二十一日，我各方观察所侦知，敌原配备在西南地区的炮兵已撤至江东岸，在西北地区之炮兵已撤过蒸水。耒河及蒸水之上，各架有浮桥一座。敌炮兵过河后，即在车站及望城坳等一带占领阵地。傍晚，敌所有辎重骡马及大批伪装部队，高举火炬，分两路过耒河、蒸水，并在江东岸及欧家町、望城坳等地纵火焚烧民房。未几，即闻望城坳一带步机枪声大作，好像已与我援军接触；但至次晨，却四方寂然无声，似为敌军已退却完竣的模样。其实，此为敌军诡计，伪装退却，希能诱我出去而乘虚夺取衡阳坚城，经我军慧眼识破，不为所惑，相形之下更足见敌黔驴技穷。

敌军伪装退却、诱我出击之诡计未遂，便开始对我进行心理作战。每日敌机对我轰炸时，空投少量香烟及大批传单与十元钞票大小的"归来证"。传单上印着："能征善守的第十军诸将士：任务已达成。这是湖南人固有的顽强性格。可惜你们命运不好，援军不能前进，诸君命在旦夕！但能加入和平军，决不以敌对行为对待；皇军志在消灭美空军。"敌

292

人想利用我友军无力来援的事实，煽动、引诱、离间、涣散我们的军心，削弱我们的抵抗力。而我军的对策则是下令焚烧拾获的传单和"归来证"，继续苦斗苦战，与衡阳共存亡，以争取中华民族的光荣与世人对我们的敬佩。

二十二日晚起，迄二十六日，敌炮火骤增，每于日暮前、拂晓后，施行猛烈炮击。由于我炮兵及迫击炮弹药用尽，对敌方猛烈炮火无法压制，以致官兵伤亡极大。敌步兵先后曾向易赖庙前街、西禅寺、五桂岭北半部、外新街轮番猛攻。经我军奋勇堵击，敌迄未得逞。

二十七日，我机投下蒋委员长谕知方先觉军长条令云："守城官兵艰苦与牺牲情形，余已深知。余对督促增援部队之急进，比弟在城中望援之心更为迫切。余必为弟及全体官兵负责，全力增援与接济，勿念。"

二十七日，敌机竟日对我阵地猛炸。午后三时，敌更以猛烈炮火向我西南阵地轰击达两小时之久。黄昏时分，敌开始对易赖庙前街、西禅寺、杏花村之 141 高地、苏仙井高地、花药山等阵地施行连续一昼夜之攻击，其战况如下：

易赖庙前街方面：敌以平射炮推进至距我阵地五百公尺处射击，我方伏地堡及坚固家屋工事损坏甚多。二十七日夜，敌步兵冲锋五次，每次一百余人，大都皆被击灭于障碍物之线。外壕内填满敌尸。拂晓前，敌众踏着尸堆冲入我阵地内。迄二十八日午，前街东北角为敌约一百人占领。穆鸿才营长率部逆袭，与敌进行逐屋争夺战，官兵伤亡极大；战至日暮，卒将突入之敌肃清，恢复阵地。但穆营长及第三连王守先连长先后殉国；调第八团团附邹亚东任营长继续指挥。第三连连长由中尉排长吴俊彦继任。

西禅寺原为第二线阵地，自第一线阵地弃守后，即成为西南阵地右翼之支撑点及全阵地之突出部，由第九团第三营残存官兵一百三十人据守。旬日以来，为敌炮火集中轰击，原有之两进高大庙宇被夷为平地；四周八十余株合抱大树亦尽行腰折，甚至连根拔起。由于阵地前障碍重重，铁丝网虽多为敌炮火破坏，但木栅高竖，随折随修，外壕既宽且深；敌屡攻屡挫。二十七日夜，敌军利用昼间炮击毒袭的余威，连续发起三次猛攻，每次约一个中队，大都葬身于外壕之内。二十八日拂晓以后，敌机更番肆虐，敌炮连续猛轰。九时许，敌大队分由西、南两面冲进，踏着尸体所叠成之人梯向我阵地前崖攀登，伤亡无算。敌一部一百余人由公路南侧突入，经我第三营营长赵寿山及时逆袭，尽歼之，无一生还。此时我官兵已伤亡及半，工事大部损毁。萧圭田团长集中团直属部队一百二十人，拨入该营，重振战力，加强工事。

杏花村之141高地为第九团第五连所据守，北有天马山之支援，东西两翼有苏仙井高地及西禅寺之掩护，深坑绝壁，形势强固，敌多次由公路向北突进，均被阻于外壕之前。

五显庙与苏仙井中间高地，为我西南阵地之核心，亦属敌攻击重点之重点，阵地指挥官军工兵营长陆伯皋运用智慧，发挥其工兵特有之技能，在向敌约二百三十公尺的正面上，构成宽十五至二十公尺、深十二至十五公尺之尖底外壕，以有刺铁丝平面架设于半壕高之两壁之间，如张罗网。二十七日夜，敌连续五次攻击，跳入壕内之敌全部坠落于铁丝网上，如飞蛾扑入蛛网，上下不得，进退不能。二十八日天明，我官兵以机枪扫射，敌尸不下六百余具，因而阻止敌之攻势。天气酷热，尸臭熏人，群蝇乱飞，蛆虫滚滚，极人间之惨状。

花药山方面：由第二十八团第一营编成之连据守，经二十七日夜敌三次冲击，官兵伤亡殆尽，阵地大部陷入敌手。二十八日拂晓，由搜索营约八十人发起逆袭，与敌进行拉锯战。九时许，敌大举增援，搜索营何映甫营长负伤，官兵在副营长曾广衡指挥之下，与敌拼战只剩二十余人。后援不继，曾京团长乃命其退守岳屏山。

二十九日敌对西禅寺、杏花村之141高地、五显庙、岳屏山施行步、炮、空联合攻击；我阵地大部被毁，官兵伤亡枕藉，但均抱退后一步即无死所之决心，裹创再战，卒能确保阵地，化险为夷。

三十日夜，敌约两个中队，分四批向我五桂岭北半部进犯。彻夜激战，敌未得逞。

八月一日，敌集中炮火，掩护其步兵攻我杏花村之141高地与西禅寺阵地。激战至二日拂晓，141高地第九团第五连官兵全部殉职，阵地陷入敌手，威胁天马山。萧团长派第六连逆袭，仅恢复阵地一半，与敌呈胶着状态。西禅寺方面，敌军三次突入，第三营营长赵寿山负伤，官兵伤亡殆尽。萧团长命第一营连续发起三次逆袭，敌我伤亡均极惨重，战至二日拂晓，卒将突入之敌歼灭。第一营残余官兵一百余人，继续固守阵地。军令拨辎重团一个营补充第九团战力。

本日，方先觉军长曾发电报告蒋委员长："本军固守衡阳，将近月余，幸官兵忠勇用命，前仆后继，得以保全；但其中可歌可泣之事实，与悲惨壮烈之牺牲，令人不敢回忆！自开始构工，迄今两月有余，我官兵披星戴月，寝食俱废，终日于烈日烘炙雨浸中，与敌奋战，均能视死如归，恪尽天职；然其各个本身之痛苦，与目前一般惨状，职不忍详述，但又不能不与钧座略呈之：

"一、衡阳房舍，被焚被炸，物资尽毁；幸米盐均早埋藏，尚无偌大损失。但现在官兵饮食，除米及盐外，别无任何副食；因之官兵营养不足，昼夜不能睡眠，日处于风吹日晒下，以致腹泻腹痛，转为痢疾者，日见增加，既无医药治疗，更无部队接换，只有激其容忍，坚守待援。

"二、官兵伤亡惨重，东抽西调，捉襟见肘；弹药缺乏，飞补有限。自昨三十日辰起，敌人猛攻不已，其惨烈之战斗，又在重演，危机隐伏，可想而知！非我怕敌，非我叫苦，我决不出衡阳！但事实如此，未敢隐瞒，免误大局。"

（注：埋藏之米盐，经敌机月余的轰炸，实际上多已烧焦，此电所称，仍有所保留，不愿叫苦耳。）

八月二日，我机投下蒋委员长复电方军长云："我守衡阳官兵之牺牲与艰难，以及如何迅速增援，早日解危围之策励，无不心力交瘁，虽梦寐之间不敢或忽。唯非常事业之成功，必须经非常之锻炼，而且必有非常之魔力为之阻碍，以试验其人之信心与决心之是否坚定与强固。此次衡阳得失，实为国家存亡之所关，绝非普通成败之可比，自必经历不能想象之危险与牺牲。此等存亡大事，自有天命；唯必须吾人以不成功便成仁以一死报国之决心赴之，乃可有不惧一切，战胜魔力，打破危险，完成最后胜利之大业。上帝必能保佑我衡阳守军最后之胜利与光荣。第二次各路增援部队，今晨皆已如期到达二塘、柘里渡、水口山、张家山与七里山预定之线。余必令空军掩护，严督猛进也。"

自七月十六日我因兵力不继退守第二线阵地，直至七月底，敌军每夜均对我阵地行重点攻击，在我是寸土必争，在敌是毫无进展，双方互有伤亡。此半月中，我军之状况概如下述：

就伤亡状况言：预备第十师三个团及直属部队伤亡达百分之九十以上；第三师之三个团伤亡达百分之七十以上；第一九〇师尚存官兵约四百人；军直属部队除辎重团尚存官兵约五百人外，其余搜索、特务、工兵、通信、炮兵等营尚存兵力不及三分之一，步兵团干部伤亡殆尽。每每在一次战斗或逆袭中连续晋升数个营长；最高纪录为第八团五桂岭之争夺，半日之间，连续晋升五个营长，均先后壮烈殉职。无医药治疗，轻伤官兵均自动重返第一线；甚至伤虽不轻尚能勉强行动者，均自愿留在阵地中，反正只有以激烈战斗来麻木自己。真正的重伤者，必缺胳膊或断腿。尚能呻吟，而创口或五官已生蛆者，比比皆是。伤痛而投湘水及池塘死者，日有所闻。生者坐视而不能救，只有相对唏嘘而已。

就官兵心理言：在遍地积尸、满城恶臭、伤病呻吟、群蝇乱飞之中，官兵们除望眼欲穿，热盼来援友军早日解围外，唯一的企求，即多杀一些敌人，多为战友索回一些血债，完全无视战斗之惨酷与死亡之恐怖，已发挥同仇敌忾与团队精神之最大限。

就工事状况言：为充分利用地形，发挥地障之威力，以歼灭敌人并减少我之损害，官兵们都能主动利用战斗间歇，修复并加强阵地工事。军工兵营在外壕中层架设铁丝网，歼敌效果极佳，全军闻之，竞相仿效。无铁丝网者，将外壕加宽加深；无兵力防守之地段，特别高竖木栅，使成坚强之障碍。每一战斗，随毁随修，并于其间密置集束手榴弹，触之即发，兼具欺敌、吓敌、阻敌与杀敌之效。敌军战史称衡阳之役为华南旅顺要塞之战，非无因也！

就补给状况言：炮弹及迫击炮弹已消耗殆尽，除留少数火炮及最后决死之几发炮弹外，其余火炮悉数埋入地下。步机弹已耗去百分之八十五。官兵伤亡，大部人枪俱毁，无法补充。少数步兵及军辎重团都将虏获之敌方械弹装备自己，致三八式步枪"咔——哽"之声，不仅来自敌方，竟亦响于我阵，敌我皆不免有惊愕之感。手榴弹耗去百分之八十五以上，不得已抽出江防之预备手榴弹，补充第一线，军属各步兵团之迫击炮口径不一，有八十一厘米的，也有八十二厘米的。至七月下旬，八一弹已颗粒无存，而八二弹库储尚有数百发。军参谋长孙鸣玉将军为求平衡第一线火力，特发动司令部幕僚，将半数的八二口径炮弹"弹带"部位，以砖石磨去其中径一厘米，使能适合八一迫击炮发射，作最后决死之用。许多人都磨得双手起泡，甚至流血。方军长出而慰之曰："部队官兵每一秒钟都在流血，每一分钟都有死亡；诸君为国救命，此其时也。"此情此景，史无前例。给养方面，长时间以盐开水佐食烧焦的米粒做成之糊饭，官兵无不面有菜色。战线后方池塘内之鱼虾及浮萍，早已捕采食用一空；少数士兵竟冒着敌火，公然跳入敌我战线之间的池塘捉鱼。午间战况沉寂，甚至有以手势或哨音向敌示意，使其不要射击，然后下水捉鱼者。此种示意通常有效，有似彼此暂行休战之默契。盖敌我阵地，犬牙交错，相距不过五十公尺至一百公尺耳！十七日午，第一九〇师第五六八团第三连发现蒸水南岸宽约五十公尺之沙滩上，有三头水牛在吃草，但对岸相距约一百三十公尺之敌人亦正虎视眈眈，希图捕捉我方牵牛之机而袭击之。黄昏时分，一个班长终于冲出阵地，翻下十多公尺高的一段陡坡，再通过二十多公尺的暴露地带，无视敌人的射击，牵回这三头牛中之一头。第一九〇师容师长特送一条牛后腿给方军长，司令部官兵均分到一杯羹，佳肴美味，真太不易。

敌第三次总攻

衡阳之战胶着，使日本东条英机内阁因而倒阁。据我战史所载，当敌第二次总攻于七月十六日顿挫后，在华派遣军极感不安，大本营之不满，亦达极限。敌第十一军司令官横山勇，乃决心将该军主力悉数投入衡阳战场，除继续补充第六十八、第一一六两师团之战力以对衡阳攻击外，并命令重炮兵利用已概略完成之急造公路，向衡阳进发；更命第四十师团、第五十八师团、第五十七旅团、第十三师团之一部，分途向衡阳集结。其本人佩戴"天照皇大神宫"神符，由长沙乘飞机于八月一日黄昏到达衡阳郊外。八月四日晨，敌总计五个师团，轻重炮一百余门，炮弹四万发，在横山勇亲自指挥下，开始了第三次总攻击，妄图一天之内攻下衡阳（注：第五十七旅团属第六十八师团，此处可能为独立第七旅团之误）。敌空军自八月二日起，不分昼夜，滥行狂炸；敌炮兵则于三日午后起，夜以继日地作地毯式猛轰；一部分野山炮更推进至我阵地前一百公尺以内，直接射击我阵地之侧防机能；敌步兵则于四日拂晓以后，对我阵地作全正面猛攻，除江防及蒸水方面外，每一个地区都遭受到敌军自杀式的冲锋，其攻势之猛、兵力之大、火力之强、持续时间之长，为开战以来所未有。衡阳西南半壁约四千五百公尺之正面，全为硝烟弹雨所笼罩，莫辨东西。各种声音混在一起，无以名之，或可称之为"战神的咆哮"与"死神的怒吼"，使人的听神经完全失灵。此时，我官兵唯有用炽烈如火的战志，面对敌人猛烈无比的攻击，以手榴弹与刺刀粉碎敌人波浪式的冲锋，浴血死战，寸土必争。碉堡垮了，武器毁了，人被埋了，但只要有一个未死者从灰烬中振臂高呼，无不创痛皆起，以一当十，以百当千，与敌人拼到底，和阵地共存亡。

第三师第八团之五桂岭北半部阵地，经数整日猛攻，守军第三营伤亡极大。至下午四时，阵地大部陷入敌手，蒋国柱营长负伤不退。黄昏，张金祥团长命第二营营长苏琢率仅有之官兵六十余人发起逆袭，与敌反复冲杀。迄至午夜，始将侵入阵内之敌全部肃清；苏营长亦不幸阵亡，调师特务连连长赵培孚继任。

预备第十师第二十八团之接龙山、岳屏山阵地，连日在敌空、炮轰击之下，阵地全毁，防守接龙山之连，遭优势敌军攻击，至四日黄昏，以伤亡过大而不支，形势极为危殆。第三师周庆祥师长因感其指挥所已受到直接之威胁，乃以师工兵连前进逆袭之，尽歼敌众，随即加强防守。岳屏山工事极为坚强，多层障碍物发挥阻绝力量，敌屡攻屡仆。曾京团长指挥三个营长，先后对突入阵内之敌发起逆袭，与敌十荡十决，均赖手榴弹与刺刀达成歼敌目的；我亦伤亡累累，战力消耗三分之一。第三营营长翟玉岗右足负重伤，第二营营长余龙右股亦为敌弹贯穿，皆坚持不下火线。

由军工兵营、炮兵营及第二十九团第二营残存官兵混合编成之守军，据守五显庙、苏仙井中间高地阵地，经敌连日之炮、空袭击，地面工事及既宽且深之外壕虽大部损毁，但设于壕缘我岸之木栅却发挥了阻敌之巨大效能。敌军竟日冲锋，一拨一拨地冲过来，都随着一群一群的手榴弹爆炸而倒下。尸满外壕，血流遍地，敌军的伤亡简直无法估计。

第三师第九团据守之天马山、西禅寺及杏花村北之141高地，受敌空军轰炸之次数最多，炮击之时间最长；而敌放列于我阵地前一百公尺以内直接瞄准射击之火炮不下三十余门，地毯式的弹幕，把外壕、木栅、铁丝网、碉堡尽情摧毁。我方无一发炮弹可以还击，使众多忠勇官兵变成了屈死的冤魂。敌军步兵随着最后一群弹幕，冲上满目疮痍的我方阵地，满以为可以大踏步地占领；不料我藏在工事内幸存的官兵，此时却如冲天炮一般从尘火灰烬中一跃冲出。一群一群的手榴弹幕，直炸得敌兵呱呱惨叫，尸体横陈。竟日苦斗，141高地我第九团第六连官兵全部与阵地同归于尽；西禅寺、天马山两阵地，虽积尸数层，却仍在我方固守之下。黄昏以后，第三师以搜索连残存官兵三十余人，秘密地加强了西禅寺的防务；而天马山方面，萧圭田团长也不得不将控制为预备队之军辎重团之一个营补充第一线兵力，以迎接敌军再一次的挑战。

第三师第七团据守之杨林庙至易赖庙前街阵地，因属半泛滥地区，只有形同隘路之数条交通线可供敌接近。过去之一个多月，敌军为减少伤亡，攻击多在夜间实施；而今敌军却一反常态，竟在其猛烈炮火掩护下，敢行昼间攻击，我伏地堡大部被炮火摧毁，敌之伤亡尤为惨重。四日午后，杨林庙、杜仙庙，先后侵入敌兵四十余人；我侯树德营长乘其立足未稳之际一举击灭之。唯易赖庙前街方面，敌竟日猛冲猛打，人如潮水涌至，堵得东来西又溃，与黄昏同时，有敌一百余人侵入前街，与我第一营短兵相接，行逐屋逐堡惨烈无比之争夺战。我鞠震寰团长鉴于情势之危殆，乃命第三营营长王金鼎率其残部一百余人，附师之战车防御炮连四十人，对敌作背城借一之逆袭，卒于午夜以前尽歼敌众，转危为安。

　　八月五日，敌赓续以强大步兵，在其优势炮、空火力支援之下，向我全阵地猛攻，战斗剧烈如狂风骤雨，终日不停。我阵地全毁；我忠勇官兵不眠不休，不饮不食，抵死奋战。青山街、西禅寺、天马山、五显庙、岳屏山、接龙山、五桂岭北半部乃至外新街，每一处阵地均有两次以上的争夺战。虽由第三师直属部队及军辎重团仅有之一个营，先后分向各阵地驰援，进行极为艰困，惨烈无比的逆袭，勉强将失去的阵地一再地从敌人手中夺回；但官兵伤亡的惨重不堪想象！第七团团长鞠震寰、第九团团长萧圭田均受伤，鞠团长的伤势尤重。是日午后三时，方军长在中央银行军指挥所召集四位师长和军参谋长举行紧急会议，研究军之而后作战方针，亦即如何应付此艰危战局。大家一致地检讨：敌人的攻势如此猛烈，我方已再无可抽调之兵力，同时，手榴弹、步机弹也即将告罄；如果援军不能钻隙进来，守军即使再撑，也撑不过去了！周庆祥师长主张突围；但衡阳城内伤患有六千多，绝无法随突围部队行动。最后，方军长宣布决心，继续死守。因为除了不成功便成仁的死守之外，再没有其他可走之路！

　　入夜，敌更以雷霆万钧之力，对我全阵地猛攻。敌炮兵的浓密弹幕，笼罩着衡阳城里城外，红光冲天，闪烁不绝；敌机亦不断前来狂炸，我散处城内之伤患官兵，被炸得骨肉横飞，四处爬滚，哀号惨叫，凄绝人寰。

　　五桂岭北半部两度被敌突入，幸方军长命第一九〇师第五七〇团占领第二线阵地的官兵九十余人，拨归第八团团长张金祥指挥，在两小时内，对敌进行不断的逆袭，歼敌三百人以上，因而稳定危局。

　　岳屏山、接龙山第二十八团阵地，战至午夜，被敌占领三分之一，敌一部冲向团指挥所。葛师长闻讯，亲率卫士一班及司令部杂勤官兵三十余人前往逆袭。曾京团长暨二、三营余、翟两营长见师长来援，均进出第一线，领着官兵投掷手榴弹，士气百倍，终将突入之二百余敌人全部歼灭。阵地虽已恢复，然伤亡惨重，官兵仅存七十余人，何以防守原阵地？但是，不如此又将如何？

　　苏仙井高地被敌彻夜猛攻。军工兵营陆伯皋营长指挥步、炮、工混合编成之守备部队，与敌作殊死战，诡雷与手榴弹并用，尽歼犯敌于阵地前。

　　天马山阵地，经过三次往复冲杀，被敌占据了前半部。第九团萧圭田团长、第二十九团朱光基团长、第三十团陈德垕团长，均在天马山后半部阵地督率所部与敌奋战。朱、陈二团长此时仅有团部官兵十至二十人，依然担任宽一百余公尺正面之守备，与第九团官兵共同站在第一线上，投出无数的手榴弹，粉碎了敌之攻势。天明以后，与敌相距约五十公尺，呈对峙状态。

西禅寺阵地南部，天明前陷于敌手。师搜索连仅存十余人，固守西禅寺北端高地，与敌缠斗不退。

易赖庙前街及青山街彻底遭到优势之敌猛攻。青山街一度为二百余名敌军侵入，王金鼎营长苦战已呈不支状态。鞠震寰团长左腿受伤，乃乘担架前往督战。周庆祥师长亦亲率卫士排及司令部官兵共七十余人驰援，天明以前尽歼突入之敌。

八月六日凌晨三时，我第一九〇师第五六八团第五连演武坪阵地被敌突破，罗夫连长暨官兵二十余人全部殉国；敌军五十余，转而围攻左翼第三营阵地。鹿精忠营长指挥所部约三十人奋力冲杀，情势不利。该团副团长李适率军械官墨德修及团部官士二十余人前往增援，合力歼敌，并截断敌之退路。敌我均有伤亡。天明时，李副团长不幸腹部中弹身亡。残敌约三十人据守天主堂坚固建筑物顽抗；经容有略师长报请方军长派特务营曹华亭营长率兵一百余人前往增援，不意行至县政府转角处时，被藏匿于天主堂内之敌发射掷弹筒所袭击。官兵以血肉之躯，仰攻凭险固守之敌，伤亡过半；第二连连长井启第亦不幸阵亡。反攻虽呈顿挫，然敌后续部队因我火力封锁，亦被阻于外壕彼岸，遂呈相持状态。据现在台之前第五六八团机枪第一连少尉排长周钺称：第五连阵地以旧护城河之一段为外壕，宽约十公尺，深二公尺余，水深淤泥亦厚，本难徒涉，但阵地右后方驻有师野战医院伤患数百，勉可行动之伤兵到处觅食，昼间曾用门板木材搭成便桥，向敌岸搜取菜类，归来未予撤除，为敌侦悉，乃乘夜暗匍匐接近，偷渡至我岸，以猛烈火力奇袭守军，遂造成不可收拾之突破口。此殆为方孝孺所谓"祸常发于所忽之中，而乱常起于不足疑之事"，故"得险不难，为守险的人难"。

九时以后，敌更发起全面攻势，猛烈无比的炮、空火力，给予我守军以地崩天塌的震撼和难以估计的伤亡；而敌直接抵近的炮火，将我阵地工事几乎夷为平地。未被击中而蛰伏战壕内的我方官兵，唯一的凭借，就是准备以有限的手榴弹，和冲锋前来的敌人进行背城借一的阵内战；至于步机枪的射击与刺刀的肉搏，只是杀敌的辅助手段而已。在全日鏖战、警报频传声中，方军长采取了两项紧急措施：一、将已编训的军部各单位幕僚和杂勤官兵分配至市区各巷战工事中准备巷战；二、抽出铁炉门以南任江防的暂编第五十四师的步兵营，以其三个步兵连分别控置于接龙山北侧、苏仙井、司前街各附近，以应付状况之变化。该营防务由暂编第五十四师派司令部幕僚及杂勤官兵接替。

中午，第八团迫击炮连连长刘和生发现市民医院附近敌之指挥官正挥舞军刀指挥敌兵冲杀之顷，乃发射其最后决死之八发炮弹予以击灭。战后阅敌战史，所称敌第五十七旅团旅团长吉摩源吉（亦称志摩）少将，被我迫击炮弹自腹部贯穿而亡，即指此役。

十五时后，五桂岭北半部、岳屏山先后被敌突破。军令接龙山北侧暂编第五十四师之步兵连归第八团团长张金祥指挥；苏仙井暂编第五十四师之步兵连归第二十八团团长曾京指挥，与黄昏同时，发动有限度的逆袭，以阻止敌之继续突入。五桂岭第八团俘获敌兵宫峙胜次郎，据供敌军拘我壮丁，赤膊前驱破坏障碍物，多死于我阵地前。敌之惨无人道可见一斑。

入夜以后，西禅寺、外新街两阵地因守军全部罹难而陷落。其余各阵地均与敌形成犬牙交错，官兵抵死缠斗，寸土必争。最大危机，为手榴弹已有不继状态。

八月七日拂晓，敌五百余人突破青山街，第七团第三营王金鼎营长力战阵亡。鞠震寰团长带伤指挥。司前街暂编第五十四师之步兵连向敌逆袭，战至九时，鞠团长亦不幸中弹身亡，一时呈混乱状态。演武坪方面，敌又继续突入一百余人；其余各阵地亦同时遭到强大敌军的围攻。中午，各师师长都在艰难险阻之下齐集到中央银行军指挥所。此时军指挥所仅有副官处长张广宽、辎重团长李绶光、副官王洪泽及数名卫士而已。方军长与各师长检讨战况之后，以悲痛欲绝的心情，命参谋长孙鸣玉草拟呈蒋委员长电稿，经大家研阅后交参谋处长饶亚伯送电台拍发，并依令对电台做炸毁之准备。此即当日震惊中外的衡阳守军"最后一电"：

"敌人今晨由北城突入以后，即在城内展开巷战。我官兵伤亡殆尽，刻再已无兵可资堵击，职等誓以一死报党国，勉尽军人天职，决不负钧座平生作育之至意。此电恐系最后一电，来生再见！职方先觉率参谋长孙鸣玉、师长周庆祥、葛先才、容有略、饶少伟同叩。"

傍晚，敌更对五桂岭北半部、岳屏山、五显庙、天马山各阵地发起全面总攻。我忠勇官兵与敌进行惨烈无比的拉锯战，后面的人踩着前面倒下的尸体，与同样踏着尸体而来的敌人轮番肉搏，虽能稳定危局，然亦无力尽驱突入阵地之敌。在两败俱伤的情况下，敌我保持犬牙交错短兵相接之对峙局面。入夜以后，敌轻、重炮更向城区连续不断地轰击，敌机亦趁机狂炸；市区以内的通信线路早已中断。

　　八月八日凌晨三时以后，城北演武坪及城西北青山街突入之敌获得增援，乃利用夜暗，分向市中心区突进；我军已无预备队可资堵击。迨至四时，军指挥所中央银行附近已响着零星枪声，且逐次逼近。方军长认为战事已濒绝望关头，乃举手枪自戕，为辎重团团长李绶光、副官王洪泽奋起击落于地。枪虽鸣，而弹虚出。敌兵已适时掩至。方军长及几位师长、参谋长与高级将领均被劫持，求死不得；然正气干云，峻拒停止抵抗。我官兵闻讯，莫不悲痛欲绝，与敌势不两立。拂晓以后，城南阵地尚维持完整，官兵仍与敌苦战不休；其他各地，因指挥系统瓦解，官兵只能各自为战。斯时也，天地变色，草木含悲，人人只打算如何杀死一个敌人"以找回本钱"；杀死两个便"赚一个"，并无一人退却，亦无一人逃亡。直至日落时分，枪声始逐渐沉寂；四十七昼夜轰轰烈烈的衡阳保卫战，终于在幸存官兵泣血椎心的痛苦中结束！

浴血奋战守衡阳

臧肖侠[※]

　　民国三十三年（一九四四年）夏，我陆军第十军奉命固守衡阳，与十倍于我之敌军血战四十七天，其守城时间之长，作战实况之惨，为二次大战中所罕见。其中可歌可泣之忠烈故事，不胜枚举。战术、战斗之实例，如攻、防、逆袭、包围、突破、强攻、夜袭、转进、肉搏、防空、防毒等，应有尽有。笔者时任军司令部直属搜索营第一连连长职，有机会参加此战役，深感荣幸。兹将亲身经历之战斗实况，撰文报道，借以就教于读者及诸袍泽。

　　日军于一九四一年十二月七日，发动珍珠港事变后，虽获得一时之利，但至次年六月，中途岛战役时，日本海军损失奇重，国力元气大伤。而盟军则不断在太平洋发动攻势，至民国三十三年（一九四四年）春，已逼近马里亚纳群岛，日本所谓之内防线，已被突破，其南洋派遣军与本土之间，已濒临断绝之危机，且国内资源枯竭，难以维持长期战争。敌为挽回颓势，意图打通我国粤汉、湘桂线，进而窥谋黔川，以先达到侵华迷梦，扩大资源纵深，冀以全力应付盟军之进攻。至五月下旬，乃抽集鄂南、湘北二十余万之众南进，于六月中旬攻陷长沙，沿湘江南下，向衡阳急进。我陆军第十军奉命固守衡阳，担负此一神圣使命。

　　衡阳为粤汉、湘桂铁路之交会点，湘江流域之重镇，自民国二十八年（一九三九年）至衡阳会战前，湖南省曾发生数次大规模会战，如第一、二、三次长沙会战，常德会战等，作战地区均在长沙以北一带，唯

──────────

　※　作者当时系第十军搜索营第一连连长，现居台湾，江苏徐州人。

303

衡阳城尚未受到战火之洗礼，平日除偶有空袭警报，敌机临空骚扰，市民疏散避难外，其他生活状况与平时无异。

自抗战军兴，沦陷区之义民，因不愿受敌伪蹂躏，逃难至衡阳者日渐增多，军、政后勤机构亦多集中于此，因而人口稠密，商贾辐辏，为湖南省战时唯一的大都市。如站在城南的雁峰寺上，可以看到城北来雁塔高耸云际，塔影亭亭；西郊的花药山，苍松翠柏，风景艳丽；南望湘桂铁桥，横跨湘江，姿态雄伟，湘江一水如带，舟船如织；太梓码头，市声鼎沸，大街行人熙熙攘攘，构成一幅美丽的盛世图。谁能想到将要在这里发生一场毁灭性的战争，一切美丽的画面，将被好战成性、困兽犹斗的日本军阀，破坏成尸横遍野、断垣废墟呢？

本军部队于民国三十三年（一九四四年）六月一日，自衡山行军抵达衡阳后，积极构筑工事及从事各种战备事宜，在市区及郊外各要点筑碉堡，掘战壕。在军事第一之原则下，对有作战价值、可资利用之民房，均予开射口，挖通道。本军为保持人民的生命财产，避免遭受无谓的损害与牺牲及净化战场，使军队不受民众的干扰而能集中全力对敌作战起见，乃决定劝导市民携带财物彻底疏散。于是市民扶老携幼，肩背挑担，乘船搭车，开始向乡间及大后方疏散。这座自抗战以来尚未尝试战争痛苦的衡阳城，已战云密布，大有山雨欲来风满楼之势，象征着一场残酷的大战将要发生。在逃难的人群中，到处可以听到操着土著方言，诚实、淳朴、坚定、勇敢的衡阳同胞们谈论着说："过哈子（这一次）希（日）本鬼子，真的要来打衡阳嗒！但是，卯（没）得关系，我们绝对相信蒋委员长的话：'最后的胜利是我们的。'过家（这个）守城的部队第十军，号称'泰山军'，个个都是打胜仗的好手，在我们湖南打过很多漂亮的仗，长沙三次大捷守城有功，蒋委员长颁发'忠义表天地'荣誉旗，过哈子一定会和希（日）本鬼子拼到底。"本军官兵听到这些谈话，都非常兴奋，感到身为第十军之一员万分荣幸，但相对的凛于责任之重大，百姓之厚望，必须要打好这场仗。

在六月二十日左右，衡阳的民众及财物都已疏散一空，湘桂铁路在开出最后一班列车后，轰然一声巨响，湘江铁桥由我军主动爆破。这庞然大物，于顷刻之间，倒卧在湘江水中，时值雨后，江水暴涨，流过桥身沙沙作响。此时本军已完成战备，官兵摩拳擦掌，严阵以待。本连奉命在衡阳南郊新街（即湘桂铁桥西端）一带，担任警戒。军长方先觉将军于二十三日下午莅临巡视，谕知："对岸暂编第五十四师已与敌人接触，你们要严加戒备，没有命令，不准任何人或任何部队渡江，并要严防敌奸偷渡。"我连应命"是！是！是！"

方军长体形魁梧，刚毅肃穆，不苟言笑，为全军官兵之偶像，精神团结之核心。

二十三日，由株洲、渌口沿湘江右岸南下之敌军，已抵达泉溪市附近，与我军暂编第五十四师前进部队接触，衡阳保卫战自是开始。

二十三日下午五时，本连奉军部参谋长孙鸣玉少将转达方军长之命令："该连即渡过湘江、耒河，向衡山方向，对南进之敌实施迟滞作战。"当即集合全连，登上民船，于六时抵达湘江东岸时，忽奉上级督战官蔡雨时将军之面示："南下之敌，已渡过耒河，向五马归槽第一九〇师阵地攻击中，贵连无须前进迎击。现奉军长方将军允准，在此地附近机动待命。"次（二十四）日，暂编第五十四师阵地之一部为敌军突破，并占领第六空军总站之飞机场，战况至为紧急。本连奉命驰援，于晚间八时许，至飞机场西北端近耒河口之高地前，与敌前哨部队接触，当予驱逐。二十一时向敌发动猛攻，击退敌军，恢复该高地，并固守之。是晚十二时左右，敌向本连阵地摸哨，以战刀砍伤士兵两名。本连排长杜有才，极为愤慨，旋至山脚民房内取得标枪数支（湖南乡间，防野猪及獾类偷食作物及家畜之用），选派精壮士兵五名，各持标枪一支、手榴弹数枚，向敌阵摸去。约一小时后，忽听敌阵一阵大乱，呐喊声、大叫声、枪声、手榴弹爆炸声，凝成一团，接着又是一片沉寂。约三十分钟后，杜排长及随行之士兵均安然返回，每人军服湿透，满身泥浆。杜排长兴奋地将标枪插在地上，枪杆摇摆不停，他开始向我报告说："报告连长，我们赚啦，鬼子摸哨砍伤了我们弟兄两名，我们连刺带炸，最少也杀死了他五六名。"

我说："太好了，你们辛苦了，我会将你们的战功，呈报军部请奖。"我与他们一一握手鼓励。

二十五日晚，九时至十二时之间，敌军向本连发动两次攻击，均予击退，敌军伤亡约二十人，本连仅伤亡三人。二十六日晨四时，敌军又卷土重来。此次攻击前，先以炮兵射击，继之以步兵冲锋，敌之后续部队，可能陆续到达，故攻击之兵力，较前两次多一倍以上，意图将本连包围歼灭于湘江东岸与耒河南岸之三角地带。本连以背水作战，绝处逢生之决心，与敌作殊死战。双方激战约一小时，互有伤亡，而本连阵地屹然未动。时因全面局势关系，忽奉命撤退，渡江归建。然值兹战斗方酣，双方相持不下之状态中，于敌前撤退，若稍一不慎，后果堪虞。当命排长杜有才率兵两班，先行占领阵地后方之灌木丛林，担任掩护，同时命令第一线各班，发挥最高火力，以步枪、轻机枪、枪榴弹、手榴弹，对敌猛烈射击，使敌军误认本连将发动攻击（欺敌）。当敌军为我火力制压，攻击停顿时，余即命第一线各班，以最迅速的行动，撤至江边登上木船。杜排长之掩护部队，也随后撤退登船。这时天已大亮，三只民船向衡阳城进发。本连此次任务，是以迟滞作战方式，消耗敌军兵力，阻碍敌军行动，使我守城主力有更充分的准备。本连经两天的战斗，圆满达成任务，官兵心情极为愉快，他们在船上兴高采烈地谈论着两日来的战斗经过，士气极为旺盛。

约七时许，船抵新街岸边，余命部队在附近隐蔽休息，随即赴军部指挥所，向参谋长孙少将复命，并简述战斗经过。参谋长深为嘉许，并命本连担任雁峰寺迄太梓码头警戒及构筑工事。

敌军主力于二十五日夜，在东洋渡、五马归槽南侧，渡过湘江向衡阳西南郊我军主阵地进攻。二十八日至三十日，战况益形激烈，我守军预十师奋勇抵抗，寸土必争。据日俘口称，攻衡阳南郊之敌为第六十八师团，攻西南正面之敌为第一一六师团。敌以连日攻城伤亡惨重，且师团长负伤，是以引起报复行为，每至夜晚出动大批飞机投下烧夷弹，向衡阳市区狂炸，全城均陷于烟雾火光之中。本连位于雁峰寺山顶，居高临下，尽在眼底。如是延续十日左右，我军于城内所屯之粮弹大部被烧毁，房屋倒塌已达百分之九十以上。这座美丽的衡阳城，在这短短的时间内，已满目疮痍，面目全非，战争之残酷，实难想象也。

七月十五日晨，敌军攻入江西会馆附近之上下新街（位于湘桂路铁桥之两端，在铁路以北者为上新街，铁路以南者为下新街）。该处为第三师及预十师作战地境衔接部，东贴湘江，西依五桂岭，如不予收复，敌将利用江岸及街屋之遮蔽，集结兵力直迫五桂岭，故两师之守军均积极策划如何夺回该阵地。本连于是日下午二时，奉命归预十师指挥，攻击该敌。本连曾于二十四日前，担任该处之警戒及构筑工事，余对新街一带之地形地物至为熟悉，故对该地之攻击稍有成竹在胸。本日敌炮兵射击猛烈，余奉命后，乘敌炮火之间隙，将部队运动至上新街东侧五桂岭之山坡上，构筑简易阵地，先对新街之敌实行火力制压。唯五桂岭与上新街之间，有水塘隔绝，不宜从正面攻击。余悉新街为木造平房，时值炎夏，烈阳高张，房屋干燥易燃，居民财物早已疏散一空，当奉师长葛先才之命，采用火攻，迫敌不战自退。当命第四班上士班长王嘉祥挑选精干士兵五名，携带煤油、酒精、棉花等物，在全连火力掩护下，冒死冲入新街，引火烧屋。瞬即烟雾弥漫，烈火腾空，惜王嘉祥等六人亦中弹牺牲，葬身火窟，为国捐躯。敌果为火势所迫，向下新街及江西会馆方向逃窜。本连乘机以火力断敌退路，毙敌数十名，更乘机向前推进至铁路北侧，准备越过铁路向下新街攻击。此时第三师第八团之一连，亦沿经烧成灰烬之上新街推进至此。经亲往联络，见其连长原来是余军校同学，又是徐州同乡的吴兰生，见面至为兴奋，各抓住对方的肩膀，几乎同时说出："好小子！原来是你啊！"战场相逢并肩作战，真是有难以形容的亲热激动。两人睁大眼睛，又僵持数秒钟说不出话来，最后还是我先开口说："吴兰生，我马上要攻下新街，你要以全连火力掩护我们。"吴说："那还用你说，这正是发扬黄埔'亲爱精诚'精神的时候，我当以最高度的火力掩护你。"此时战况紧急，分秒必争，无暇多谈，余即跑回本连，时已近黄昏，正是发起冲锋之好时机。余速将各排妥善部署，因地形较为狭窄，决采三线纵深队形，逐波向下新街北端高地之敌发起冲锋。余先率第一排正要冲向敌阵时，杜排长一把将我拉住说："报告连长，第一拨冲锋太危险，你要指挥全连作战，你不能先去攻，让我先冲过去。"他说完之后不待我的回答，即率领第一排在冲锋号响起之瞬间，一阵杀声冲入敌阵。余亦紧接率领第二排冲了过去。此时杜有才排长正与两名敌兵发生白刃战，该员身体灵活，刺枪技精湛，对付两名敌兵毫无惧色，杀声及兵铁交鸣之声不绝于耳。如是格斗数分钟，两名敌兵均被刺伤，在踉踉跄跄逃回敌阵时，被本连士兵射杀。杜排长腿部与肩部亦被敌军刺伤，血流不止。斯时该高地后半部，已为本连攻占，而杜排长仍持枪直立，似仍欲再与敌搏斗，大家喊他卧倒，他已听而不闻。斯时敌方投来一颗手榴弹，杜排长应爆炸声倒地，经抬回急救时，发现遍体鳞伤，呼吸急促，手指敌方，欲言无语。当予急送医救，不幸在途中死亡，噩耗传来，全连官兵悲痛万分。杜排长，河南南阳人，行伍出身，由二等兵起升至中尉排长，作战经验丰富，有胆识、有方法、讲信用、重义气，此次为国捐躯，就我个人而言，如失股肱。当时我真想大哭一场，以发泄胸中感伤，但当此大敌当前战况紧急之际，只有以高度的理智，强忍着泪水，抑住感情的浪潮，并晓谕全连弟兄说："大家不要悲伤，应化悲痛为力量，多杀几个敌人，为杜排长报仇。"此时大家不待下令，均自动发出如狮吼般的杀声，夹着步机枪射击声，手榴弹投掷声，刺刀肉搏声及冲锋号声，凝成精神与武器的统合战力，冲向敌阵，更有如秋风扫落叶一般，将敌人推下高地，由本连全部占领。是役，敌军死伤枕藉，遗尸累累，俘获之武器甚多，呈缴上级，本连亦伤亡甚重，尚余官兵五十人。余乘敌人攻击停顿之际，重新调整兵力配备，加强工事构筑及阵地周围之阻绝，并防敌夜袭。新街之反攻，我军事委员会曾于当日发布战讯，兹节录如下："……敌突入新街，一时战况颇危，我官兵一致用命，以手榴弹、白刃争先向敌搏杀，经惨烈之战斗，卒将突入新街之敌消灭，恢复原阵地，全局转危为安矣……"

此时敌我双方，都保持高度之沉寂，杜排长的影子又出现在我的心头。第二排排长王清山弯着腰从壕沟内走到我的面前，他是虔诚的佛教徒，最相信鬼神的，他以鲁南的山东调，压低了嗓门儿，以肯定的语气向我说："报告连长，今天我们所以能把鬼子打死这么多，夺回这个高地，一定是杜排长的英灵暗中相助。连长！你尽管放心吧！有杜排长的保佑，我们一定会逢凶化吉，遇难呈祥。"这位大我十岁以上的王排长，平日对我又尊敬又爱护，他这一席话，与当天作战实况相对照，确实有如神助。而我不得不信其"有"，但我更相信国父在"军人精神教育"中训示的："精神与物质合而为一，而精神力量实居其九，物质力量仅居其一。"此千古不灭的哲理，当为我中华民族精神建设的根本。

十六日拂晓，湘江东岸敌炮兵突向本连疯狂射击，并夹有毒气弹，少尉排长王清山等数名，被毒气所伤，仍留阵地作战，余下令戴上防毒面具继续作战。敌军借炮兵射击之余威，即向本连发动猛攻，我官兵奋勇应战，以敌众我寡，阵地失而复得，形成拉锯战，至上午十时许，敌军卒不支，遗尸二十余具，向江西会馆方向退去。本连阵亡士兵十余名，重伤数人后送医疗，轻伤者一律包扎后继续作战，以补救兵员之不足。此时本连尚余官兵约三十人，兵力薄弱，任务艰巨，向上级请求补充，亦无所获，只得就现有兵力重新调整部署，以作节约有效之运用。

时值炎夏，烈日当空，阵前敌尸开始腐化，臭气难当，复因为数太多，无地掩埋，招致蚊、蝇、蚁，满天遍地，对我军官兵健康影响甚大，疟疾、痢疾开始蔓延。

敌于湘江东岸配置山炮数门，对本连阵地威胁甚大，每于敌开始攻击前，即先行疯狂炸射，造成本连严重伤亡，大部工事亦被摧毁。上士班长萧民及士兵一名前来报告，自愿泅渡湘江，以手榴弹塞入炮口之法，破坏敌炮，以减少我军伤亡，利于而后作战。余深知萧等游泳技术优越，以前驻防长沙时，经常在激流中横渡湘江，且头脑机警敏锐，敢冒危险，对交付任务，从不马虎。余对其自动请命负此艰巨任务，深表嘉许，稍加思索后，即准予所请，并作如下之指示："一、敌军炮位，概略于湘江东岸码头以南，湘桂铁桥以北之中间地区；二、往返路线应沿已破坏之铁桥骨架南侧泅渡，以免流入下游；三、每人携带刺刀一把、手榴弹三枚、木棒一条（助渡用）；四、于今晚八时出发，明晨四时前返回。"另规定联络记号及方法。

是夜，月黑星明，风平浪静，萧民等二人准时出发，顺利绕过敌军警戒线，进入湘江向敌岸泅渡，约于午夜十二时左右，闻对岸轰然两响，十分钟后，敌军步、机枪齐鸣，旋即一片寂静，全连官兵，都怀着沉重的心情，等待奇迹出现。

约于十七日晨三时，阵地前哨兵报告："江边发出投石信号。"数分钟后，萧民等二人已安然返回阵地，大家心中如释重负，见他们身体擦伤数处，并疲惫不堪，当予以裹伤时，听其作如下之报告："对岸敌炮约五六门，警戒疏忽，很易得手，唯放列间隔宽广，我仅二人，且时间急促，无法全部破坏，择离岸较近之两门，先行卸炮帽，再将手榴弹拉火后塞入炮口，予以破坏。所幸敌军反应迟钝，动作缓慢，待其发觉火炮被炸，以机枪盲目射击时，我二人已离岸潜入水际，向我方泅渡中。"此一两栖侦察爆破之行动，在我军抗日作战中，尚少见闻。余至感欣慰，当对萧民等二人之英勇壮举，予以慰勉，并连同炮口帽二枚呈报上级请奖。

十七、十八两日，阵前格外平静，判断敌军连日攻击受挫，伤亡惨重，必须整补待援。而近数日，亦有军部转下敌军可能撤退之情报。余意想，如当面之敌果真撤走，而我犹不得知，岂非失去追击之良机，故虽在兵力不足之情形下，乃于十八日上午十时，决心抽调部分兵力，编成两组，由余亲自指挥，向江西会馆方向展开搜索。孰料，搜索阵地前数十公尺处，即与敌发生战斗，尤以在我指挥位置左侧约十公尺处之屋角边，隐藏一名敌兵，正举枪对我瞄准时，被随在身后之传令兵刘舒陆及时发现，一枪击毙。我深深感谢刘员之机警，不待瞄准，迅速发枪，救我幸免于难。由是始知敌军并未撤退，而本连以少数之兵力，应以守土为重，不敢擅离阵地向敌攻击，乃命各组撤回，加紧防守。

忆敌军近日来向我发动攻击时，多在短距离内，以密集队形，向我冲杀，而其静止时，又毫无声息，绝不轻举妄动。孙子曰："善守者，藏于九地之下；善攻者，动于九天之上。"又曰："静如处子，动如脱兔。"日军早年袭习我国兵法，视为圭臬，屡践不渝，其发动侵华之野心及进军南洋之幻想，或以此而有以恃之地。

十八日下午四时，哨兵报告："阵地右侧民房内，有日军饭盒响声，似为敌人在开饭。"按该民房已为敌军占领，与本连间有一墙之隔，相距仅二十余公尺，以机枪手榴弹均无法攻击。余忽发现该房之屋脊，被炮弹炸一孔洞，直径约一公尺，余意如以枪榴弹投射入洞，当可杀伤敌军，即命传令兵刘舒陆，取步枪一支及发射筒、枪榴弹等备用。枪榴弹为步兵近战之曲射武器，最大射程为二百公尺，最小射程为五十公尺，弹尾刻有四道分划，每一分划表示五十五公尺射程，如以最小射程发射，亦将超过目标，不能杀伤民房内之敌人。余稍加思考，即将弹尾之末端，尚未到五十公尺分划处，装入发射筒口，以弹体不致滚落为度，如是发射距离应在三十公尺左右，预测刚好掉入民房之孔洞内，可达杀伤敌人之目的。此时战况沉寂，士兵心情稍感轻松，大家都聚精会神地看我"表演"式的射击。余坐在高地右侧的边缘上，按预想之方法将枪榴弹装置完毕，对准方向，轻扣扳机，"嘭"的一声，榴弹应声飞出，在空中翻了两个跟斗，不偏不斜地正中孔洞，轰然一响之后，只听民房内鬼哭神号，狼奔豕突，以及饭盒落地叮叮当当乱作一团。本连士兵们看我一弹击中，都鼓掌大笑，连声叫"好！好！好……"数日来的惊险与疲劳，一扫而空，余虽然保持态度平静，但仍掩饰不住内心的喜悦。正在大家兴奋的情绪尚未平息之际，忽由敌方上空，呼啸一声，飞来一物，正落在余之身旁。余脑中一闪，已意会它是何物，便几乎与该物落地之同时，一个翻身，滚下高地。但这个怪物并未爆炸，经掘出察看，乃为日军之掷榴弹，是用掷弹筒发射的，其威力较枪榴弹、手榴弹为大，此次幸未爆炸，否则，我命休矣！

十九日晨九时许，左翼临接部队第三师第八团吴兰生连长通报："敌军约数十名，正由江西会馆方向，利用湘江堤岸之隐蔽，向贵连阵地前移动中，大有攻击贵连之模样，希严加戒备。"余接通报后，当命各班、排准备迎敌，并为了解实际情况，迅即至吴连观察。此时敌军百余名，已聚集于江岸之下，其攻击本连之企图，已至为明显。当要求吴连长以侧防火力对敌射击，以支援本连之作战。当我转回时，忽听"轰！轰！轰！"连声巨响，敌人的炮弹已如雨点般落在本连阵地上，如是延续约二十分钟之久，甫经整修之防御工事，大部摧毁，阵地内之柑橘树数十株，均被破片削去枝叶，仅余秃干，其炮火之猛，发弹之多，已可想而知。敌军步兵于炮兵停止射击之瞬间，即向本连开始猛扑。本连以少数之兵力，抵御敌人凶猛之攻势，实感万分艰巨。余内心之煎熬，实非语言所能形容，当即晓谕官兵："应抱必死之决心，与阵地共存亡，轻伤者，裹伤再战，不准后送。"敌人攻势愈来愈猛，双方的枪声、手榴弹声、刺刀肉搏声、杀声，连声作响，震耳欲聋，敌人一个个地倒下去，我们伤亡的士兵一个个抬下来。排长王清山负重伤，阵地后之破房内躺着十几位伤亡的士兵，血流如注，辗转呻吟，凄惨之状况，非常人所能体会。据悉卫生队的救护担架兵，已补充火线作战，故无人接送伤兵，余因忙于指挥作战，亦无暇照顾。如是与敌激战约一小时，本连现有人员已伤亡过半，仅余士兵十余名，阵地大部已被敌军攻占，仅余右侧之碉堡，仍由上士班长姜九水固守，余即赴该碉堡与姜员各持机枪一挺，对敌猛烈射击，并抱必死决心与该碉堡共存亡。姜九水班长，江西玉山人，身躯高大，孔武有力，秉性纯真，不善言辞，对机枪射击及故障排除特具专长。其所守之碉堡，遭敌人数次围攻，以他沉着勇敢的精神，优越的射击技术，对来犯之敌，大部予以消灭，故其碉堡前，敌尸累累，几乎遮住视线。他似若无其事，毫不焦虑，更不叫苦，抱着一挺机枪"嗒嗒、嗒嗒……"地对敌军扫射，并一面扫射，一面以笨拙的语句对我说："连长……这里太危险了，……你不要来，……这里只要有……我在，……鬼子兵……别想过来，……你……快回……连指挥所去……"我一面对敌射击，一面答道："我在这里最安全，你表现得很好，你打你的仗，不要管我……"

敌军攻势越来越猛，一拨倒下，又来一拨，值此千钧一发之际，传令兵刘舒陆冒着敌人的炮火，跑进碉堡，上气不接下气地报告说："报告……连长，团部……有人……补充来了。"余闻听之下，兴奋地跳起来。此一消息，真如久旱逢甘雨，荒漠获清泉，当即离开碉堡，飞跃至高地之后，见约二十名士兵，未带枪支，每人扛一箱手榴弹，正在高坡下一座被敌炮炸毁仅徒西壁之民房内集中。经询问知系团部人力输送连之士兵，毫无战技基础，更乏战斗经验。于是我将他们编为三个班，并从第一线抽调三个老兵，升任班长，就在这座破屋内，也是在敌人猛烈的炮火下，给这批新兵精神讲话，我说："各位同志，你们是本连的生力军，我们非常需要你们，你们虽然都没有打过仗，不会投手榴弹，但是没有关系，我们会马上把你们教会。日本鬼子并不可怕，本连把他们打死了很多。"我以手指敌尸说，"这是很明显的事实，换句话说，我们不怕敌人，敌人必定怕我们。"

我接着说："现在要三位班长，教你们投掷手榴弹的方法及要领，只要投出去的手榴弹爆炸，敌人一定会死，希望你们多杀几个敌人。"

三位班长以最快的速度，讲解手榴弹的投掷法之后，即在冲锋号的鼓舞下，带着这批伙伴，齐声呐喊地冲向敌阵，手榴弹更加暴雨般地投了过去，敌军立见伤亡，攻势暂被遏止，形成犬牙交错之势。我新增援之士兵亦伤亡过半，全连总共尚余士兵二十余名，如再向团部请援，已不可能再有人补充。

据悉，盘踞在本连当面江西会馆之敌军，为第六十八师团之一个大队，自十五日以来，伤亡在本连阵地前者计百余名。近两日内，敌军可能获得补充，故此次攻势特别凶猛，判断目前系凛于本连数日来奋勇作战，以血肉之躯，舍死硬拼，故而未敢轻进，暂呈对峙状态。

此时两翼友军已向五桂岭转进，本连已形成孤立，如敌继续进攻，只有与之抵抗到底，同归于尽，此刻之困境，非亲身经历者绝难体会。

十一时左右，正与敌激战中，忽有一传令兵，送来预十师第二十八团二营副营长翟玉岗手令一件，记得是用一张又旧又皱、如手掌大的纸，上面写着潦草的字迹，文曰："贵连即撤退，向二十八团团部报到，此令。"是时，敌我双方战斗激烈，寸土必争，如遽然撤退，敌必跟踪追击，本连仅有之兵力，必难保持。余决采取以攻为退之策，即转知各班，闻冲锋号响，即发扬高度火力，对敌猛烈射击，猛投手榴弹，齐喊杀声；冲锋号停止时，不待命令，自动向五桂岭迅速撤退，并每人必须背负伤兵一名。传令完毕，冲锋号起时，阵地内各种武器齐鸣，杀声震野，即躺在地上的伤兵，亦停止呻吟，而大声喊杀！

"杀！杀！杀！……"

"撤啊！轰！撤啊！轰！撤啊……"手榴弹的拉火及爆炸声。

"嘭！啪！嘭！啪！嘭啪……"枪榴弹的出口及爆炸声。

"嗒嗒……嗒嗒……嗒嗒……"机枪扫射声。

当时之情景，如以正气歌"鬼神泣壮烈"之一句来形容，当之无愧。余见阵地上尘烟弥漫，遮住敌方视线，撤退时机成熟，小号兵已吹得声嘶力竭，近似悲鸣。余即令号音停止，各班士兵，以迅雷不及掩耳的行动，跳出战壕，各背负伤兵一名，王清山排长指定由姜九水背负，余在高坡下指挥每人采适当距离，向五桂岭跃进。孰料，状况又发生变化，当本连人员撤退一半时，被黄茶岭方向之敌军发现，以机枪封锁退路，斯时腹背皆敌，只有死里求生，冒险后撤，故中途又有数名士兵中弹倒地，最后余与传令兵刘舒陆转进时，手中所持之竹鞭，被敌机枪打断，所幸身未中弹，真乃奇迹也。

余回忆此次新街之攻守，在枪林弹雨中指挥作战，均未遭受伤害，或曰侥幸；但十八日上午十时，一名敌军对我瞄准时，被传令兵刘舒陆及时击毙；同日下午四时，敌人掷榴弹，落地未炸，及本日转进时，手中竹鞭被敌机枪打断，而余未伤毫发，三次化险为夷，难道均为侥幸乎？若如王清山排长所说："连长！你放心吧！只要有杜排长的英灵保佑，你一定会逢凶化吉，遇难呈祥……"余当永生难忘，这位为国捐躯的革命伙伴，抗战的英雄。走笔及此，不禁悲从中来，热泪盈眶。来台后，每年中元节日，向大陆遥祭祖先时，必同时敬以香铂，以示悼念。一九八一年七月，应国史馆馆长黄季陆先生之德意，将杜员忠烈事迹，撰拟呈馆旌表，以慰忠魂于九泉。

余清点撤回之人数，除重伤者应予送医外，尚能参加作战者，仅有十八人。上士班长姜九水，作战沉着勇敢，毙敌甚众，报请上级晋升排长职，以示鼓励。

十九日午后一时，余率领现有人员，赴衡阳西郊广东省银行仓库附近，向第二十八团团部报到，行至中途，已闻该处枪声密集，冲锋号齐鸣，及到达团部，见敌军机枪，如雨点般打在山头的棱线上，尘土飞扬，团长正在山坡下指挥作战，余向前行一军礼，并说道："报告团长，臧肖侠报到。"

团长说："你在新街，以寡击众，打得非常好，我已将你的战功，转报上级请奖。"接着问道："你现在全连还有多少人？"

我答："十八人。"

团长沉默了一下，似有感慨怜恤之意，但他又必须保持战场指挥官之矜持与严肃，而终于向我下了一道命令："敌人攻势凌厉，我第一线伤亡甚重，兵力薄弱，很难支撑，你快点上去（指对面山头）支援作战。"

余大声应："是！"即带着本连仅有的十八员，一鼓作气地冲上山头，占领棱线。这里视界广阔，对阵地前之情况一目了然，见敌军约数十名，散布在山坡洼部，正逐渐向本阵地迫近中，此时用机枪扫射，效果不大，乃向团部请发手榴弹十余箱，开始向敌投射，敌军系由下而上的强攻，伤亡甚重，故未得逞。及入夜，敌军炮兵对我集火射击，造成我军严重伤亡，敌步兵亦乘势猛攻，我军已兵力不足，是夜缩小阵地范围，退守接龙山之线，此亦衡阳城西南郊最后之防线，本连归第二十八团第一营指挥。自是，敌空军、炮兵，对我轮番肆虐，而我空军仅能保持日间之优势。入夜敌机对我城区狂炸，人员伤亡日渐增多，到处皆有阵亡将士之忠骸，状极凄惨。我军长方先觉将军，下令抽调各单位杂勤士兵，赴第一线作战，以补充兵员之不足。

约自二十四日起，外围援军已开始攻击，闻曾一度攻占黄茶岭及火车西站，我军亦派特务营出击迎接，但因敌众我寡，伤亡甚重，未能与友军会合。自是，每日黄昏可闻援军之枪声，由远而近，至拂晓逐渐消失。

二十七日，蒋委员长致方军长手谕，略以"守城官兵艰苦与牺牲情形，余已深知，……余必为弟及全体官兵负责全力增援与接济"。由军部转达全军官兵知悉，士气为之大振。

二十八日黄昏时分，当面之敌约数十人，集结于本连阵地前百余公尺之山洼内，有向我攻击之可能。余要求迫击炮对敌射击时，仅发数弹，即以炮弹用尽而停止射击。经询问原因，乃悉八一口径迫击炮弹早已告罄，无从补充，目前所用者，系将八二口径迫击炮弹之弹带，以砖石磨去一毫米，使改为八一口径可用之炮弹。军司令部各级幕僚人员每人都磨得双手起泡，甚至流血，但所磨出之炮弹，供不应求，可谓杯水车薪，无济于事，克难之法，均已用尽，此情此景，史无前例。

八月二日，军部又转下蒋委员长致方军长手谕，略以："此次衡阳得失，实为国家存亡所关，绝非普通之成败可比。……必须吾人以不成功便成仁，以一死报国之决心赴之，乃可有不惧一切，战胜魔力，打破危险，完成最后胜利之大业……第二次各路增援部队，今晨皆已如期到达二塘、柘里渡、水口山、张家山与七里山预定之线，余必令空军掩护，严督猛进也。"是晚，闻衡阳西南郊，援军与敌人接触之枪声密集，且越打越近，最后如呼之欲出，似在眼前，我守城部队至感兴奋。但在东方发白时，不知何故，枪声越打越远，而至消失，守军之期待，亦随朝阳下之白露，化为乌有。

三日，本连在新街作战负伤之士兵，有十余人伤愈归队。四、五日，敌军飞机及炮兵，夜以继日向衡阳城区及我各部队阵地轰击，我工事全部被毁，本连伤愈归队之士兵，又惨遭伤亡，岳屏山、枫树山、五桂岭等处粮弹仓库，为敌攻占，自是我军给养及弹药无从补充。

敌连日以炮、空掩护，猛攻衡阳西南郊诸阵地，均被击退，徒增伤亡，于八日拂晓，改攻西北郊阵地。约于九时许，有敌兵三十名突入城区，占领荷花池北侧坚固房屋，我军此时因无炮弹及手榴弹，无法将该敌歼灭。

七日十时左右，敌军约数百人，突破衡阳城北草河阵地，进入城区。我军奋勇抵抗，一时形成混战状态，敌后乘机扩大突破口，使城北防线尽失，敌军大批拥入城厢。我方军长及各高级将领，虽竭尽所能，鼓舞士气，力图将敌人歼灭或驱出城区，恢复原阵地，但敌军攻势锐利，节节进逼，势如潮涌，难以阻挡。八日晨，敌人攻占我城厢核心阵地，指挥系统顿成瘫痪，外围阵地，乃各自为战，但人员伤亡殆尽，手榴弹用罄，欲振乏力。各残余部队，因不甘以鲜血生命苦守四十七日之衡阳城，竟是如此悲惨的结局，故有的坚守据点，与敌同归于尽；有的冒死突围而遭敌杀害；有的饮弹成仁，了此残生；有的向空鸣枪，对天抗议；有的跺脚捶胸，泣不成声。我第十军官兵，以血肉之躯，拼守到底之衡阳城就在椎心泣血、愁云惨雾中陷落，城内空留守土将士之忠骸及满城断垣废墟。迄今思之，仍令人悲痛唏嘘不已！

　　余于最后之混乱状态中，率领残余士兵十余人，装扮伤者，化整为零，潜入花药山麓之破房内，将武器埋藏地下，挨过一昼夜的饥饿，利用夜暗，偷过敌人警戒线，进入衡阳西乡、长乐、洪罗庙一带山区，与地方武力结合，对敌展开数月轰轰烈烈的游击战，如破坏敌后铁路、桥梁、仓库、电杆，及截劫车辆，袭击敌军，偷敌械弹，捕捉敌兵，搜集情报等。因我行动诡秘，出没不定，使敌军防不胜防，倍感困扰，相信对正规军作战及地方民众的安宁，有莫大助益。对此游击战的经过实况，而后再就教于各位读者。

衡阳战役中见闻

罗立三※

　　一九四四年，我在军政部军医署所属第六十九兵站医院充当护理长。五月下旬，当日军进攻长沙时，该院奉命从湘东调至后方，路经衡阳时，被衡阳守军方先觉部截留。从此以后，该医院即在衡阳工作，从六月二十日起，到一九四五年元月二十二日我们一行九人逃出衡阳为止，共计七个月。由于我的职务和地位的限制，所述事实，除亲身经历与目击外，所闻大部得自伤病官员口述，错漏之处请指正。

　　一九四四年六月二十三日，江东岸守军将衡阳大桥炸毁，撤至西岸衡阳近郊五桂岭停兵山一带，增强南关外守军力量。此时江东五马归槽方面的战况较为激烈，樟木寺方面敌军力量较为薄弱。据当时受伤的联络员说，衡阳外围我军李玉堂所部的十多万兵力解围不力，有的则名曰"打游击"，拖到衡南与常宁北部山区去了。方先觉部从五马归槽撤退后，江东岸之敌分两处渡江，一路由东江，一路由大堡、霞流市，沿公路与五马归槽之敌会合，夹击五桂岭、停兵山。包围圈一天一天缩小，到六月二十五日，敌军全部包围衡阳城。

　　衡阳市除东面临江有坚固的江防工事外，其他南西北三面都是分作五道防线，筑了十分坚固的工事，挖有战壕，埋有地雷，有杉树围子，用铁丝网层层围住。守军复将手榴弹编成十个或八个一组，一串串地连起来挂在杉树围子上，待敌人冲来，把线一拉，就能全部爆炸，白天用完，晚上又照样地挂上。直到八月八日衡阳失陷时为止，五道防线还没

　　※　作者当时系军政部军医署第六十九兵站医院护理长。

有听说被全部突破。开战初期，敌人是没有飞机的，大约半个月后，每晚都有敌机前来市空轰炸和扫射，而以投燃烧弹的时候为多。日军同时用大炮向城内轰击。大约过了十多天，攻势较为和缓了。据医官得来的消息说："敌军的主力一部已经越过衡阳，沿着湘桂路向零陵、全州方面直趋桂林去了。另一部分则在整编补充，所以和缓了。"又据新从前线运回的伤兵说，敌伪军喊话，劝我方士兵投降，说是你们的方军长正在接洽协议，和平停战了。不断地诱惑，但士兵没有携枪投降者。从作战开始起，美国的飞机经常来，一般是白天在外围扫射一下。据我们估计，平均每天有四五次，每次三架。敌军合围的初期，城内的守军与外线军队还能以无线电取得联络，后来不知何故，彼此就不能通消息了。

大约经过了一个短的和缓时期，敌人又重新发动了猛烈的攻势。守军在敌军炮轰和燃烧弹摧毁的一片瓦砾场上，军心惶惶。

还有个严重的困难，就是伤病员兵没法医治。开始守卫衡阳时，只有一个野战医院，后来又截留了路过衡阳的第九十九兵站和第六十九兵站医院，但他们的药品和医疗器械先已运往后方。由于各医院的医疗器械和设备不完善，药品又缺乏，不能动手术，甚至棉花、纱布都没有，致使一些能够救活的伤病官兵，也只好眼睁睁地看着一个一个地死去。例如军部有个姓盛的附员，肚皮上被弹片划开一道宽约二寸的伤口，露出一点肠子，四五天后就活活痛死了。又有个连长腰上受了枪伤，子弹没法取出，也活活地痛死了。加之天气炎热，伤口无不生蛆，重伤后自杀的不少。最惨者，敌人投燃烧弹，四处起火，延及医院，抢救不及的重伤号被活活烧死。

八月八日上午十时左右，方先觉向所属官兵宣布，通过谈判参加南京伪国民政府领导的"和平军"。

方先觉宣布投降后，日军进入衡阳城，将所有方先觉部队分批分地集中缴械，派兵监守。就在这天，中国空军派来重型轰炸机六架，在十八架战斗机掩护下，在衡阳城投弹百余枚。以后每天都有飞机前来扫射和轰炸。日军受降后不实践诺言，对投降官兵任意残杀，仅在仙姬巷侧边一个大商场（临时伤兵站）内，就开枪打死不能走动的伤病官兵三百八十余人。在街头巷尾及防空隐蔽室内，一遇投降士兵便任意谩骂鞭打，侮辱已极。敌人对于投降官兵是很不放心的，要他们经常移动住地。今天从这里搬到那里，明天又从那里搬到这里，使他们惶惶不安。这样经过个把月，最后才把他们解到江中的一个孤岛——东洲上的俘虏收容所。以后又有一部分被关到西站过去的头塘小学。

从此以后，投降官兵遭到敌人残酷的杀害和虐待，未受伤的，每天给三小碗谷，伤病的给一小碗谷。一无磨子，二无炊具，只好用红砖磨碎，轮流用面盆煮食。有很多吃不饱的，偷偷出门外摘取逃亡的老百姓留下的蔬菜充饥，一被敌人发觉，当即被反缚双手，拖到江边，用枪打死，抛进江里。敌人在俘虏收容所门上写着：此地不准出，出即射杀（大意如此，原文记不起了）。违反的不是枪毙，就是用刺刀刺死。俘虏收容所所长是个少尉（姓名忘记了），他杀人不眨眼，经他亲手用刺刀刺死的有一百多人。当时群情愤慨，方先觉知道后，向日酋提出抗议，日军对收容所俘虏的杀害才收敛一些。

大约一个月后，方先觉在敌军监视下，一行十余人，穿着日本军官制服，佩着日本指挥刀来到东洲，召集所有被俘官兵讲了一次话。大概意思是说："大家辛苦了。今后可以安心下来。现在我们已经改编为'先和军'第一军了。今后的粮饷，都是由南京国民政府供给。南京国民政府是'和平阵营'的领袖，正在致力于新中国的建设。我们不久就可以开到南京去了。大家安心吧！……"从此以后，每天都有伙食钱发，也正式发米，每天都能通过收容所发给采购证，在日军的监视下上街买菜。所有官兵每天都由日军分配到各处做苦工，如修筑飞机场、清理街道上的残砖破瓦等。

方先觉逃离衡阳后，日军曾出动一些军队分途追缉。一九四五年元月间，中国空军派遣一些飞机轰炸了衡阳近郊日军驻地，日军怕暴露目标，每天早饭以后将俘虏们分批疏散。一月二十二日，中国飞机又来了，我们医务人员一行九人见敌军监视较松，而那天又正是老百姓赶场的日期，就乘着躲避飞机的机会，把事先从维持会弄来的良民证和过去敌人给我们发的采购证涂改日期，混在百姓群中逃出北门，经过一个月，到了蓝田。

第一五七师参加衡阳战役纪实

侯 梅[※]

第六十二军（军长黄涛）辖第一五一师（师长林伟俦）、第一五七师（师长李宏达），奉命于一九四四年六月二十日由广东省英德县境内出发，步行到曲江后即乘火车，疾驰衡阳，六月二十三日到达衡阳之西头塘、二塘之间地区集结待命。是时，衡阳城尚安静如常，第十军方先觉部正在加紧构筑衡阳城及其外围的防御工事。

据情报，衡山县方面集结有日军两个师团的兵力，企图窜犯衡阳。当第六十二军刚到达衡阳头塘、二塘之间地区集结待命的第二天，第二十七集团副总司令李玉堂偕同其参谋长（是时集团军总司令部设在白鹤铺车站）来到衡阳西站（离衡阳城约五公里）召开军事会议。到会有第十军长方先觉、该军参谋长孙鸣玉及所辖四个师长，第六十二军长黄涛、军参谋长张深及所辖两个师长。会议内容："决定以方先觉军守备衡阳城。以黄涛军集结衡阳外围，策应方先觉军的作战。"会后第二日，方先觉派该军参谋长孙鸣玉来到第六十二军军部，协商防守计划，并说："第十军是蒋委员长亲信部队，装备优良，训练有素，兵员足额，战斗力强，死守衡阳，当无问题。"

当第六十二军到达衡阳头塘、二塘地区时，薛岳率余部退到耒阳和桂东一带收容整编，殊感自己手上无一完整部队，遂电告黄涛军长："拟将第六十二军两个师，分别配属第四、第九两战区各一个师，立即开赴粤汉路以东湘南待命。"黄涛接薛电后，认为把第六十二军两个师分割使

※　作者当时系第六十二军第一五七师副师长。

用，对军今后的作战大为不利，而且以一个师配属他人指挥，殊难接受，但又怕得罪薛岳，于是以婉辞复薛电云："要将第六十二军分割使用，没有上级命令指示，我不能做主的。"薛得此复电后，遂不再打第六十二军的主意了。

薛电后两三天，罗卓英赶到祁阳洪桥，约邀第七十九军军长王甲本前来会谈，想把王甲本军拉到自己手中，归己指挥。同时又邀请黄涛到洪桥会谈，想要第六十二军归他指挥，黄没有答应。

第六十二军在衡阳头塘、二塘集结待命时，受到多头指挥。一方面受蒋介石侍从室主任林蔚的指挥（实则是蒋介石的意图），林主张："要第六十二军后撤至祁阳城附近集结待命。"第六十二军主力乃于七月三日开赴祁阳城附近集结，以第一五一师之陈植团留驻洪桥，作为前进部队，以便而后军容易进出。林蔚的作战指导思想足使衡阳与祁阳之间留出远距离的大空隙（两地相距约七十公里），让敌从容包围守备衡阳城的方先觉部，然后再以第六十二军包围日军之后，使敌腹背受攻，方先觉部由衡阳城内死力向外冲出，第六十二军全力勇猛地向包围方部之敌冲击，以收夹击之效。这个计划，只是纸上谈兵，没能得到实现。另一方面则要尊重桂林行营主任李济深、白崇禧的意图，李、白主张第六十二军做机动使用，既可策应方先觉部的作战，也可掩护广西，必要时协助防守广西，所以李、白对第六十二军是特别关照的。再一方面要受李玉堂直接指挥，李玉堂主张第六十二军越接近衡阳城越好，能够直接策应方先觉部作战，使第十军与第六十二军联成一系，互为掎角，以增强方先觉部守备衡阳的力量，必要时冲入衡阳城与方部共同守城。这样的多头指挥，命令互相矛盾，使第六十二军疲于奔命。

第六十二军机动性较大，战斗力较强，在援湘各部队中，是受人注目的。

第六十二军后撤至祁阳后，七月十三日，方先觉部被日军约两个师团的兵力包围，经过两三天的激烈战斗，衡阳城近郊外围工事被敌炮火摧毁，防守外围部队被迫全部退入衡阳城中。是时，方先觉部下散布说："日军没有多大力量，如能迅将第六十二军加入作战，即可解围。"另一方面则力请上级派兵增援。第六十二军于七月十五日晚奉林蔚电话命令："第六十二军即由祁阳出发，沿湘桂铁路向衡阳之敌攻击前进，解救方先觉部之围。"军于七月十六日晨，由祁阳出发，十七日午前进抵白鹤铺车站附近，发现有敌约一个联队占领该地，力阻我军前进。军当即派遣第一五一师师长林伟俦率所部（缺陈植团）向白鹤铺之敌攻击，激战一天，未能攻下，判断该敌似有死守白鹤铺阻碍我军前进，以确保敌侧背安全的企图。军当即根据当面敌情，作出抉择：如军硬由正面攻击，必然牺牲甚大，损失实力，更因阵地攻击，一定延误时间，很难达成任务，不如以一小部监视敌人，与敌保持接触，军主力转取别路前进。十八日晨，派出第一五七师副师长侯梅，率领第一五一师的陈植团和第一五七师的黄忠汉团为军先遣支队，绕过白鹤铺车站之南，再向北迂回，猛烈攻击该敌侧背。激战半天后，白鹤铺之敌站脚不住，于十八日下午向潭子山撤退。我先遣支队跟踪追击，但敌在事前已派有一部占领潭子山阵地，与我先遣支队在潭子山发生争夺战，战况甚为激烈，结果敌占据潭子山北部，我方则占领山南部，呈对峙状态。我军作战目的，不在潭子山的一个阵地，而在迅速攻击衡阳外围之敌，以解衡阳之围。据此，即留黄忠汉团以佯攻潭子山的姿势，牵制该方面之敌（陈植团仍回洪桥，掩护后方），掩护军主力向东阳铺进出，并进占雨母山。十九日，军即策定以第一五七师师长李宏达，率领该师（缺黄忠汉团，该团于二十日午，归回第一五七师建制）和第一五一师薛叔达团为军先遣师，以攻占雨母山之目的，迅速击破当面之敌。李师奉命令后，依照军的计划，攻击前进。盘踞雨母山之敌为数不多，战力不强，经李师攻击后，旋即后撤。李师当即占领雨母山，军部跟李师之后，到达东阳铺并在该地设指挥所（离衡阳城约七公里），第一五一师（缺陈植团）亦到达东阳铺附近。

及至攻占雨母山后，军一面集结主力（计五个团），一面侦察当面敌情，探悉衡阳西站和头塘方面，均有敌兵防守。二十日下午，军派第一五一师师长林伟俦率第一五一师的陶相甫、薛叔达两个团和第一五七师丁克坚团，向衡阳西站攻击前进。第一五七师（缺丁团）为军预备队。林师攻击部署如次：以陶、丁两团为右翼队，由东阳铺出发，向衡阳西站之敌攻击前进；以薛叔达团为左翼队，先攻头塘，得手后，即向衡阳外围之敌攻击前进。二十日夜，林伟俦师开始行动，右翼队经过猛烈攻击后，很快到达西站附近。左翼队攻到头塘时，被敌密集火力反击，攻势受到挫折，伤亡颇大，勉强仍在原地继续作战，但毫无进展。右翼队虽然乘攻克西站的余威，继续向衡阳西郊攻击，激战两昼夜，伤亡甚大，团长丁克坚此役阵亡。战斗虽经反复冲击，卒无法冲入衡阳城，在衡阳城内的方先觉部也无法冲出，彼此没能达到会师的原定计划。二十三日拂晓前，有敌兵约一个旅团到达增援，抄袭第六十二军侧后，猛向雨母山附近我军阵地袭击，第一五七师（缺丁团）当即与敌展开激战，该阵地曾经得失两次，经一昼夜的反复争夺，李宏达师伤亡沉重，又因李上达团在情况紧急时，未能适时增援队伍竭力固守，是个错误，致使雨母山阵地最后被敌攻占，断绝后路。二十四日，军迫得向后转进至马鞍山附近，与敌支持一天，战况仍甚激烈，伤亡不轻，第一五一师副师长余子武阵亡。当在雨母山被敌攻占，旋以反攻夺回，正在得而复失的时候，军指挥所就在这时转移指挥位置，影响前线战斗，军未能及时指挥第一五七师立即恢复已失阵地，与敌再战，这是雨母山战役中指挥上犯的一个极大错误。二十五日，军撤至铁官铺附近占领阵地，与敌继续作战。但军经过一星期的苦战，伤亡重大，鉴于敌人方面续有增加，如果继续在东阳铺附近地区作战，对军队的作战态势，是极其不利的。为着下一步作战准备，即调陈植团星夜由洪桥赶至铁官铺，军即在铁官铺一带进行整顿，补充粮弹。日军于二十七日再向铁官铺来犯，军当即迎击，与敌展开阵地战。一直战至七月三十日，均无大战，仅与敌作对峙状态。八月一日，再奉到林蔚持蒋介石电令："第六十二军对衡阳之敌作战，尽了力量，着再接再厉，向衡阳西站攻击，如能击破当面之敌，官升级，兵重赏。"第六十二军在这种情况下，已成强弩之末，但慑于蒋介石的权威，逼得再作第二次攻击部署。八月二日，军主力扫荡铁官铺附近之敌后，即向衡阳西站挺进，沿途与敌均有接触，军采取突击前进的姿态，把阻止我军进路之敌击败，突进至离西站三四公里之地，所有部队加入作战，竭力攻击，费尽气力，无法攻到西站，勉强在原阵地支持，伺机再攻。在此欲进不得、欲退不可的两天后，又再奉到蒋介石电令："继续攻击，解救方军。"第六十二军已经力尽，无法再攻，而且敌人已尽量利用方先觉部所建筑外围工事，来对付第六十二军攻势，军在这回再次攻势中，遭受更严重的伤亡。同时敌以集结重兵，力攻我军侧后，第六十二军陷于孤军作战，迫得由攻势转为守势，在马鞍山一带阵地与敌相持将近一个月的时间，在此守势中时有战斗。

当第六十二军与敌战至八月七日，约四十六天的时候，方先觉投降日军。

方先觉投降后，敌以全力对付第六十二军，此时第六十二军尚未奉到行动命令，只得暂在原地待命，本来策应方先觉部作战任务已经没有了，实无再在此地久留的必要。第六十二军在此战至四十七天的时候，李玉堂才派第七十九军王甲本部接替第六十二军的防务。但仅一天的时间，第七十九军即被敌击破，向西退至冷水滩时，又被敌袭击，军长王甲本不幸阵亡，队伍溃散。又在第六十二军于衡阳外围发起第二次攻势遭受顿挫后，军事委员会派遣黎行恕（广西部队）率领第四十六军之新编第十九师、第一七五师到达衡阳三塘、四塘间地区，与敌接触，及至方先觉投降消息传出后，不久，黎行恕率广西部队第四十六军向广西撤走了。

第六十二军（缺第一五七师）约在九月四日由铁官铺撤退，经洪桥向黎家坪、文明铺、卢洪司转进，约九月十三日到达湖南省武冈县集结待命。

九月五日，第六十二军部通过洪桥后，即赋予第一五七师在洪桥附近占领阵地，掩护新编第十九师、第一七五师安全通过洪桥的任务。第一五七师照军指示执行任务。约九月六日上午九时前，新编第十九师、第一七五两个师，已经安全通过洪桥，第一五七师掩护任务，已达完毕，应即在第一七五师之后跟进，迅速脱离洪桥，照第六十二军部所指示路线，向西撤退。但第一五七师师长李宏达未能捕捉时机，速离战场，由于优柔寡断，蒙受严重损失。九月六日上午十时，洪桥附近安静如常，李宏达认为略多逗留一下，量无多大问题，李就在这样思想的指导下，把第一五七师由上午九时起，一直拖到中午十二时，仍未离开洪桥。在这段时间内，副师长侯梅曾向李宏达力言两次："我师在此既无其他目的，复无任务，速行为上，不宜在隘路中久留，免遭意外。"但没有得到李宏达采纳。约至九月六日下午一时，衔尾跟追第一七五师之敌，发现于洪桥之西和南两个高山，扼住湘桂铁路通道，形成一条隘路，该两山被敌预先占领，配有重兵，东面亦有敌兵发现。洪桥北端有峻峭的半石山，遍地荆棘，异常难行，第一五七师在这隘路中，被敌包围之下，唯一去路，只有向西冲击突围，但该方面敌人，早已布置了轻重武器，构成密集火网，封锁得好像铁桶。第一五七师第一次攻势，派出一个加强营，向占据洪桥之西两高山敌人猛力冲击，但在敌人密集火网扫射下，无法前进一步，攻击毫无进展，唯该营不避牺牲，极力向前冲击，经四十多分钟战斗之后，该营伤亡人数竟达五分之一，无力再攻，被迫退回洪桥附近。师当即派出两个步兵营附山炮兵一连，再作第二次攻势，向该敌猛烈攻击，卒因敌方火力占绝对优势，攻势又受顿挫，战况不佳，转为守势状态。但东、南两方面之敌，已把包围圈尽量缩小，步步向洪桥紧逼，造成三面包围。下午三时许，第一五七师已陷入前无去路，侧后又被包围的绝境。师当即考虑，如果仍在原地与敌相持，不久便成瓮中之鳖，遂策定除各留一小部，监视各当面之敌，以掩护师主力撤退，侯师越过洪桥北端高山后，即自行撤退，在师行进路之后跟进。师立即开始向洪桥北端高山，分多数纵队爬登该山，约是日下午五时到达，将登山部队整理清查，计跟到队伍的有六成左右，即在该山择要设防，收容队伍。同时派出搜索队，侦窥附近敌情，探悉该山附近的南、西、北三方面均被敌人包围封锁，所幸该山山大林密，敌人不敢来攻，师就在该山固守，守至七日午后，再探悉该山附近，除东面和东北面均无敌踪外，其他方面均有敌人的监视部队。师当即决定七日下午十时由该山分三路行动，以战备姿态，迅速向东前进，行十公里左右，再折向北行约十五公里，然后转向西行。在这行动中并没有与敌接触，约行两昼夜后，与敌完全脱离。九日午后，与第六十二军军部电台取得联系，当即依照军的指示，向武冈前进，约九月十八日到达目的地。

第六十二军全部到达武冈后，稍事整理，再向广西转进，俟到达柳州后，归第四战区司令长官张发奎指挥，参加桂柳的抗战。第六十二军第一五七师的援湘历程至此结束。

衡阳外围雨母山之战

王玉福※

一九四四年六月，长沙失守，日军进军衡阳，守衡阳部队为第十军方先觉。

当时我在桂系军队第十六集团第四十六军新编第十九师任连长，在桂林修筑防御工事，后奉命开赴衡阳外围，准备攻打雨母山。从桂林开赴衡阳之前，我在桂林因同国民党军石敬亭上将所带领中央军风纪视察团的宪兵打架，后被石敬亭打电话给白崇禧，白崇禧把我抓了起来，以军法论处定我死罪，为了解救衡阳之围，石敬亭再打电话给白崇禧，要我去参加衡阳战役立功赎罪。

次日上午，我们的军列停在离衡阳三十里外的三塘车站，上车前团长叫我坐车头监督司机，其时我也在两名挎驳壳枪的士兵监视之下。下车后那两名士兵把我押送到临时团部，一直软禁到第二天拂晓，我才被带到前沿阵地，兵力已在头夜里布置完毕。好像这场战争已经稳操胜券似的，一些中外记者在阵地上忙忙碌碌，军长和师长都亲临观察督战。师长拍着我的肩头说："王玉福连长，这回就看你的了。本来白总长是定你死刑的，但念你英勇善战，带兵有方，给你一次立功赎罪的机会。今天有第一〇〇军的老第十九师和我们新编第十九师夹攻雨母山之敌，哪个师先攻占山头，哪个师就抢得了头功。我师把攻占主峰的任务交给你们连，限你在黄昏之前攻下山头，今天，美国陈纳德飞虎大队和第五军有个坦克连也前来助战。现在给你几条白布，以便跟飞机联系，按临时

※ 作者当时系第四十六军新编第十九师连长、营长。

规定单日摆'人'字，双日摆'工'字。今天是双日，摆'工'字。另外给你一面青天白日旗，攻上山头就把它竖起来。王连长，全师的光荣都寄托于你身上了，我们全体将士祝你成功！"军长也拍着我的肩膀讲了一番大致相同的勉励的话。

这时，敌人在山上向我们打了两炮，师长大声叫喊："王连长，快展开队伍吧！"我说："师长，你把攻占山头的任务交给我，却不告诉我山头守敌的兵力、兵种以及我方作战方案，叫我如何行动？"师长不耐烦地朝山上一挥手，说："那、那……山上有几个碉堡你不是都看见了吗！多少兵力？什么兵种？你上去不就全清楚了吗？"

我气愤地说："自古兵家哪有这样盲目作战的！"彼此不知，事到如今，我们只好用血去铺路了。我唯一的要求就是炮火一定要延伸在我们前面，压住敌人火力。我们占领山头后，部队增援一定要及时。"师长甩甩手道："你放心好了，今天坦克、飞机、大炮都有。一切都不成问题，你赶快上去吧！"

我接过赵振卿递来的手枪和图囊披挂好后，对全连讲话："弟兄们，我自从桂林被押，直至临战之前才得与大家见面。刚才的话你们都听见了，我是来将功折罪的，但我绝不是为了免去一死才上战场的。自从卢沟桥事变以来，这是我军第一次主动攻击日军，我就是攻山头被敌人打死了也毫无怨言。如果我平时对大家有什么克扣和不好的地方，上了战场你们可以放冷枪打死我，我上、你们上，不准后退。"士兵们都备受感动，中尉排长钟勇坚说："请连长放心，我们誓死攻下雨母山！"正说着，日军向我方发了几炮。师长求功心切，躲在隐蔽部里连声大喊："王连长，你们还在那啰唆什么？快展开队伍，等攻下山头就是人家的了！"

我镇静地下命令："各排长注意了，现在我们的火力够不着敌人，不要乱放枪，带足爆破武器和手榴弹，其他全部轻装，以班为单位，相错掩护，梯形跃进。"我特地挑选了几个没有作战经验的新兵跟着我，专门为我背手榴弹。

全线攻击展开后，我率主攻连迅速越过开阔地接近山脚。刚开始敌人火力封锁不严，当我们从侧面攻到半山腰时，敌人的暗堡交叉火力网突然开火，把我们罩住，后续部队也被远远隔开。我匍在凹地里，掏出未婚妻的照片，心里默默想："现在还来得及看你一眼，等我上去后恐怕就难见你了。"这时候，来了六架美国飞机，绕着雨母山来回盘旋，加上我们的地面炮火开始猛烈射击，敌人一时乱了阵脚，我们趁机跃进，猛冲猛打。

突然，一排机枪子弹扫来，一直跟在我身旁的钟勇坚排长不幸中弹身亡。钟勇坚，南宁市人，毕业于黄埔军校，我调到四连后他一直与我相处得很好，开赴衡阳前夕，他的未婚妻还从南宁来柳州探望。本来探亲的家属都是临时安排住的，我特地照顾了一间单房给他俩，并交代钟勇坚："你跟她好好谈吧！我们就要上前线了，回得来是个人，回不来便是个鬼。"果然不幸言中，这次他竟一去永远不回来了。

枪炮声骤，喊杀声急，我忍痛挥泪告别了钟勇坚的遗体，继续率部向山顶冲去。全连官兵满腔悲愤，愈战愈勇，很快攻克了山头阵地，我命士兵将青天白日旗竖在枪刺刀上摇晃，以告全军。当我们在硝烟弥漫中把白布条摆成"工"字时，刚好飞来九架美国飞机，他们根本不相信我们能提前攻取山头，不管三七二十一就向我部一阵狂扫滥炸，活活夺去了我四十多名弟兄的性命。我的心似刀绞，气得肺都炸了，万想不到我这四十多名壮士没有战死在敌人面前，却误丧于盟军飞机下。

敌人见我们被误炸之后，马上组织反攻，拼死夺回这一控制衡阳外围的制高点。不知敌人从哪里冒出这么多部队，三面敌人向我夺取的阵地反扑。我心里好生奇怪，我方攻占山头后所溃退的残敌并不多，亦未发现外围有增援之敌，怎么一下涌上这么多敌人呢？我一时顾不得多想，命令士兵狠狠地打，务必坚守到天黑。我连接连打退了敌人的数次轮番进攻，战士之骁勇，战况之惨烈，都是我前所未见的。九挺机枪直打到剩下了三挺，我夺过一个班长手中的机枪，哪里危急就打到哪里。激战三个多小时，天已全黑，周围几个小山头的战斗逐渐平息了，敌人从三方面向我主峰围攻。我便当机立断掩护连队撤离。敌人突破了阵地，我还在发疯地打，赵振卿和两个勤务兵死拖硬拖才将我拉下阵地。当我们摸黑退到山脚，天已将半夜，大部队连踪影也不见了。我按例清理队伍，竟发现加上不参战的炊事员和伤病员在内剩下也不过二十来人。当我听到士兵报告说某某阵亡了，某某负伤了没救下来，我心里就像刀绞一样的痛。未能将负伤的兄弟和烈士的遗体抢救下来，这是我抱恨终生的憾事，每当想起，都痛悔难过。

直到天亮，我们才在茅塘山附近找到大部队。他们见到我们一个个疲惫不堪地归来，既惊讶又高兴，因为都以为我们连经过恶战全体以身殉国了。我找到团长，不由将一肚子怒火朝他喷去："你们当官的是怎么指挥打仗的！这么多部队都摆布到哪里去了？叫我们连孤军奋战，由胜为败！我们攻占了山头，美国飞机不分黑白，把我们瞎炸一通；敌人逆袭，你们连一个兵也不增援，打的什么窝囊仗？简直是把战场当赌场，拿士兵做赌具，要不是天黑得快，我的连队早就完了！"团长说："我们增援了，上不去！"我一听怒气更大："上不去，我们的部队比敌人多，装备也不差，怎么上不去？这一仗本来可以打得很漂亮的，却打成这个'熊'样，你们自己说吧！功过于谁？"团长哑口，不与我争辩，只是叫我休息一下再写个战斗要报来。

后来我听当地的老乡说，雨母山背后有个雨母庙和几个大小山洞，这些地方林茂荫浓，极易隐蔽。敌人的预备队事先潜藏于此，趁我主攻连孤军深入，援军未到之时，一举反攻复得阵地。而我方战前对这一地方情况不做好仔细侦察，作战时又遣调失算，以致贻误战机。

雨母山之战后，部队在三塘休整了两天，这期间，师部专门开了个军人大会，着重总结雨母山战斗经验和表彰四连英勇奋战之功绩。师长说："这一仗，二营伤亡很大，现将原来四个连（包括一个重机枪连）整编为三个连，任命王玉福为二营营长！"

当时我表示推掉不就，原因有三："一、我是戴罪立功的，不可以功受禄；二、二营老连长和黄埔生较多，我一个大老粗难以胜任；三、我对上级的作战方案有意见，本来应先攻打（茅）塘山然后再集中兵力围攻雨母山。因为茅塘山靠衡阳而且山小易攻，它是附属于雨母山的一个山头阵地，打它时雨母山之敌不会轻易增援，而先攻雨母山，我们便要出很大力量来牵制茅塘山之敌，以至于前功尽弃。"师长说："危难之任，义不容辞。你好好干吧！干好了还可继续荣升，谁敢不服从指挥，你可就地正法。至于茅塘山，明天就打，你马上整编好部队，原地待命。"我心里骂道："还嫌我不死呀！打这种仗白送命。"

骂归骂，军人是以服从命令为天职的。我还是奉命立即整编了二营，整编时矛盾很多，有个排长被裁编为班长，很不服气，用钢盔打伤了他的连长，还当众煽动士兵抗拒命令。我把情况上报师部，师长批示："临战动摇军心，就地正法！"枪毙了排长，我心里好不难过。

茅塘山战斗打响后，我营奉命正面攻击，我命令各连利用地形，机动跃进。但这次战斗还是跟打雨母山一样，敌情不清，指挥失调。加之敌人炮火猛烈，我方屡攻不利，伤亡惨重。雨母山之战后，部队士气一落千丈，本来解衡阳之围是不难的，但国民党军队内部各派钩心斗角，中央欺凌地方，地方不满中央，有时置民族大义于不顾。我看这种情形，思来想去，越想越气，这时一颗子弹飞来，正好擦伤了我的左前额，我心里一惊，如果再偏一点我就完了。我对赵振卿说："这种玩命仗不能再打了，你跟我走吧！"赵振卿也认为是这样，我便叫团部医官开了一张伤票，叫赵振卿陪送我从阵地上撤了下来。

第七十九军参加衡阳战役经过

徐光宇[※]

战前敌我活动的概况

一九四四年八月敌占领衡阳后，继续分兵向西进犯。右路敌约一个师团由衡阳出发经宝庆边界——芦洪市向东安方向窜犯；中路敌主力沿湘桂铁路向祁阳冷水滩方向进犯；左路敌约两个师团由衡阳附近出发向零陵方向前进。

我在衡阳以西地区和敌作战的广西部队第四十六军在祁阳以北二十五华里的湘桂铁路附近及铁路以北地区占领阵地，迟滞敌军前进；第七十九军（中将军长王甲本）辖第九十八师（少将师长向敏思）、第一九四师（少将师长龚传文）这时奉令由衡阳西北地区开到湘桂铁路线作节节抵抗，迟滞敌的西进。军奉令后，即开赴祁阳以北地区及冷水滩附近，协同广西部队第四十六军作战。

一九四四年九月一日，第四十六军（欠一个师）配备于祁阳以北的湘桂铁路附近及铁路以北地区占领阵地；第七十九军第一九四师以第五八〇团、第五八一团配备于祁阳以北湘桂铁路线（不含）以南的无名高地起亘105至110至130高地及山麓之线上占领阵地。军事委员会新拨归第七十九军的一个炮兵连，临时拨归第一九四师指挥，位置于110高地后半山坡上；师部及师预备队第五八二团位置于山后陈家大屋。第九十八师的兵力配备于冷水滩附近。第七十九军军部位置于冷水滩南端。

※ 作者当时系第七十九军第一九四师副师长。

战斗经过

九月二日上午八时，我军工事尚未完成，中路敌沿湘桂铁路前进，到达冷水滩以东约二十五华里处（即祁阳以北二十五华里处），展开兵力向我广西部队第四十六军作试探性的攻击。午后一时起，敌以炽盛的火力掩护步兵迫近我第四十六军阵地前，开始总攻。午后三时左右，敌愈迫愈紧，我第四十六军利用有利地形奋力阻击，敌未得逞。敌另一部于上午十时左右向我第一九四师阵地进犯，我乘敌兵力没有展开，即令炮兵连向敌集结地区作猛烈射击，发弹达四十余发，但命中率很低，敌损失不重。午后一时，敌展开后，即向我第一九四师阵地进攻。我阵地前是一片开阔平坦的稻田，俟敌进至我火力网内，即猛烈射击，敌死伤累累，寸步难行，战斗到黄昏，敌始终无法进展。天黑后，敌利用夜暗向我冲锋，先后计四次，被我击退。双方在原阵地作断续的射击，到次日拂晓，战况仍无变化。

三日上午八时许，敌一部迂回我第四十六军左侧后，我第四十六军急向黄沙河阵地转移。第一九四师这时左翼没有依托，有被敌人包围的危险，即以一营兵力作掩护，主力急向祁阳以西地区转移。我第一线部队撤退时，当面之敌急行进迫，湘桂铁路之敌一部绕到我阵地后，向祁阳县城方向急进。我转移阵地的部队因尚有一营兵力被敌隔离，即在祁阳以西地区占领阵地，阻敌前进。午后一时，我被敌隔离的部队归队。向祁阳前进之敌扑了个空，转向我阵地前展开，采取攻势。我利用起伏的山地和敌激战约四小时，近黄昏时，敌未再进迫，我即乘黑夜转移到冷水滩以南地区集结待命。旋得军部令："该师迅即开赴冷水滩以西地区（地名忘记，距冷水滩约十五华里）占领阵地，和第九十八师相互交替，作逐次抵抗，迟滞敌军前进。"第一九四师奉令后，即令第五八一团开赴军指定地点，在湘桂铁路附近（含）及其右侧地区占领阵地，第五八二团在湘桂铁路（不含）及其左侧地区占领阵地，并作纵深的兵力配备；第五八〇团为师预备队，随师部位置于邵家冲附近。

四日，敌主力同由祁阳窜犯的敌军会合后，向我第九十八师阵地攻击，炮火异常猛烈。激战至天黑，我第九十八师任务已达，即留一部兵力作掩护，主力向西转移，进入预定阵地。

五日上午八时，敌迫近我第一九四师阵地，展开后，向我阵地攻击，激战约四小时。据报，由衡阳向零陵方向前进之敌已过祁阳以南地区

（湘水右岸）；由宝庆边界向东安前进之敌，其先头部队已到芦洪市。军得知敌的两方情报后，恐受敌包围，即迅速作如下的处置：一、军部非战斗人员及军非战斗部队以及辎重行李等，由副军长甘登俊率领驰往凌家渡，利用船只渡过湘水，经零陵向桂林转移；二、军部指挥所即向东安转移；三、第一九四师留一团兵力作掩护，主力跟第九十八师向东安方向转进。

军部先头部队之手枪连通过玉七亭坡地下到山口铺，王甲本军长紧跟队尾，指挥所人员及直属队在后跟进，刚过玉七亭，发现敌骑，王甲本军长同吴镇科侍从副官，遭到敌人骑兵攻击，身中数弹。后寻得尸体，王甲本军长面部多处被刺伤，两手被刀锋绞得模糊，与吴镇科副官倒在玉七亭东侧坡上，地属东安县。

这时我第九十八师、第一九四师全部被敌包围于冷水滩以西地区，激战至日暮，敌包围圈愈缩愈小，战况也愈演愈烈。我军集中兵力向北突围，反复冲杀，一连四次未获奏功。我第九十八师第二九三团上校团长马澄瀛、中校副团长刘宝熙因亲身率队突围，中弹阵亡，官兵也伤亡极重。黄昏后，战况才稍趋沉寂。晚八时，两师师长认为情况危急，即在第九十八师指挥所开紧急会议，俱认为在这紧急关头，只有突围才能脱险；时间越拖延包围圈越小，危险性越大。当即决定了突围计划，大意是：根据我方谍报队的报告及本日各部队的当面敌情综合判断，认为我阵地东面敌之兵力不过一个联队，系敌的薄弱点，敌后方系一片丘陵起伏的山地，有利于我军转移。决定于本晚十时左右，第九十八师派出两个营兵力，分向敌的西面及北面作佯攻，第一九四师派出两团兵力向东面之敌勇猛突击，突破敌阵地缺口后，一面发出红色信号弹两枚表示突破成功；一面向敌两翼席卷，加大缺口，主力即利用夜暗乘势转移。佯攻部队及第一线和敌保持接触的部队即自行迅速脱离敌人，随主力转进。当时作了如下处置：一、第九十八师工兵连负责在阵地西面，第一九四师工兵连负责在阵地北面所有要道及小路埋设地雷，限四小时内埋设完毕，迟滞敌的追击。二、第一线部队（除东南两面外）即刻将各要道及小路用木柴堵绝，并作纵深设施，并将手榴弹悬于木柴上，使敌追击部队触动爆炸，迟滞敌追击。三、由第九十八师派出两个营接替阵地西面及北面，于午后十时起开始向敌作佯攻，吸引其兵力。四、第一九四师第五八〇团、第五八一团为突击队，向阵地东面之敌冲击前进。突破缺口后，第五八〇团应向右翼当面之敌席卷，第五八一团应向左翼当面之敌席卷，扩大缺口，使主力安全通过；该两团的作战地境线及夜间联络信号自行商定。

晚十时，第九十八师的两个营同时向当面之敌开始佯攻，第一九四师第五八一团一个步兵连由当地居民做向导，利用水沟潜行至敌背后山地（阵地东面），准备攻击敌的背后。十二时三十分，第五八〇团为右翼突击队，第五八一团为左翼突击队，开始向敌阵地突击。右翼队爬行至敌阵前突击，敌当时阵势紊乱，一面急忙抵抗，一面退向第二线阵地，用轻重机枪压制我前进。我突击队派出敢死队两组爬行到敌重机枪阵地附近，投掷手榴弹十余枚，炸毁其阵地，敌的重机枪变成哑巴。我突击队乘势向敌作广正面的突击，前进约里许，敌仍负隅顽抗。我左翼队突击时，一举夺下敌阵地两处，后敌进行反扑，复被我击退，我即乘势挺进约四百公尺。敌发射照明弹，阻我前进。正在这时，我潜行到敌背后一个步兵连开始攻击，左右两翼队闻敌背后枪声响，精神旺盛，以排山倒海之势向敌压迫。敌受夹攻不支，分向两侧靠拢，敌阵地打开了一大缺口。我被包围的部队即向东转进，到次日晨四时，全部脱险。到绿色信号弹发出后，我佯攻部队及第一线和敌保持接触的部队及突击队，也相继沿主力转移路线撤退到冷水滩以北山丘地带。待敌整兵追击，我已远走高飞，冷水滩战役就此结束。

经验和教训

一、应着重依靠当地群众侦察敌情和做向导。

这次我军被敌包围时，第一九四师就利用当地居民侦察敌情。发现在阵地东北角有一条水沟，杂草丛生，由东北角流入西角，敌人没有注意。当夜第五八一团用该居民作为向导，带领一个连潜行至敌背后，对全军顺利地安全转移起了重大作用。

二、在被敌包围时要寻找敌的薄弱点向敌施行突击。

三、指挥官临阵指挥，不要"先入为主"。

九月五日上午九时，据第一九四师谍报队员报告："由邵阳边界（即宝庆边界）向东安前进之敌，先头部队于本日上午八时已到芦洪市，后续部队不断地跟着前进。"当时第一九四师师长龚传文即用电话向军长王甲本报告："根据我谍报队队员潘德之报告，上午八时敌先头部队已到芦洪市，后续敌部队不断跟进。"当时军长王甲本答话："什么？什么？汉奸，汉奸，讲话的是汉奸，是汉奸！"第一九四师龚师长接着说："军长，您不要弄错了！请听清楚，我是龚传文。右路敌已到了芦洪市，我后路有被敌切断并受敌包围的危险，请军长赶快作出处置。"王军长当时又回话说："没有这回事，刚才军部谍报队才由芦洪市回来，我问他有没有敌情，他说芦洪市没有发现敌情。你不应该受他欺骗，应将该谎报敌情的谍报员重办，一面再派忠实可靠的情报员去查报。"不到半小时，我谍报员王正气喘吁吁地跑回报告说："敌人已过了芦洪市向东安方向前进，其后续部队仍在如线跟进。"龚师长又再用电话向王甲本军长报告说："据谍报员王正报告，敌已过了芦洪市向东安方向前进，其后续部队仍在不断地跟进，请军长不能犹豫，应迅行处置。"这时王军长听了电话，才着了急，即下令转移，可是已来不及了！结果王甲本本人阵亡，又使全军陷入敌包围圈之中。

第 四 章

湘西会战

湘西会战纪实

吴 鸢 王仲模[※]

战前形势

一九四四年冬，美国政府为充实国民党军事力量，早日反攻，与美军远东作战方案相配合，决定给予国民党军二十五个师的美械装备。为主持这项工作，国民政府成立中国陆军总司令部，由参谋总长何应钦兼任中国陆军总司令，总部驻昆明，下辖四个方面军。在云南的第一集团军总司令卢汉升任为第一方面军司令官；在广西的第四战区司令长官张发奎改任第二方面军司令官；湘桂黔边区总司令汤恩伯改任第三方面军司令官；在湘西的第二十四集团军总司令王耀武，升任为第四方面军司令官。第四方面军由第十八、第七十三、第七十四、第一〇〇等四个军组成，其中第十八、第七十三、第七十四等三个军为美械装备，第一〇〇军暂为国械装备。这个方面军是国民党军队中战斗力最强的，拥有"五大主力军"中的两个军，即第十八、第七十四军，担负从广西资源起，经湖南、新宁、邵阳（宝庆）、湘乡、宁乡、益阳，亘洞庭湖西岸的广达千余里地区的守备任务。主力控置于武冈、洞口、新化、桃源附近。为鼓舞士气和了解部队情况，王耀武在总部所在地洪江开办将校班，调训连长以上干部，为期三周共办三期。王自兼班主任，调师长为队长（每期换人），每晚偕人事处长约见受训干部，询问情况。

※ 吴鸢当时系第四方面军司令部第一处少将处长。王仲模当时系第一〇〇军副参谋长。

当时芷江为国民党空军在东线最大的基地，是中美混合飞行第五团所在地，第四飞行大队在此集结，拥有最新式的 P51（亦称野马式）战斗机，B24、B25 轰炸机，C43、C47 运输机和通信联络用的 225 机（有六十米长、二十米宽的空坪，即可起降）；机场有南北两条跑道，同时起降。日本空军作了几次袭击，但由于野马式飞机性能大大优于日本零式飞机，吃了几次败仗后，再也不敢上门了。

一九四五年春，日军为了确保大陆运输线（从中国到越南）的畅通，解除空中威胁，趁国民党军队换用美械，使用尚不熟练之际，集中五个师团、一个旅团的兵力发动湘西战役。从四月九日日军发动进攻开始，到六月七日双方恢复原态势止，湘西会战进行了整整六十天，以日军惨败告终。

当时敌我参战部队番号及各部指挥官名单如下：

日军方面：

第二十军司令官坂西一良中将（一称樱兵团）。

第三十四、第四十七、第六十四（一部）、第六十八（一部）、第一一六师团，独立第八十六旅团。

我军方面：

第四方面军司令官王耀武，参谋长邱维达，副参谋长罗幸理。

第十八军军长胡琏。

第十一师师长杨伯涛——第三十一团尹钟岳，第三十二团张涤瑕，第三十三团李树兰。

第十八师师长覃道善——第五十二团沈熙文，第五十三团尹俊，第五十四团夏建勋。

第一一八师师长戴朴——第三五二团杨国杰，第三五三团佘坤，第三五四团黄健三。

第七十三军军长韩浚。

第十五师师长梁祗六——第四十三团黄玉谿，第四十四团张伯侯，第四十五团王一之。

第七十七师师长唐生海——第二二九团许秉焕，第二三〇团柏柱臣，第二三一团陈运武。

第一九三师师长萧重光——第五七七团傅佑任，第五七八团车骊，第五七九团王政治。

第七十四军军长施中诚，副军长张灵甫。

第五十一师师长周志道——第一五一团王奎昌，第一五二团谢恺棠，第一五三团王梦庚。

第五十七师师长李琰——第一六九团宋子玉，第一七〇团孙进贡，第一七一团杜鼎。

第五十八师师长蔡仁杰——第一七二团明灿，第一七三团蒋立先，第一七四团李运良。

第一〇〇军军长李天霞。

第十九师师长杨荫——第五十五团陶富业，第五十六团刘光宇，第五十七团钟雄飞。

第六十三师师长徐志勖——第一八七团赵尧，第一八八团刘安泰，第一八九团李灵运。

暂编第六师师长赵季平——第一团黄健，第二团黄德涛，第三团陈恭贤。

新六军属三方面军，未参战。

暂编第十三师师长靳力三——第三十七团李竹泉，第三十八团钱伯英，第三十九团罗有径。

挺进第六纵队司令陈光中。

前线枪声一响，王耀武即召集高级幕僚会议，决定将司令部分为两部分：在安江设立精简的指挥所，由他率领副参谋长罗幸理（负责军事）、第一处处长吴鸢（负责总务、接待和发布新闻）进驻；由参谋长邱维达率领大部分人员建立辰溪指挥所（会战结束后，方面军司令部移驻辰溪）指挥左翼部队，并与第六战区及王敬久兵团联系。驻司令部的美军联络组（英文名词是东线指挥部）指挥官金武德（译音）对所属人员，亦作同样部署。

各时期战斗概况

甲、攻势防御时期（四月九日至五月七日）

一九四五年三月下半月以来，日军第三十四师团一部，位置于广西兴安、全州间；第六十八师团之第五十八旅团，位于东安、零陵间；第一一六师团集结于邵阳附近；第四十师团位于衡阳、衡山间（未参战）；第四十七师团位于湘潭、湘乡、永丰间；第六十四师团（一部）位于宁乡、益阳、沅江间；伪和平军第二师位于宁乡、益阳间。至四月初，兵力已达八万余，企图分进合击，歼灭我野战军，一举进出安江、洪江，占领芷江。

新宁、武冈地区战斗

四月十二日，日军第六十八师团第五十八旅团先头部队，由东安西北之大庙窜抵新宁以东之大坳附近，我第七十四军第五十八师第一七二团警戒部队，于大坳、李竹山、太平桥各地，奋勇抵抗。十四日晚，日军第三十四师团主力先头部队，窜抵新宁南之窑上，亦与我第一七二团接战。迄十五日晚，敌增至四千余，分窜白沙及新宁西北郊，会攻新宁。我第一七二团以一部在城区坚强阻击，激战至十六日十五时，联络中断。

十七日晚，新宁西北敌第三十四师团之第二一六、第二一七联队，分股向武冈方面进犯，我第一七二团续于小麦田、岩门前之线及石门、司界牌之线坚强抵抗，敌进展迟缓，迄二十二日，犹被阻于安心观、五里牌之线。乃以一部由右翼迂回城步县的真良，北犯水东。二十三日，复以两千余迂窜武冈县西南的下成溪冲、蔡家塘，均遭到我第五十八师的阻击未逞。

二十六日，雪峰山右翼当面之敌，增至七千余，分向武阳以南之珠玉山及武冈以西之李家山、塔塔岭猛犯。我第五十八师利用雪峰山前缘既设阵地，予以痛击，使敌受创甚重。

由第三方面军拨归第七十三军建制之第一九三师，由贵州独山赶到战场后，为便于使用，适应战场需要，暂归第七十四军指挥。于二十七日拂晓前，在哨溪口、七坡山、毛店子、亘盘坡之线，占领阵地完毕，是日晨，窜珠玉山之敌四千余，钻隙北犯，黄昏到达武阳附近，向我猛攻。我第一七四团之一个连，据险击敌，战斗惨烈，苦战三日，卒以众寡悬殊，全连壮烈殉国。二十九日，敌千余北犯唐家坊，与我第五十八师再度激战。另一股西犯欧溪桥，与我第一九三师警戒部队接战。

三十日晨，武阳唐家坊地区之敌，增至三千五百余，分股西犯及北犯，我第一九三师于毛店子、盘坡之线及瓦屋塘东南，奋勇抗拒。敌屡扑不逞，于五月一日未刻，以一千五百余人分成小股，猛扑分水界、龙头等地。二日中午敌增至一千八百余，进攻益猛，企图经水口进犯洪江。我第五十八师得到空军协力，由南、西、北三面夹击，于当日黄昏前，将来犯之敌第二一七联队，完全击溃。三日，敌又增援反扑，未逞。四日，我第三方面军之第九十四军第五师先头部队，进占武阳，经我第一九三、第五十八两师协力出击，进至大背水、龙头之线。五日，攻占唐家坊亘白家坊之线，敌退据黄土塘。七日，我续克黄土塘，向东溃之敌猛然追击。

四月二十七日起，敌千余由东、南、西三面围攻武冈城。三十日，敌增至两千余，完成包围，志在必得。我第五十八师第一七二团高崇仁营，抱与城共存亡决心，坚强阻击，奋战至五月七日，阵地屹然未动。

邵（阳）榆（树湾）公路及其两侧地区战斗

四月九日，邵阳敌第一一六师团两千余，西渡资水。十三日晨敌三百余人由九公桥，当晚敌二百余人由罗家庙渡过资水，十四日敌千余人、马四百余匹由塘渡口分渡资水西犯，我第十九师各部分途予以阻击。

十六日拂晓，九公桥、枫林铺之敌二百余进犯岩口铺我第十九师第五十七团罗文生连守备的阵地，罗连官兵奋起迎战，阵地始终未动。十七日，敌一千四百余，迂回窜至桃花坪东郊及南郊猛攻。十九日增至两千六百余人，分向桃花坪、芙蓉山、和尚桥我第十九师各据点进攻，战斗激烈。

二十一日，沿公路西犯之敌先头部队千余人，钻隙窜至高沙东侧，与我第五十七师第一七一团接战。另一股窜至石下江，二十二日晚，续犯竹篙塘东南之安南山。我第十九师第五十七团及第五十七师，予以迎头痛击，毙敌甚众。

二十三日，敌两千余由石下江、赛市、白马山三方面，猛攻山门我第十九师第五十七团和第五十七师第一六九团葛道遂营，双方伤亡均重，形同胶着。同日高沙、竹篙塘等处战况也很激烈，至二十五日，进入巷战状态。二十五日，敌千余钻窜至洞口东南，二十六日，向我第五十七师第一七〇团何叔良营守备的洞口阵地猛攻。另有一千五百余敌人，由山门窜到半江峰，受到我第五十七师第一六九团的强有力的阻击，同时，我山门据点守军不断予敌背后以痛击。

二十七日，洞口之敌增至四千余，继续猛扑，我何叔良营在空军协力下反击，毙敌颇多。犯半江峰之敌与我争夺三日，相持不下，双方都伤亡重大。二十八日晚，敌两千余窜至江口东北之平江，进攻铁山、肝溪，与我第五十七师激战。

我第十九师第五十七团罗文生连固守岩口铺，击毙敌大尉田丁由五郎以下一百九十余人，至二十九日，该连并入芙蓉山据点，继续固守。

邵阳西北地区龙潭司一带战斗

四月十一日，敌第一一六师团第一〇九联队先头一个大队窜小塘，十二日窜塔石坪，十三日晚窜大观桥，我第十九、第六十三两师各以一部截击。敌虽受创，仍不顾一切，向西突进，十四日窜至罗洪界。我第一〇〇军抽集第十九师主力及第六十三师一部，由赛市、隆回司、乌树下等地合力围击，激战至十五日申刻，歼灭敌军一个大队。敌军为了达到西进的目的，分股向顺水桥、巨口铺进犯。我第六十三师第一八七团坚守苦战。是日，何应钦以卯（四月）寒（十四日）电告王耀武第四方面军"应以主力位于武冈、新化之线附近，与敌决战"。方面军根据这一指示，为击灭深入之敌并阻敌西犯，部署如次：

一、第七十四军（附第十九师第五十七团）以一部守备武冈、新宁，于邵榆公路坚决阻止西犯之敌；主力占领雪峰山东麓珠玉山、张家寨、花园市、洞口、山门一带阵地。

二、第一〇〇军（欠第十九师第五十七团）主力攻击深入赛市之敌，一部守备乌树下、马王坳、大桥边、顺水桥、龙溪铺、巨口铺各据点。

三、第七十三军以一部守备资水右岸连溪桥、兰田、杨家滩一带阵地；主力集结于资水左岸新化及其以南地区，击破强渡资水之敌。

四、各军作战地境如次：

74A—铜湾市—银角岩—赛市—马家桥—三溪—邵阳城北端相连之线

100A—连溪铺—竹园—木溪桥—荣禄桥—江东—铜锣岩—龙山坑

73A—关王桥—满山冲—铁锁坳相连之线。

同日，军事委员会以卯（四月）删（十五日）令（指军令部）一（一厅）元（一处）酉电告："着暂编第十三师即开辰溪，限卯（四月）祃（二十一日）前到达，到达后归王司令官指挥。"

十六日，邵阳西北之敌分股犯乌树下、马王坳、大桥边、巨口铺、龙溪铺各据点。马王坳、巨口铺有我守军各一个连，与数倍之敌血战。马王坳守军在浴血奋战后，与阵地同归于尽。守青岩的第五十七师第一七一团周北辰连，凭借有利地势，打击敌军，固守据点，天天都得到空军的援助（如投送粮弹，轰炸、扫射附近敌军），一直守到战斗结束。另一股敌四百余窜抵白马山，十七日增至千余，西窜放洞，当令第七十四军第五十一师，暂归第一〇〇军指挥，夹击深入放洞附近之敌。

十八日拂晓，第五十一师开始向放洞之敌攻击，敌据险顽抗，并不断反扑，战况惨烈。同时，大桥边、龙溪铺守军都受到优势之敌包围，血战三昼夜，伤亡甚重。赛市、隆回司等之敌与我守军对战尤烈，延晚仍在激战中。十九日，放洞敌三百余窜岭脚，遭我军堵击回窜，隆回司附近之敌乃向左翼迂回围攻，双方均以全力搏斗。

二十日，放洞附近之敌增至四千余，向西北猛攻，在大黄沙附近争夺尤剧，形成拉锯战。同日，隆回司之敌增至六千余，因屡扑不逞，乃迂回上山洞、芒花坪、土岭界、铁牛坪各地，遭到我第一〇〇军坚强阻击，折向西南进犯。我第十九师师长杨荫率领部队奋勇尾追截击，二十一日克上山洞；二十二日克万贯冲；二十三日攻占长街、响水峒，毙敌一〇九联队第三大队长宇梶清治，缴获敌作战部署要图、情况搜集计划和其他文件多种，对判断敌情大有作用。二十四日，由第七十三军调来之第十五师梁祗六部攻占虎形山，协力第十九师向西南之敌攻击。

放洞之敌自二十一日以来，不分昼夜反复向西猛扑，企图经龙潭司、新路河进出安江。二十二日，得到由土岭界方面西南窜之敌军两千余的增援，攻势益猛。战至二十五日，敌一股冒死突至龙潭司东三公里处，被我第五十一师全部歼灭。同时，我第十五、第十九两师进占银角岩、扬洲江、油溪、绢溪各要点，毙敌数百。这时，何应钦发来卯（四月）回（二十四日）午忠整兴电，内容要点如下：

本部为击灭向湘西进犯之敌，兹特规定参加湘西作战各部队之任务行动如下：

一、王敬久兵团之第九十二军暂编第五十一师，迅以主力接替第十八军常德、桃源、益阳、宁乡方面之防务，拒止当面之敌，限月底接替完毕。

第十八师归还第十八军建制。

二、第四方面军主力（第七十四、第七十三、第一〇〇军）应于武冈、洞口、新化之线，竭力阻止来犯之敌，使而后之决战有利。

第十八军主力，于月底前集结于沅陵，并依情况，可不待集结完毕，即由沅陵、溆浦道南下，参加该方面军主力决战。第十八师应于交防后，沿新化、兰田道，向邵阳方面挺进，以遮断敌后之交通，使主力军决战有利。

三、暂编第十三师到达辰溪后之行动，由王司令官自行规定。

四、第九十四军（欠第四十三师）限四月底前，集结靖县、会同待命。

五、王敬久兵团与第四方面军之作战地境为：东坪—横铺子—太和桥—石坝嘴—银田市—湘潭城南端相连之线。

这时，暂编第十三师已到达铜湾市、新路河间地区集结。当令推进玉龙潭司西侧平山塘、油麻桐、古佛山、梁家坳、升平里之线，占领预备阵地。

二十六日，第十九师由东北向西南紧缩包围。二十八日夜攻占青山界（雪峰山两个最高点之一），乘胜突进十二里，反复冲杀，毙伤敌少佐以下官兵四百六十余人，俘敌中队长胜步雄旦雅以下官兵十二人，缴获山炮二门，轻重机枪十三挺，步枪三百七十余支以及报话机、战刀、弹药等。查明敌军番号为第一一六师团的一个联队。二十九日起，放洞、大黄沙、景兴桥地区之敌，仍不断西犯及向东北反扑。我第五十一师由西向东，第六十三师由北向南，第十九师由东北向西南，在空军支援下对敌猛攻。激战至五月七日，将先后窜抵该地区之敌毙伤过半，残存两千余人，虽作困兽之斗，已成强弩之末。

新化以南地区之战斗

四月九日，敌第四十七师团先头部队一千三百余人，由黑田铺，经大芝庙窜抵大桥西南地区，企图北犯兰田、新化，截断我第七十三军之联络。我第十五师第四十三团予以迎头痛击，敌受创，折窜泌水、东关岭。十一日，敌复北窜三口关，我抽派第四十四团向南猛攻，敌势顿挫，十二日西窜坪上，敌后续部队亦陆续到达孙家桥以南地区。为歼灭该敌，我军抽集兵力，部署如次：

一、第十八军第十八师，即以一部接替第七十三军第十五师濒水及其以东防务。

二、第七十三军主力，即向三口关附近之敌攻击而歼灭之。

三、第一〇〇军即以一个团进至小溪市、麻溪市、资水西岸地区，归第七十三军指挥。

十三日，第十五师主力及第七十七师一部，猛攻窜抵三口关、时荣桥、罗家岭一带之敌。敌虽受创，仍分股西窜栗滩、小溪市、麻溪市等处。当晚敌利用夜暗偷渡资水，适我第六十三师第一八九团先头部队及时赶到，给予痛击。

十四日，第十五师主力及第七十七师一部续对资水东岸之敌猛攻。敌不断反扑，还增援强渡资水，我第六十三师第一八九团奋力阻击，掩护第十五师向资水西岸转进。十五日，小溪市两岸战斗极为激烈。十六日，西窜之敌增至四千余，全力西犯。我第七十七师第二三一团增援阻击，迄十七日，仍在田心、黄泥湾、雷公井一带地区争夺。

十八日拂晓起，第七十三军猛攻资水西岸之敌，敌亦不断反攻。其进出新化、溆浦之企图至为明显。双方反复冲杀，屡进屡退，伤亡均重。战至二十五日，敌三千余钻隙西北窜，在洋溪遭到我第七十七师有力阻击后，于二十七日猛攻洋溪东北，二十八日又猛攻洋溪西南各高地，遭到第七十七师的坚强回击。我军即调第十五师向敌左侧背猛攻。二十九日，我第七十七师调整部署，由北向南反击，经过三天鏖战，敌逐步退据洋溪南侧山地顽抗。同时，第十八军第十八师由罗洪向大桥边挺进，攻敌背后。

五月一日，永丰、湘乡之敌，续犯杨家滩、濒水，均被第十八师第五十二团击退。

五月五日，第七十七师杨副师长率领的支队（由第二二九团及一部分炮、工兵组成）进占巨口铺。七日，在该地以南与由石马江北犯之敌遭遇，战斗进行激烈。

宁乡、益阳方面之战斗

四月十三日晚，日军第六十四师团一部两千余人由沅江分三路会攻益阳，十四日窜抵城郊。守备益阳城的是第十八军第十八师第五十四团一部，虽伤亡甚重，誓死不退。敌乃南渡资水，十七日会同由泉江西窜敌共三千余西犯桃花江，我第十八军第十八师第五十四团续予拒阻。

十八日，宁乡回龙铺之敌第六十四师团一股千余，西犯大成桥，经第十八军第十八师第五十二团英勇阻击不逞。同日，敌七百余迂回桃花江西北之荷塘，南渡资水，猛袭我桃花江守军左侧背，激战至十九日，大成桥、桃花江两处均呈混战状态。

二十日，第十八师集中兵力，向敌猛烈反击，至黄昏，将侵入大成桥、桃花江之敌，完全击退，并进而收复回龙铺。二十一日，迫近宁乡西郊及益阳南郊。

二十四日，遵照何应钦卯（四月）回（二十四日）午忠整兴电指示，第十八军防务，交由王敬久兵团接替，第十八师的当面防务，由第一四二师在四月底接替完毕。

乙、攻势转移时期（五月五日至二十日）

五月一日，方面军参谋长邱维达视察第一线情况后，回到辰溪指挥所即同作战科长林铸年研究，认为当面进犯之敌，在我军英勇抗击下，伤亡惨重，被俘获甚多。数日来战况沉寂，说明敌攻势受挫，胶着于雪峰山山麓，难以自拔，已陷于进退维谷中，我应掌握大好时机，采取攻势转移，围歼入侵之敌；将战略预备军团的第十八军胡琏部，从右翼溆浦进入战区，直插洞口。同时，将从昆明空运到达的新编第六军廖耀湘部，组织机械化快速纵队，在安江待命，待胡琏部进占洞口，截断敌军退路后，立即配合歼灭沿公路之残敌，必可获得全面胜利。

此意见具申书呈给何应钦，经过研究，立即采纳执行。

五月五日，方面军接到何应钦辰（五月）支（四日）申忠整战电文："向湘西进犯之敌，已经受挫。我军应立即准备反攻，兹规定如下：

一、攻势转移之目标，为击灭进犯之敌，恢复资水西岸之原阵地，并相机攻略宝庆。

二、亘攻势转移全时间，所需之粮弹补给，应尽速于五月十五日全部准备并分屯完成。攻势转移之日期，即以粮弹准备完成期为佳。

三、着新编第六军归王司令官耀武指挥，其新编第二十二师应即向江口推进。协同江口附近作战之部队，担任江口正面之防御，掩护新编第六军直属部队及第十四师迅速向安江附近集中（注：新六军后未参加战斗）。

四、李玉堂集团军之第九十四军主力，应与第四方面军在安江、宝庆公路以南作战之各部队密切协同，务于五月十五日以前击灭城步以北地区之敌，进出于武冈附近，准备协同第四方面军向安江、宝庆公路以南地区之敌攻击，并务求于敌之外翼予以包围攻击。第四方面军各部队之作战部署，由王司令官依情况自行规定。"

六日，又接到何应钦辰（五月）鱼（六日）午忠整电示：

"根据目前情况，再指示如下：

一、右翼方面，应照辰支申忠整电之规定，立即驱逐武冈附近及其以南之敌并于武冈以东继续攻击前进。

二、中路及左翼方面，在补给确已无顾虑之条件下，其攻击开始之时间由王司令官自行规定。"

方面军当即下达攻势转移命令，其要旨如次：

一、方面军决定于五月八日拂晓，全面转移攻势，决战于两翼，协力右翼友军，压迫敌人于雪峰山东麓，捕捉歼灭之。

二、第七十四军（欠第五十一、第五十七师，附第一九三师、暂编第六师）除以一部于武冈、唐家坊、瓦屋塘各据点担任守备外，其余由唐家坊、瓦屋塘、金屋塘之线，重点保持于右，攻击当面之敌。奏功后，进出于武冈、水浸坪、邓家铺、栗山铺之线。

三、新编第六军（欠第十四师、附第五十七师）推进至江口附近，就攻击准备位置，逐次攻击肝溪、坪江、下查坪及洞口附近之敌。奏功后，进出于斜雀塘、夹水江、菱角田之线（注：新六军后未参战）。

四、第一〇〇军（附第五十一师）迅速肃清放洞之敌，而后协力新编第六军（注：新六军未参战），重点保持于右，向上查坪、半江峰一带之敌攻击。奏功后，进出于天台界、拉水冲、月塘山、菱角田之线。

五、第十八军（欠第十八师）即集结于小沙江、隆回司、黄泥井间地区，重点保持于右，攻击当面之敌。奏功后，进出于新屋冲、黄桥铺、易家桥之线。

六、第七十三军（欠第一九三师、附第十八师）以主力迅速击灭洋溪附近之敌，以有力一部集结于大桥边附近，重点保持于右，向滩头、巨口铺等处之敌攻击。奏功后，进出于桃花坪、岩口铺、石马江之线，掩护方面军主力左侧背之安全。并派小部队向永丰、湘乡之敌佯攻。

七、各军之作战地境如次：

七十四军和新六军：下坪—黄土界—岩脚—区岩山—1050高地—王家溪—高坪塘—茶铺子—斜岩塘相连之线。

新六军和一○○军：毛家河—大坪—古楼坪—上查坪—拉水冲—月塘山—菱角田相连之线。

一○○军和十八军：捅溪—北斗溪—马颈骨—竹篙塘—樟树桶相连之线。

十八军和二十三军：罗溪—乌树下—马家庄—莫家洲—栗山铺相连之线。

八、挺进第六纵队陈光中，仍以滩头附近为根据地，袭击邵阳、罗家庙、桃花坪、赛市、大桥边、巨口铺间之敌，截断敌联络线，使主力军作战容易。

九、暂编第十三师为方面军预备队，仍位于牛路口以东古佛山、昇平里之线，担任守备，并准备机动使用。

五月八日拂晓，方面军在空军协力下，联系第三方面军第二十七集团军之第九十四军及第二十六军，全线转移攻势，全体官兵斗志昂扬，士气旺盛，进展颇为迅速。猛攻至九日，雪峰山全线之敌均告崩溃。迄十五日，各地区战斗概况如次：

一、第七十四军以第五十八师攻击桥当头之敌，第一九三师主力，协力第五十八师左翼之攻击。一部攻击茅溪、大湾一带之敌，策应第五十七师之作战。十日，第七十四军各部队，攻占桥当头，敌向东且战且退。第七十四军各部，猛烈追击。右翼第九十四军进至高沙以南及黄桥铺一带。第二十六军之第四十四师已到达桃花坪西南地区，将敌包围于高沙北侧地区，我第一九三师协力围击，使敌军受到很大的创伤。敌遂于十二日晨，向荆竹铺方面突围。我第一九三师跟踪急追。当日，该师追击队进至高沙东北，续向黄板桥、石下江间挺进。

二、江口东侧敌第一一六师团主力，经我第五十一、第十九、第五十七、暂编第六师各一部猛力围击，伤亡过半，残部于九日东逃。第五十七师、暂编第六师奉令急追。第五十七师第一七○团，当日进占现江。十二日，暂编第六师及第一九三师一部协同进攻洞口敌军据点。敌军凭借有利地形，负隅顽抗，在我军凌厉攻势下，退据茅铺东北地区，继续顽抗。我暂编第六师全力围攻，第五十七师第一七〇团则肃清洞口附近零星敌军。

三、窜抵放洞附近地区之敌与我第五十一师反复争夺，凡二十三昼夜，双方都有较大伤亡，形成胶着。八日，由山门驰援该地之敌第一三三联队第三大队，已为我第十九师完全击溃。五月九日，放洞敌军，在孤立无援的情况下，趁夜暗突围向东南逃窜。适我第十八军第十一师赶到山门西北麻塘山、马胫骨间地区，予以截阻。并于十日攻占山门要点，断敌后路。敌冒死向东南突围，企图夺路逃走，又被我第十一师（暂编第十三师第三十八团从十二日起，暂归十一师指挥）击回，我第一〇〇军分路追击。十三日，我第六十三师将敌第一〇九联队长泷寺加三郎击毙，敌军顿时混乱，零星藏匿丛林中。我第五十一、第六十三两师，分途扫荡，将敌第一〇九联队完全消灭。在这一带的敌军人、马尸体至少有一千六百余具。枪支（包括步、机枪）、报话机、战刀、弹药、战旗等遍地都是。我军生俘敌尉官三人，士兵三十余人。

四、第十八军第十八师，攻占横板桥，九日起，其先头部队于龙潭铺、石下江一带，截击东逃敌军，俘获一批战利品。

五、第七十三军第十五师、第七十七师主力，攻击洋溪南侧敌第四十七师团大部，为扬我军威，振奋斗志，韩浚军长和梁、唐两师长，均亲临第一线，及时处理情况。十四日，将敌一三一联队长重广三马击毙。残敌企图南逃未逞。至十五日，我向南山寨、月光山、苍溪山各处加紧围攻。敌第四十七师团另一个联队于七日窜至栗坪，续犯顺水桥，我第十八师和第七十七师杨支队，协力攻击。激战至十五日，敌死伤过半，残存千余人，乘夜北窜龙溪铺西北之大平、十字路。我第十八师和第七十七师杨支队，不使敌有喘息机会，跟踪猛攻。

十五日，方面军为击灭当面残存顽抗之敌，调整部署如下：

一、第七十四军由龙潭铺、德州、竹篙塘、茅铺一带，攻击石下江北侧东西一带之敌。并以一部协力第十八军截击东窜之敌。

二、新编第六军以一部扫荡月塘山之敌，主力于江口附近控置，并整理交通（注：新六军未参战）。

三、第十八军于十六日拂晓，开始猛攻菱角田、东田、岩山、金龙砦、黄虎砦一带之敌而歼灭之。

四、第七十三军肃清当面之敌。

五、暂编第十三师主力，推进至老隘塘、春竹溪间地区集结。

六、第一〇〇军清扫战场后，控置于山门西北亘龙潭司一带地区待命。

十六日拂晓，第七十四军与第十八军，同时发起攻击，暂编第六师右翼进占竹篙塘，迫近金龙砦，左翼攻占菱角田。第十一师攻占洪庙及周德桥西端高地。第一一八师攻占庆子桥以北高地。同日，第七十三军克复南山寨附近各要点，残敌南溃茅坪。十七日，暂编第六师攻占岩山，第十一师攻克大黄垆、破塘。同日，龙溪铺西北敌一股六百余人西北窜，与茅坪之敌会合。我第七十三军乃以第十五师由南山寨南侧向南，协同第十八军由罗洪、黄金坳向东，第七十七师由苍溪山向西南合力围击。

十八日接报，敌第三十四师团万余人，十六日由广西全州北犯，其先头两千余，于十七日窜抵新宁南侧。时第九十四军及第二十六军之第四十四师，已调往武冈及其以南地区，方面军除继续攻击当面残敌外，当以第七十四军主力集结于武冈西北地区，以第一〇〇军（第五十一师仍位于龙潭司）向高沙、洞口附近推进。当日暂编第六师占领上桥，二十日攻克茅坪，敌军逐次南撤。

丙、追击时期（五月二十日至六月七日）

五月二十日，暂编第六师、第一一八师进占石下江、横板桥，向东退之敌追击。二十一日，方面军下达追击部署如次：

一、方面军决即追击当面之敌，压迫于资水左岸，捕捉而歼灭之。

二、第一〇〇军以一个师推进至黄桥铺，续向金秤市、塘渡口之线追击，以一个师集结于洞口附近。

三、第七十四军之暂编第六师，即沿公路向枫林铺南北之线追击。

四、第十八军迅向和尚桥、岩口之线残敌攻击。奏功后，续向烟塘冲、石滩之线追击。

五、第七十三军向大桥边、巨口铺之线残敌攻击。奏功后，向石马江、颜二塘之线追击。

六、各部之作战地境如次：

一〇〇军和暂编第六师：石下江沿河左岸至桃花坪，经浪木田—小溪市相连之线。

暂编第六师和第十八军：横桥铺南端—天子界—迈竹塘—塘头市—白田江—五里牌相连之线。

第十八军和第七十三军：马王坳—太平砦—五湖庙—渡头桥—石滩北端—陈家桥相连之线。

二十一日晨，第一一八师官兵奋勇争先，其超越追击部队于和尚桥附近，截击渡小河东岸之敌，缴获敌军一批辎重。与此同时，第十九师第五十七团，由东西两面向桃花坪守敌围攻。

二十二日，敌作困兽之斗，集结千余人，附炮三门，由东、西、北三面猛攻芙蓉山我孙廷兰营守备阵地，孙营当予坚强阻击。这时，暂编第六师由沙子坪进抵芙蓉山西侧地区，协力孙营夹击来犯之敌，至二十四日将敌完全击溃。芙蓉山附近，完全肃清。第一一八师在空军协力下，攻击和尚桥，于二十三日占领。二十四日进至老银坡。残敌狼狈东窜，又遭到我第六纵队陈光中部的截击，伤亡惨重。第七十三军亦于二十四日肃清大桥边北侧敌军。

二十五日，第十九师第五十五团进至金秤市、渡塘口之线；第五十七团攻克桃花坪。第一一八师进至滩头西侧，二十六日，攻克白竹桥。二十七日，第十五师克栗坪，第七十七师攻占顺水桥，残敌退据周王铺、滩头、三溪市、五湖庙、巨口铺一带，构筑工事，企图顽抗。

二十八日，第一一八师突至滩头东南之狗公山，第十五师突至渡头桥，将敌阵地截为数段。经反复争夺，激战至三十一日，第七十七师攻占五湖庙、巨口铺两要点。六月一日，第六十三师攻占周王铺，第一一八师攻克滩头、三溪市。六月二日至三日，第六十三师之第一八九团连克岩口铺及长福铺、麻雀铺；第一一八师之第三五三团连克清江庙、杨柳林；第七十七师之第二三一团连克新田铺、温泉山。敌退据枫林铺、石马江一带，与我对战。

敌第六十四师团五千余人，五月中下旬陆续开抵湘乡、永丰、青树坪一带。其一股千余，于五月二十七日窜抵邓氏渡，二十八日，进犯潭市右侧背。经我第十八师第五十二团英勇阻击，乃于二十九日迂回普安堂，由小路窜漤水东北地区。我第五十二团一部坚守漤水。方面军急调第七十三军第十五师迎击西犯之敌。三十日，第十五师第四十三团配属第十八师第五十二团一部，猛攻漤水东北之敌。入夜，敌五百余窜新桥，三十一日拂晓，与第十五师第四十三团接战，三昼夜，彼此无进展。六月四日，第十五师由南、西、北三面转移攻势，攻克大埠桥、新桥两地。五日晚，第四十三团丁秉信营与挺进第六纵队别动队何际元部潜入漤水市街；第四十五团曹竟成营向敌左侧后挺进。六日午夜，正面部队攻克漤水西郊大石山、天马山。拂晓，第十五师主力附第一九三师之第四七七团全面猛攻，内外夹击，正面部队突入街市，七日下午三时，漤水完全收复。敌军狼狈东溃，我各部乘胜追击，于七日晨到达石狮江。至此，我邵阳、湘乡方面均已恢复会战前之原阵地，湘西会战胜利结束。

战后敌我情形概要

敌军方面

此次进犯敌军，由于损失较重，分别转调他处整补。另以新编及损失较小之部队担任第一线守备，其概要如次：

一、第三十四师团于六月初由新宁移至南庙、九公桥间地区，六月十一日，其大部似已向东窜去。

二、第六十八师团之五十八旅团残部，六月上旬由邵阳东侧向衡阳方向退回；第六十八师团余部似任湘桂路东段湘江西岸公路铁路之警备。

三、第一一六师团残部，六月六日至十五日由邵阳东北地区，分经衡宝、潭宝两公路，向衡阳、湘潭退去。

四、第八十六旅团担任邵阳附近地区警备。

五、第六十四师团主力，担任青树坪、永丰、湘乡一带之警备。

我军方面

会战结束后，方面军为确保现阵地，并使主力整训便利，以期迅速充实战斗力计，调整部署如下：

一、第十八军（欠第十八师）集结于泸溪、辰溪、麻溪铺、郑家驿地区整训。

二、第七十三军以一部担任资水东岸孙家桥亘湘乡西侧地区之防务，主力集结于新化、溆浦各附近地区整训。

三、第七十四军以一部担任武冈东南地区防务，主力集结于武冈、洞口、龙潭司一带整训。

四、第一〇〇军（附第十八师）以一部担任邵阳西侧及西北侧地区之防务，主力集结于黄桥铺、山门、赛市附近整训。

五、第七十三、第七十四、第一〇〇军应分派突击队，袭击并破坏湘桂、衡宝、长衡各地之交通及敌后诸设施。

战地见闻

一、记者随空军出征

五月初，会战转入攻势阶段，驻芷江的中美第五飞行团向第四方面军递送备忘录，邀请派遣三名随军记者，随同空军出征观战。条件是：

（一）三名记者中必须有一名是军事记者，或上校级以上能从事写作的军官；（二）身体健康，无心脏病和高血压症；（三）如遇空战，发生伤亡事故，空军不负责任。信由美军团长签名，并附译文。记者随同空军出征观战，这在八年抗战中还是第一次。信件公布后，轰动整个司令部。两名记者人选很快地解决了，由驻在司令部的记者组自行推选，并征得派遣单位同意。一是中央日报社湖南分社社长段梦晖（日本留学生），二是中央社战地特派员张弓。军事记者或上校级以上军官的人选，经王耀武考虑并征得本人同意，决定由第一处处长（少将）吴鸢参加，由王耀武亲笔写了"如吴鸢万一发生不幸，其家属老小生活和子女教育费用，由余（王自称）负完全责任"的字据。

三个人到了芷江，经空军医院复检身体合格，再教以使用降落伞方法和跳出机舱的动作。休息两天后，在一个晴朗的早晨，上了飞机。三人分乘三架 P51 式双座战斗机（P51 式一般都是单座），恰是一个小队，机长是著名文学家郁达夫的侄子郁功成。三个人都是头一次乘飞机，而且又是战斗机，心情非常激动。

一切准备妥当，飞机起飞了。这时耳机上响起声音："看，右上方三架是 C47，运送物资去江西的。左上方六架是 B24，去福建方面执行任务的。"平时在地面看去很庞大雄伟的飞机，这时在天空中瞭望，很像小鸟在飞翔，刹那间，便在辽阔的天空中消失了。一会儿，耳机又响了："看地面。"低头俯瞰，地面上摆着红白两色的布条，一是"川"字，一是"十"字。这是我地面团驻地的符号，是我军第一线了。

我们凭舱远望，只见白云朵朵，那山峦、村落，宛如儿童的玩具，公路各线，资水、湘江有如腰带，我军在地面上行动的部队，用"人蚁马豆"来形容，再恰当不过了。到了衡阳上空，有几门高射炮对空射击，我们毫不理睬地北飞。"长沙到了。"耳机里话音刚落，便看到岳麓山和市区已在机翼下面。"注意，马上要战斗了！"人们情绪陡然紧张。还没有想到是怎么一回事时，飞机便如离弦之箭，向地面俯冲，从螺旋桨中，发出火光，接着，机身抖动，一声巨响，地面便冒出浓烟，原来飞机在投炸弹。紧接着，飞机有如鲤鱼打挺，直线上升，再一个侧身飞行。这一上、一下、一个侧身大转弯，使人眼花缭乱，只觉得五脏六腑在翻滚，吃的东西，全呕在毛巾上。当飞机恢复平行时，耳机内又传来声音："刚才是轰炸一列火车，经我轮流轰炸，命中目标。现在，胜利返航了。"我们定一下神，果见地面浓烟一片。飞机盘旋一圈，向西飞去，地面几门高射炮，这时才发出无可奈何的呻吟，好像给飞机送别。

当飞机临近芷江上空时，便听到芷江机场指挥台的指示："现在跑道无空，请稍缓，听令在北跑道降落。"于是，飞机在芷江上空盘旋三周后，才缓缓地降落。在芷江我们休息了一天，访问了空军第四大队唐闻天大队长，听他介绍一年来的作战经过，共飞行一千一百零九个小时，出动七百八十二架次（运输机不计），击落敌机六十一架，可能击落廿一架，击毁地面敌机一百一十架，可能击毁五十六架。三人回到安江，大谈其随机出征经过，讲的人眉飞色舞，听的人啧啧称羡。

二、盛大的军事会议

六月十五日，何应钦偕同美军将领麦克鲁、索尔登、齐福士和总部高参冷欣等一行，飞抵安江，由王耀武陪同，到激战地点之一——江口东南的青岩视察。何接见了战功卓著的第十九师第五十七团团长钟雄飞、第五十七师第一七一团团长杜鼎、营长李中亮、连长周北辰等，对周北辰固守青岩，与两倍之敌血战一周，阵地岿然不动大加赞许。麦克鲁代表美军当场授予周北辰以银质自由勋章。这是美军联络组授予中国军官的第一枚勋章。授勋仪式结束后，何应钦、王耀武、麦克鲁等走上青岩最高点，仰视群峰，云天相接，俯瞰地势，深邃曲折，小溪交错。这时，山雨像排阵般从远而近，他们急忙下山，刚走过小木桥，山溪水就将木桥冲倒，大家相顾愕然。

第二天，举行军事会议，到会的有军政部部长陈诚、兵役部部长鹿钟麟、联勤副总司令陈良、第三方面军司令官汤恩伯等，还有许多客卿、美军将领参加。

会议桌子是"Ⅱ"字形，何应钦坐在正中，左为陈诚、鹿钟麟、陈良，右为麦克鲁、索尔登、齐福士，两头由汤恩伯、王耀武对坐。两条长桌：一条坐的是各军军长与驻各军美军联络官；一条是方面军正副参谋长和第一、二、三、四处长、兵站司令，军政部、兵役部、联勤部的有关司、处长以及湖南省政府洪江行署主任戴岳（兼代表第九战区长官部）、洪江师管区司令王时等。上午是报告作战经过，下午是整补措施。综合胜利的原因是：（一）各军将士忠勇用命，动作协同（包括陆空配合，美军联络官的工作协力等）。（二）地形熟悉，敌情明了，民众通风报信。（三）后勤补给及时，通信迅捷。可以说：占了天时、地利、人和。存在的缺点是新兵素质差，一些师、团管区用抓丁、买丁的办法凑人数（会后，洪江师管区司令王时被撤职）；少数地方官员，不知去向，对发动民众协助打扫战场、救死扶伤工作做得较差；公路交通秩序不良，发生车祸数起，等等。何应钦作了总结讲话，对第四方面军全体将士英

353

勇作战，彻底执行命令，非常嘉许。尤其对王耀武指挥卓越、捕捉战机和部署得当再三称誉。

这时，各军缴获的战利品陆续送来，陈列在一幢大空房内，计有步枪一千一百余支，轻重机枪共八十一挺，大小炮二十四门，其他钢盔、弹药、战旗等甚多，俘虏日军尉官十一人，士兵二百零三人，打死、打伤日军两万八千多人。

六月十八日，由重庆来了慰问团和一批中外记者，其中外籍记者有合众社的王六达、自由杂志社白克、美国新闻记者协会哈德曼、美空军新闻处艾思乌。本国报社记者有：中央通讯社、中央日报、扫荡报、大刚报、西南日报、新蜀报等，他们除采访、拍照外，还索取一些小战利品，如太阳旗、照相机、小手枪等，一时车水马龙，有如山阴道上。

三、论功行赏

七月四日，军事委员会以委员长名义发来嘉奖电，电文如下：

"王司令官并转各军长暨全体将士：此次敌犯湘西，该部官兵，英勇奋战，迭挫敌锋，斩获甚众，应予传令嘉奖，尚希督率所部，速歼残敌，以竟全功。"

对这次战功卓著的部队，军委会授予武功状、荣誉旗的计有：

第五十一师武功状两轴、荣誉旗一面，表彰龙潭司歼灭战。

第十九师及第五十七团武功状各一轴，表彰放洞、龙潭司歼灭战。

第十一师武功状一轴，表彰山门阻击战。

其他被授予宝鼎、云麾勋章和陆海空军干城奖章及晋级的军官共有三百二十余人。其中如第十九师第五十五团团长陶富业升任方面军司令部第二处少将处长，暂编第十三师第三十八团团长钱伯英升任方面军司令部第三处少将处长等。

美军东线指挥官金武德准将，经美国方面批准晋升少将。他们开了一个隆重的鸡尾酒会，邀请中方师长以上军官参加。美军驻中国陆军总部联络官通知，美国政府授予第四方面军自王耀武司令官以下有功军官四十余人以金质、银质、铜质自由勋章。

正在重庆复兴关青年干部学校举行的国民党第六次全国代表大会，在增补新的中央委员中，王耀武是新增中委中得票多数者之一。何应钦向大会作了湘西会战的军事报告，受到多次掌声。接着，国民政府打破抗战八年停办将级晋任的惯例，给予王耀武、杜聿明（当时任第五集团军总司令）、萧毅肃（当时任中国陆军总部参谋长）三人，由陆军少将晋任陆军中将（按国民党军队人事制度，官、职分开：如军长职级是中

（上）将，但官级为少将时，相差两级，不相称，应予晋升。王、杜等在抗战先，均任师长，职级是中将，官职为少将）。

湘西会战将以其光辉的事实，载入中华民族抗御外侮的史册。

三个月后，日本无条件投降。在长沙岳麓山湖南大学大礼堂上，指挥湘西会战的日军司令官坂西一良中将向王耀武呈献降书，并献上自己的战刀。

武冈拒敌

王沛年[※]

一九四四年八月日军侵占衡阳后，沿湘桂线继续西进。我军正面之敌也已他调。我军即向西转移至洞口、高沙、武冈一线，以确保湘西的安全。我们在那里经过了一个冬天的整训，同时也在那里构筑了一些半永久性工事，并大量获得了盟军武器装备的支援，我们的战斗力更加坚强了。那时，正值太平洋及东南亚盟军进入了反攻阶段，并取得了很大的胜利。譬如，攻克缅甸的密支那一仗，打得敌人丧魂落魄，这是我们远征军取得的战绩。在太平洋及东南亚战场的敌人节节败北的时候，重庆统帅部从缅甸调回了一支远征军，积极部署反攻。我四方面军下辖四个军，由王耀武任司令官，布防在湘西一带。

一九四五年五月，敌人开始向湘西进犯：一路以一个半师团的兵力，沿邵阳至洞口的公路向西，企图占领我芷江机场；一路以一个加强联队两千多人，由湘桂线的白牙市车站，转向西北，进入山区约二百华里，经武冈县城，目标指向洪江。同时两路进犯之敌，都互为策应。日军是分路进攻，兵力四个多师团。

我师以一个加强营，利用武冈县城的坚固城埠构筑工事，组织群众固守县城。主力扼守以西山地，利用湘西的茂密森林，布置了袋形阵地，准备相机出击，一举歼灭该敌。敌绕过武冈县城，向西攻我主阵地。这里山高林密，我师诱敌深入后，即从两翼包抄，打得敌人像无头的苍蝇，到处乱窜。湘西群众多有武器，且民风强悍，入侵之敌除整体都被我军

※　作者当时系第七十四军第五十八师副营长。

击溃外，逃窜之敌多被群众杀俘。

北线也传来捷报。敌被我军阻于高沙、洞口一线，无法前进。我友军由溆浦经洞口北面转而向南至桃花坪，截断了敌人的后路，把敌围困在方圆约三十里之内的地区，大部歼灭。我军只付出了很少的代价。这次湘西大捷，奠定了我国正面战场上反攻的基础。

江口战役

萧　峥[※]

　　湘西会战中，我任第七十四军第五十七师第一七一团第二营机关枪二连连长。第一七一团于一九四四年秋季，保卫邵阳城，激战十余日，伤亡奇重。战后驻扎武冈城，补充训练。一九四五年初，又进驻武冈西乡之花园里（现洞口县花园乡），继续整训。

　　一九四五年四月下旬，日军主力沿桃花坪—安江公路，向我进犯；一部由新宁、武冈、绥宁进犯，威胁我军右翼。敌人来势汹汹，意图一举击溃我军主力。团长杜鼎率领全团连以上军官，在杨柳溪一带山头侦察地形，部署兵力，构筑防御阵地。同时派出前哨连，担任警戒。第三天，敌军先遣部队到达我警戒阵地，和前哨连发生战斗，枪炮之声，清晰可闻。第七十四军和敌人进行过无数次的较量，是第四方面军中战斗力较强、战功较大的一个军，曾荣获国民政府统帅部第一号武功状，官兵历来以此荣誉自豪。一闻前哨连枪声，全团官兵摩拳擦掌，严阵以待，大有压倒敌人之气概。是日黄昏，团长杜鼎、副团长张照普视察阵地来到我连部。我军虽已确定为美式装备，但武器装备尚未斟换。如机枪连，按新编制是四个排，八挺重机枪。可此时仍然只是六挺马克沁重机枪，第一、二、三排是枪排，第四排暂负弹药排任务。作战时有两个排配属到第一线步兵连，我自己只能控制一个机动排和一个弹药排。凡是各排机枪位置的选择，工事构筑的强度，都需我和步兵连连长会同确定。我对于全营的兵力部署，防御工事的进度，以至营长的意图比较清楚。杜

　　※　作者当时系第七十四军第五十七师第一七一团第二营机关枪二连连长。

团长一见到我，并不先问我机枪连的情况，而是询问我第二营的情况。杨柳溪虽是个要道口，但稍具战术眼光的人，都能看出此地并非敌我双方必争之地。我说："团长，敌人真的来攻杨柳溪，管叫他片甲不留。"意思是没有这么傻的敌人，会来攻杨柳溪。团长笑着说："有备无患嘛！"接着要我转达营长，某处应设置鹿寨，某处要道口应用火力封锁。那天晚上，乌云满天，细雨纷纷，天色黑暗。从我连到营部，往返七八里，都是羊肠小道，崎岖不平，山冲两旁灌木丛生。我带着一个传令兵，到达营部时已是晚十一点。营长李中亮、副营长石盛荣，一见到我，感到很诧异。我说明来意，把团长的话告诉他们。晨四时，营部送来命令："六时开饭，七时部队到达红岩集结，经瓦屋塘向金屋塘、草寨转移阵地。"队伍出发时，天已大亮。突闻飞机隆隆之声，敌侦察机一架，沿瓦屋塘至杨柳溪大道一掠而过。连日细雨霏霏，道路泥泞，到达草寨时已近黄昏。营长在草寨街口指挥我连驻暴布江。第二天上午，团长和三〇三机枪连连长李学恒（此连是新加的，专负对空射击，直属团部）来到暴布江，概略地告诉我一些地形（连长无军用地图），如：帽子山、凉山界……交给我的具体任务是用火力封锁通向草寨之要道口。他命令通信排，在我连部架设线路，安置一部电话机，作为第一线的联络点。在暴布江，一连三天平安无事地过去了。一天深夜，团长来电话："萧连长吗？你接到命令吗？部队明天清早向江口转移，你们营是前卫。"我说："报告团长，刚才接到营长命令。"

五月上旬，天气转晴。全营在草寨集结，经猫儿峪，向江口前进。我连三个枪排，配属第四连和第五连各一个排。第四连为尖兵连，按营部（包括战防枪排）、第五连、机枪二连、第六连依次前进。下午二时许，全营到达江口，江口地势险要，邵阳—安江公路从中间通过。公路两侧，大山耸立，山前是月溪。一到江口，就意识到是敌我必争之地。敌我双方为了争夺制高点，已激战两个昼夜。我们没有停留，立即按师长李琰的命令行动，接替第一〇〇军第十九师第五十七团的防地。限十六时三十分前，由空军掩护，完成接防任务。江口虽系弹丸之地，从军事上说，极为重要。如果江口失守，芷江飞机场就受到严重威胁。"誓死保卫江口！"我们是抱着这个决心接防的。由山麓到山顶，约二华里许，部队展开在阵地后面隐蔽。营长、副营长率领四个连长到达原防守团——第一〇〇军钟雄飞团长处。钟团长接着我们，满心欢喜，他先介绍敌情：敌我第一线，相距约四百米，我们占领制高点，用望远镜侦察，敌阵了如指掌。敌之步炮协同，历来优于我们，两天来，对我阵地猛烈攻击，战斗甚为激烈，敌炮兵仍然占优势。我们在江口右侧山头，虽然有山炮两门，但归师部指挥。观测所又未设在第一线，步炮协同，远不及敌人。接着钟团长介绍了他的兵力部署和两天来的伤亡情况。与此同时，我们立即和美国对空联络官联系，掩护换防。我战斗机四架轮流向敌阵俯冲、投弹、扫射，并和师山炮连取得联系，向敌连续发射。一时机枪咯咯，炮声隆隆，速即接收第一线。我们一个营，接收钟团全部阵地。营长李中亮当时的部署是：第五连固守制高点，第四连在右边小高地，第六连为预备队，担任第五连左侧之警戒，机枪连配属第四、五两连各一个排，其位置由萧连长会同步兵连长共同选定。其余一个机枪排，在第五连右翼，由萧连长选定射击位置，担任第五连阵地前之侧射。在制高点后面，设置营前进指挥所，由副营长负责，萧连长副之。营部在第一线适中之小高地。美国对空联络官设在营部。营部左侧，是迫击炮阵地（团迫击炮连配属我营一个排）。全营接防完毕，恰好是十六时三十分。营长原先布置，完成接防任务后，副营长及各连长在营部集合，此时已全部到达，营长询问各连阵地情况后，说："全营的任务是死守阵地，阻止敌人前进。尤其第五连的阵地，是战术上的要点，不惜牺牲，一定要死守。据钟团长说，敌人的攻击，前夜两次，昨夜达四次之多，战斗非常激烈。今天就要看我们的了，我们是军人，决不能丢第七十四军的脸。"他最后把目光对准第五连连长说："周连长，主要是看你的。"第五连连长叫周北辰，和我是军校第十七期的同学，平时能说会道，当时深感责任重大，只答应："是！"便不吭气了。我在学校学战术时，晓得有积极防御和消极防御之分，保卫邵阳时，杜团长也曾用过出击的战术。营长讲完之后，我脱口而出："报告营长，可不可以先发制人？"营长是喜功之人，马上坚定地说："对，出击！打他个下马威，显示我们的厉害！立即通知美国对空联络官，要求空军掩护出击。周连长，你连向时晏排长到我这里来。萧连长，到你连第三排位置掩护出击。其余各回岗哨，准备应战！"

夕阳将西下，天空中我机四架，盘旋、俯冲、轰炸、扫射，压得敌人不能抬头。向时晏排长率领全排士兵，从第五连右翼，疏开隐蔽前进，接近敌阵约二百米处，敌阵毫无动静，继续各个跃进，距离敌阵约一百五十米时，营长在第五连阵地左侧，一声令下，轻重机关枪、迫击炮猛烈射向敌阵。向排长在强大火力掩护下，发起冲锋，士兵们如狼似虎，猛插敌阵，一举而占领敌之左翼阵地，并发生自我参加抗日以来从未见过的肉搏战。美国对空联络官目睹现状，伸出大拇指，高呼："OK！"杀声、炮声、枪声、飞机俯冲扫射声、手榴弹爆炸声，惊天动地，汇成一片。正在此时，敌阵枪炮齐鸣，猛射向排所占领之阵地，企图阻止向排继续前进。敌炮兵利用我空军黄昏离开后的间隙，向我五连阵地猛射，阻止我军增援。一时五连阵地硝烟弥漫。我在机枪三排位置，情况明了，一面命令三排杨排长延伸射程，以火力压制敌人的反扑；一面派人向营长报告向排被阻在突破口的情况。于是全营八二迫击炮，六〇小迫击炮，轻、重机枪齐向敌高地猛射，以火力掩护向排撤退。同时通知师山炮连，以火力压制敌炮兵阵地。黄昏时，向排长率领全排士兵撤回原阵地。他此次出击，战果辉煌，缴获敌轻机枪三挺，三八式步枪十余支，其他如手榴弹、枪榴弹等无以数计。据向排长所述：这次出击，使敌人措手不及，我军冲入敌阵，敌大部尚未就射击位置，死伤甚多。向排阵亡副班长和上等兵各一名，重伤一人，轻伤四人。向排受到全营官兵的赞扬，师长李琰亲自打电话慰问。

当晚，营长发出紧急命令：各连坚守岗位，加强工事，严阵以待，务必将来攻之敌歼灭于阵前。是夜，星月皎洁，银河在天，微风拂拂，沁人心脾。我和副营长不时巡视第一线阵地，特别注意两连衔接处。敌我阵地不时响起稀疏的枪声。次日清晨，在对空联络官的无线电指引下，我机向敌人机枪掩体、炮位（是我们判断的）俯冲、扫射、投弹，并向敌阵两翼的森林地区，搜索性地投掷燃烧弹。中午，全营连长以上人员，齐集营部，大家认为敌人昨夜未动，可能是调整部署，估计当晚会倾巢来犯，作孤注一掷。由于我们先天出击，缴获许多胜利品，受到师长表扬后，士气更高。从接收阵地以来，两天一夜了，尚未战斗，士兵得到充分休息，生气勃勃。江口公路上，运输车辆频繁，伤病人员及时送往后方医院。前线的给养和弹药，源源不断送上山来，后勤输送情况良好，是历次战场上少见的。尤以制空权操之于我，使敌人白天不敢抬头。这些条件加在一起，我们完全可操胜算——守住江口。但大家预计，到晚上的战斗一定是激烈的，谁胜谁负，将取决于此举。这时团长已到达江口，在电话中要营长转达两句话给我们："必须有破釜沉舟之决心，才能夺取扫穴犁庭之战果。"我们离开营部时，已是夕阳西下，晚霞满天。副营长石盛荣和我前往第一线步兵连检查。我检查三个机枪排的掩体和预备掩体，着重在发挥火力，也兼顾遮蔽身体。

我俩回到前沿指挥部时，已是黄昏，用电话向营长报告检查阵地情况。突然，炮声隆隆，敌炮向我第五连阵地猛烈轰击，前沿指挥所附近，落下不少炮弹。敌人开始了攻击，敌我阵地上，一时枪声大作。来自第一线和营部的电话，铃声不断。手榴弹、枪榴弹、小迫击炮一齐发射。在我强大的火力下，终于将凶猛的敌人压了下去。停留片刻，敌人又发起了第二次、第三次冲锋，都被我击退。轰——咚之声不绝。敌人的冲锋，一次比一次凶猛，我军士气，则一次比一次旺盛。我们连续三次击退敌人，我和副营长到第一线巡视，周北辰连长沉着应战，他说："不要紧，对付得了。"第五连伤亡很重，预备队增加到第一线。团长知道后，马上从第一营第二连抽调一个排来增援。

敌人发起第四次冲锋，来势更加凶猛。可是他接二连三被我击退，也胆战心惊，几乎在二百米以外，就用机枪向我阵地扫射，并"哇啦哇啦"地吆喝起来。我们则愈战愈沉着，愈战愈勇敢，他不进入火网，决不轻易开枪；他一发起冲锋，我们则以强大的火力压制他。尤以机枪第三排的侧射，给敌人以重大杀伤。顷刻，营部传令兵带领一营二连的第三排，由某排长率领（排长姓名已忘），及时赶到我前沿指挥所，我和副营长商量，这个排不打算增加到第一线去，由侧面出击，尽量迂回到敌之后方或侧翼。我们把这个意见用电话请示营长，他完全同意，并且命令："石副营长在前沿指挥所继续指挥，一营二连的第三排，归萧连长指挥，由阵地左侧迂回敌后，相机而动，尽全力以击溃敌之攻击，在拂晓前赶回阵地，只许成功，不许失败！"

我接受命令后，立即和石副营长约定信号，轻装出发。我指挥该排，从我机枪第三排左侧前进，先停止在高地峻线后，采取各个跃进到前面约五十米的峻线上就射击位置，不许说话，不许乱放一枪，以免暴露目标。由排长率领第七、第八两班先行跃进，第九班随我跃进，全排跃进到达指定地点，全神贯注，准备痛歼顽敌。斯时，敌我阵地，鸦雀无声，一片沉寂。我心中想："难道敌人不再发起攻击了吗？"不到十分钟，在月色朦胧之下，见敌阵隐隐约约似有人群向我阵地移动。我们伏在地上，睁大眼睛，停止呼吸，严密注视。眼看敌人越来越近，越来越多，越来越密集。等到距离我阵地约一百五十米时，已超过了我们的伏击线，事实上我们对敌之右翼，已形成了包围。箭在弦上，心情紧张极了。忽然，敌人发起冲锋，我一声令下，机枪、冲锋枪、手榴弹猛烈向敌扫射和投掷。出其不意，攻其不备，打得敌人晕头转向，抱头鼠窜。我按原先出击计划，用手电光一长两短之信号，要求主阵地延伸射程。我命令排长轻机枪在原地掩护，全排所有冲锋枪出阵，步枪上刺刀，"冲啊！"战士们迅速向敌人猛冲过去，杀得敌人尸横遍野，溃不成军。我们的官兵生龙活虎，一直冲到第五连阵地右前方。残余敌人，连跑带滚，逃回敌阵。

弹声嘘嘘，炮声隆隆。忽报八班长阵亡，排长指定副班长代理，尸体背回阵地，重伤三人，急忙派人背回营绷带所。士兵们勇敢异常，追歼残敌，搜索战利品。副营长为了我们在拂晓前撤离，退回原阵地，连忙发出信号，电光一长一短，我和排长各率一部互掩互撤。当我们回到营部时，东方已见曙光。

我们缴获敌人歪把子轻机枪五挺，三八式步枪二十余支，指挥刀一把……营长喜形于色。我遗憾地说："没有捉住一个活的。"我正向营长报告战斗经过时，突然我机枪连第三排一个叫车登崇的士兵气喘吁吁跑来："报告连长，杨排长身负重伤！"我急忙向第三排阵地位置奔去，机关枪已经由上士排副姚兴鼓率领转移到预备阵地了。杨排长躺在战壕内，面色苍白，头部血流如注，为国捐躯了。我守在他的遗体前，默默无言，心如刀刺。杨排长是我军改为美式编制时调到我连的，时间不到两个月。他为人忠厚诚恳，寡言务实，爱兵如子，作战勇敢、沉着，是个优秀的军官。我怀着沉痛的心情鼓励士兵们："化悲痛为力量，誓歼残敌，还我河山！"忽然，空中传来了嗡嗡之声，我们的飞机来了。大家都清楚，我空军一出动，敌人便龟缩在阵地不敢冒头。飞机在空中盘旋了几圈，向敌阵投了几颗弹后便离开了，接着营指导员手执喇叭筒，高声大喊："弟兄们，刚才飞机报告，苏联红军于昨天全部占领柏林了，希特勒自杀了，德国无条件投——降——了！"顿时，全营官兵们欢腾了。大家情不自禁，议论纷纷：意大利早垮了，德国无条件投降了，只剩下这个日本鬼子，看他还能横行几时！八年抗战，胜利在望了。官兵们个个喜笑颜开，毫无激战后的倦容。

九时，杜团长率领第一营来接防，第二营作为团预备队。团长见到我时，握住我的手说："昨天晚上你们打得很漂亮，你这位机枪连连长！哈哈……"第一营副营长朱宗熹，在军校时，他是我的区队附，我们的私交甚厚。他告诉我："团长对你昨晚的出击非常满意。"我受宠若惊，不知说什么好，只是连连点头而已。第二营充预备队后，驻在山脚下一个小村庄，离第一线约二里许，离江口街上约一里半。第一营接收阵地后的第二天黄昏，敌炮向我阵地及我后方漫无目标地进行扰乱性的轰击，这是敌人退却的象征。经过搜索，果然如此。于是第一营发起攻击，迅速击破其掩护部队，缴获甚多。团长立即将第一营改为追击队，追击残敌。第二天清晨，我清扫战场，阵地前敌尸累累，遗留武器弹药甚多。

敌人退却后的第二天下午，我们接到通知，说中国陆军总司令何应钦亲临江口战地视察，并由我营派第五连连长周北辰汇报战斗经过。因为他是固守阵地要点，战斗最激烈的直接参加者和指挥者。第二天十二时左右，何应钦、驻华美军司令魏德迈、王耀武、施中诚等，由第五十七师师长李琰陪同，骑着骏马沿山路而上。我们营在各连派出一部分优秀战士，由山脚至山顶，十余公尺一个岗哨，担任警戒。何应钦等在山头观察，单在第五连阵地前，敌人横尸三百余具，缴获敌轻机枪八挺，步枪四十多支，敌阵散兵壕内到处都有尸体，各种枪炮掩体，被我空军和炮兵摧毁殆尽。在一个连的战斗地域内取得如此大的胜利，确实是战果辉煌。再加上周北辰连长绘声绘色的报告，引得在场的高级将领自始至终点头微笑。这时，天空降了一阵雷阵雨，他们仍然不动，直至周北辰连长叙述完毕。

是役，团长杜鼎，营长李中亮，第五连连长周北辰，副营长和我，都收到国民政府的勋章。驻华美军司令魏德迈代表盟国，授予周北辰一枚银星勋章。国民政府授予我一枚干城勋章。两位出击排长，给他们各提升一级，由少尉升为中尉。授勋典礼是在战役结束后的一个多月，王耀武在洞口集合全师连长以上人员讲话时举行的。当时《中央日报》曾对江口战役登了好几篇报道，给战役以很高评价。

第十九师作战经过

陆承裕※

雪峰山会战中，第十九师（属第一〇〇军）的主要任务是堵截日军窜越雪峰山，歼敌于各隘路口。

一九四五年四月初，第四方面军命令第十九师扼守雪峰山东麓洞口、隆回一带，阻敌前进。当以第五十七团钟雄飞部扼守洞口的青石岩隘路口；第五十五团陶富业除以一个营守石下江外，主力在隆回附近堵击敌人。师长杨荫率师直属部队及第五十六团刘光宇部位于乌树下附近，并派汤启圣营扼守由雪峰山通往黔阳、溆浦的重要隘路。

四月十一日晚，敌第一一六师团以步、骑、炮、工兵混编的先遣联队（团）分股窜犯乌树下、隆回、石下江等地，我第五十六团在乌树下首先与敌激战。次日凌晨，防守在石下江、隆回之第五十五团，亦与敌激战。随后第五十七团青石岩前沿阵地，亦遭大股敌军的攻击。战斗全面打响后，敌狼奔豕突，企图夺路向雪峰山钻隙冒进，我以营为单位，凭险守隘，予敌以重创。相持一周，敌一旅团部率后续部队分数路钻袭，乘雨夜浓雾，组织敢死队，迂回羊肠小道，攀登岩壁，抢险夺隘，掩护前进。我军利用山高坡陡的有利地形，更兼雨雾蒙蒙，以连排各自为战，轻装迂回，发扬火力，打击敌人。而敌骑、炮兵行动艰难，粮弹医药都倚靠骡马驮载，常遭我小部队的袭击，首尾不能相顾，形成混乱，使步兵前进受阻，伤亡累累，士气低沉，非常惶恐。

※ 作者当时系第一〇〇军第十九师参谋处上校主任。

杨竹江歼敌第二二四联队主力

四月中旬雨夜，敌一部袭占了我第五十六团汤启圣营的土盖岭高地，其第二二四联队主力，企图扩大战果，乘势夺取杨竹江隘路，打通通往黔阳的要道，达到从雪峰山迂回洞口之目的。杨竹江系两山间一狭小盆地，地势险峻，路隘坡陡。我第五十五团一个连扼守去路，居高临下，火力炽盛。敌陷入谷地，仍图冒死夺路猛攻。凌晨后，我第五十五团主力追上，堵住后路。近午，云雾渐收，我军逐步缩小包围圈，激战终日，敌死伤惨重，犹作困兽斗。入夜后，敌又冷又饿，哇啦哇啦地叫喊着连续突围多次，不得脱身。天明后，天气晴朗，我飞机数架飞临助战，轰炸扫射，敌钻入森林中躲藏，已失去战斗意志。午后，第五十五团开始向残敌围攻。激战约三小时，全歼该敌。经查明，被歼敌军为第二二四联队的直属部队和一个步兵大队（营）以及炮、工、辎重部队全部。生俘敌炮兵大尉中队长以下官兵共六十余人，乘马、驮马三十八匹，缴获山炮四门，轻、重机枪和步枪四百余支，以及掷弹筒、小炮、弹药、钢盔、战刀等。据俘虏讲，联队长、大队长均已毙命。

土盖岭、青山界歼灭战

土盖岭属武冈县，青山界属新化县（注：应是邵阳），均为雪峰山的最高点，两山相距约十里，为通往黔阳、溆浦、新化的要隘，地势险峻，多云雾，羊肠小道崎岖曲折，过去是湘西著名土匪张青云的巢穴，故人迹罕至，现仍有土匪遗留的碉堡、工事，仅土盖岭东南五六公里的黄茨坪有几家居民。为防日军越雪峰山西犯，战斗开始时，师部派第五十六团三营营长汤启圣占领土盖岭。四月二十日，敌一加强大队从隆回附近，利用雨夜偷袭，钻入土盖岭。汤营九连戒备不严，被敌攻占了制高点。次日大雨倾盆，处于不利态势。师部增派第五十六团一营尾敌增援，严令汤启圣指挥第一、三两营，务必夺回土盖岭，歼灭该敌。此时，敌虽占领土盖岭，但无食、无援，东西两条隘路，均被我军截断，遂乘夜暗窜往黄茨坪烘衣、做饭、喂马。汤营和刘汉雄营跟踪尾追，包围黄茨坪。刘汉雄营长亲率敢死队一百三十人，分两队冲入村内突然猛袭，敌仓皇应战，乱作一团，死伤累累。残敌二百余人，乘雾窜往青山界，汤营立即尾追，围困青山界。在土盖岭清扫战场，计俘虏三十四名日军，缴获马十九匹，山炮二门，轻重机枪九挺，步枪二百一十八支，报话机三部（已坏），军刀十二把，毙敌一百七十六人，查明番号为第一一六师团二二四联队龟田大队。我方刘汉雄营长、饶少初连长及士兵三十五人壮烈牺牲。

残敌窜至青山界后，钻入石碉内顽抗，饥饿无食，疲惫不堪。我因无重炮，难以摧毁石碉。此时，第五十五团在杨竹江歼灭日军第二二四联队主力后，抽派一个营驰至青山界协同围攻。军部适时送来火箭筒十二具，将石碉轰垮。残敌二百余人，无一逃脱，敌尸中有小源、黑田两个中队长，枪支、山炮、战刀等多被炸损。我方伤亡连长唐汉初等二十余人。

至此，窜入雪峰山山区的日军，已全部肃清，敌败局已定。

青岩之隘路争夺战

洞口是通往芷江公路的重要隘路。两壁险峻，不易攀登，向称天险。青岩在洞口内侧，第十九师派第五十七团钟雄飞部凭险构筑侧面阵地固守，后有第七十四军第五十七师纵深配备。战斗打响后，方面军指示第五十七团归第五十七师指挥，以利于协同作战。日军企图集中主力，一鼓突破洞口，直捣芷江空军基地，就先以一个旅团的兵力，奔袭雪峰山，迂回我军侧后。四月十日，敌开始全面攻击，其主力先集中炮火，猛轰洞口，继以步兵密集冲锋。我第五十七团避免过早地消耗兵力，及时将部署洞口外侧的警戒兵力逐次内撤，诱敌进入洞口内。敌密集部队冲入洞口，一连十几天，猛攻我青岩主阵地，虽逢大雨，攻势未减。我第五十七团凭险固守，充分发扬火力，屡挫敌锋。阵前敌遗尸累累。有次，敌组织敢死队百余人，利用雨雾迷蒙，突入阵地前缘，肉搏冲锋。我阵地一角，处于危险状态。团长钟雄飞及时集结两个连，进行反扑，并得到第五十七师的火力支援，一举全歼突入的敌敢死队。至此，敌攻势稍挫。我第五十五团扼守石下江之一营，在敌围攻中坚守不动，扼住敌主力部队的来路，对敌后方运输线威胁很大。迄至侵入雪峰山之敌被全歼，敌主力部队知大势已去，唯恐被我军前后夹击，遂利用夜暗全线撤退。第十九师奉令清扫战场，各友军转为追击。

是役，第十九师共生俘敌炮兵大尉中队长以下官兵百余人，缴获步枪、轻重机枪、大小炮、掷弹筒等共五百余件，乘马、驮马近百匹，战刀、战旗、工兵器材、通信器材、弹药等不计其数。这是第十九师在八年抗战中俘获最多的一次，也是最大的一次胜利。我伤亡营连长以下官兵近千人。师长杨荫、第五十五团团长陶富业、第五十七团团长钟雄飞被授予宝鼎勋章，第五十六团营长汤启圣晋升该团副团长，其余授勋和晋级的，全师共有八十余人。第五十六团团长刘光宇率领团直属部队在隆回战斗紧张时，与师部及各营失去联系，致使敌一部得以袭击土岭界，因此，不奖不惩。

另外，据逃出的民夫讲：在战斗最激烈的一个晚上，日军押着民夫抢运伤兵四百余人，摆在邵阳城郊河滩上上药。黎明时，我空军飞临上空，发现目标，低飞扫射，炸死二百多人，其余送往湘乡、湘潭、长沙方面去了。

战斗结束后，驻方面军、军部的美军联络官员、记者等，纷纷来到师部，拍摄俘虏、战利品照片，并索取太阳旗、战刀、手枪等，作为他们参战的纪念品。后来，美军联络官拿着美国报纸来，翻译官说是报道湘西会战情况的，把第四方面军说成是中国最精锐的部队，王耀武是抗战中的常胜将军。

洋溪阻击战

刘养锋[※]

　　一九四五年四月，日军分路向湘西进犯。其左翼首先向我友军第七十四军等部进击，受挫于武阳、洞口之线；其右翼兵团为了适应山地战需要，组织了一支山地作战特种部队——"重广支队"，兵力万余人，号称精锐。该部乘雷雨之夜，偷越湘乡县境内的龙山，绕道向新化、溆浦方向疾进，企图一举攻占芷江机场，"扼三楚之咽喉，拊川黔之项背"，取得有利态势。我师——第七十三军第十五师受命堵击该敌，乃由安化向兰田进发，昼夜兼程。先头部队赶到雪峰山南麓新化境内的杉木山，与敌遭遇，当即迎头痛击。我主力抢占洋溪西侧山地，凭借有利地形，阻敌前进，经过一昼夜激战，打退了敌人十余次冲锋，我阵地屹然不动。此时，我阵地前的水田里，摆满了敌人尸体，血肉模糊，田水尽赤。日军攻势受挫，被迫退守洋溪洞里（湖南有的地方称山上平地曰洞）的十余个大小村庄，企图固守待援，重整旗鼓。

　　我师经过半年来补充整训，兵员基本满额，配备了一批全新的轻重武器。当时国际形势对我有利，举国上下，满怀胜利信心。第十五师都是湖南兵，对日军的侵略暴行，恨之入骨，为保卫家乡誓与日军拼命，因之士气旺盛，战斗力较过去明显增强。而日军由于兵力分散，军心厌战，确实已成强弩之末。而且这次他们全部是步兵，只有轻武器，没有飞机、大炮和坦克掩护。所谓山地战特种部队，陷在一片开阔的水田里，竟无法施展其伎俩。但敌人不认输，仍多次进行偷袭，企图抢占山地，

　　※　作者当时系第七十三军第十五师代理参谋主任。

改变其不利地位。有一次，敌百余人利用田埂接近第四十三团五连阵地前沿。我军严密监视，不动声色，待其跃出田埂，距离不足三十公尺时，随着该连连长彭大猷一声枪响，轻重火器一齐开火，手榴弹如飞蝗般投入敌军。接着彭连长带领全连跃出战壕，向残敌猛扑过去。敌军无一生还。我受敌火力追袭，亦死伤二十余人。从这天起，敌虽不断增援，但都龟缩在村庄内部，不敢大规模出击。我军逐步抢占了几个靠近山边的村庄，与敌军阵地犬牙交错，最近仅距离几十公尺。双方展开冷枪狙击，战斗呈胶着状态。半个月后，我军增援了一个美式山炮营，于是以猛烈炮火，日夜不停地向敌军阵地进行毁灭性轰击；又派来飞机轮番轰炸扫射。我军士气大振，乘势反攻。第四十四团从右翼突破敌军防线，楔入敌占的陈家、大井头等村庄，与守敌逐屋争夺。敌增援反扑，该团一营营长彭作霖右臂被打断，仍不下火线，坚持指挥。战士们先是与敌反复肉搏，继以火攻，将敌一个中队全部歼灭，随即集中火力，从右侧翼向敌侧后猛袭，配合正面全线反攻。敌开始动摇，乘夜撤出洋溪，退守红岭，继而逐步向湘潭回窜，沿途受到我军追击，遗弃尸体和大量军需品。

是役，我生俘日军二十三名，敌死伤总数估计在六百以上（敌军尸体大部已被火化，无法详细统计）。我亦伤亡四百余人，尤其连排干部，因为担任基层战斗指挥，无法隐蔽，易受敌近距离冷枪狙击，牺牲特别大，如第四十五团十二个连长，仅剩连长二名，排长死伤三分之二。

这次战役，我师在友军配合下，英勇顽强，上下一心，坚决阻击优势之敌，堵住并击败了精锐的特种部队一万余人的进攻，压倒了敌人的疯狂气焰，为抗日正面战场的最后一战，谱写了一曲胜利凯歌。

第十一师作战经过

杨伯涛※

　　一九四五年初，日本侵略军在印、缅及太平洋战区处境日蹙，但侵华日军仍在做垂死挣扎，于四月调集兵力，发动了湘西雪峰山战役，历时两月，在我军打击下，大败而退。日军遭此打击，气焰顿挫，不敢再发动攻势，仅隔三个月即宣布无条件投降。

　　我第十八军（军长胡琏）原属第六战区序列，担任洞庭湖西岸的守备。该军辖杨伯涛第十一师，守备常德、汉寿地区；覃道善第十八师，守备益阳地区；戴朴第一一八师，随军部控制桃源附近地区。一九四四年冬，第十一师首先接受美械装备，在雪峰山会战前已经过一段训练。其他两个师因运输关系，未及改装即参加会战。一九四五年四月日军向雪峰山进攻，在战况紧急阶段，第十八军奉命改归第四方面军司令官王耀武指挥，南下参加会战。

会战前敌我态势

　　日军虽于一九四四年底打通了自北平至广州和自衡阳至越南的大陆交通线，但湘桂和粤汉两铁路不断受到我军袭击和破坏，未能通车。特别是在我芷江机场起飞的远程战略轰炸机的轰炸下，武汉至南京、上海的长江航运亦不能畅通，致使日军企图将我国东北、华北同东南亚地区连成一片的战略计划无法实现。因此，日军视芷江机场为其心腹大患。

　　※　作者当时系第十八军第十一师师长。

日军发动雪峰山会战，第一个目的就是捣毁芷江机场，占据这一战略要地；第二个目的是破坏我军调换美械装备、待机反攻的部署。日军自一九四五年三月起即开始调兵遣将，在长沙、衡阳、邵阳各要点，囤积粮弹，进行备战。

日军发动雪峰山战役得到了驻南京中国派遣军总司令部的批准，具体作战由第二十军司令官坂西一良指挥，参战的有内田银之助的第一一六师团，度边长的第四十七师团，伴健雄的第三十四师团，提三树男的第六十八师团一部，船引正元的第六十四师团一部及独立第八十六旅团等作战部队，加上后勤部队，约近十万之众。坂西一良指挥所进驻邵阳后，敌人的兵力部署态势为：

第六十四师团一部及伪和平军第二师，集结于宁乡、益阳附近地区；

第一一六师团、第四十七师团集结于邵阳、永丰间地区；

第三十四师团集结于广西全县、兴安间地区；

第六十八师团的一部之第五十八旅团集结于东安、零陵间地区。

我军方面担任湘西全面防守的部队为王耀武的第四方面军，所辖韩浚第七十三军，施中诚第七十四军，李天霞第一〇〇军，都正在接受美械调整训练。当时各军的防守配备如下：

第七十四军主力置于雪峰山东麓，占据山口要隘有利地形，构筑决战主阵地，以确保芷江机场的安全，一部于武冈、石下江、洞口各要点构筑工事，准备逐点抵抗，消耗敌军兵力，阻滞敌军行动，赢得时间。对盘踞东安、邵阳之敌，以游击部队加强活动，严加监视。

第一〇〇军连接第七十四军左翼，配备于雪峰山东麓之山口、龙潭一线，构筑坚固工事，作为决战主阵地。一部于隆回、山门各要点构筑工事，逐点抵抗。对盘踞湘乡、邵东之敌加强侦察监视。

第七十三军主力占领新化县城，构筑工事。一部对宁乡、湘乡方面之敌保持接触。

这次会战最高指挥官为中国陆军总司令何应钦。在战况紧急时，何曾离开昆明总部设临时指挥所于距离芷江不远的安江。根据王耀武第四方面军所获情报，判断日军有发动夺取芷江机场的企图。第四方面军欲增强兵力，以确保这次会战的胜利，遂将在印度兰姆珈接受了全副美械装备，于一九四五年春打通了中印公路后回到昆明的廖耀湘的新编第六军，迅速空运芷江，作为总预备队。该军从五月初开始起运陆续到达芷江后，未及参战，我军即已告捷。

芷江机场驻有中美混合航空兵第五团，拥有各种战斗机群。日机曾来轰炸多次，在芷江上空与我空军发生过激烈空战，日机被击落多架，机场一直保持完整。唯芷江县城则遭到狂轰滥炸，人民的生命财产损失严重。以后中美空军混合第五团战斗力一再得到加强，逐渐居于绝对优势，在会战中掌握了制空权。

在黔桂边区的汤恩伯第三方面军，除以主力对付湘桂铁路之敌外，还抽派所属牟庭芳第九十四军进驻广西龙胜、湖南城步地区，向由全州西进之敌拦腰截击，胁迫敌左翼兵力，以配合第四方面军进行决战。

战斗经过

一九四五年四月中旬，日军对我军攻击部署俱按预定计划完成后，开始分左、中、右三路向我第一线守军展开全面攻击。

日军集结在宁乡之第六十四师团一部为右翼攻击队，其任务为掩护日军在邵阳的主力部队——中央攻击队右侧背的安全，向益阳攻击前进。沅江之敌数千人亦南下向益阳北面攻击。我益阳守军在敌南北两面夹攻下，主动撤出，退据预设阵地，逐点予以阻击。敌侵占益阳后继续向桃花江（现桃江县）、安化西进，遭到我第七十三军顽强阻击。激战至五月初，日军前进至烟溪、新化之线。我新化守军固守城垣阵地，敌屡攻未能得逞，两军形成对阵，互无进展。

日军集结在零陵、全州之第六十八师团，第三十四师团为左翼攻击队，分两路向我军进犯，敌第三十四师团于攻占新宁后继续西犯，由武冈南侧直犯武阳。我第七十四军守备武阳的一个连，全部战死殉国。敌逐点攻击，于五月中旬前进至瓦屋塘、水口一线，向我第七十四军雪峰山主阵地展开猛攻。敌第六十八师团则沿新宁、武冈大道西犯，击破了我前进阵地，从三面包围了武冈县城。守备武冈的我第七十四军一部，在予敌重创后，转移至主阵地。

日军集结于邵阳附近的第一一六师团、第四十七师团为中央攻击队，是这次会战的日军主力。该敌利用湘黔公路运输的便利，附有坦克、炮兵部队，企图在左、右两翼攻击队的掩护下，以优势兵力迅速击破我第四方面军雪峰山主阵地，直取芷江机场。因而将其全部兵力投入战斗，分四路同时进攻。

敌第一路由邵阳循湘黔公路线西犯，窜至桃花坪我第七十四军前进阵地时，受到我军坚强阻击。敌两面包围攻击，我一部守军撤出桃花坪，敌跟踪追击，相继攻陷我高沙市、石下江、竹篙塘等阵地，直抵我七十四军洞口主阵地前，展开猛攻。我第七十四军第五十八师凭据山险有利地形和坚固工事，予敌重创，敌攻势顿挫，虽一再增加兵力攻击，俱未得逞，两军陷于胶着状态。

敌第二路沿邵阳洞口公路线北侧向西进犯。第七十四军第五十七师一部协同第一〇〇军一部，逐点予以阻击，敌疯狂钻隙而进，我军退守雪峰山东麓放洞既设阵地，奋力阻击，杀伤敌军甚多。

我第一〇〇军增调兵力投入战斗，对敌进行反包围，鏖战一周之久。敌无力再发起攻击，退据放洞周围，转取守势。

敌第三路由邵阳向西北进犯，攻击我石马江、巨口铺、顺水桥各既设阵地，我第七十三军逐点予以阻击，该敌全力西犯，击破山门镇我守备部队阵地，进抵龙潭、雪峰山我第一〇〇军主阵地。敌企图一举突破，未能实现。经数日激战，敌我阵线犬牙交错，我军坚守阵地毫不动摇。

敌第四路由邵阳北犯，击破我第七十三军一部守军，窜至新化、洋溪桥附近。经我第七十三军主力及第十八军第十八师一部增援，两部协力反击，战线遂稳定在新化东西地区一线。

日军自四月中旬发动全面攻势后，遭到了我军大纵深阵地阻击。敌人每前进一步都需要付出重大的代价，因此前进迟缓，费时两旬，始到达我第七十四军、第一〇〇军占领的雪峰山主阵地前沿，但敌军兵员粮弹大量损耗，已精疲力竭。

我军利用大纵深既设阵地逐步阻击，利用空间优势赢得充裕时间，以加强雪峰山主阵地的防御工事和调动增援部队，同时乘敌于正面仰攻、兵力分散、部队运动暴露之际，各部队在炮兵协力下，对敌进行猛烈攻击，并组织逆袭部队轮番向敌军反击，致使敌人穷于应付。

早在四月初，我空军中美混合团即加强了驻芷江机场的实力，日夜轰炸粤汉、湘桂铁路的交通运输，以迟滞敌军的集结和补给。战幕揭开后，空军全力支持前线战斗，随喊随到，协同地面部队联合作战。这时日本的空军在我国大陆上残留无几，不仅丧失了制空权，而且陆军的侦察、联络手段也丧失了。因此日军在会战过程中，表现钝拙，不像过去那样灵活敏捷了。在山门要隘争夺战斗中，几个山头上的日军企图阻我前进，我在摆好攻势后，命令一个营向山头攻击。在一架轰炸机配合下，这个营一直冲上了山头，用冲锋枪对准手端刺刀的日本兵一阵扫射，日本兵纷纷倒毙，少数日本兵弃阵逃跑，不到俩小时，我军就全部占领了这几个山头。

过去和日军作战，我在战场上遭遇日军时，都要极力隐蔽身体，秘密窥视日军动态，若不慎被日军发现目标，就会招致日军炮兵和空军的轰击。这次作战就大不相同了，我率领师指挥人员和美国联络官司乐中校一行，到第一线观察地形、敌情时，发现对面七百余米处，走来十几个日本兵，探头探脑，东张西望，似乎也在侦察情况。他们发现我们后，就钻进树林隐蔽起来，我们哈哈大笑，从从容容指挥部队向其进攻。

五月初，我军陆军总司令部开始部署反攻，决心动用精锐兵团歼灭当面之敌。于是命令在黔桂边区之汤恩伯第三方面军，以主力对湘桂铁路沿线之敌，另以所属牟庭芳的第九十四军自城步、绥宁疾进，向武冈西北我第七十四军对阵之敌左侧背展开攻击。被攻之敌不得不分兵抗拒，形成两面受敌态势。第九十四军经过激战，逐步进展至武冈、瓦屋塘一线，敌对雪峰山正面转而采取守势，我第七十四军乘机转移攻势，协同第九十四军合力围歼当面之敌。

早在四月末，最高统帅部将守备常德、桃源地区之胡琏第十八军拨归第四方面军指挥，向辰溪附近集结待命。胡琏命令全军克日登程，行军速度一日约四十公里，赶赴湘西会战前线。芷江是我的家乡，这次战斗对我来说既是卫国又是保家，为了尽到神圣职责，我决心不避牺牲，奋勇杀敌。我师部分官兵也议论说："我们一定要保住师长的家乡，这一仗只能打胜，不能打败！千万不能让师长在家乡人民面前丢脸！"

何应钦与王耀武原定的作战计划是：乘日军攻势顿挫之际，将未参战的精锐部队第十八军用于雪峰山正面阵地作战，居高临下，对敌出击，给敌军以粉碎性打击，一举结束整个会战。后来第四方面军参谋长邱维达等建议：日军以夺取芷江机场为目的，主力部队用在雪峰山正面，企图直捣芷江，其两翼则是掩护和助攻部队，兵力较为薄弱。我军从正面出击，未避其锋，难操胜券，不如向敌侧面薄弱处出击，较有把握。最后采纳了此建议，决定以第十八军由溆浦南下，向日军右侧背新化山门之线发动攻势，断其退路。当时第十八军先头部队第十一师已通过辰溪、花桥、怀化，到达安江附近，奉命后立即掉头向溆浦前进，寻敌攻击。第一一八师由溆浦向东从新化南下。第十八师以一部向新化前进，协同第七十三军进击围攻新化之敌。

第十一师遵照上级命令，向日军侧背猛进，截断其后方联络，经过溆浦县城后，即以战备姿态向南搜索前进。预定第一攻击目标，指向敌右翼兵团之交通要隘山门镇；第二攻击目标指向敌中央兵团之主要交通动脉——邵阳至洞口的公路。师先头部队前进至山门正北十五公里之马颈骨附近时，即遭遇日军迎面阻击，我即命令部队展开猛攻。激战方殷，适逢日军一个步兵联队和一个辎重联队经山门向龙潭雪峰山前线之敌增援补给，那个步兵联队即转援马颈骨之敌。我乘该敌展开运动之际，组织突击队迅速肃清当面之敌，而将锋芒指向该增援联队。这个联队尚未部署完毕，即遭我突袭，伤亡颇众，一度陷于混乱，惊魂稍定之后，才占据附近高地和村庄，进行抵抗。日军素以白刃战见长，这时日本兵都端着闪亮的刺刀向我军扑来。我师士兵已装备美式近战武器，用冲锋枪于数步之内向密集日军迎头扫射，卒将该联队歼灭，并缴获山炮二门，机枪多挺，生俘日军（含轻伤兵）六十余名。随师美军官兵听说俘虏了六十名日兵，都好奇地去观看。其中有一通信少尉持枪欲将一名俘虏枪毙泄愤，被我阻止。战利品内有一堆日本钞票，美军以所带美钞兑换，作为纪念。次日，我师来不及清扫战场即向山门进攻。山门地当东西要道，为日军后方补给点，有一部日军防守。我师与日军接触后，日军兵力稍有增加。我即分兵一部从山门东北地形比较开阔之处迂回敌后攻击。在我两面夹攻下，残敌向南溃退。我即刻要副师长王元直指挥一个团追击，全歼敌辎重联队，缴获大洋马三百余匹和许多武器装备。我师克复山门镇后，日军右翼侧背阵地开了一个大缺口，后方交通有被完全截断的危险，形势对他们非常不利。日军在雪峰山前线的部队，立即抽调兵力向我反扑，意图夺路东窜。我师迅来调整部署，在山门北面高地占领侧面阵地，控制东西隘口严阵以待。日军向山门进攻时，摸不清我主阵地所在，盲目向山门乱轰一阵，即贸然进入山门。我师乘此良机各个阵地枪炮齐鸣，日军毫无还手之力，其先头部队几被全歼，后续部队只得觅路逃窜。我师以少数伤亡，获得全胜。

为彻底截断日军后方交通，协同友军全歼日军，我师继续向南攻击前进，以达到第二个攻击目标。这时日军向我雪峰山进攻的部队由于形势不利，已开始向东后撤，部队聚集在邵阳至洞口公路两侧，占据了所有山头和村庄，我师每前进一步，都遭到敌人的拼命抵抗。但我师已装备美械，火力较日军占优势，加上中美空军也积极协同作战（美军联络官司乐中校携带陆空联络电台，随我身边行动，在战场上向驾驶员指示射击和轰炸目标），敌遭受重创。日军飞机由于失去了制空权，只在拂晓时，以单机低空飞行，在我军阵地上空一掠而过，对我军根本没有什么威胁。故此我师能主宰战场，乘隙猛进，席卷敌阵。我以一个团的兵力，在猛烈的炮火掩护下，攻占了湘黔公路要点石下江镇，完全截断了日军后方的交通线，形成了对日军四面包围的态势。我军左翼第一一八师亦前进到荷香桥附近，向邵阳以西前进，敌顽强阻击，战斗甚烈。军长胡琏以第十八师一部从侧面增援，制压敌人的火力。

我南面战场第三方面军之第九十四军，经过激烈战斗，击溃了新宁、武冈之敌；左路敌军向东溃退，该军尾追，封锁了南部战场。

我据守雪峰山主阵地的第七十四军、第一○○军不失战机，全线发动反攻，不顾长期苦战的疲劳，奋勇直前，咬住敌人，毫不放松。日军在包围圈内越来越紧缩，濒临绝境。

我判断日军处此严峻关头，势必竭尽全力打开一条血路。因此，我准备好应付日军突围的大战，以师主力面对雪峰山拥来的日军，占领有利地形，构筑工事，加强封锁，迎击突围之敌。另以一个团的精锐一部占领石下江镇一处坚固建筑，卡住公路，断绝交通，成为阵地锁钥；该团主力以此为依托，占领公路两侧有利地形，迎击东窜之敌。第十一师正在秣马厉兵，严阵以待之际，忽然接到军长胡琏转来上级命令：要我将扼守在石下江镇的一个团全部撤离，集中全力向敌侧面攻击。这样一来，包围网就出一个大口子。被围日军一见有路可逃，就不顾一切地一拥而出，我虽督队猛击，但斩获之数不大。随后我军在全线乘胜追击，很快恢复了所有失地，恢复了会战前态势。湘西雪峰山会战于六月初胜利结束。

第十一师在这次会战中，共伤亡官兵四百余人，大多在山门战斗中阵亡。对此我极为悲痛。战后，我征得全师官兵的同意，派得力干部数人，在山门镇建立了"第十八军第十一师抗日阵亡将士纪念坊"一座，以寄托哀思。

山门战役

王元直[※]

第十一师（辖第三十一、第三十二、第三十三团）到达辰溪后，即翻越雪峰山脉准备进攻。进攻开始那天，当面敌情并不清楚，我受命指挥第三十二团攻占山门。山门是雪峰山东侧的一个小集镇，从那里有一条长隘路曲折地通向山脊。顾名思义，山门就是雪峰山东麓的一个门户，敌人占据这里，可以阻我进出山地；我若攻占，则可以截断衡阳至芷江的公路交通，威胁敌之侧背，因此，山门在雪峰山战役中是个必争之地。五月上旬的一个清晨，我指挥第三十二团沿隘路向山门搜索前进。十一时许，我前卫营遭到横断隘路的一线小高地上的敌人射击，可能是敌人的警戒部队。我当即以一个连抢占南侧高地，以掩护团的侧翼，并指挥前卫营向当面敌人展开进攻。经过约一小时的战斗，小高地被我军占领。我方伤亡十余人，前卫营长牛镇江负伤。小高地被我方占领后，敌沿隘路向东撤退，我军以轻重机枪和迫击炮封锁隘路转弯处，毙伤敌人百余。余敌考虑不得逃脱，窜入一大而坚固的家屋内，依托门窗射击，进行固守，阻我前进。这一钉子若不拔掉，我师主力无法前进。时近黄昏，我恐敌人乘夜遁去，乃决定采取火攻。火发时，敌人向外冲出，一部分被击毙，一部分逃窜，留在屋里的均葬身火海，武器亦全被烧毁。是夜，露营于隘路中，我与团长张涤瑕计议：如果次日仍沿隘路前进，敌人以一部兵力逐次阻击，战斗至晚，也不一定能进出山门。于是决定次日拂晓以一个连沿隘路前进，迷惑敌人，主力取山间樵径，从隘路北侧翻越

※ 作者当时系第十八军第十一师副师长。

大山，出敌不意，袭取山门。次日开始行动后，由于先一天前卫营旗开得胜，其余各营都不甘落后，同时部队新获得美械装备，求战心切，士气非常旺盛。中午稍过，我们到达山麓，乘敌不备，向山门奔袭。敌人连受突然袭击，惊慌失措，向山门以南高地溃散。我军跟踪追击，用冲锋枪和六○迫击炮射击，毙伤敌人不少，当日还生俘敌二十余名，缴获轻武器二十余件，战马三百余匹。当时团指挥所设于山门西北一小高地上的庙宇内，所获马匹大多系于庙宇四周，目标显露。大概是下午二时许，美机六架飞临上空，未认清标志，一阵扫射轰炸。美机去后，清查人马，虽伤亡不大，但战斗的发展却受到一定的影响。沿隘路前进的一个连此时也抵达山门。自昨日清晨开始行动后，因战斗发展迅速，一直未与师指军所接通电话，而彼此都在行动，无线电报也不能经常联系，我只得根据当时情况，决定乘胜向竹篙塘前进，斩断敌人退路，待师主力到达后，协同友军夹击敌人。下午四时许，我率工兵一个排随第三十二团主力正超越前进中，突遭到来自道路左侧的步、机枪射击。工兵排即原地抵抗，战斗约十来分钟，听出对方的枪声不像日军的三八式，服装也不像日军，经喊话联系，才查明是我第三十一团的分队。当发生误会枪战时，后尾的后勤分队向后方退却，误传第三十二团被敌人包围，团长张涤瑕从主力中抽出一部兵力回师应援。迨事态查清，敌大部已向东逃走，仅一部约二百人被我先头营压迫于道路左侧的一个村庄。因主力到达后，从东、北、西三面包围敌人，准备将敌压迫于南侧之山麓而歼灭之。此时与师指挥所的电话架通，对这股敌人如何处置，经与师长杨伯涛商量，我们都认为天色已晚，又须翻山越岭，部队经过两天的战斗，已很疲劳，不宜继续夜战。时第三十一团彭海秋营已沿山脊进到村庄南侧高地，杨伯涛当即将该营拨归我统一指挥，将敌人四面包围，部队即在原地露宿，待拂晓再行围歼。午夜我派兵搜索，犹闻断续的枪声，但拂晓进行威力侦察时，发现敌人已乘夜钻隙逃走。敌人逃出包围圈的原因，是由于入夜合围，各单位左右联系不紧密，而我又未派人检查接合部的保障，加之官兵打了胜仗，麻痹松懈，致使敌人得以脱逃。第三天早餐后，我整顿队伍准备向竹篙塘前进时，得师指挥所电话，要我率部即向山门东北一带高地转进，并指挥到达该地的第三十三团，暂取守势。我将第三十二、第三十三两个团配备完毕后，敌人并未迫近我阵地，只以小炮从千米外向我断续射击。师指挥所到达后，利用美军对空联络组指挥美机对当面敌人轰炸扫射。敌军主力则沿公路向邵阳方向退去。雪峰山战役至此即告结束。

第十八军为什么不截断芷江、邵阳间的公路，积极配合友军围歼敌人，而要转移地点改取守势，我至今是不理解的。

战后，美军授给我一枚勋章。日本投降后，我自昆明返回武汉，师参谋主任交给一把战刀，说在山门被我击溃的敌人旅团长在投降时要求和我见面，并将其所佩指挥刀奉献给我，由于我远在昆明，他就代我接受了。

半山镇阻击战

万　程[※]

第十八军于一九四五年五月初奉命由滨湖地区南下，从右侧背截击日军。

五月六日，我第十八师进入新化，第五十四团为先头部队，向半山镇急进，抵半山镇，正埋锅造饭，得探报，敌大部队向石碴排前进，我团奉命立即前往堵击。全团下午二时由半山镇出发，我营为前卫。石碴排地形险要，南北两面为大山峻岭，两山中间约有半公里宽的农田和小高地，并有乡村大道直贯东西，是敌西进的必经之路。黄昏时，我营先头部队尖兵连与敌遭遇，我立即将部队展开，与敌争夺石碴排附近的几个小高地。由于我军先机制敌，制高点先为我所攻占，形势十分有利，但时已入夜，前方敌情不完全明了，部队必须稍加整顿，调整部署。经团长同意，部队就地构筑工事，准备拂晓行动。大概敌后续部队赶到了，午夜以后，敌轮番向我阵地进攻，双方多次发生白刃战。所幸地形对我有利，且士气旺盛，将士用命，敌多次进攻都被击退，持续至拂晓，我飞机临空助战，战斗暂告中止。清扫战场时，发现敌遗尸二十三具，并生俘两名受伤的敌兵；我军亦阵亡排长一员，伤亡士兵三十余人。据俘虏供称，他们此行是一个联队，后面还有大部队。

拂晓以后，得我飞机通报，前面集结有敌大部队，我机每次以两架为一队，轮番轰炸扫射。抗战八年来，我军总遭受敌机的扫射轰炸，今天掉转头来，我机向敌扫射轰炸，官兵都拍手称快，士气大振。我向团

※　作者当时系第十八军第十八师第五十四团营长。

长请示行动，团长告知我："上级正部署围歼当面之敌。"命我坚守现阵地，严防敌人向西逃窜，并增配我一个步兵连和迫击炮两门。我立即重新部署，令各部加紧增强工事，迫击炮进入阵地，向敌阵地猛烈轰击。敌步兵平射炮向我还击，我立即向飞机指示目标，对敌炮进行轰炸扫射。黄昏以后，我机停止活动，敌人开始向我进攻。我因调整了部署，增强了工事，敌多次进攻均未得逞。

又过了一个紧张激烈的夜晚，天明时，我机临空，地面战斗暂告沉寂。阵地前敌尸枕藉，我伤亡倍于前晚。我营第二连连长彭绍生阵亡，殊深悲痛。敌我两军互相对峙于约百米的平坦农田地区，彼此都不敢暴露目标，白天激烈战斗很少发生，零星枪击炮战则没有间断。当日午间，团长告知："我军歼敌部署已基本完成，今夜是关键的一夜，你今夜能将现阵地坚守下来，就算完成了任务；如有所失，你我都会受到军法制裁。"我说："请团长、师长放心，有我万洪昌在，阵地一定在！"

我利用战斗间隙时机，召集全营主要干部进行战地鼓动，大家都表示了誓与阵地共存亡的决心。连日来我营伤亡虽大，但士气极为旺盛。这日从早至晚，前面枪炮声异常激烈，可能是友军正在围歼作困兽之斗的敌军，我估计敌人今晚一定还会向我阵地猛扑。果不出所料，黄昏以后，敌开始向我进攻，行动比前两晚更为猛烈，一次又一次不间断地向我冲击。我指挥所前的主阵地，敌人曾两度攻入，但都被我军就地歼灭于阵地上。我营伤亡比前两晚更大，我亦组织起营部的官兵十余人准备作最后的拼搏。拂晓前，敌第三次攻入我指挥所主阵地，我带着营部官兵十余人冲向前去，与敌展开肉搏，攻入我阵地的敌兵，被当场击毙。随即我们以密集手榴弹轰击其后续部队，敌攻势顿挫，我阵地稳定下来。此时，我亦受了重伤，右脚踝骨被打碎，不能行动，但神志还清楚，立即抽调部队加强主阵地，并命令重机枪、迫击炮向溃退之敌轰击。拂晓，得我飞机通报，敌大部队正向东行动，我当即电话报告团长，请其立即部署追击。团长夏建勋对我说："我手上只有两个步兵连了（一个营他调），你营伤亡这么大，你又负了重伤，有多大力量进行追击呢？等请示师长再说。我已命令卫生队急速送你去后方医院治疗，营长职务，我命令黄团附前来接替。希望到后方安心调养，早日康复归队。"

天明以后，派人到前方搜索，发现已无敌踪；清扫战场，敌遗尸百余具，我亦阵亡近百人，情形极为惨烈。计我营阵亡连长二员、排长三员，伤连长一员、排长四员。敌我阵亡人员均由卫生队就地掩埋。七月，我在沅陵后方医院伤势好转，怀念战友，曾派人去新化石碴排凭吊，据派去回来的人告诉我说："好心的当地居民，已为我阵亡将士建立了墓场和一个纪念碑。"

我离开战场时，因伤重（头、腿、脚均中弹）转送到辰溪后方医院（全是美军援华医务人员），处昏迷状态达一星期之久，并感染破伤风症，命在垂危。美军医务人员认真负责，即电昆明美军总部派飞机空投药物急救，挽救了我临危的生命。六月初，我在医院得到被晋升为五十四团中校副团长的通知，日本投降后，曾被授予一枚美国自由勋章。

武阳歼灭战

邱行湘[※]

湘西会战前第五师概况

第五师是大革命时期建立的，其前身是追随孙中山先生北伐的赣军。一九四一年反攻宜昌战役后，第五师改隶第三十二军。先后调刘云瀚、李则芬接任第五师师长，邱行湘任少将副师长，姚葛民任参谋长。康步高任第十三团团长，罗莘求任第十四团团长，许颙任第十五团团长。

第五师以"不怕死、不要钱、爱国家、爱百姓"为号召，纪律严明，官兵经过严格的政治、军事训练，在一九四三年五月保卫石牌要塞的战役中得到过考验，为这次歼灭战打下了基础。

武阳战役经过

湘西会战前敌我态势

四月十一日以来，日军分三路向湘西进犯，其右翼兵团以第六十四师团由宁乡分向益阳进犯；其中央兵团以第一一六师团、第四十七师团由邵阳附近沿宝榆公路向安江进犯；其左翼兵团（即本军当面之敌）以第六十八师团主力及第三十四师团之一部由东安、新宁、武冈、武阳经洪江向芷江进犯。

四月十五日，我陆军总司令何应钦命第三方面军以第九十四军于四月底以前集结通道、靖县地区准备向武冈以东地区，协力第四方面军击

灭进犯湘西之敌。

我第三方面军即命第二十六军之第四十四师集结城步，担任第九十四军集中之掩护，并限第九十四军于二十八日前到达绥宁附近集中，完成作战准备。

第三方面军汤恩伯司令官命令：第九十四军归第二十七集团军李玉堂副总司令指挥，以第二十七集团军主力固守桂穗路及其两侧，拒敌于龙胜以南地区。第九十四军迅速向城步推进，求敌外翼而攻击之，并依情况之发展，以军主力向武冈东南地区进出，参加第四方面军之决战。

第三方面军与第四方面军，务必密切联系协同作战，不受三、四两方面军作战地境之限制，以达歼敌之目的。

第五师坚决贯彻执行上述作战指导。武阳之役，首战告捷，打断了敌人的左臂，使敌陷于被我围歼的境地。

战斗开始

根据第三方面军通报，步炮联合之敌三千余人，四月二十日窜至新宁后，二十一日展开一部犯我武冈，主力约两千人窜至新宁西三十公里之后狮、七里山地区，企图经梅口、绥宁，会同与由放洞西犯之敌会合，进犯芷江。由东安西犯之敌，已越梅口，被我第四十四师各团阻击，遭重创。当时我第四方面军原在武冈、武阳的守军均已西撤，两军接合部已被敌军占领。

四月二十九日、三十日两天，梅口之敌转趋关峡，我第四十四师第一三二团跟踪追击，于三十日攻克关峡。

我第五师于四月十七日由贵州省三穗县长吉镇出发，经天柱、靖县，于二十八日全部到达靖县以东地区，奉牟庭芳军长电令参战。

武阳战役第一期战斗于五月一日开始。

军第一号作战命令要旨：

一、着第五师于卯艳集结于长铺子、绥宁间地区向梅口、武阳之敌搜索攻击。

二、着第一二一师派出一个团于卯艳集结于鹅公岭附近，主力集结于杨家寨、靖县以北地区。

三、军指挥所向靖县推进。

这时我第九十四军处于分散状态，对当面敌情亦不明了，师遵命先向长铺子附近推进，并做渡河准备。三十日到达长铺子，得知：1. 梅口方面已无敌踪；2. 武阳在敌手，详情不明，傅家坳附近，有敌警戒部队，万福桥集敌七八百；3. 哨溪口、阳武店、毛店子各有我第一九三师之一部警戒。

师基于上述情况，决心即日向武阳附近之敌攻击前进。以第十三团为前卫，首先渡江（巫水）进出于黄东塘、若黎冲之线，掩护师主力之进出并搜索当面敌情。

五月一日，第十三团续向武阳攻击前进，师主力继续渡河，并以第十五团第二营经田心渡、大岸、茶溪向珠玉山前进，掩护师之侧背。十六时许，第十三团先头驱逐敌少数警戒部队后攻占武阳。敌据守六王庙东西高地之线。

五月二日，师为搜索敌情，警戒我侧翼并相机袭击敌后方联络线，令第十三团（附第十五团第一营）以有力一部经茅柴岭、罗家铺向李滨桥附近挺进，主力向六王庙之敌攻击，师主力即推进于傅家坳附近。

两日来，武阳之敌增至七八百人，附炮三门，其主力展开于武阳市街以北亘雅雀桥西北高地之线。

敌据三里庄附近高地顽抗，攻击初期，我略有进展，占领马鞍山；迄晚敌续有增加，我进展困难，遂相持入夜。我虽毙敌中队长铃木中尉以下官兵三十余人，但敌占制高点，且愈增愈多，我军缺乏炮兵掩护，对敌仰攻，伤亡太大，情况十分危急。

二日下午，我赶到傅家坳师指挥所，同李则芬师长、涂副师长、姚参谋长和康、罗、许三团长及师直属部队长等聚集研究。大家感到这个仗不好打，因敌火力强，又已占领制高点，我无炮兵，正面强攻，弊多利少。师决心正面采守势，另编一个有力的支队，对当面之敌进行远距离的包围攻击。我们遵照师长下列部署进行：

一、第十五团（欠第二营）及第十三团第三营为挺进支队，归副师长邱行湘指挥，即由傅家坳经珠玉山、曾家桥、罗家铺、李溪桥迂回攻击曾家坊、万福桥之敌，以协助主力之战斗。

二、第十三团（欠第三营）附第十五团第二营继续对当面之敌攻击并抑留之，待我迂回部队到达后，务将当面之敌于六王庙附近捕捉而歼灭之。

三、第十四团（欠第二营）为左翼包围队，于三日开进欧溪桥东南地区，预定而后自西向六王庙攻击敌侧背。

四、第十四团第二营为师预备队，位置于傅家坳附近，而后随战况之进展向欧溪桥推进。

五、指挥所在傅家坳。

六、因须待挺进支队之进出，故攻击开始之时间预定为四日拂晓。

我们是实行九十里以外的一百八十度大迂回，当时我对支队最主要的要求是秘密迅速，出敌不意，要使敌人在制高点上不能发现我军的任何征候。我们约定在敌后没有打响前，连无线电也不联系，以免泄密。我们全师官兵同心同德，做得很好，挺进队官兵连枪弹走火的事都没有发生过。

五月三日，第十三团正面之敌已增至一千三百人。拂晓，敌以一部与我争夺马鞍山，炮火猛烈。我守备该山之第十三团第五连（欠一排）因地形孤立、瞰制、应援不易，对敌炮无法制压，阵地全毁。该连伤亡过半，犹反复冲杀，拼战至午后三时，先后毙敌五十余人，因众寡悬殊，马鞍山遂陷敌手。

邱支队拂晓开始行动，经九十里强行军，酉刻到达李溪桥。

五月三日午后九时师部继作下列部署：

一、敌情无变化。

我第一二一师第三六二团明日（四日）可进出于杉水冲之线，该师主力控置于长铺子附近。

我第七十四军同时反攻。

二、师于明日以有力一部挺进敌后，主力由右翼包围当面之敌，进出于万福桥东西高地之线，将敌捕捉而歼灭之。

三、挺进支队（第十五团欠一营附第十三团第三营）于明日（四日）晨由李溪桥向曾家坊、万福桥、六王庙、龙烟山之敌攻击，截断敌之退路，协助主力之战斗。

四、第十三团（欠第三营附第十五团第二营）为右翼队，继续攻击当面之敌，与第十四团取得联络。

五、第十四团（欠第二营）为左翼队，由欧溪桥向连相冲、大河冲之敌攻击。奏功后向六王庙攻击，右与第十三团取得联系。

六、两翼队应于明日（四日）拂晓前完成攻击准备，待命攻击。

七、第十四团第三营为师预备队，位置于傅家坳附近，随攻击之进展向欧溪桥附近推进。

八、工兵营（欠一连）在傅家坳待命。

九、师长在傅家坳指挥部。

四日拂晓前，各部队概已准备完毕，旋即开始行动。右翼队经激烈战斗，于十一时再度克复马鞍山。

正午，由罗家铺增来敌千余人，附炮三门，分两路向我右翼队猛扑。其一部攻抵神仙坛附近，企图包围我之右翼队，当以右翼队之预备队迎击；其犯茅柴岭之一部，当被我第十四团第二营抑止于茅柴岭以北谷地，战斗激烈异常，我营长甘健民即于此役负伤。另敌一股六七百人，自午迄戌，对我鲤鱼山第十五团第二营阵地一再猛扑，我各级官兵均抱与阵地共存亡之决心，誓死拼战，虽全营伤亡百余，我阵地屹立未动。

挺进支队以一部扼守李溪桥，防敌东窜，主力第十五团于戌刻前先后攻克曾家坊、万福桥、六王庙、龙烟山之线，敌大部退据附近山隘顽抗。是日，毙敌四百余人，我亦伤亡营长以下二百余人。

其时判明与我对战之敌，除原有之第五十八旅团主力外，还有由罗家铺增来之第一一七大队（俘称），兵力不下三千余人。经我连日攻击，敌伤亡甚重，其重点及炮兵转移至神仙坛、茅柴岭、龙烟山间地区。师以合围之势，乘夜调整部署，继续围歼该敌。

师的部署：

一、当面之敌经我连日攻击，伤亡甚重，其重点及炮兵，已转移至神仙坛、茅柴岭、龙烟山间地区。

二、明日（五日）拂晓续行攻击，由两翼包围敌人而歼灭之，重点指向神仙坛。

三、第十四团（欠第一营附第十三团第二营）为右翼队，展开于铁陂寨及神仙坛南端之线，攻击当面之敌，进出于茅柴岭附近。重点指向神仙坛。

四、第十三团（欠第二、三营附十五团第二营）中央守备队，确保武阳东端至鸦雀桥北端高地之线，并以积极行动，协力两翼之攻击；以一部守备武阳市街。

五、挺进支队之第十五团（欠第二营）及第十四团第一营为左翼队，向六王庙之敌攻击，重点指向龙烟山，奏功后由北向南攻击，协力右翼队之战斗。

支队抢守李溪桥之部队，仍续行前任务。

六、战斗地境如在左右翼队\}中央队\}军丛山（含）—茅柴岭（不含）之线，线上属左。

七、各部队应于明日（五日）拂晓前部署完毕，待命开始进攻。师指挥所在傅家坳。

四日晚，适第一二一师第三六二团已到欧溪桥，请其以一部推进至棉溪附近，警戒师中央队与左翼队间由于兵力转用所生之空隙。

五日拂晓，各部队开始攻击。十时许，右翼队方面第十四团第二营攻占神仙坛之大部，敌凭险顽抗，数度增援，激战至烈。连长萧叔康身负两创，犹裹伤再战，士气益励。迄午，第三营主力加入攻击，反复冲杀，五时顷将敌击破，完全占领神仙坛。敌向茅柴岭方面溃退，阵地遗尸数十具，我乘胜追击。

左翼队方面第十四团第一营拂晓与第十五团第一营、第三营第八连对六王庙附近之敌攻击，出敌不意，猛烈果敢，一举摧破敌之炮兵阵地，继而占领六王庙东北高地，总计毙敌二百余人，马三十余匹，缴获山炮一门、迫击炮三门、收发报机两部，文件、地图等甚多，生俘敌兵两名。残敌二百余人东窜，当令第一营尾敌追击。

左翼队第十五团第三营数经激战，于拂晓前完全攻占龙烟山后，与第十四团第一营取得联络，夹击由六王庙附近向东败窜之敌，计毙敌二百余人，生俘四名，缴获军马二十余匹，步枪及其他军用品甚多。第十五团第一营一部对北警戒，主力与由六王庙向北败窜之敌激战于万福桥东南高地，毙敌二百余人。敌折回东窜，我军于横溪冲附近获马三十余匹、军用品甚多，俘敌二名。

五日晨，由瓦屋塘方面窜来千余日军，抵李溪桥时，经第十三团第三营痛击，伤亡极重，折向花园市退去，第三营派队尾追，与其掩护部队发生激战。

自四、五两日总攻以来，敌受我两翼夹击，伤亡惨重，遂开始溃退。唯龙烟山、横溪冲山地有敌第一一五大队残置之掩护五百人，及茅柴岭、鲤鱼山附近地区也有敌二百人潜匿，我仍继续扫荡中。

五日晚，师遵军长牟庭芳电令，改变部署如次：

一、当面之敌为我击溃后，主力已向东逃窜，其盘踞武阳附近之残敌五百余人，潜匿龙烟山、横溪冲附近地区，另一股二百余人潜匿于茅柴岭、鲤鱼山附近地区，企图向东潜窜。

二、师以歼敌之目的，于明日（六日）向该敌围剿。

三、进剿部队应于明日（六日）拂晓开始行动，务以勇敢果决之行动，绵密之部署，搜求残敌而歼灭之。

四、东北方面堵剿部队应在各该部队现在位置附近封锁敌可能利用之道路，择要构筑工事，广派便探，务使该敌无法脱逃。

五、西南方面堵剿部队应以一营位置于铁陂寨附近，另一营以一连扼守武阳市街，择要构筑工事，主力控置鸦雀桥西南方面高地，防止敌人脱逃。

军队区分：

（甲）进剿部队

龙烟山地区：第十四团第一营、第十五团第三营指挥官许颢。

茅柴岭鲤鱼山地区：第十四团（欠第一营），指挥官罗莘求。

（乙）堵剿部队

一、东北方面：$\begin{cases}\text{李溪桥，第十三团第一营；}\\\text{万福桥，第十五团第一营；}\\\text{罗家铺，第一二一师之一营，指挥官邱行湘。}\end{cases}$

二、西南方面：第十三团（欠一营），指挥官康步高。

（丙）总预备队：第十五团第二营，队长章建军。

六日拂晓，第十四团第二营排除当面敌微弱之抵抗，向罗家铺方面追击。侦知残敌约千人，携炮三四门于五日夜半通过罗家铺东溃，该营衔尾穷追，六日午后于黄羊坪附近将该敌追及。敌顽强抵抗，我略有斩获。入夜后，敌续向东窜，此时第一二一师第三六一团到达，跟踪追击。第十四团第二营即回罗家铺待命。

第十五团当面龙烟山、横溪冲间之残敌，经该团围攻，大部就歼，残部一百余人，更换便衣，乘夜东窜，被我李溪桥第十三团第三营阻击，转窜湾头以南山地中。第十四团第三营经大竹山向北，协力第十五团搜剿，将敌大部击毙。敌残部三五成群，四散盲目奔逃，武器大都沉于水塘河潭中。被地方民众搜获及击毙的日军不下二百人。到五月十日，武阳附近残敌始告肃清，第十五团旋即奉令开赴武冈参加主力作战。

武冈以北地区追击战

武阳附近之敌经我击溃后，师奉命留置第十五团欠第三营附第十四团第三营于李溪桥、万福桥间清扫残敌，对北警戒，主力经武冈东北地区向黄桥铺追击前进。九日开始行动，十一日十四时许，先头部队到达黄桥铺。主力进至花桥附近，得知黄桥铺方面无敌踪，冷水铺附近则有残敌千余人被友军围攻。为防敌东窜，师部即令第十三团派队守备施家渡、茅益渡；第十四团派队守备柳山渡、田家渡及其以南徒涉场；第十五团第三营守备关家桥并于河西占领桥头阵地，以利而后之进出。

是日二十三时许，敌五六百附山炮、迫击炮各二三门，向我关家桥桥头阵地攻击。第十五团第三营（欠一连）早已有备，沉着应战，先后击退敌四次突击，毙敌百余人。敌以关家桥为东窜必经之路，誓死争夺，于拂晓前第五次向我桥头阵地密集冲锋，势在必得，战斗激烈空前。我第十五团第七连官兵伤亡殆尽，被迫转移到河东，死守桥梁。敌机在关家桥上空彻夜盘旋，敌突围东窜之企图至为鲜明。师为聚歼该敌，遂集结兵力，适我第一一八师一个团到达黄桥铺，师作如下处置：

一、围困于关家桥、明月寨、冷水桥间地区之残敌约兵力两千人，附有山炮一二门，马鞍石附近亦有敌一部两千余人，似已合股，并有待援东窜之企图。现我第十八军第一一八师由石马江、黄桥铺向南，第一二一师由刘家桥、高沙市向东对敌围攻中。

二、师以协力友军歼灭该敌之目的，以一部扼守资水右岸，防敌东窜；主力即进出资水左岸，攻击该敌。

三、第十五团为守备队，应以有力之一部占领关家桥东端要点，择要构筑工事，防止敌之东渡，并以一部于荆竹铺、癞坪岭各附近，对东对南占领阵地。

第十四团为出击部队，应由田家渡附近渡过资水，先进出于池塘、沙子冲之线，相机占领风神寨，掩护师主力之渡河，攻击开始时间由该团自行决定。

第十三团为预备部队，除以步兵一连派出于水浸坪附近及保坊庙附近并应派出斥候对东警戒外，主力应位置于花桥、大塘铺、紫山砦间地区，视出击部队之进展，适时进出于资水以左地区，以扩张既得之战果。

嗣以茶铺子、盐泉山发现敌情，军指示第五师以一部留置关家桥、花桥及其以北现位置，扼守资水东岸，阻止东窜之敌，主力转移于茶铺子及其以西至余家桥间，联系第一二一师向北攻击敌人。

师决心以第十五团（附第十团第一营）留置花桥，迄盐泉山间任沿河守备，因防线过宽，且到处都可徒涉，特饬该团重点应置荆竹铺附近。第十四团先以一部占领茶铺子东西高地掩护师主力之转移；其主力逐次由朱溪桥附近渡河，向西延伸，左翼衔接第一二一师向北攻击。第十三团先控置碴子铺、曾家冲附近。师命令即时开始行动。是夜，敌乘我主力转移之际，猛攻关家桥，冲锋十余次。我第十五团第七连仅余连长刘旺等官兵三人，仍坚持至最后。十三日拂晓，第十三、第十四两团概已到达碴子铺附近时，盐泉山方面由鲢鱼渡乘夜偷渡之敌增至五六百人，盐泉山呈混战状态。经第十四团第三营及第十五团第二营各一部与敌互相争夺后，敌占据北端山顶，我占据南端山顶相对峙。此时，第十五团兵力分散，且受鲢鱼渡方面敌人之迂回。为避免被敌包围计，师乃命该团向癞坪岭方面稍事集结，即与茶铺子东西线之第十四团协力攻击敌人。迄午，该团第一营进出桐木塘侧击敌人。午后三时，配属本师之山炮兵一连到达朱溪桥附近，当即于先锋寨东侧占领阵地，协力第十四团攻击盐泉山之敌。经数度冲锋，于黄昏占领该地。是夜，敌以有力一部与我争夺盐泉山，反复冲杀，战斗激烈。我军毙敌六七十人，颇有斩获。我伤连长一员、排长二员、士兵五十余人。十四日拂晓，始将该处残敌肃清。敌主力于先晚渡过资水，经花桥向东北退却，师遂以第十四团继续向北扫荡当面残敌，以第十三团主力及第十五团有力部队（第一营及第三营第八连编成的加强营）为追击队，经水浸坪向北追击，迄午通过桐木塘继续向北急进。第十四团第二营攻击紫山砦后，闻花桥方面枪声甚密，知第一二一师先头已到达该处，遂继续追击败退之敌，协力第一二一师第三六一团战斗。攻抵花桥附近之大山岭时，遇敌有力抵抗，战斗转激，毙敌二十余人，生俘一名，缴获步枪一支，我亦伤亡排长以下三十余人。

五月十五日，第十三团进抵天鹅山附近，敌扼要死守。师部接到军长命令，其要旨：

一、当面之敌主力向桃花坪及其以南地区撤退，一部在芭蕉桥、烧纸铺间据险顽抗。

二、军即超越追击，期于桃花坪以南地区包围歼灭之。

三、第五师以第十三团（附第十五团第一营）对芭蕉桥、烧纸铺之敌攻击，而后向栗山铺进出；第十四团即经谢家铺、朱山铺追击包围敌人；第十五团（欠一营）及师部位置于水浸坪。

四、第一二一师经马坪街向石狮口、易家桥前进，并与第五师夹击芭蕉桥、栗山铺之敌。

师遵令部署，于五月十六日正午十二时开始行动。

此时，第四十四师亦已进出邓家铺、水浸坪之线，与本师交叉重叠，指挥行动颇为不便。

五月十七日，我第十三团继续攻击当面之敌，占领572高地，敌遂向东北溃退。该团当即协同第一二一师第三六一团先头追至芭蕉桥、两路口，得第一二一师通报：部队将有新任务。遂在原地待命。

第十四团于辰刻通过邓家铺，正向栗山铺迈进，得第四十四师通报：该师奉命转移，敌乘其部队移动之际，突入刘家塘以南地区，激战甚烈。第十四团以一部截击敌人，支援友军，阻敌南窜。至申时，因新宁方面发生新情况，师奉命以一部继续追歼残敌，主力集结武冈西北地区待命。师当饬第十四团第三营续向资水西岸追击，师主力概于十九日到达武冈石平桥间地区，任资水西岸之守备。

战斗总结

敌发动此次攻势以来，到处流窜，极力避免攻坚（战场多数要点敌皆未实施攻击），且强拉民夫，充分携带弹药，粮食则就地征掠，对后方联络线的安全，并不顾虑。这说明了敌人的战略意图是急取芷江。根据俘获的敌打马掌化铁炉装上马达即可使用并每匹马携带四副马掌装备的情况判断，敌人的战略目标是湘西多山的芷江。但敌人使用的改良马种仍不适用于山地。

综观敌我双方情况及在战斗中的表现，制胜的因素在我方。

日军的长处是士兵体力好和射击技术优良，长于白刃战和狙击，对我军官兵造成很大伤亡。同时救护工作好，不轻弃尸体，突围时尚抬走百余伤兵。但是此时法西斯已穷途末路，进犯湘西的日军师老，士气不振，在空军处劣势的情况下，白天不敢活动，行动常在夜间，因地形不熟，官兵均以此为苦，士气更加低落。受到我军包围攻击时，跪地乞降者不少，自杀者尤多。日军军马多系改良种，不适应山地战。日军平时作战依靠步炮协同，无炮兵配合则行动怯懦。

第五师在武阳战役中，虽然未获空军支援，没有改换美械炮兵装备，口粮、医药和弹药等补给也跟不上，但官兵们上下一致，同仇敌忾，纪律严明，作战勇敢。我们的政工人员和士兵同在一个舞台上演戏，同在一个战壕里打仗，如连指导员张大震就为国捐躯。受伤不下火线形成风气，第十四团的连长萧叔康两次重伤，仍坚持作战，打退敌人。我军经过严格训练，如在湖北长阳进行冬季深山围猎和实弹对抗演习，射击技术有很大提高，且能节省弹药，对这次歼灭战起了不小的作用。我们还能用缴获的敌人武器来打击敌人。清理战利品时，美军上校联络官狄南乐兴奋地说："我们美国军队在太平洋上逐岛攻击，从来没有缴获完整的大炮；你们自己还没有领到炮，能用敌人的炮来打敌人，真是难得！"

我们战胜日军是合情合理的。当时，国民政府最高当局和盟军对武阳之捷曾给予很高的评价。

一、蒋介石电："敌犯湘西，该方面军以有力一部参战于梅口、武阳、高沙市，同心协力英勇作战，击破敌寇，首开本会战胜利先声，即传令嘉奖。"

二、何应钦电："查此次敌犯湘西，贵总司令亲赴前方指挥，协同四方面军作战，督指有方，各军师长以下官兵忠勇效命，作战初起，即能

393

拒止敌寇于绥宁、城步以东地区，继歼除武阳、武冈一带敌人，迭克数地，开胜利之基石，殊堪嘉慰。用特传令奖勉以资鼓励，并希我全体将士自勉，穷追残寇，以竟全功，有厚望焉。"

三、汤恩伯电："我第五师在武阳附近痛歼顽敌并获战俘，殊堪嘉许，着先犒赏三十万元，希将战斗经过及得力官兵查报饬奖。"

四、第二十七集团军李玉堂副总司令战报："第五师行动之敏捷，攻势之勇猛，为击破左侧背之主要条件，开拓胜利之转折点。"

战后，我获国民政府颁发的云麾勋章和美国政府颁发的自由勋章。

萧叔康等获美国颁发的自由勋章。

这是英勇牺牲的烈士们的功劳，是中华民族的光荣。

第三方面军协力确保湘西

任景周[※]

一九四五年三月，汤恩伯的湘黔边区总司令部改为第三方面军司令部（位于贵阳南敞兵营），指挥驻黔各军。计有李玉堂第二十七集团军（辖第九十四军、第二十六军两个军）、第十三军、第七十一军、第二十军及第二十九军共六个军的兵力，其中第十三军、第九十一军和第九十四军系美械装备。湘西战役第三方面军的任务是协助王耀武的第四方面军，确保湘西。

日军以占领芷江机场为作战目标，以侧翼绕过雪峰山正面，迂回作战，并以大部兵力攻击雪峰山我守军阵地，另以一个师团（一部）又一个旅团由东安进犯，欲经武冈、会同、托口直取芷江。但敌人主力指向武冈的行动不太一致，其先头部队被我军击破，后续部队无力再兴攻势。我军作战是第三、四两个方面军协同进行的，汤恩伯派李玉堂指挥两个军（第二十六军和第九十四军）担任湘西作战任务，迎击通过武冈县城来犯之敌；王耀武指挥第四方面军坚守雪峰山阵地，以两个师经瓦屋塘占领高沙市，威胁敌之侧背。在激战时，敌后续部队未能赶到，因此在战场上我军占优势。当敌军进攻之始，汤恩伯命令驻黔东之第九十四军（军长牟庭芳）、第二十六军（军长丁治磐）开赴湖南靖县集结，准备作战。四月中旬（约在十二日或十三日），我同陈又新（第三方面军兵站总监）随汤恩伯到黔东天柱县。汤在此与李玉堂会晤后，即紧催李玉堂往靖县指挥作战。紧接着汤恩伯驰往芷江，留我在天柱联络。汤恩伯同王

※　作者当时系第三方面军第十三军参谋长。

耀武在芷江会面协商后，即乘飞机往靖县，召集李玉堂、牟庭芳、丁治磐等将领开军事会议。汤恩伯说：日军攻击雪峰山，我军正竭力抵抗，如果雪峰山不守，则安江成问题，芷江也成问题。已要求王耀武命令雪峰山守军无论如何要守住，但正面敌人正猛烈进攻，而另有一个师团欲经过武冈，直取会同、托口进攻芷江。这一带地形远不如雪峰山凭地障可以扼守，因此我军决定采分进合击，迎击敌人。汤把作战意图说明之后，宣读了何应钦打给他的电报，大意说，湘西战役关系全局，甚为重要，我军一定要遏止敌人的攻势，粉碎敌人欲取芷江机场的企图。随后汤即下令各军自靖县向武冈攻击前进。

敌我两军相对前进，形成遭遇战。当时制空权在我方，敌机不敢活动；武冈不通公路，地形复杂，道路只能通过步骑和炮兵，大大减弱了日军机械化部队活动余地；当地老百姓同仇敌忾，为我军通风报信，因此我们对敌军行动易于明了。这些都成为我军克敌制胜的有利条件。日军占领武冈县城后分两路向真良、梅口争进，途中捕获我军一名侦察兵。该侦察兵勇敢地与敌搏斗得脱，拼命跑回，报告敌情。我军当即命令第九十四军由长铺子向武阳、武冈西北前进，另命令第二十六军第四十四师向石狮、小麦田、新宁攻击，与敌激战于茶铺子、张家寨等地。与此同时，王耀武部两个师也在高沙市牵制敌人。敌我双方在上述地区打了一段时间，最后将日军一个师团（一部）和一个旅团击败。敌人退却时很狼狈，我军乘胜追击，缴获武器一批，马匹甚多。日军失败溃退时，第九十四军第一二一师第三六三团在茶铺子附近发现敌人正在做饭吃，有的在边走边吃，该团一个连歼灭了一股，活捉一名敌兵，打死十余名，其中有一少佐，缴获步枪十多支。该团团长何世才负重伤，不治身死。第一二一师其他各团也有缴获。战役结束后，由东安来犯之敌止于武冈不再前进，旋向宝庆退去。第九十四军回靖县整补，其他一个军开赴通道、绥宁整补，为反攻桂北做准备。

回忆雪峰山战役

李中兴[※]

雪峰山是湘西的天然屏障，山势巍峨险要，易守难攻，湘西的芷江，是我国当时重要的空军基地。盟邦美国空军，也以芷江为基地，中美空军联合，不断扩大和增强对侵华日军特别是对入侵湘、桂境内日军的空袭，给日军以极大的威胁。

一九四五年三月日军第二十军司令官坂西一良指挥其第一一六、第四十七、第六十八、第三十四等师团，集结于东安、邵阳等地，妄图打通雪峰天险，攻占芷江，略取湘西，威胁重庆。

当时我第四方面军司令官王耀武，设总部于安江，指挥所于辰溪，直接指挥雪峰山战役。他早已洞悉日军山地战的一贯伎俩：首先以重兵迂回我军两翼，然后从中央突破。因此，我四方面军司令部的战略部署大致是：第七十三军设防于新化，并在资江流域的西岸大树滩、猪栏门、小溪、沙陀湾一带派重兵据险固守；并派其第十五师梁祗六部突进邵阳东北乡孙家桥和安化兰田尖山岭一带防守，第十五师又派一个团突进敌后邵东廉桥黑田卜等地，随时袭击敌人，尽量多抓活舌头，在雪峰山战斗打响时，随即转移到资水西岸小庙头、龙口溪、大新一带和第七十三军其他师防地接连，据险固守西岸；第一〇〇军设防于隆回、武冈（当时洞口县属武冈）、邵阳北路等地，第十八军为预备队，一部设防于青山界、六都寨等地；暂编第六师设防于安江、大坪、洪江、枳本槽等地，从正面防守。

※ 作者当时系暂编第六师代参谋长、步长指挥官，湘西会战开始调第四方面军司令部任上校联络参谋。

　　三月中旬，雪峰山战役拉开序幕，日军以一个旅团的兵力，由骑兵开路，步炮配合，向我第十五师邵阳东北乡孙家桥界家坳阵地进犯，战斗激烈，相持约一周后，我第十五师即转移到资江西岸阵地据险固守。日军则大举向新化、安化交界的张家冲、坪上、小溪等地猛窜。妄图在大树滩、猪栏门、小溪等处强渡资水，遭到我西岸守军顽强抵抗，加上我空军每批三四架，日夜出动对日军轰炸，而流经大树滩、猪栏门、小溪一带的资江，河面狭窄，适逢春水暴涨，溪流急湍，非舟莫渡。两岸又山高林密，除以火攻是否有所奏效外，其他各种轻重武器，都受到地形地物的限制，而不能充分发挥效能，防御者反之。如日军数次架舟强渡猛攻，目标既显露又集中，给我当时陆、空联合战斗提供了良机，各种武器的效能得到了充分发挥，日军伤亡惨重。战斗相持约半月，我西岸防线始终固若金汤，这就是当时我军的新化战役大捷。是时，《大公报》载：日军一个师团中伏，在我大军围攻下，悉数就歼云云。虽固有夸大其词，但一个联队的就歼，较符合实际。初战告捷，大大地鼓舞了我第四方面军健儿，提高了全体将士的士气。从将军到战士，都有灭此朝食，打败侵略者的决心。

　　日军在强渡资水迂回我军一翼遭到意想不到的惨重失败后，乃改变其进犯路线，集大军于邵阳市郊，四月中旬渡资水，沿邵洞公路两侧西窜，在岩口卜、滩头、桃花坪一带，又遭到我一〇〇军第一线防守部队的坚强阻击。当时我防守健儿抱定与阵地共存亡的决心，除与敌炮战外，我第一线全线停止枪击，待日军冲到约五十米内，手榴弹、枪榴弹、喷火器齐放，然后一齐跃出壕坑，手握大刀，或端着刺刀，随着喊杀之声，冲向敌群，真是硝烟弥漫，杀声震天，杀得日军魂飞魄散，尸横遍野。有时，一次反击冲锋，使敌军溃退十余里。这是日军在进攻雪峰山区又一次遭到的惨重失败。在这一带相持十余日后，我军才逐次转移阵地。通过这两次激烈的战斗，日军连遭惨败后，其士气大为低落，其形势是每况愈下了。

　　从四月初到六月初，日军虽纠集了第二十军各师团大部分兵力，窜进我雪峰山区腹地，经山门、洞口，窜到江口、瓦屋塘、枳木槽一带，两侧则窜到梅口、武阳、塘湾、龙潭、青山界等地时，我第七十四军则反守为攻，以数倍于敌的猛烈炮火，射向敌群。激战达到高潮，我空军日夜出动助战，轮番轰炸和扫射。日军伤亡惨重，尸满山沟，全线溃败，纷纷逃进雪峰山腹地密林深处，死守待援。我军则紧缩包围圈，各军、师、团集中炮兵火力，选准目标，夜以继日地猛轰；加上我空军飞机准确地投下大批凝固汽油弹，遍山大火，火趁风势，风助火威，将窜进密林深处死守待援的日军，烧得焦头烂额，一个不留。这就是穷凶极恶之日军应得的惩罚。

图书在版编目（CIP）数据

湖南会战/ 薛岳，余建勋等著. —北京：中国文史
出版社，2013.1

（正面战场：原国民党将领抗日战争亲历记）

ISBN 978 - 7 - 5034 - 3697 - 0

Ⅰ. ①湖… Ⅱ. ①薛… ②余… Ⅲ. ①国民党军 - 抗
日战争时期战役战斗 - 史料 - 湖南省 Ⅳ. ①K265.210.6

中国版本图书馆 CIP 数据核字（2012）第 286483 号

责任编辑：马合省　卢祥秋

出版发行：**中国文史出版社**

社　　址：北京市海淀区西八里庄 69 号院　邮编：100142

电　　话：010 - 81136606　81136602　81136603（发行部）

传　　真：010 - 81136655

印　　装：北京新华印刷有限公司

经　　销：全国新华书店

开　　本：720×1020　1/16

印　　张：25.75　　　字数：400 千字

版　　次：2013 年 1 月第 1 版

印　　次：2020 年 9 月第 4 次印刷

定　　价：83.00 元